Die Sowjetunion
Von der Oktoberrevolution
bis zu Stalins Tod
Band 1: Staat und Partei
Herausgegeben von Helmut Altrichter

Deutscher
Taschenbuch
Verlag

Originalausgabe
Februar 1986

Umschlaggestaltung: Celestino Piatti
Vorlage: Lenin besichtigt Miliz-Einheiten auf dem Roten Platz in Moskau
Gesamtherstellung: C. H. Beck'sche Buchdruckerei, Nördlingen
Printed in Germany · ISBN 3-423-02948-X

Das Buch

Der Band dokumentiert die Entstehung und Entwicklung des politischen Systems der Sowjetunion, von der Revolution 1917 bis zu Stalins Tod 1953. Im Mittelpunkt stehen die Ausbildung und Festigung der Einparteiherrschaft, der Auf- und Ausbau der »Räteverfassung«, die Entwicklung der Staatsorgane, der Armee, der Polizei und der Justiz. Zwei Etappen werden dabei unterschieden: die Zeit der Grundlegung, die Entwicklung zwischen 1917 und 1927; dann der »Aufbau des Sozialismus in einem Lande«, die Periode der Revolution von oben und der totalitären Diktatur unter Stalin. Die ausgewählten Dokumente sind (zum Teil erstmals oder neu übersetzte) offizielle sowjetische Verlautbarungen, Verfassungstexte und Gesetze, Programme und Statuten, Verordnungen, Resolutionen und Reden; sie verfolgen und illustrieren den Gang der sowjetstaatlichen Politik, samt ihren Kehren und Wenden.

Der Herausgeber

Dr. Helmut Altrichter, geb. 1945 in Alt-Moletein/Mähren, studierte Geschichte, Germanistik, Politologie und Russisch in Erlangen und Wien, habilitierte sich 1982 in Erlangen und ist jetzt Professor für Neuere und Osteuropäische Geschichte an der Universität Augsburg. Veröffentlichungen u. a.: ›Konstitutionalismus und Imperialismus. Der Reichstag und die deutsch-russischen Beziehungen 1890–1914‹ (1977); ›Staat und Revolution in Sowjetrußland 1917–1922/23‹ (1981); ›Die Bauern von Tver. Vom Leben auf dem russischen Dorfe zwischen Revolution und Kollektivierung‹ (1984).

Inhalt

Einführung

1917 stand Rußland im vierten Kriegsjahr. Die anfängliche Begeisterung war längst verflogen. Die Fronten hatten sich festgefahren. Der Vorstoß nach Westen war bereits im Sommer 1914 – bei Tannenberg und an den Masurischen Seen – gründlich mißlungen; und im Südwesten, gegen Österreich-Ungarn, wurden zwar Anfangserfolge erzielt, aber schon im Jahr darauf machte eine Offensive der Mittelmächte sie wieder zunichte. Auch ein letzter gewaltiger Versuch, den Durchbruch zu erzwingen, war 1916 – in der Brusilov-Offensive – gescheitert.

Gründe für den militärischen Mißerfolg gab es viele. Je länger der Krieg dauerte, um so deutlicher wurde, daß Rußland, seine Armee, seine Wirtschaft und sein politisches System darauf nicht vorbereitet waren. Schon in den ersten beiden Kriegsjahren waren Versorgungsschwierigkeiten aufgetreten, die zunehmend auch die lebenswichtigen Bereiche von Kohle und Stahl betrafen. Die Produktion im Bergbau und Hüttenwesen konnte trotz einer explosionsartig wachsenden Nachfrage nicht gesteigert werden, schlimmer noch – sie fiel. Die Rohstoff- und Energiekrise wurde durch die Zustände im Transportsystem noch verschärft. Seine Kapazitäten reichten immer weniger aus, um die Petrograder und Moskauer Rüstungsindustrie mit der im Süden des Landes abgebauten Kohle zu versorgen und den Nachschub von Kriegsmaterial für die Front sicherzustellen.

Probleme gab es aber nicht nur für die Industrie, sondern erst recht in der Versorgung der Zivilbevölkerung. Die Produktion von Dingen des täglichen Bedarfs ging zurück, ebenso die Kohlelieferung für den Hausbrand. Vor allem aber fehlte es an Lebensmitteln. Bis Anfang 1917 war man in allen großen Städten zu einem Kontingentierungssystem mit Lebensmittelkarten für Brot, Fleisch und andere Grundnahrungsmittel übergegangen. Doch die administrativen Planungsversuche erhöhten eher das Chaos, statt es zu beseitigen. Lange Schlangen vor den Geschäften gehörten in Petrograd, wie die Hauptstadt St. Petersburg seit Kriegsbeginn hieß, in Moskau, in Kiev, in Odessa, in Rostov oder in Saratov schon im zweiten Kriegsjahr zum Alltag, wobei es bald ebenso zur täglichen Erfahrung wurde, daß die zur Verfügung stehenden Waren zur Versorgung aller Wartenden nicht ausreichten. Im zivilen Bereich machten sich diese

Lücken um so krasser bemerkbar, als die Versorgung der Front in jedem Falle Priorität besaß.

Die Autokratie verspielte in den Kriegsjahren ihren letzten Kredit. Der Zar, Nikolaj II., hatte gegen den Rat seiner Minister 1915 selbst den militärischen Oberbefehl übernommen, ohne seine Stellung mit militärischen Erfolgen festigen zu können. Und während er im Hauptquartier weilte, geriet die Politik unter den Einfluß der Kaiserin, deren Hofaffairen und deren Beratung durch jenen ominösen sibirischen Bauern Rasputin kaum geeignet waren, Vertrauen in die Regierungspolitik zu wecken. Während die Lage an den Fronten immer ernster wurde, und die wirtschaftlichen Probleme im Innern wuchsen, drehte sich in der Hauptstadt munter das Regierungskarussell: Auf das Kabinett Goremykin folgte Anfang Februar 1916 eine neue Regierung unter Ministerpräsident Stürmer. Sie wurde Ende November durch ein Kabinett Trepov abgelöst, das nur zwei Monate im Amt blieb, bevor es – Mitte Januar 1917 – von einer neuen Regierung unter Ministerpräsident Golicyn abgelöst wurde.

Der wachsende Unmut der Bevölkerung ließ sich an der Streik-Statistik ablesen: Sie zeigt, daß die patriotische Aufbruchsstimmung, die im August 1914 herrschte, nur vorübergehend die alten Probleme überdeckte. Seit 1915 wurde erneut gestreikt, im September 1915 waren 114000, im Januar 1916 128000 und im Oktober 187000 im Ausstand. Anfang 1917 überstieg die Zahl der Streikenden rasch die 200000.

Aber nicht nur zwischen Arbeiterschaft und Autokratie wurde der Riß sichtbar und erweiterte sich zur Kluft. Auch die nicht-proletarischen, besitzenden Schichten, grundbesitzender Adel und industrielles Bürgertum, die im Parlament (der Reichsduma) das Sagen hatten, sahen sich und ihre Interessen durch die Regierungspolitik immer weniger vertreten. Statt das Parlament an der Verantwortung zu beteiligen, schränkte die Regierung dessen Aktivitäten ein und unterstellte die Abgeordneten bis weit hinein ins sogenannte bürgerliche Lager polizeilicher Überwachung.

Schon im August 1915 waren in Dumakreisen mehr oder minder konspirative Gespräche über notwendige Verfassungsänderungen im Gange. Sie zielten auf die Bildung einer der Duma verantwortlichen Reichsregierung, und es zirkulierten bereits Kabinettslisten. Aus Dumaabgeordneten konstituierte sich auch der sogenannte »Progressive Block«, der Anfang September 1915 sein Programm der Presse übergab, ein Programm, das von zwei Dritteln der Parlamentsmitglieder unterstützt wurde. Es forderte die Schaffung einer Regierung, die das Vertrauen des Landes besitze, und die Abkehr von einer Regierungspraxis, die sich gegen jede eigenständige Tätigkeit der Gesellschaft wende; wer aus politischen oder religiösen Gründen inhaftiert worden war, sollte amnestiert werden, es sei denn, er hatte gegen das allgemeine Strafrecht verstoßen, und die Schikanen gegen Polen, Juden und Ukrainer sollten endlich aufhören. Die Zulassung von Gewerkschaften und Arbeiterpresse und die Einstellung von Repressalien gegen Arbeitnehmervertreter bei den Krankenkassen waren weitere Punkte des Progressiven Programms.

Die Opposition des Parlaments blieb nicht isoliert, andere wichtige und traditionsreiche Organisationen schlossen sich ihr an: die Organisationen der ländlichen Selbstverwaltung und der Kongreß des Städteverbandes. Um den Krieg siegreich beenden zu können, so machten beide auf ihren Tagungen im Herbst 1916 deutlich, waren politische Reformen unumgänglich. Und im Januar 1917 trafen sich, wie die zarische Geheimpolizei vermerkte, in Moskau progressive Industrielle, Mitglieder der liberalen Kadettenpartei und Abgeordnete des Moskauer Stadtparlaments, um für den Eventualfall zu planen: Wenn der Zar die Duma, das Parlament, wie zu erwarten, wieder aufzulösen versuchte, sollte sich die Dumamehrheit dem zarischen Befehl widersetzen und an einem anderen Ort, in Moskau, ihre Tagungen fortsetzen. Dieser revolutionäre Akt sollte dann der Bevölkerung in einem Aufruf erklärt werden, wobei gleichzeitig die Gründe des Umsturzes offenzulegen waren.

Allerdings brachten nicht diese Moskauer Planungen, sondern hauptstädtische Streiks und Hungerunruhen im Januar und Februar 1917 den Stein ins Rollen, der wenig später die Regierung niederwalzte und die Autokratie in den Abgrund riß. Anfang des Jahres 1917 hatte sich die Versorgungslage in der Hauptstadt krisenhaft zugespitzt. Die Lebensmittelpreise waren so hoch, daß selbst für wohlhabendere Schichten das Leben immer schwieriger zu werden begann; lebenswichtige Güter waren nicht mehr zu haben. Der 22. Januar – nach russischem Kalender[1] war es der 9. Januar, der Jahrestag der ersten Revolution von 1905 – wurde zum politischen Ventil. Massendemon-

[1] Vgl. die editorische Notiz im Anhang.

strationen erinnerten an den »Blutsonntag«, als Militär auf friedliche Demonstranten geschossen hatte, und die Hauptstadt kam seither nicht mehr zur Ruhe. Arbeiter marschierten mit dem Ruf »Nieder mit dem Krieg, nieder mit der Polizei, schlagt die Marodeure« durch die Straßen. Das republikanische Kampflied, die Marseillaise, wurde gesungen, unter eifriger Beteiligung von Soldaten und auch von Offizieren, und es kam zu Ausschreitungen zwischen Demonstranten und der Polizei.

Am 8. März, dem Internationalen Frauentag, demonstrierten die Petrograder Frauen für mehr Brot, und immer lauter wurden die Parolen gegen Krieg und Autokratie. Das Geschehen trat in eine kritische Phase. Der Kommandant des Petrograder Militärbezirkes meldete am Tag darauf 200000 streikende Arbeiter, am 10. März – der 25. Februar nach russischem Kalender – waren es bereits 240000. Als der Zar am gleichen Tag die Liquidierung der hauptstädtischen Unruhen und die Vertagung der Duma befahl, war der Autokratie die Macht bereits aus den Händen geglitten. Die eingesetzten Truppen weigerten sich, auf die Aufständischen zu schießen und gingen allmählich zu ihnen über. Und der Seniorenkonvent des Parlaments widersetzte sich dem Auflösungsbefehl des Zaren: Ein Provisorisches Dumakomitee bildete sich und erklärte seinerseits den gesamten ehemaligen Ministerrat für abgesetzt.

Am gleichen Tag konstituierte sich als Vertretung der hauptstädtischen Arbeiter und Soldaten ein »Rat« (russisch: *sovet*, eingedeutscht: Sowjet). Alle Fabriken, Betriebe und militärischen Einheiten entsandten dazu »Deputierte«. Rat und Dumakomitee einigten sich auf ein gemeinsames Programm: Es sah eine vollständige politische Amnestie, die Abschaffung aller Standesunterschiede und die Einführung der bürgerlichen Freiheitsrechte (Rede- und Presse-, Vereins- und Versammlungsfreiheit sowie das Streikrecht) vor; die verhaßten zaristischen Polizeieinheiten sollten durch eine Volksmiliz (mit gewählter Leitung) ersetzt und die Selbstverwaltungsorgane in Stadt und Land aufgrund allgemeiner und gleicher Wahlen neu bestellt werden. Über die zukünftige Ordnung Rußlands, so beschloß man, hatte eine Verfassunggebende Versammlung zu entscheiden, ihre Wahl war vorzubereiten.

Solange sich das Dumakomitee an dieses Programm hielt, versprach der Arbeiter- und Soldatenrat die vom Dumakomitee gebildete »Provisorische Regierung« anzuerkennen. Die erste Phase der russischen Revolution – die »Februarrevolution« –

war damit abgeschlossen. Sie hatte die Autokratie, die zarische Selbstherrschaft gestürzt, die Einführung der bürgerlichen Freiheitsrechte erreicht und ein politisches System etabliert, das man als »Doppelherrschaft« bezeichnet hat. Neben der Provisorischen Regierung (provisorisch, weil sie nur bis zum Zusammentritt der Nationalversammlung die laufenden Geschäfte führen sollte) fungierte eine Vertretung der hauptstädtischen Massen, der Sowjet der Arbeiter- und Soldatendeputierten, als Kontrollorgan.

Der gemeinsame Gegner hatte die Opposition geeint, der autokratische Staat wurde hinweggefegt, wie in der Hauptstadt so auch draußen im Lande, von der Spitze bis hinunter zu den Bezirkshauptleuten. Überall entstanden »Räte«, in den Städten, Garnisonen und Fabriken, beanspruchten Mitsprache und schlossen sich zu regionalen (und auch überregionalen) Organisationen zusammen. Das Land befand sich im Umbruch. Freilich, wer sich – so oder so – rasche Erfolge erhofft hatte, wurde enttäuscht. Der Krieg dauerte an, die Rohstoffkrise blieb, der Zerfall des Transportwesens setzte sich fort, und das administrative Chaos, das die Auflösung des autokratischen Staates mit sich brachte, verschärfte noch die Probleme, Städte und Armee ausreichend mit Lebensmitteln zu versorgen.

Schon bald wurde auch offenbar, daß die Übereinkunft zwischen Provisorischer Regierung und Sowjet die wichtigsten Fragen ausgespart hatte: Wann und zu welchen Bedingungen sollte Frieden geschlossen werden? Wie stellte sich die Regierung zu den Arbeiterforderungen: mehr Lohn, Achtstundentag, Produktionskontrolle? Auch die Frage einer Agrarreform war ausgeklammert geblieben, obwohl sie wie keine andere Frage das Land seit Jahrzehnten beschäftigte.

Die Absicht war, die Lösung dieser schwerwiegenden Probleme der frei gewählten Verfassunggebenden Versammlung vorzubehalten. Doch die öffentliche Debatte war damit nicht zu verhindern, und je länger die Wahl der Konstituante auf sich warten ließ, desto leidenschaftlicher wurde die Auseinandersetzung. Differenzen überlagerten die vorher beschworenen Gemeinsamkeiten innerhalb der Regierung, zerrütteten das Vertrauensverhältnis zwischen Regierung und Sowjet und leisteten innerhalb der Räte den Radikalen Vorschub.

Schon Anfang Mai mußte die Provisorische Regierung nach einem heftigen Konflikt in der Friedensfrage umgebildet werden. Der Versuch, das eigene Prestige mit einem militärischen

Erfolg zu festigen, scheiterte; die im Juli gestartete Großoffensive erwies sich als Fehlschlag. Gleichzeitig sah sich die Regierung heftigen Attacken von links ausgesetzt. In der Hauptstadt forderten bewaffnete Demonstranten ihren Sturz und die Machtübernahme durch den Arbeiter- und Soldatenrat; es kam zu sinnlosen Schießereien, es gab Tote und Verletzte. Die Provisorische Regierung schlug zurück: Sie verbot die bolschewistische Partei, die zumindest eine Teilschuld an der Aktion trug. Erneut mußte das Kabinett umgebildet werden: Ein Teil der bürgerlichen Minister schied aus, und Alexander Kerenskij, Führer einer kleinen rechtssozialistischen Gruppierung, wurde neuer Ministerpräsident. Doch der Autoritäts- und Machtverfall der Regierung war nicht zu übersehen, und als Ende August erneut ein Putschversuch (»Kornilov-Putsch«) unternommen wurde, diesmal von rechts, konnte sie sich nur mit Hilfe der eben verbotenen radikalen Linken behaupten. Ihr Einsatz gegen die »Konterrevolution« rehabilitierte die Bolschewiki und stärkte ihre Position: Zum ersten Male gewannen sie im Petrograder und Moskauer Sowjet die Mehrheit. Eine wichtige Voraussetzung für ihre Machtübernahme war damit gegeben.

Wer waren diese Bolschewiki, die im Herbst 1917 nun die Macht ergriffen? Etwas vereinfachend gesagt: der linke Flügel der Russischen Sozialdemokratischen Arbeiterpartei. Seit 1903, seit dem zweiten Parteitag, war sie in zwei Lager gespalten, in die (bolschewistischen) Anhänger Lenins und in die Gruppe der Menschewiki. Streitpunkt war Paragraph 1 der Parteistatuten gewesen, die Frage, ob es genüge, wenn ein Parteimitglied das Programm anerkenne, seine Beiträge bezahle und die Parteiarbeit unterstütze, oder ob jedes Mitglied, wie Lenin dies forderte, persönlichen Einsatz zeigen müsse. Die kontrovers diskutierten Vorschläge unterschieden sich nur durch Nuancen, aber hinter den Nuancen verbargen sich unterschiedliche Organisationsmodelle, mehr noch: Differenzen über Aufgaben und Ziele, Strategie und Taktik der russischen Sozialdemokratie.

Anders als seine Gegner orientierte sich Lenin nicht am Leitbild einer mitgliederstarken Massenpartei. Die Bedingungen des zaristischen Polizeiterrors, so sagte Lenin in seiner Schrift ›Was tun?‹, erforderten strengste Konspiration. Eine Massenorganisation sei zu schwerfällig, ein mehrfach abgestuftes innerparteiliches Wahlsystem zu umständlich, und Statuten, die alles und jedes demokratisch regelten, erleichterten nur der Polizei die Observation. Nur als straff organisierte Kaderpartei, mit Mitgliedern, die die Revolution zu ihrem Beruf machten, könne die noch junge russische Sozialdemokratie überleben. »Ein kleiner, festgefügter Kern der zuverlässigsten, erfahrensten und gestähltesten Arbeiter, der in den wichtigsten Bezirken Vertrauensleute hat und nach allen Regeln der strengsten Konspiration mit der Organisation der Revolutionäre verbunden ist«, so lautete Lenins Konzept[2].

Es ging ihm dabei nicht nur um die Organisation, es ging ihm um Ziel und Rolle, Programmatik und Selbstverständnis der russischen Sozialdemokratie. Für Lenin konnte es nicht die Aufgabe der russischen Sozialdemokraten sein, gewerkschaftliche Forderungen der Arbeiter zu vertreten, ansonsten aber den bürgerlichen Parteien das politische Feld zu überlassen, abzuwarten, bis sie stark genug waren, die Autokratie zu stürzen, und eine parlamentarische Demokratie mit bürgerlichen Freiheitsrechten verwirklichten. Derartige Schlüsse aus den Marxschen Schriften und dem Entwicklungsstand Rußlands abzuleiten, schien ihm ein Mißverständnis und ein politischer Fehler zugleich. Nein, die Sozialdemokraten mußten, gerade wegen der Schwäche des russischen Bürgertums, an der Spitze der revolutionären Bewegung marschieren, den bewaffneten Aufstand gegen die Autokratie vorbereiten, bei ihrem Sturz eine Führungsrolle übernehmen und die eigenen Ziele durchzusetzen versuchen – gestützt auf das Proletariat und die verarmten bäuerlichen Massen.

In diesen Überlegungen, wie sie Lenin im Laufe des Revolutionsjahres 1905 und in den Jahren danach niedergeschrieben hat, verwischten sich die bei Marx noch klar erkennbaren Grenzen zwischen kapitalistischer und sozialistischer Entwicklung, zwischen bürgerlicher und proletarischer Revolution, beide gingen nahtlos ineinander über. Lenin näherte sich damit Auffassungen, wie sie vor ihm Leo Trockij in seiner Theorie der ›Permanenten Revolution‹ vertreten hatte. Auch er war 1905 zu der Überzeugung gekommen, daß in Rußland die bürgerliche Revolution unmittelbar in die sozialistische übergehen müsse, und beide, Lenin und Trockij, vertrauten darauf, daß im »Eventualfall« ohnehin der revolutionäre Funke von Rußland auf die fortgeschritteneren Staaten Westeuropas überspringen werde

[2] Lenin, Čto delat'? In: ders., Sočinenija. (2. Aufl.) Moskau, Leningrad 1927, Bd. 4, S. 452.

und in der »Weltrevolution« die richtigen Relationen wiederhergestellt würden.

Trotz dieser weitausgreifenden Überlegungen gab es 1917 keine flächendeckende, funktionierende bolschewistische Parteiorganisation, und durch den Ausbruch der Februarrevolution wurden die Bolschewiki ebenso überrascht wie die anderen Parteien. Der Einfluß, den die Partei während des Jahres 1917 gewann, beruhte nicht auf ihrer organisatorischen Stärke, sondern auf einem Sofortprogramm, das Lenin – unmittelbar nach seiner Rückkehr aus dem Exil – im April 1917 aufgestellt hatte. Diese sogenannten ›Aprilthesen‹ gewannen im gleichen Maße an Attraktivität und an Bedeutung im politischen Tageskampf, wie Prestige und Macht der Provisorischen Regierung verfielen.

Die Provisorische Regierung, so sagte Lenin in den ›Aprilthesen‹, setze den Krieg und die imperialistische Außenpolitik fort, sei unfähig, die anstehenden Probleme zu lösen, und stütze sich, wie bisher, auf Großgrundbesitz und Bourgeoisie, Heer und Beamtenschaft. Sie verkörpere die Vergangenheit, Rußland aber sei dabei, diese Vergangenheit hinter sich zu lassen; die Zukunft gehöre den Räten, den Sowjets, und den Arbeitern, Bauern und Soldaten, die hinter ihnen stünden. Die Sowjets verkörperten für Lenin einen neuen Typus von Demokratie, einen Staat ohne Polizei, Armee und Beamtenschaft, und seine Parole hieß: »Keine Unterstützung der Provisorischen Regierung, alle Macht den Räten.« Für die Massenwirksamkeit noch wichtiger waren die konkreten Forderungen, die diesen Parolen folgten: sofortiger Friedensschluß, Enteignung der Gutsbesitzer, Kontrolle der Fabriken durch die Arbeiter und Nationalisierung der Banken.

Lenin wußte natürlich, daß diejenigen, denen er die Macht übertragen wollte, die Sowjets, mehrheitlich nicht willens waren, sie zu übernehmen. Und so reagierte die bolschewistische Partei auch eher verlegen, als bewaffnete Demonstranten im Juli 1917 mit bolschewistischen Parolen den Sturz der Provisorischen Regierung und die Machtübernahme der Sowjets forderten. Nur widerwillig waren die Bolschewiki bereit, die Leitung der Aktion zu übernehmen. Wie oben bereits dargestellt, scheiterte der Versuch der Machtübernahme, die Partei wurde verboten und Lenin mußte nach Finnland fliehen. Ob des Mißerfolges ließ die Partei nun vorübergehend die Parole »Alle Macht den Sowjets« fallen und forderte statt dessen die »Diktatur des Proletariats und der Bauernschaft«.

Da kam der Kornilov-Putsch den Bolschewiki zu Hilfe. Er demonstrierte nicht nur die von rechts drohende konterrevolutionäre Gefahr und die Hilflosigkeit der Provisorischen Regierung, sondern er ermöglichte es den Bolschewiki, sich mit ihrem Einsatz zur Rettung der Revolution zu rehabilitieren und verschaffte ihnen obendrein – wenig später – die Mehrheit in den beiden größten Sowjets, in den Räten von Petrograd und Moskau.

Diese glückliche Fügung bewog die Partei, die alte Parole »Alle Macht den Sowjets« wieder aufzugreifen, und anders als im Juli beurteilte Lenin nun die Voraussetzungen für einen Sturz der Regierung günstig. In Briefen aus seinem finnischen Versteck beschwor er das bolschewistische Zentralkomitee, die Gelegenheit nicht ungenutzt verstreichen zu lassen: Die Krise sei herangereift, auf die Verfassunggebende Versammlung und eine etwaige bolschewistische Mehrheit in ihr zu warten, wäre »ein Verbrechen an der Revolution«[3]. Lenin setzte sich durch. Am 23. Oktober fiel im Zentralkomitee (CK) der Entschluß zum bewaffneten Aufstand.

Leitstelle der Aufstandsorganisation wurde das »Militärische Revolutionskomitee«. Es war am 22. Oktober – also einen Tag vor dem CK-Beschluß – auf menschewistischen Antrag vom Petrograder Arbeiter- und Soldatenrat zur Verteidigung der Hauptstadt gegründet worden. Wenig später erweiterten die Bolschewiki sein Aufgabengebiet beträchtlich. Mit Billigung der Plenarversammlung des Petrograder Sowjet wiesen sie dem Komitee nicht nur die Verteidigung der Hauptstadt gegen die Konterrevolution zu, sondern sie forderten in einer entsprechenden Resolution zugleich: die Bewaffnung der Arbeiter, den Sturz der Provisorischen Regierung und die Errichtung der Sowjetherrschaft. Die Absicht war klar, und die Menschewiki verließen daraufhin das Militärische Revolutionskomitee. Doch seinen weiteren Ausbau konnten sie damit nicht verhindern, und bereits wenig später wagte das Komitee die Kraftprobe mit der Provisorischen Regierung. Es unterstellte die Soldaten des Petrograder Militärbezirkes seiner Verfügungsgewalt und verlangte für alle Befehle des Stabes die Gegenzeichnung des Komitees.

[3] Die Briefe an das Zentralkomitee sind abgedruckt in: Lenin, Werke Bd. 25 und 26 (4. Ausgabe), Berlin 1961, hier Bd. 26, S. 125f.

Derart provoziert entschloß sich die Provisorische Regierung zum Gegenschlag: Sie ließ den Verlag zweier bolschewistischer Zeitungen schließen und verfügte die Absetzung der Kommissare des Militärischen Revolutionskomitees. Die Gegenseite war stärker. In der Nacht vom 6. auf den 7. November – nach russischem Kalender war es der 24./25. Oktober – besetzten militärische Einheiten und bewaffnete Arbeiterbrigaden (die »Roten Garden«) auf Befehl des Militärischen Revolutionskomitees die strategischen Punkte der Stadt und verhafteten die Mitglieder der Provisorischen Regierung, soweit sie ihrer habhaft werden konnten. Am nächsten Tag erklärte ein Aufruf an die Bürger Rußlands den Sturz der Regierung und die Übernahme der Macht durch den Petrograder Arbeiter- und Soldatenrat. Als nächste Schritte sollten der Abschluß eines demokratischen Friedens, die Abschaffung der Eigentumsrechte der Gutsbesitzer am Land, die Kontrolle der Arbeiter über die Produktion und die Schaffung einer Sowjetregierung folgen. Und noch am gleichen Tage wurden die ersten Dekrete zur Verwirklichung dieses Programmes erlassen: das Dekret über den Frieden, die Entschließung zur Bildung des Rates der Volkskommissare und das Dekret über Grund und Boden.

Das waren – in groben Zügen – die Ereignisse, die in der Sowjetunion seither als »Große Sozialistische Oktoberrevolution« gefeiert werden[4]. Welche neue staatliche, wirtschaftliche und gesellschaftliche Ordnung hat sie geschaffen? Welches Regierungssystem bildete sich heraus, welche neue Verwaltung? Welche Rolle spielte dabei die Partei, die die Revolution organisiert hatte, welche Funktion übernahmen die Räte? Wie wurde die Rechtsprechung künftig geregelt, warum entstanden Beamtenschaft und stehendes Heer neu? Was änderte sich für die Menschen, in der Schule, im Beruf, am Arbeitsplatz? Was für die einzelnen Klassen und Schichten der Bevölkerung, für Gutsbesitzer und Fabrikanten, für Arbeiter und Bauern, für Soldaten und Offiziere, für Lehrer und Richter? Kurzum, was wurde aus den revolutionären Versprechungen einer freieren,

[4] Voraussetzungen, Bedingungen und Verlauf der Oktoberrevolution können hier nicht im einzelnen behandelt werden. Vgl. hierzu das kleine Bändchen von D. Geyer, Die russische Revolution. Historische Propleme und Perspektiven. 3. Aufl. Göttingen 1980, sowie die entsprechenden Beiträge im 3. Band des Handbuches der Geschichte Rußlands (hg. von G. Schramm), Stuttgart 1983; dort auch ausführliche Hinweise auf die Forschungsliteratur.

besseren, gerechteren Welt in den zwanziger, dreißiger, vierziger Jahren, ja bis in unsere Tage?

Die vorliegende Veröffentlichung geht diesen Fragen nach. In zwei Bänden beschreibt sie die Entwicklung von der Revolution bis zu Stalins Tod. Das Augenmerk des ersten Bandes richtet sich dabei auf das politische System, auf den Wandel von Partei und Staat, von Regierung und Verwaltung, der Polizei und der Justiz, der Armee und der Sicherheitsorgane. Ein zweiter Band über die Entwicklung von Wirtschaft und Gesellschaft bis 1953 wird in Kürze folgen.

I. Die Grundlegung
Von der revolutionären Rätedemokratie zur Union der Sozialistischen Sowjetrepubliken 1917–1927

Die Bolschewiki stützten sich vor allem auf das Industrieproletariat, doch Rußland war 1917 ein Agrarstaat. Mehr als drei Viertel seiner Bevölkerung waren Bauern. Arbeiter in Großbetrieben gab es kaum mehr als 3 Millionen, eine kleine Minderheit in einem Staat von weit über 100 Millionen[1]. Räte, die zum Fundament der neuen Ordnung werden sollten, waren seit dem Frühjahr fast ausschließlich in Städten, in Garnisonen und Fabriken gegründet worden. Auf dem flachen Land, draußen im Dorf, wo noch immer über 80 Prozent der Bevölkerung lebten, blieben die alten Formen bäuerlicher Selbstverwaltung, die Dorfversammlungen, bestehen, und wo sie sich nun »Räte« nannten, änderten sie meist nur den Namen. Wie sollte darauf ein »sozialistischer Sowjetstaat« aufgebaut werden, wie das die Bolschewiki im Oktober angekündigt hatten?

Die Anhänger Lenins hofften darauf, daß das russische Geschehen auf Westeuropa übergreifen und die Verzerrungen in der Entwicklung zurechtrücken würde. Doch die »Weltrevolution« blieb aus, und auf den Oktoberumsturz folgte der Bürgerkrieg, der das Land in zwei feindliche Lager zerriß und die Verwirrung bis zum politischen und wirtschaftlichen Chaos steigerte. Die Anfänge eines »Rätestaates« verfielen, noch ehe er recht zu funktionieren begonnen hatte. Der eben gegründete »Rat der Volkskommissare« trat seine Kompetenzen an außerordentliche Organe ab, die mit diktatorischen Vollmachten regierten. Die neu geschaffenen Gerichtsorgane konnten der um sich greifenden Willkür nicht Einhalt gebieten, »weißer«Terror wurde mit »rotem« beantwortet und umgekehrt. Die Räteorgane lösten sich auf, weil sie funktionslos geworden waren oder von der »Gegenrevolution« überrollt wurden, nur an der Staatsspitze und in den Großstädten erhielten sich Reste. Die im Sommer 1918 beschlossene erste Sowjetverfassung schien kaum das Papier wert, auf dem sie gedruckt war. Parallel zur politischen Entwicklung verfielen Wirtschaft und Gesellschaft.

Auf dem Höhepunkt der Krise 1919/20 sah man in der Partei

[1] Vgl. Tabelle 1 im Anhang.

das Chaos zunehmend als Chance, die Revolution im Innern weiter voranzutreiben. Auf den Ruinen der alten Ordnung sollte nun eine ganz andere, eine »kommunistische« Welt entstehen. In ihr sollte es Geld und Steuern, Mieten und Abgaben nicht mehr geben, und ein staatliches Verteilungssystem sollte die Funktionen des Marktes übernehmen. Große Hoffnungen setzte man dabei auf den Staatsplan zur Elektrifizierung Gesamtrußlands, der zugleich mit neuester Technik neue, eben »kommunistische« Lebensformen ermöglichen sollte[2].

Bauernaufstände und Arbeiterstreiks setzten diesen Zukunftsvisionen im Winter 1920/21 ein Ende. Die Parteiführung riß das Steuer der Politik herum. Sie erklärte die »kriegskommunistischen« Planungen zu Phantasien und suchte statt der Konfrontation den Ausgleich, vor allem im Verhältnis zum Dorf. Eine »Neue Ökonomische Politik« (in der russischen Abkürzung NĖP) setzte an die Stelle der Getreiderequisitionen geregelte Austauschbeziehungen zwischen Stadt und Land und propagierte das »Klassenbündnis zwischen Arbeitern und Bauern« *(smyčka)*. Die außerordentlichen Organe wurden aufgelöst, die staatliche Gewalt sollte wieder jenen Gremien übertragen werden, die in der Verfassung von 1918 dafür vorgesehen waren. Der Neuaufbau der Räteorganisation begann, und »revolutionäre Willkür« sollte »revolutionärer Gesetzlichkeit« weichen. Die »werktätige Bevölkerung«, Arbeiter und Bauern, an den Sowjetstaat »heranzuziehen« wurde nun zur wichtigsten Aufgabe. Der Wiederaufstieg aus der wirtschaftlichen Talsohle begann; bis Mitte der zwanziger Jahre wurde das Produktionsniveau der Vorkriegszeit wieder erreicht.

Die sowjetische Forschung sieht diese Entwicklung etwas einseitig, sie betont die Kontinuitäten, verdeckt die Brüche: Der Gründung des Sowjetstaates und seiner Behauptung im Bürgerkrieg, so sagt sie, folgte seit 1921 die Wiederherstellung seiner wirtschaftlichen Basis; diese führte in der zweiten Hälfte der zwanziger Jahre – mit der forcierten Industrialisierung und der Kollektivierung – zum »Sieg« und zur »Festigung des Sozialismus«; Stalin setzte dabei konsequent fort, was Lenin geplant und begonnen hatte; und immer, so wird behauptet, handelte die Partei im Gleichlauf mit den »Massen«: Sie setzte politisch um, was von ihnen verlangt oder doch zumindest gewollt wurde.

[2] Vgl. dazu Band 2 dieser Dokumentation.

Eine solche Interpretation hält einer kritischen Überprüfung nicht stand. Sie übersieht, daß 1917 auch unter den Bolschewiki die Ansichten über den Aufbau des Staates und die künftige Politik weit auseinander gingen. Die heftig geführten Debatten endeten erst im Bürgerkrieg, als das Überleben, wie es schien, nur mit Diktatur und Zentralismus gesichert werden konnte. Nachdem man sich 1920 in kriegskommunistischen Utopien verstiegen hatte, nahm man 1921 davon Abschied, aber niemand wußte für wie lange. Und so sehr sich auch die Partei auf »die Massen«, das Proletariat und die Bauern, berief, sie waren mehr Objekt als Subjekt der Planung.

Die folgenden Kapitel versuchen, diese Probleme zu verdeutlichen. Sie beschränken sich dabei auf »Partei und Staat«, selbst wenn deren Entwicklung von »Wirtschaft und Gesellschaft« oft nicht zu trennen ist.

1. Kapitel
Der Aufbau der neuen Staatsorganisation

Ende Oktober 1917, als die Front bedenklich näher rückte und Gerüchte schon von Vorbereitungen zur Räumung der Hauptstadt wissen wollten, hatte der Petrograder Sowjet die Gründung eines Gremiums beschlossen, das – in engem Kontakt mit den militärischen Stellen – das weitere Schicksal der Stadt beraten sollte. Die Initiative ging dabei von den Menschewiki aus, doch die Bolschewiki gaben ihr – wie erwähnt – rasch eine andere Wendung. Gestützt auf ihre Mehrheit im Sowjet machten sie aus der geplanten Koordinationsstelle zur Verteidigung der Hauptstadt einen Stab zur Vorbereitung des bewaffneten Aufstandes: das »Militärische Revolutionskomitee«.

Unter der Leitung dieses Komitees besetzten bolschewistische Soldaten und Trupps bewaffneter Arbeiter in der Nacht vom 6. auf den 7. November[1] die Nervpunkte der Stadt. Tags darauf verkündete ein Aufruf den Sturz der Regierung und den Übergang der staatlichen Gewalt in die Hände des Petrograder Arbeiter- und Soldatenrates (Dok. 1). Eine neue, rein bolschewistische Regierung, der »Rat der Volkskommissare« wurde gebildet und einen Tag später, am 8. November, vom 2. Allrussischen Sowjetkongreß bestätigt (Dok. 2). Die Regierung sollte eine Räteregierung sein und in engem Kontakt mit den Räten draußen im Lande stehen (Dok. 3).

Der »Rat der Volkskommissare« bezeichnete sich zunächst als Provisorium und behielt die endgültige Entscheidung über die künftige Staatsform der »Konstituierenden Versammlung« vor. Der Termin für die angesetzten Wahlen – Ende November 1917 – wurde ausdrücklich bestätigt (Dok. 4). Doch die Wahlen ergaben eine nichtbolschewistische Mehrheit, und auch die neugeschaffene gesetzliche Möglichkeit zur nachträglichen Abwahl einzelner Delegierter änderte daran nichts (Dok. 5). Als die Konstituante in ihrer ersten Sitzung (Mitte Januar 1918) den bestehenden politischen Verhältnissen die Zustimmung verweigerte, verließen die Bolschewiki die Versammlung. Sie wurde

[1] Zeitangaben nach dem in Westeuropa üblichen Gregorianischen Kalender, den im Februar 1918 auch Rußland übernahm (vgl. die editorische Notiz im Anhang).

am Tag darauf aufgelöst (Dok. 6) und der Hinweis auf den provisorischen Charakter der Räteregierung wenig später gestrichen (Dok. 8).

Die Einrichtung einer parlamentarischen Republik, wie sie die Delegierten der Nationalversammlung angestrebt hatten, bedeutete für die Bolschewiki einen historischen Rückschritt; dem Rätestaat gehöre die Zukunft, so hatte Lenin schon im April (›Aprilthesen‹) verkündet. Aber was war der Rätestaat in der Realität? Die Rätebildungen waren seit dem Frühjahr spontan erfolgt, in den Großstädten zuerst, dann auch in den kleineren Städten, in Fabriken und Betrieben, in Garnisonen und an der Front. Sie folgten keinem einheitlichen Organisationsschema. Ihr Schwerpunkt lag auf lokaler Ebene, und wo sie sich zu regionalen und überregionalen Organisationen zusammenschlossen, war deren Einfluß im allgemeinen gering. Das galt selbst für den Allrussischen Rätekongreß, der im Juni 1917 zum erstenmal zusammengetreten war, und sein Exekutivkomitee. Je nach Größe, Organisationsform und parteipolitischer Zusammensetzung variierte auch das Selbstverständnis der Räte: Sie sahen sich als soldatische und proletarische Interessenvertretung, als betriebliche Selbstverwaltung oder als Organe der Staatsmacht. Und auf das flache Land hatte die Rätebildung bis zum Herbst 1917 überhaupt noch nicht übergegriffen, hier bestanden die alten Formen bäuerlicher Selbstverwaltung, die Dorfversammlungen, fort.

Das Faktum der »Oktoberrevolution« änderte an dieser Sachlage noch wenig, und bis zur Stabilisierung der Verhältnisse war es ein weiter Weg. Noch im Frühjahr 1918 war Räte-Rußland nicht viel mehr als eine Ansammlung »unverbundener, einfacher, örtlicher Sowjets«, die nur der gemeinsame Haß gegen die alte Ordnung zusammenhielt – so hat es, durchaus zutreffend, ein Mitglied des Volkskommissariats des Innern beschrieben[2]. Um die wichtigsten Staatsfunktionen aufrechterhalten zu können, waren die Bolschewiki gezwungen, auf den Sachverstand der alten Beamtenschaft zurückzugreifen. Nicht nur bei den unteren Chargen, auch in den Führungsstäben der neuen Sowjetbehörden war[3] – und blieb (Dok. 15) – der Anteil der »Ehemaligen« hoch. Doch mangelte es den Bolschewiki nicht nur an

[2] Vgl. V. Tichomirnov, 1-yj punkt sovetskoj konstitucii. In: Vlast' sovetov, organ Narodnogo komissariata vnutrennych del 1918. Nr. 27, S. 12ff.
[3] Vgl. Tabelle 3 im Anhang.

Einfluß und an geschulten Kadern, es fehlte auch eine klare Konzeption für den künftigen Staatsaufbau.

Gewiß, die Grundzüge der Entwicklung lagen fest (Dok. 2) und wurden vom 3. Allrussischen Sowjetkongreß im Januar 1918 noch einmal bestätigt (Dok. 7): Der Staat sollte ein Rätestaat sein, föderativ in seinem Aufbau, mit einem periodisch tagenden Rätekongreß als oberstem Organ und einem Exekutivkomitee, das zwischen den Tagungen die oberste Gewalt repräsentierte. Die Regierung, der Rat der Volkskommissare, war von ihnen zu bestellen und ihnen auch verantwortlich. Doch die eigentlichen Probleme lagen unterhalb dieser Ebene, bei den Kompetenzen der lokalen und regionalen Räte: Die Lokalsowjets beharrten auf ihrer Autonomie, die der 3. Sowjetkongreß ihnen zugestanden hatte (Dok. 7). Wo es in Dörfern zu Rätebildungen kam, handelte es sich vielfach nur um die Umbenennung älterer Institutionen. Der Versuch, daneben spezielle Organisationen der armen Bauern (Komitees der Dorfarmut) ins Leben zu rufen (Dok. 9), scheiterte und wurde im Herbst 1918 abgebrochen. Und da die Zentralregierung die inneren Probleme, die Wirtschaft, das Transportwesen und die Versorgung der Bevölkerung nicht in den Griff bekam, bildeten sich – in Sibirien und im Ural, im Zentrum, im Westen und dann auch im Norden des Landes – Regionalverwaltungen (Gebietsregierungen) heraus, die zur Zentralregierung in Konkurrenz traten.

Ob und inwieweit eine solche Entwicklung zu tolerieren war, darüber gingen auch in der bolschewistischen Partei die Meinungen weit auseinander, und die im Juli 1918 verabschiedete erste Verfassung (siehe Kapitel 4) war ein Kompromiß. Doch die weitere Entwicklung, der um sich greifende Bürgerkrieg, stärkte die Zentralisten: Schon im September 1918 war Sowjetrußland zum »Kriegslager« erklärt worden; mit dem »Rat für Arbeiter- und Bauernverteidigung« wurde im November 1918 eine neue Zentralinstanz geschaffen; Kriegs-, Transport- und Versorgungskommissariat sollten ihm direkt unterstellt sein und erhielten außerordentliche Vollmachten (Dok. 10). Die Gebietszusammenschlüsse mit ihren Regionalregierungen blieben zwar bestehen, aber ihre Autonomie wurde stark beschnitten und ihre Hauptaufgabe sollte fortan darin bestehen, alle Bestimmungen der zentralen Sowjetmacht schnell und strikt zu realisieren (Dok. 11). Nur durch straffe Organisation und strenge Unterordnung war, so schien es, den drohenden Gefahren zu begegnen.

Mit der Einstellung der Kampfhandlungen konnte, im Laufe des Jahres 1920, zur Normalität zurückgekehrt werden. Im Frühjahr wurde der »Rat für Arbeiter- und Bauernverteidigung« zur Schaltstelle für den Wiederaufbau (zum »Rat für Arbeit und Verteidigung«) umgebildet und im Dezember zur bloßen Regierungskommission zurückgestuft (Dok. 12). War die Rätespitze (Rätekongreß und Zentrales Exekutivkomitee) in der Bürgerkriegszeit hinter der Regierung fast völlig zurückgetreten, so sollte nun die alte Hierarchie wieder gelten. Im Februar 1921 rief das Zentrale Exekutivkomitee zu regelmäßigen Räteneuwahlen auf (Dok. 13), und 1922 wurden neue umfangreiche Statuten für die Dorf-, Amtsbezirks-, Kreis-, Stadt- und Gouvernementssowjets erlassen, von denen als Beispiel die Verordnung über die Dorfsowjets (Dok. 14) im Auszug abgedruckt ist.

In Wirklichkeit war die angebliche Rückkehr zur Normalität ein Neuanfang. Ein Großteil der Sowjets war in den Bürgerkriegswirren zerfallen, nur in den Großstädten hatten sich Reste erhalten. Auch die halbautonomen Gebietsregierungen bestanden nicht mehr: Im Osten, im Ural und in Sibirien waren sie von den wechselnden Fronten aufgerieben worden, im Zentrum und im Norden hatte man sie in die allgemeine Staatsverwaltung eingegliedert. Rücksichten auf revolutionäre Traditionen entfielen, der Neuaufbau erfolgte nach Kriterien administrativer Effektivität: Die permanente Neuwahl der Räte wurde abgeschafft; die Amtsperiode einheitlich auf ein Jahr festgelegt; und mit klaren Regeln zu Status und Kompetenzen wurde aus dem losen Nebeneinander eine hierarchisch gegliederte Verwaltungsorganisation.

Die Räte der zwanziger Jahre hatten mit ihren revolutionären Vorläufern nicht viel mehr als den Namen gemein, und es fiel offenkundig schwer, die Isolation, in die sie gerieten, zu überwinden (Dok. 16). Zwar verdoppelte sich zwischen 1922 und 1924 die Wahlbeteiligung (sie stieg in der Stadt von 36,2 auf 59,1 Prozent, auf dem Dorf von 22,3 auf 48,4 Prozent)[4], aber die »Massen« an der Arbeit der Sowjets zu beteiligen, so wie das programmatisch immer wieder gefordert wurde, blieb ein Problem. Denn die Verselbständigung, die Bürokratisierung des Staatsapparates setzte sich fort, beschleunigt durch die zentralistische Politik – ein Prozeß, dem auch durch verschiedene, zentral eingesetzte Kontrollkommissionen kaum beizukommen war (Dok. 15).

[4] Vgl. Tabelle 7 im Anhang.

1. Aufruf des Militärischen Revolutionskomitees
7. November 1917

An die Bürger Rußlands

Die Provisorische Regierung ist gestürzt. Die staatliche Gewalt ist in die Hände des Organs des Petrograder Rates der Arbeiter- und Soldatendeputierten, des Militärischen Revolutionskomitees, übergegangen, das an der Spitze des Proletariats und der Garnison von Petrograd steht.

Die Sache, für die das Volk gekämpft hat: unverzüglicher Abschluß eines demokratischen Friedens, Abschaffung des Eigentumsrechts der Gutsbesitzer am Lande, Arbeiterkontrolle über die Produktion, Schaffung einer Sowjetregierung – dies alles ist gesichert.

Es lebe die Revolution der Arbeiter, Soldaten und Bauern!

Das Militärische Revolutionskomitee
des Petrograder Rates der Arbeiter-
und Soldatendeputierten

2. Über die Bildung des Rates der Volkskommissare
Dekret des 2. Allrussischen Sowjetkongresses
8. November 1917

Der Allrussische Kongreß der Sowjets der Arbeiter-, Soldaten- und Bauerndeputierten beschließt:

Bis zur Einberufung der Konstituierenden Versammlung eine provisorische Arbeiter- und Bauernregierung zur Verwaltung des Landes zu bilden, die »Rat der Volkskommissare« heißen wird. Die Leitung der verschiedenen Zweige des staatlichen Lebens wird Kommissionen übertragen, die die Ausführung des auf dem Kongreß verkündeten Programms in enger Verbindung mit den Massenorganisationen der Arbeiter, Arbeiterinnen, Matrosen, Soldaten, Bauern und Werktätigen zu übernehmen haben. Die Regierungsgewalt liegt beim Kollegium der Vorsitzenden dieser Kommissionen, d. h. dem Rat der Volkskommissare.

Die Kontrolle über die Tätigkeit der Volkskommissare und das Recht der Einmischung in diese verbleibt dem Allrussischen Kongreß der Sowjets der Arbeiter-, Bauern- und Soldatendeputierten und seinem Zentralen Exekutivkomitee.

Der Rat der Volkskommissare setzt sich gegenwärtig aus folgenden Personen zusammen:

Vorsitzender des Rates – Vladimir Ul'janov (Lenin).

Volkskommissar

des Inneren – A. I. Rykov,

der Landwirtschaft – V. P. Miljutin,

der Arbeit – A. G. Šljapnikov,

für Militär- und Marinefragen – ein Komitee, bestehend aus: V. A. Ovseenko (Antonov), N. V. Krylenko und P. E. Dybenko,

für Fragen des Handels und der Industrie – V. P. Nogin,

für Volksaufklärung – A. V. Lunačarskij,

für Finanzen – I. I. Skvorcov (Stepanov),

für Fragen des Äußeren – L. D. Bronštejn (Trockij),

der Justiz – G. I. Oppokov (Lomov),

für Fragen der Versorgung – I. A. Teodorovič,

der Post und Telegraphen – N. P. Avilov (Glebov).

Vorsitzender für Nationalitätenfragen – I. V. Džugašvili (Stalin).

Der Posten des Volkskommissars für die Eisenbahnen bleibt zur Zeit unbesetzt.

3. Übergang der Macht auf die Räte
Verordnung des 2. Allrussischen Sowjetkongresses
8. November 1917

An alle Gouvernements- und Kreissowjets der Arbeiter-, Soldaten- und Bauerndeputierten

Alle Gewalt steht fortan den Räten zu. Die Kommissare der Provisorischen Regierung werden abgesetzt. Die Vorsitzenden der Räte verkehren unmittelbar mit der revolutionären Regierung.

4. Verordnung der Provisorischen Arbeiter- und Bauernregierung zur Einberufung der Konstituierenden Versammlung zum festgelegten Termin, 9. November 1917

Namens der Regierung der Republik, die vom Allrussischen Kongreß der Arbeiter- und Soldatendeputierten gewählt wurde, wobei auch Bauerndeputierte teilnahmen, verordnet der Rat der Volkskommissare:

1. Die Wahlen zur Konstituierenden Versammlung sollen zum festgesetzten Zeitpunkt stattfinden, am 12. November*.

2. Alle Wahlkommissionen, Einrichtungen der lokalen Selbstverwaltung, Räte der Arbeiter-, Soldaten- und Bauerndeputierten sowie die Soldatenorganisationen an der Front haben alle Anstrengungen zu unternehmen, damit die Wahlen zur Konstituierenden Versammlung zum angesetzten Termin frei und ordnungsgemäß durchgeführt werden können.

Im Namen der Regierung der Russischen Republik, Vorsitzender des Rates der Volkskommissare

Vladimir Ul'janov (Lenin)

5. Über das Recht zur Abberufung von Delegierten
Dekret des Zentralen Exekutivkomitees, 4. Dezember 1917

Eine wie immer geartete Wahlinstitution oder Versammlung von Repräsentanten kann als wahrhaft demokratisch und als wirklicher Ausdruck des Volkswillens nur dann angesehen werden, wenn das Recht der Wähler, ihre Abgeordneten abzuberufen, anerkannt und angewendet wird. Dieser prinzipielle Grundsatz der wahrhaften Demokratie hat, da er sich auf alle Versammlungen von Repräsentanten bezieht, auch für die Konstituierende Versammlung Geltung.

Das Proportionalwahlsystem**, das demokratischer ist als das Majoritätswahlsystem, verlangt komplizierte Maßnahmen zur Verwirklichung des Rechtes auf Rückruf, d. h. zur wirklichen Unterordnung der Gewählten unter das Volk. Aber jeder Verzicht auf die Durchführung des Rechtes auf Abberufung unter diesen Bedingungen, jede Verzögerung seiner Durchführung, jede Beschränkung desselben wäre ein Verrat an der Demokratie und eine völlige Preisgabe der Grundsätze und Aufgaben der großen russischen Revolution. Das Proportionalwahlsystem verlangt nur eine Änderung der Form der Abberufung, keineswegs ihre Beseitigung.

Da das Proportionalwahlsystem von der Parteigruppierung

* 25. November nach neuer Zeitrechnung.

** Die Konstituierende Versammlung wurde nach dem Proportionalwahlsystem gewählt.

der Bevölkerung ausgeht und die Durchführung der Wahlen den organisierten Parteien überläßt, muß jede bedeutende Änderung in den gegenseitigen Klassenbeziehungen und in den Beziehungen der Klassenkräfte zu den Parteien eine Neuwahl in dem Wahlbezirk nach sich ziehen, in welchem die Nichtübereinstimmung zwischen dem Willen verschiedener Klassen und ihrer Stärke einerseits und der Parteizusammensetzung der Gewählten andererseits zutage tritt. Die wahre Demokratie verlangt dabei unbedingt, daß die Anberaumung von Neuwahlen nicht nur von der neu zu wählenden Körperschaft abhängt, das heißt das Recht auf Abberufung der Repräsentanten muß unabhängig von deren Interesse an der Beibehaltung ihrer Mandate sein.

Das Allrussische Exekutivkomitee der Räte der Arbeiter-, Soldaten- und Bauerndeputierten beschließt daher:

Der Kongreß der Räte der Arbeiter-, Soldaten- und Bauerndeputierten, der auf paritätischer Grundlage in dem betreffenden Wahlbezirk einberufen worden ist, hat das Recht, für alle städtischen, landschaftlichen und sonstigen Vertreterkörperschaften, die Konstituierende Versammlung nicht ausgeschlossen, Neuwahlen anzuberaumen.

Auf Verlangen von mehr als der Hälfte der Wähler des betreffenden Wahlbezirks müssen die Räte eine Neuwahl anberaumen.

Die Neuwahlen selbst werden in üblicher Weise streng auf der Grundlage des Proportionalwahlsystems vorgenommen.

Die neugewählten Vertreter ersetzen vom Zeitpunkt ihrer Wahl an die früher gewählten Vertreter.

Das Zentrale Exekutivkomitee hat das Dekret einstimmig bei zwei Stimmenthaltungen angenommen.

6. Dekret über die Auflösung der Konstituierenden Versammlung, 19. Januar 1918

Die Russische Revolution hat von ihrem Anbeginn an die Sowjets der Arbeiter-, Soldaten- und Bauerndeputierten geschaffen als Massenorganisation aller werktätigen und ausgebeuteten Klassen, als die Organisation, die allein imstande ist, den Kampf dieser Klassen für ihre völlige politische und wirtschaftliche Befreiung zu leiten.

Im Laufe der ganzen ersten Periode der Russischen Revolution mehrten sich die Sowjets, wuchsen und erstarkten, überwanden auf Grund der eigenen Erfahrungen die Illusionen des Paktierens mit der Bourgeoisie, erkannten, daß die Formen des bürgerlich-demokratischen Parlamentarismus trügerisch sind, und zogen praktisch die Schlußfolgerung, daß die Befreiung der unterdrückten Klassen unmöglich ist ohne den Bruch mit diesen Formen und mit allen Kompromissen. Ein solcher Bruch war die Oktoberrevolution, die die ganze Macht in die Hände der Sowjets legte.

Die Konstituierende Versammlung, gewählt auf Grund von Kandidatenlisten, die vor der Oktoberrevolution aufgestellt worden waren, brachte das alte politische Kräfteverhältnis zum Ausdruck, aus einer Zeit, als die Kompromißler und die Kadetten an der Macht waren. Das Volk konnte damals, als es für die Kandidaten der Partei der Sozialrevolutionäre stimmte, nicht zwischen den Rechten Sozialrevolutionären, den Anhängern der Bourgeoisie, und den Linken Sozialrevolutionären, den Anhängern des Sozialismus, seine Wahl treffen. So kam es, daß diese Konstituierende Versammlung, die die Krönung der bürgerlichen parlamentarischen Republik sein sollte, sich der Oktoberrevolution und der Sowjetmacht unvermeidlich in den Weg stellen mußte.

Die Oktoberrevolution rief dadurch, daß sie den Sowjets und durch die Sowjets den werktätigen und ausgebeuteten Klassen die Macht gab, den verzweifelten Widerstand der Ausbeuter hervor und erwies sich bei der Unterdrückung dieses Widerstandes vollauf als Beginn der sozialistischen Revolution. Die werktätigen Klassen mußten sich auf Grund der eigenen Erfahrung davon überzeugen, daß sich der alte bürgerliche Parlamentarismus überlebt hat, daß er mit den Aufgaben der Verwirklichung des Sozialismus absolut unvereinbar ist, daß nicht gesamtnationale, sondern nur Klasseninstitutionen (wie es die Sowjets sind) imstande sind, den Widerstand der besitzenden Klassen zu brechen und das Fundament der sozialistischen Gesellschaft zu legen.

Jeder Verzicht auf die uneingeschränkte Macht der Sowjets, auf die vom Volke eroberte Sowjetrepublik zugunsten des bürgerlichen Parlamentarismus und der Konstituierenden Versammlung wäre jetzt ein Schritt rückwärts, würde den Zusammenbruch der ganzen Oktoberrevolution der Arbeiter und Bauern bedeuten.

Die am 5. Januar* zusammengetretene Konstituierende Versammlung brachte aus den obenerwähnten Gründen der Partei der Rechten Sozialrevolutionäre, der Partei Kerenskijs, Avksent'evs und Černovs**, die Mehrheit. Natürlich hat diese Partei es abgelehnt, den absolut genauen, klaren, jedes Drumherumreden ausschließenden Antrag des Zentralen Exekutivkomitees der Sowjets, des obersten Organs der Sowjetmacht, zu beraten, der forderte, das Programm der Sowjetmacht, die ›Deklaration der Rechte des werktätigen und ausgebeuteten Volkes‹, die Oktoberrevolution und die Sowjetmacht anzuerkennen. Damit hat die Konstituierende Versammlung alle Bande zwischen sich und der Sowjetrepublik Rußland zerrissen. Es war daher unvermeidlich, daß die Fraktion der Bolschewiki und die der Linken Sozialrevolutionäre, die jetzt offenkundig die ungeheure Mehrheit in den Sowjets bilden und das Vertrauen der Arbeiter und der Mehrheit der Bauern genießen, diese Konstituierende Versammlung verließen.

In der Tat führen die Parteien der Rechten Sozialrevolutionäre und der Menschewiki außerhalb der Konstituierenden Versammlung den erbittertsten Kampf gegen die Sowjetmacht, fordern in ihrer Presse offen zum Sturz der Sowjetmacht auf, bezeichnen die zur Befreiung von der Ausbeutung notwendige gewaltsame Unterdrückung des Widerstandes der Ausbeuter durch die werktätigen Klassen als Willkür und Ungesetzlichkeit, nehmen die im Dienste des Kapitals stehenden Saboteure in Schutz und gehen so weit, daß sie unverhüllt zum Terror aufrufen, mit dessen Anwendung »unbekannte Gruppen« bereits begonnen haben. Es ist klar, daß der übriggebliebene Teil der Konstituierenden Versammlung infolgedessen nur die Rolle einer Kulisse spielen könnte, hinter der der Kampf der Konterrevolutionäre für den Sturz der Sowjetmacht vor sich gehen würde.

Deshalb beschließt das Zentrale Exekutivkomitee: Die Konstituierende Versammlung wird aufgelöst.

* Nach neuer Zeitrechnung war es der 18. Januar.

** Kerenskij, Avksent'ev und Černov waren auch Mitglieder der Provisorischen Regierung.

7. Über die föderativen Einrichtungen der Russischen Republik
Resolution des 3. Allrussischen Sowjetkongresses
28. Januar 1918

1. Die Russische Sozialistische Sowjetrepublik wird auf der Grundlage des freiwilligen Zusammenschlusses der Völker Rußlands als Föderation der Sowjetrepubliken dieser Völker geschaffen.

2. Oberstes Machtorgan innerhalb der Grenzen der Föderation ist der Allrussische Rätekongreß der Arbeiter-, Soldaten-, Bauern- und Kosakendeputierten, der nicht seltener als alle drei Monate einberufen wird.

3. Der Allrussische Sowjetkongreß der Arbeiter-, Soldaten-, Bauern- und Kosakendeputierten wählt das Allrussische Zentrale Exekutivkomitee. In der Zeit zwischen den Sowjetkongressen ist das Allrussische Zentrale Exekutivkomitee das oberste Organ.

4. Die Regierung der Föderation, der Rat der Volkskommissare, wird in seiner Gesamtheit und in Teilen vom Allrussischen Sowjetkongreß oder vom Allrussischen Zentralen Exekutivkomitee gewählt und entlassen.

5. Die Teilnahme von Sowjetrepubliken, von einzelnen Gebieten an der föderalen Regierung, von Gebieten mit besonderer Lebensweise und Nationalität, ferner die Abgrenzung der Tätigkeitsfelder der föderalen und Gebietsbehörden der Russischen Republik werden bei der Bildung von Sowjetischen Gebietsrepubliken unverzüglich vom Allrussischen Zentralen Exekutivkomitee und den Zentralen Exekutivkomitees dieser Republiken festgelegt.

6. Alle Lokalangelegenheiten werden ausschließlich von den lokalen Sowjets entschieden. Den obersten Sowjets wird das Recht zuerkannt, die Beziehungen zwischen den unteren Sowjets zu regeln und zwischen ihnen entstehende Meinungsverschiedenheiten zu entscheiden. Die zentrale Sowjetmacht ist verpflichtet, für die Beachtung der Grundlagen der Föderation zu sorgen, und sie repräsentiert die Russische Räteföderation als Ganze. Die zentrale Gewalt ist auch für die Durchführung von Maßnahmen verantwortlich, die nur im gesamtstaatlichen Rahmen durchgeführt werden können, wobei freilich die Rechte der einzelnen Gebiete, die der Föderation beitreten, nicht verletzt werden dürfen.

7. Die Ausarbeitung dieser Grundlagen einer Verfassung der

Russischen Föderativen Republik und ihre Einbringung auf dem nächsten Rätekongreß wird dem Zentralen Räteexekutivkomitee übertragen.

8. Umbenennung der höchsten Gewalt im Staate
Verordnung des 3. Allrussischen Sowjetkongresses
31. Januar 1918

Genosse Sverdlov verkündet die Tagesordnung:

1. das Projekt des Beschlusses über eine Neubenennung der bestehenden höchsten Staatsgewalt ...

Genosse Sverdlov: Sie erinnern sich, Genossen, daß die Sowjetmacht, wenn sie früher wichtige Gesetze erließ, dies immer mit dem Vorbehalt tat, daß sie »bis zu ihrer endgültigen Bewilligung seitens der Konstituierenden Versammlung in Kraft treten«. Das geschah noch, solange die werktätigen Massen glaubten und hofften, die Konstituierende Versammlung werde ihre authentischen Interessen und Meinungen vertreten. Jetzt aber, nachdem die rechte sozialrevolutionäre Mehrheit die Konstituierende Versammlung zu konterrevolutionären Zwecken benutzen wollte, kennen die werktätigen Massen nur eine wahre Konstituierende Versammlung der Werktätigen und wollen nur eine kennen, nämlich ihre Räte und das Oberste Organ des revolutionären Proletariats – den Rat der Volkskommissare. Es ist klar, daß die angeführte Klausel zu den Dekreten jetzt durch nichts mehr zu rechtfertigen ist; sie ist völlig veraltet und in den Bereich der Mär eingegangen, genauso wie auch jene Parteien, die den Volkswillen in der Konstituierenden Versammlung verfälschen wollten, sich von der Revolution abgewandt haben. Ich beantrage eine Abstimmung.

(Der Antrag wird ohne Debatten angenommen. Nur zwei bis drei Stimmen aus den blindwütigsten Reihen der rechtssozialrevolutionären »weißen Generäle« sind dagegen. Die Ergebnisse der Abstimmung treffen auf lärmenden Beifall.)

Genosse Sverdlov: Erlauben Sie mir noch, eine andere Berichtigung – eine Berichtigung durch die Revolution selbst – zu beantragen und Sie hiermit zu ersuchen, einen Antrag auch bezüglich einer Neubenennung der Obersten Revolutionsmacht anzunehmen. Wie Sie wissen, hieß sie früher »Provisorische Regierung der Arbeiter und Bauern«. Jetzt, Genossen, da die Revolution der werktätigen Massen nicht nur in Rußland, sondern in der ganzen

Welt siegt, da wir unmittelbar zu einer Festigung der neuen Staatsform durch neue Grundgesetze und Organisierung des sozialen Lebens auf deren Grundlage berufen sind, müssen wir das Wort »Provisorische« streichen und unsere Oberste Regierungsgewalt von nun an »Arbeiter- und Bauernregierung der Russischen Räterepublik« nennen. (Nicht enden wollender tosender Beifall. Der Antrag wird ohne Debatten angenommen.)

9. Über den Aufbau der Rätemacht im Zentrum, die Komitees der Dorfarmut und die Räte auf dem flachen Lande

Verordnung des Außerordentlichen (6.) Allrussischen Rätekongresses, 9. November 1918

Die Oktoberrevolution hat zu einem Sieg des Proletariats über die Bourgeoisie in den Städten geführt. Die auf dem Lande herrschenden rückständigen Verhältnisse haben dort den revolutionären und sozialistischen Kampf verzögert. Nachdem das Proletariat gesiegt hat, beschloß es, in den Dörfern besondere Organisationen zur Festigung und Erweiterung der sozialistischen Revolution einzurichten, welche die Dorfarmut mit dem Stadtproletariat verbinden sollten. Die vormals in Dörfern und Amtsbezirken existierenden Räte waren keine Organe des revolutionären Kampfes gegen die Dorfbourgeoisie; im Gegenteil: vielerorts nahmen die Räte sie sogar in ihren Personalbestand auf. Das Stadtproletariat, das zu jener Zeit eine schwere Nahrungsmittelkrise erlebte, mußte, um diese zu überwinden, die proletarischen Elemente in den Dörfern zusammenschließen und organisieren, um mit ihnen zusammen den Widerstand der Großbauern (Kulaken) im Dorf, die den Hunger ausnutzten, zu brechen.

Den Armenkomitees, die nach dem Dekret vom 11. Juni* errichtet wurden, wurde auch die Pflicht auferlegt, der Spekulation der Großbauern ein Ende zu bereiten und jene Dorfschichten, die fähig sind, Aufgaben der proletarischen sozialistischen Revolution zu erfüllen, zu einem aktiven politischen Leben aufzurufen. Die Komitees mußten die mittelständische werktätige Bauernschaft dem Einfluß der ausbeuterischen Großbauern entreißen und sie anführen.

Bei der Ausführung dieser Arbeit mußten die Komitees zwangsläufig über den Rahmen des Dekrets vom 11. Juni hinausgehen. Die Komitees vereinten die revolutionärsten Elemen-

* Abgedruckt im 2. Band dieser Dokumentation.

te in den Dörfern, zogen die mittelständische werktätige Bauernschaft zum gemeinsamen Kampf gegen das Großbauerntum heran und wurden allmählich zum Lenker allen politischen, administrativen und wirtschaftlichen Lebens in den Dörfern oder Amtsbezirken. In den Dörfern ist auf diese Weise eine Doppelherrschaft entstanden, was einen nutzlosen Kräfteverschleiß und eine Verwirrung in den gegenseitigen Beziehungen zur Folge hatte. Indessen ist eine Stärkung der Macht der Arbeiter und Bauern in Rußland ohne eine im ganzen Territorium der RSFSR* einheitliche Rätestruktur unmöglich.

Die Diktatur des Proletariats – der Arbeiter und ärmsten Bauern – muß konsequent von den höchsten Organen der Sowjetmacht bis in die untersten Schichten betrieben werden. Der sozialistische Aufbau wird erst dann beendet sein, wenn überall in den Dörfern, genau der Verfassung der Sowjetischen Republik entsprechend, die Rätestruktur eingeführt worden ist. Nur unter dieser Bedingung erhält die ärmste und die an sie angrenzende mittelständische werktätige Bauernschaft die volle Möglichkeit, die Errungenschaften der sozialistischen Revolution endgültig zu festigen. Nur die Schaffung einer einheitlichen Rätestruktur in der Stadt und auf dem Land wird die Verschmelzung des Stadtproletariats mit dem Proletariat und den halbproletarischen Elementen auf dem Land im gemeinsamen Kampf gegen Unterdrücker jeglicher Art sicherstellen. Die Armenkomitees, die tatsächlich die ärmste Bauernschaft zusammenschlossen, müssen bei der Umbildung der Amtsbezirks- und Dorfräte im höchsten Maße aktiv teilnehmen, um sie nach dem Vorbild der Stadträte in wirkliche Organe der Sowjetmacht und des kommunistischen Aufbaus umzugestalten. Von der Notwendigkeit ausgehend, den sowjetischen Aufbau mit der Errichtung einer im ganzen Territorium der Sowjetischen Republik einheitlichen Rätestruktur zu beenden, ersucht der Allrussische Rätekongreß alle Gouvernements- und Kreisräte, unverzüglich Neuwahlen aller Amtsbezirks- und Dorfräte durchzuführen und dabei die Komitees der Dorfarmut als Organe des kommunistischen Aufbaus auf dem Lande, mit der sofortigen Durchführung der Neuwahlen zu beauftragen. Mit der Gesamtleitung der Umbildung der Räte wird das Allrussische Zentrale Exekutivkomitee beauftragt, das ebenfalls zur Ausarbeitung einer genauen Instruktion verpflichtet wird.

* Russische Sozialistische Föderative Sowjetrepublik.

10. Bildung des Rates der Arbeiter- und Bauernverteidigung Dekret des Allrussischen Zentralen Exekutivkomitees (Auszug), 30. November 1918

Die Sowjetische Republik sieht sich der wachsenden Gefahr einer Invasion der vereinigten Kriegsscharen des Imperialismus der ganzen Welt gegenüberstehen. In der Arena des weltweiten Gemetzels unter den lügnerischen Losungen der Demokratie und der Brüderlichkeit der Völker, treten die siegreichen verbündeten Räuber jetzt alle schwächeren Völker und Staaten mit Füßen. Die Arbeiterklasse Deutschlands, die selbst ein Opfer der Politik der bourgeois-adeligen Monarchie der Hohenzollern war, wird jetzt erbarmungslos von Wilson, Lloyd-George und deren Komplizen erdrosselt. Das von den Deutschen geräumte Belgien wird zur Beute Englands. Ungarn, Böhmen und alle Länder der Balkanhalbinsel werden von ausländischen Truppen besetzt. Alle neutralen Länder beugen sich ergeben unter das Joch der Sieger. Selbst Frankreich, das zu den siegreichen Mächten gehört, wird in Wirklichkeit von angloamerikanischen und kolonialen Truppen besetzt, die die Aufgabe haben, die Revolution des französischen Proletariats zu ersticken.

Inmitten dieser in der Welt herrschenden Zustände der Räuberei, der Plünderungen und der Gewalt ist zur Zeit ein Land ein echter Hort der Unabhängigkeit der Arbeiterklasse, eine Hochburg der schwachen und unterdrückten Völker, eine Festung der sozialen Revolution – das Sowjetische Rußland.

Alle Bosheit und aller Haß der bourgeoisen Welt richten sich gegen dieses Land. Im Norden und im Süden, im Osten und im Westen errichteten und errichten anglo-amerikanische und franko-japanische Banditen feindliche Fronten gegen das Sowjetische Rußland, bewaffnen Weißgardisten, Kosakengeneräle, Gutsbesitzer- und Bürgersöhne, ländliche und städtische Kulaken, lassen Truppen landen und drohen mit immer neuen Kriegsscharen.

Die Allrussischen Rätekongresse haben vor der ganzen Menschheit ihr Bestreben bekundet, mit allen Völkern in Frieden und Brüderlichkeit zu leben und haben gleichzeitig ihre Bereitschaft zu verstehen gegeben, mit der Waffe in der Hand die sozialistische Republik bei einem Vorstoß der imperialistischen Truppen zu verteidigen. Das Allrussische Zentrale Exekutivkomitee konstatiert mit großer Genugtuung die Fortschritte der Roten Armee und der Roten Flotte und unterstreicht hierbei die Notwendigkeit, die Anstrengungen der Arbeiter und Bauern, der Soldaten und Matrosen auf dem Gebiet der Verteidigung des Landes der Arbeiter und Bauern zu verzehnfachen.

Dem Dekret des Allrussischen Zentralen Exekutivkomitees vom 2. September 1918 zufolge ist die Sowjetische Republik zum *Kriegslager* erklärt worden.

Diese Verordnung muß jetzt auf allen Gebieten der wirtschaftlichen Tätigkeit und der Staatsverwaltung verwirklicht werden.

Es ist notwendig, die Armee auszurüsten und hierfür die Arbeitsproduktivität zu erhöhen.

Es ist notwendig, die Armee und die Flotte sowie Moskau, Petrograd und alle anderen Formations- und Arbeitszentren mit Lebensmitteln zu beliefern.

Hierfür muß man alle Lebensmittel- und Eisenbahnstellen im Zentrum und in der Provinz veranlassen, mit höherem Kräfteeinsatz und größerer Gewissenhaftigkeit zu arbeiten.

Nicht nur in der Armee und in der Flotte, sondern ebenso im Bereich der Lebensmittelherstellung und des Verkehrswesens sowie auch im Bereich der Kriegsindustrie muß die *Kriegsordnung* eingeführt werden, d.h. ein Regime harter Arbeitsdisziplin, das der Situation des Landes entspricht, welches von den Banditen des Imperialismus genötigt worden ist, in ein Kriegslager umgestaltet zu werden.

Zur Realisierung der angeführten Maßnahmen ist ein engster Zusammenschluß der Militärbehörde, der Außerordentlichen Kommission für Produktion und der Dienststellen für Verkehrswege und Versorgung bei der gemeinsamen Arbeit im Namen der gemeinsamen praktischen Aufgaben notwendig.

Zu diesem Zweck verordnet das Allrussische Zentrale Exekutivkomitee der Räte die Gründung eines Rates der Arbeiter- und Bauernverteidigung . . .

11. Verordnung des Allrussischen Zentralen Exekutivkomitees über die regionalen Gebietszusammenschlüsse
23. Dezember 1918

1. Die Kreis-, Gouvernements- und Gebietszentren bleiben bis zur Generalrevision der administrativen Gliederung der Sowjetrepublik bestehen.

Anmerkung: Die Gebietsorgane des zentralen Industriegebietes (des Moskauer Gebietes) werden umgehend abgeschafft.

2. Das Zentrale Exekutivkomitee bestätigt die Gebietszusammenschlüsse im Ural, im Westen und im Norden.

3. In den Bestand der Gebietszusammenschlüsse gehen folgende Gouvernements ein: die Gouvernements von Perm', Vjatka, Ufa und Orenburg in den Gebietszusammenschluß im Ural; die Gouvernements von Smolensk, Mogilev, Vitebsk, Minsk und Grodno in den Gebietszusammenschluß im Westen; die Gouvernements von Petrograd, Olonec, Pskov, Novgorod, Archangel'sk, Vologda, der Nördlichen Dvina und von Čerepovec in den Gebietszusammenschluß im Norden.

Anmerkung: Die Gouvernementsräte-Kongresse der Abgeordneten der Arbeiter und Bauern können einen Beschluß über ihren Austritt aus dem Gebietszusammenschluß fassen und ihre Beschlüsse dem Präsidium des Allrussischen Zentralen Exekutivkomitees zur Bestätigung vorlegen.

4. Die Hauptaufgabe der Gebietszusammenschlüsse besteht in einer schnellen und strikten Durchführung aller Bestimmungen der zentralen Sowjetmacht.

5. Die zentralen Behörden (das Allrussische Zentrale Exekutivkomitee, der Rat der Volkskommissare, die Volkskommissariate) setzen sich mit den örtlichen Stellen über die Gebietszusammenschlüsse oder auf direktem Weg in Verbindung, wobei sie im letzteren Fall das Gebietszentrum über alle von ihnen erlassenen Verfügungen in Kenntnis setzen.

Anmerkung: Dieser Paragraph gilt nicht für allrussische Organisationsvereinigungen, die im Koordinations- und Verkehrsbereich über einen speziellen Aufbau verfügen.

6. Die örtlichen sowjetischen Behörden setzen sich mit dem Zentrum über die Gebietszusammenschlüsse in Verbindung. Die örtlichen sowjetischen Behörden können sich auch direkt mit dem Zentrum in Verbindung setzen, wenn sie gleichzeitig das Gebietszentrum darüber in Kenntnis setzen.

7. Die Gebietszentren leisten Führungsarbeit vor Ort über die Gouvernementszentren.

8. Alle Anordnungen und Rundschreiben von allrussischer Bedeutung werden gleichzeitig den Gebiets-, Gouvernements- und Kreiszentren mitgeteilt.

9. Behörden und Unternehmen, die von gesamtstaatlicher Bedeutung sind, unterliegen ausschließlich dem Kompetenzbereich der zentralen Sowjetbehörden.

10. Am Ort des Gebiets-Exekutivkomitees wird das dortige Gouvernements-Exekutivkomitee samt seinen Abteilungen mit dem Gebiets-Exekutivkomitee und dessen Abteilungen zusammengelegt.

11. Die Gebiets-Exekutivkomitees behalten folgende Abteilungen, vorbehaltlich der endgültigen Lösung dieser Frage durch das Allrussische Zentrale Exekutivkomitee: 1) Abteilung für allgemeine Verwaltung, 2) Außerordentliche Kommission zur Bekämpfung der Konterrevolution, 3) Abteilung für Finanzen, 4) Abteilung für Arbeit, 5) Abteilung für Justiz, 6) Abteilung für Volksaufklärung, 7) Abteilung für Landwirtschaft, 8) Volkswirtschaftsrat, 9) Abteilung für Volksversorgung (Verpflegung).

12. Die Leiter der Gebietsabteilungen werden durch die entsprechenden Volkskommissariate bestätigt.

13. Die Leiter der Gebietsabteilungen sind berechtigt, an den Kollegiumssitzungen der Volkskommissare mit beratender Stimme teilzunehmen.

14. Das Allrussische Zentrale Exekutivkomitee beauftragt alle Volkskommissariate, eine Konferenz der Vorsitzenden der Gebietsabteilungen zur Lösung aller mit deren Bestehen und Funktionen zusammenhängenden Fragen anzusetzen und die ausgearbeiteten Bestimmungen dem Allrussischen Zentralen Exekutivkomitee zur Bestätigung vorzulegen.

12. Verordnung des 8. Allrussischen Rätekongresses über den Rat für Arbeit und Verteidigung, 29. Dezember 1920

Im Augenblick wachsender Anstrengungen, wie sie der Kampf der Sowjetrepublik gegen den Weltimperialismus nötig machte, hat das Allrussische Zentrale Exekutivkomitee am 30. November 1918 den Rat für Arbeiter- und Bauernverteidigung gegründet.

Der Rat für Verteidigung hat die ihm auferlegten Aufgaben erfüllt und die Aktivitäten der Militärbehörde und anderer Ämter koordiniert, zum Zweck der Mobilisierung aller Kräfte und Mittel des Landes für die Verteidigung.

Die Kriegslage erlaubte es im April 1920 der Sowjetrepublik, den wirtschaftlichen Aufbau in Angriff zu nehmen; dem Rat für Verteidigung stellte sich die Aufgabe, die Aktivitäten an der Arbeitsfront möglichst eng zu koordinieren, und im Zusammenhang damit wurde der »Verteidigungsrat« in »Rat für Arbeit und Verteidigung« umbenannt. Zum gegenwärtigen Zeitpunkt stellen sich der Sowjetrepublik die Aufgaben des Wirtschaftsaufbaus in ganzer Breite, und zugleich wächst das Bedürfnis, die organisatorische Erfahrung, die der Rat für Arbeit und Verteidigung erworben hat, in eine feste Form zu bringen und die Wechselbeziehungen zwischen dem Rat für Arbeit und Verteidigung und den Zentralorganen der Sowjetmacht zu regeln. Deshalb *verordnet* der 8. Allrussische Rätekongreß, in Abänderung und Ergänzung der Verordnung vom 30. November 1918 ... folgende, den Rat für Arbeit und Verteidigung betreffende Bestimmung:

1. Der Rat für Arbeit und Verteidigung arbeitet in der Eigenschaft einer Kommission des Rates der Volkskommissare.

2. Zum Rat für Arbeit und Verteidigung gehören: mit den Rechten eines Vorsitzenden der Vorsitzende des Rates der Volkskommissare; mit den Rechten von Mitgliedern die Volkskommissare für Kriegsangelegenheiten, des Obersten Volkswirtschaftsrates, des Volkskommissariats für Arbeit, für Verkehrswesen, für Landwirtschaft, für Versorgung, der Arbeiter- und Bauerninspektion und ein Vertreter des Allrussischen Zentralrates der Gewerkschaften. Der Leiter der Zentralen Statistischen Verwaltung nimmt mit beratender Stimme teil.

Anmerkung: Die Stellvertreter werden vom Rat der Volkskommissare ernannt.

3. Der Rat für Arbeit und Verteidigung ist zuständig für die Koordinierung und Unterstützung der Arbeit der Behörden im Bereich der Landesverteidigung und des Wirtschaftsaufbaus.

4. In Ausführung der ihm zugeteilten Aufgaben gibt der Rat für Arbeit und Verteidigung Verordnungen, Verfügungen und Anweisungen heraus und ergreift alle Maßnahmen, die zu deren richtiger und schneller Erfüllung notwendig sind; er stellt insbesondere einen einheitlichen Wirtschaftsplan der RSFSR auf, legt ihn dem Allrussischen Zentralen Exekutivkomitee zur Bestätigung vor, leitet dem Plan entsprechend die Arbeit der Volkskommissariate für Wirtschaftsfragen, kontrolliert seine Ausführungen und kürzt den Plan, wenn sich dies als notwendig erweist.

5. Die Verordnungen des Rates für Arbeit und Verteidigung sind für alle zentralen und regionalen Dienststellen und Institutionen ohne Ausnahme obligatorisch.

6. Das Allrussische Zentrale Exekutivkomitee der Räte und der Rat der Volkskommissare sind berechtigt, Verordnungen oder Beschlüsse des Rates für Arbeit und Verteidigung sowohl auf Protest einzelner Volkskommissare hin als auch nach eigenem Ermessen aufzuheben oder vorübergehend zu stornieren.

13. Verordnung des Präsidiums des Allrussischen Zentralen Exekutivkomitees über die regelmäßige Durchführung von Neuwahlen, 8. Februar 1921

Der erbitterte Bürgerkrieg hat viele der besten sowjetischen Arbeiter an die Front abgezogen und eine Situation geschaffen, in der sich die Arbeit des zivilen sowjetischen Apparates – notgedrungen – in den engen Kollegien der Exekutivkomitees und den Revolutionskomitees konzentrierte. Die Beendigung der kriegerischen Auseinandersetzungen an allen Fronten und die jetzt beginnende Zeit des friedlichen Aufbaus verlangen gebieterisch die Einbeziehung der breiten Massen der Werktätigen in die Aufbauarbeit; denn die aktive Teilnahme an ihr bildet mit die Grundlage der Verfassung der RSFSR.

Für diesen Übergang zur neuen Epoche hat der 8. Allrussische Rätekongreß (im Dezember 1920) in der Resolution über den »Sowjetaufbau« *verordnet:* »In festgelegten Zeitabständen werden regelmäßig Neuwahlen zu den Dorf-, Amtsbezirks-, Stadt- und anderen Räten durchgeführt, und gleichfalls regelmäßig werden Rätekongresse einberufen.« Nach Art. 57, Pkt. »b« der Verfassung der RSFSR* sind alle drei Monate Neuwahlen zu den Stadt-, Dorf- und Siedlungsräten durchzuführen, und nach der Verordnung des 7. Rätekongresses (Dezember 1919) sind Räteversammlungen in den Gebieten, Gouvernements und Kreisen nicht weniger als zweimal im Jahr und in den Amtsbezirken nicht seltener als alle drei Monate einzuberufen.

Nach § 1 der Verordnung des Allrussischen Zentralen Exekutivkomitees über die Amtsbezirks-Exekutivkomitees vom

* Siehe Dok. 62.

18. März 1920 ... gelten die Vollmachten für die Mitglieder der Amtsbezirks-Exekutivkomitees sechs Monate.

Das Präsidium des Allrussischen Zentralen Exekutivkomitees legt allen Gouvernements-Exekutivkomitees nahe, unter kollektiver Verantwortung ihrer Präsidien auf ihren Territorien die angegebene Frist für Neuwahlen zu den Räten und für die Einberufung der Sitzungen unbedingt einzuhalten. Falls die festgelegten Fristen nicht genau eingehalten werden können, teilen die Vollversammlungen der Kreis-Exekutivkomitees rechtzeitig den Gouvernements-Exekutivkomitees die Gründe mit, warum die Neuwahlen zu den Dorfräten und Stadträten der Kreisstädte und -siedlungen und die Einberufung der Amtsbezirks- und Kreiskongresse verschoben werden müssen. Die Gouvernements-Exekutivkomitees haben dann das Recht, auf ihren Plenarsitzungen die Neuwahlen zu den Räten und die Einberufung der Kongresse um einen Monat zu verschieben, wobei sie dies unbedingt über das Volkskommissariat für Innere Angelegenheiten dem Präsidium des Allrussischen Zentralen Exekutivkomitees unter Angabe der Motive für die Verschiebung mitzuteilen haben. Eine Verschiebung um mehr als einen Monat ist nur auf Verordnung des Präsidiums des Allrussischen Zentralen Exekutivkomitees zulässig. Falls die Einberufung des Gouvernementsräte-Kongresses und die Neuwahlen zum Stadtrat einer Gouvernementsstadt aufgrund von örtlichen Umständen verschoben werden müssen, reicht das Gouvernements-Exekutivkomitee eine entsprechende Vorlage beim Präsidium des Allrussischen Zentralen Exekutivkomitees ein.

Mit der Überwachung der Durchführung dieses Rundschreibens wird das Volkskommissariat für Innere Angelegenheiten beauftragt.

14. Verordnung des Allrussischen Zentralen Exekutivkomitees über die Dorfräte, 26. Januar 1922

Kapitel 1:
Über die Durchführung der Wahlen zu den Dorfräten

§ 1. Die Wahlen zu den Dorfräten werden einmal im Jahr durchgeführt.

§ 2. Das Recht, an den Wahlen zu den Dorfräten teilzunehmen und in sie gewählt zu werden, haben alle Bürger der Russischen Sozialistischen Föderativen Sowjetrepublik, mit Ausnahme der Personen, die in § 65 der Verfassung* aufgezählt sind.

§ 3. Die Wahlen der Delegierten für den Dorfrat werden unter Teilnahme der Bürger aller Ortschaften, die der jeweilige Rat betreut, durchgeführt, und zwar auf einer allgemeinen Wahlversammlung. Falls bei den Verbindungen Schwierigkeiten bestehen, etwa infolge ungünstiger natürlicher Bedingungen vor Ort, werden die Wahlen auf den einzelnen Versammlungen in jeder Ortschaft durchgeführt.

§ 4. Für die Leitung der Wahlen in die Dorfräte werden auf Beschluß der Amtsbezirks-Wahlkommissionen Bevollmächtigte ernannt oder Dorfwahlkommissionen gebildet, zu denen zwei Vertreter des Dorfrates und ein Vertreter der Amtsbezirks-Wahlkommission unter dem Vorsitz des letzteren gehören. Der Bevollmächtigte für die Durchführung der Wahlen wird von der Kreisverwaltungsabteilung auf Vorschlag der Amtsbezirks-Wahlkommission ernannt.

§ 5. Die Dorfwahlkommissionen oder die Bevollmächtigten für die Durchführung der Wahlen schaffen sich keinen eigenen Apparat, sondern benützen den Apparat des Dorfrates.

§ 6. Die Dorfwahlkommissionen oder die Bevollmächtigten für die Durchführung der Wahlen benachrichtigen die örtliche Bevölkerung über den Tag der Wahlen, stellen die Bevölkerungszahl fest, sowie die Anzahl der Wähler des gegebenen Wahlkreises, die das Recht der Teilnahme an den Wahlen zum Rat verloren haben, sie veranstalten die Vorwahlversammlungen, um die Bevölkerung mit der Wahlordnung und den Wahlrechten, wie auch mit den Aufgaben und der Tätigkeit des Rates bekanntzumachen.

§ 7. Die gesamte Durchführung der Wahl ist den Dorfwahlkommissionen und den Bevollmächtigten für die Wahlen in der Amtsbezirks-Wahlkommission vorbehalten.

Kapitel 2:
Die Organisation der Dorfräte

§ 8. Die Dorfräte werden in den Siedlungen des Amtsbezirkes auf Beschluß der Kreis-Exekutivkomitees gebildet, der vom Gouvernements-Exekutivkomitee bestätigt werden muß.

§ 9. In den Ortschaften, die nicht weniger als 400 Einwohner haben, wird ein Deputierter auf je 200 Menschen in der Siedlung in den Dorfrat gewählt, aber nicht mehr als 25 Deputierte.

* Siehe Dok. 62.

Zusatz 1. In den Ortschaften, die weniger als 400 Einwohner haben, werden keine besonderen Dorfräte gebildet. Die Werktätigen solcher Ortschaften erhalten ihr Recht auf Verwaltung: a) dadurch, daß sie an den Wahlen zum Dorfrat des Nachbardorfes teilnehmen, das einen Dorfrat besitzt; b) dadurch, daß sie sich mit den benachbarten Ortschaften, Ansiedlerhöfen usw. zwecks Wahlen für einen allgemeinen, alle Siedlungspunkte umfassenden Dorfrat zusammentun, oder c) dadruch, daß sie die Verwaltungsangelegenheiten auf den *allgemeinen Wählerversammlungen*, gemäß § 57 der Verfassung entscheiden.

Zusatz 2. Mit Rücksicht auf klimatische, geographische und andere Bedingungen hat das Gouvernements-Exekutivkomitee das Recht, die Organisation von Dorfräten auch in Ortschaften mit weniger als 400 Einwohnern zuzulassen.

Zusatz 3. Die Bevölkerung der Sowjetwirtschaften und Fabriken, die außerhalb des Dorfes liegen, nimmt an den Wahlen des Dorfrates nach den allgemeinen Bedingungen, die in der Verfassung, in den Beschlüssen des 7. Allrussischen Rätekongresses und in der vorliegenden Ordnung niedergeschrieben sind, teil.

§ 10. Der Dorfrat ist innerhalb seiner Kompetenzgrenzen und in den Grenzen der von ihm betreuten Ortschaft das höchste Organ der Macht. Alle Beschlüsse des Dorfrates, die den Rahmen seiner Kompetenz nicht überschreiten, sind für die gesamte Bevölkerung der gegebenen Ortschaft verbindlich.

Zusatz: In denjenigen kleinen Siedlungen und Fabriken, die außerhalb des Dorfes liegen, und in den Sowjetwirtschaften, wo die Verwaltungsangelegenheiten auf der *allgemeinen Wählerversammlung* geregelt werden, wählt die letztere für eine bestimmte Frist, die vom Amtsbezirks-Exekutivkomitee festgesetzt und durch die Kreisverwaltungsabteilung bestätigt wird, einen Vorsitzenden der allgemeinen Versammlung, der für die Durchführung der Beschlüsse der Sowjetmacht und der allgemeinen Versammlung verantwortlich ist.

§ 11. Der Dorfrat versammelt sich mindestens zweimal im Monat.

§ 12. Dem Dorfrat obliegt: a) die Durchführung aller Beschlüsse der übergeordneten Exekutivkomitees und die Unterstützung der Vertreter der Macht bei der Durchführung der ihnen auferlegten Aufgaben; b) die Ergreifung aller Maßnahmen, die auf die Bewahrung der Ordnung und auf die Erhöhung des wirtschaftlichen und kulturellen Niveaus der Bevölkerung des gegebenen Ortes gerichtet sind; c) die Heranziehung der werktätigen Massen für die Sache des Aufbaus auf allen Gebieten des örtlichen kulturellen und wirtschaftlichen Lebens; d) der Rechenschaftsbericht vor seinen Wählern, gemäß den Beschlüssen des 7. Allrussischen Rätekongresses.

Kapitel 3:
Das Exekutivkomitee

§ 13. Vollzugsorgan des Dorfrates ist in Ortschaften mit einer Einwohnerzahl von mehr als 10000 das Exekutivkomitee, das vom Rat gewählt wird und aus zwei Mitgliedern besteht; in Ortschaften mit einer Einwohnerzahl von weniger als 10000 ist es der Vorsitzende.

§ 14. Das Exekutivkomitee des Dorfrates oder der Vorsitzende des Rates ist dem Amtsbezirks-Exekutivkomitee unmittelbar unterstellt und in seinen Handlungen dem letzteren, dem Dorfrat und der Kreisverwaltungsabteilung verantwortlich.

§ 15. Ausschüsse werden beim Dorfrat nicht gebildet. Die Tätigkeit des Exekutivkomitees oder des Vorsitzenden auf allen Gebieten des örtlichen kulturellen und wirtschaftlichen Lebens werden durch besondere Instruktionen geregelt, die vom Volkskommissariat des Inneren im Einvernehmen mit allen anderen Kommissariaten herausgegeben werden.

§ 16. Zwecks Durchführung aller Aufgaben, die dem Dorfrat und seinem Vollzugsorgan obliegen, hat das Exekutivkomitee des Rates oder sein Vorsitzender das Recht, einzelne Mitglieder des Rates in ihrer Eigenschaft als Mitglieder von Kommissionen und als Beauftragte für andere Aufgaben zu Arbeiten des Rates heranzuziehen und sie vom Amtsbezirks-Exekutivkomitee bestätigen zu lassen.

§ 17. Für Unbotmäßigkeit, ungenaue Durchführung der Beschlüsse der übergeordneten Machtorgane in der Praxis, für Untätigkeit, für Machtmißbrauch und Machtübertretung und für grobe Behandlung der Bevölkerung können die Mitglieder des Dorfrates durch Beschluß des Präsidiums des Kreis-Exekutivkomitees von ihren Posten entfernt und dem Gericht übergeben werden.

§ 18. Die Vorsitzenden der Dorfräte erhalten von den Gouvernements-Exekutivkomitees auf Kosten der vor Ort zur Verfügung stehenden Mittel ein Entgelt.

§ 19. Die Vorsitzenden und die Mitglieder der Dorfräte haben nicht das Recht, von ihren Posten ohne Benachrichtigung und ohne Einverständnis des Amtsbezirks-Exekutivkomitees zurückzutreten.

15. Lenin über die Mängel im Staatsapparat und die Reorganisation der Arbeiter- und Bauerninspektion (Auszug) 25. Januar 1923

Unser Staatsapparat ist, mit Ausnahme des Volkskommissariats für Auswärtige Angelegenheiten, zum größeren Teil ein Überbleibsel des Alten, an dem nur zum geringeren Teil einigermaßen ernsthafte Veränderungen vorgenommen worden sind. Er ist nur äußerlich leicht übertüncht worden, im übrigen aber stellt er etwas ganz typisch Altes aus unserem alten Staatsapparat dar. Will man nun das Mittel ausfindig machen, ihn wirklich zu erneuern, so muß man, wie mir scheint, die Erfahrungen aus unserem Bürgerkrieg zu Rate ziehen.

Wie sind wir in den gefährlichen Situationen des Bürgerkriegs vorgegangen?

Wir konzentrierten unsere besten Parteikräfte in der Roten Armee; wir griffen zur Mobilisierung der besten unserer Arbeiter; wir wandten uns auf der Suche nach neuen Kräften dorthin, wo unsere Diktatur am tiefsten verwurzelt ist.

In derselben Richtung sollten wir meiner Überzeugung nach auch die Quelle für die Reorganisierung der Arbeiter- und Bauerninspektion* suchen. Ich schlage unserem 12. Parteitag vor, den folgenden Plan einer solchen Reorganisation anzunehmen, der auf einer neuartigen Erweiterung unserer Zentralen Kontrollkommission* (CKK) beruht.

Die Plenartagung des Zentralkomitees (CK) unserer Partei hat schon die Tendenz gezeigt, sich zu einer Art höchster Parteikonferenz zu entwickeln. Sie tritt durchschnittlich nicht öfter als einmal in zwei Monaten zusammen, während die laufende Arbeit im Namen des CK bekanntlich von unserem Politbüro, unserem Orgbüro, unserem Sekretariat usw. geleistet wird. Ich glaube, daß wir den Weg, den wir damit beschritten haben, zu Ende gehen und die Plenartagungen des CK endgültig in höchste Parteikonferenzen umwandeln sollen, die einmal in zwei Monaten unter Teilnahme der CKK zusammentreten. Diese

* Vgl. Glossar im Anhang.

CKK aber soll unter den nachstehenden Bedingungen mit dem Grundstock der reorganisierten Arbeiter- und Bauerninspektion vereinigt werden.

Ich schlage dem Parteitag vor, 75 bis 100 neue Mitglieder der CKK aus Arbeitern und Bauern zu wählen. Die zu Wählenden müssen in gleicher Weise auf ihre Parteilinientreue überprüft werden wie die ordentlichen Mitglieder des CK, denn die zu Wählenden sollen alle Rechte von Mitgliedern des CK genießen.

Andererseits muß die Arbeiter- und Bauerninspektion auf 300 bis 400 Angestellte reduziert werden, die besonders erprobt sind, was ihre Gewissenhaftigkeit und ihre Kenntnis unseres Staatsapparates betrifft, und die eine besondere Prüfung darin bestanden haben, ob und inwieweit sie mit den Grundlagen der wissenschaftlichen Organisation der Arbeit im allgemeinen und der Verwaltungs-, der Büroarbeit usw. im besonderen vertraut sind.

Meiner Meinung nach wird eine derartige Vereinigung der Arbeiter- und Bauerninspektion mit der CKK diesen beiden Institutionen Nutzen bringen. Einerseits wird die Arbeiter- und Bauerninspektion dadurch eine so hohe Autorität erlangen, daß sie zum mindesten nicht schlechter dastehen wird als unser Volkskommissariat für Auswärtige Angelegenheiten. Andererseits wird unser CK gemeinsam mit der CKK endgültig jenen Weg zur Umwandlung in eine höchste Parteikonferenz einschlagen, den es im Grunde genommen schon beschritten hat und den es zu Ende gehen muß, wenn es seine Aufgaben in doppelter Hinsicht richtig erfüllen will: sowohl in Hinsicht auf die Planmäßigkeit, Zweckmäßigkeit und Systematik seiner Organisation und Tätigkeit als auch in Hinsicht auf die Verbindung mit den wirklich breiten Massen durch Vermittlung der besten unserer Arbeiter und Bauern.

16. Über den Räteaufbau
Verordnung des 3. Allunions-Rätekongresses (Auszug)
20. Mai 1925

Nachdem er den Vortrag des Genossen M. I. Kalinin zu Fragen des Räteaufbaus angehört hat, verordnet der 3. Rätekongreß der Union der Sozialistischen Sowjetrepubliken:

I. Zur Verbesserung der Arbeit der Räte

Die Entwicklung der Produktivkräfte, wie sie in der Industrie und Landwirtschaft der UdSSR zu beobachten ist, erfordert eine Intensivierung der wirtschaftlichen und kulturellen Arbeit der Räte und die Entwicklung neuer Methoden zur Führung und Verwaltung des Landes. Diese Aufgabe ist zur Zeit überaus wichtig, denn die Räte müssen als Organe der Macht wirklich an der Spitze des gesamten wirtschaftlichen und kulturellen Aufbaus der Sowjetrepublik stehen und ihn auf eine Weise lenken, die damit vergleichbar sein sollte, wie die Räte seinerzeit in den Jahren der Intervention und des Bürgerkriegs ihre Aufmerksamkeit voll und ganz auf die militärische Verteidigung des Arbeiter- und Bauernstaates konzentrierten.

Unmittelbares Ergebnis der Führungsarbeit der Räte auf den Gebieten der Wirtschaft und der Kultur muß ein weiterer kultureller und politischer Aufschwung bei den Massen, den Arbeitern und Bauern sein, auf der Grundlage des allgemeinen Wirtschaftswachstums des Landes.

Dieses anstehende, überaus wichtige Problem können die Räte nur bewältigen, wenn die Werktätigen selbst in den Sowjetaufbau einbezogen werden, und wenn die Eigeninitiative der Arbeiter und Bauern, der Arbeiterinnen und Bäuerinnen sich entwickelt, wobei gesichert sein muß, daß wirklich das Proletariat die führende Rolle spielt.

Nur wenn die Werktätigen selbst bei der Lösung all dieser Probleme mitwirken, die mit der wirtschaftlichen und kulturellen Entwicklung des Landes zusammenhängen, ist ein echter Kampf mit den negativen Seiten unseres Staatsapparates möglich, in dem bisher in bedeutendem Maße Überreste des alten, vorrevolutionären, bürokratischen Verwaltungssystems enthalten sind (Bürokratismus, Verwaltungswillkür, Bestechlichkeit, Unterschlagung, Mißwirtschaft usw.).

Die neuen Aufgaben, die die Räte erfüllen müssen, erfordern, Mängel wie die folgenden schnellstens zu beseitigen:

a. die in einigen Fällen zu beobachtende Isolierung der Räte von den großen Massen der Arbeiter und Bauern und die unzureichende Beteiligung der letzteren, insbesondere der Frauen, bei den Rätewahlen;

b. die Schwächung der Rolle der Räte als kollektive Organisationen und die daraus resultierende Ersetzung des Dorfrates durch seinen Vorsitzenden, der Amtsbezirks-, Kreis- und Gouvernements-Exekutivkomitees durch die Präsidien, des Stadtrats durch die Präsidien des Kreis- oder Gouvernements-Exekutivkomitees usw.;

c. das Fehlen der nötigen Verbindung der gewählten Amtspersonen der Sowjetmacht mit den Wählern selbst und die Loslösung der führenden Organe der Räte von der Masse der Wähler und damit das Fehlen der nötigen Rechenschaftslegung gegenüber den Wählern;

d. die unzulängliche Aufarbeitung von anstehenden wirtschaftlichen, kulturellen und politischen Fragen auf den Plenarversammlungen der Räte, sowie die unzureichende sachliche Vorarbeit bei praktischen Fragen des sowjetischen Aufbaus in den Sektionen und Kommissionen; an beiden sollen wirklich alle Mitglieder der Räte aktiv teilnehmen;

e. das unzureichende Eingehen auf Anfragen und Bedürfnisse der Arbeiter und Bauern, Arbeiterinnen und Bäuerinnen, die nachlässige Haltung der Angestellten und Amtspersonen gegenüber dem Antragsteller, das Bestreben, Anfragen und Forderungen bürokratisch zu erledigen, anstatt die Dinge wirklich und grundsätzlich zu untersuchen;

f. die umständliche und technisch unrationelle Arbeitsteilung der sowjetischen Behörden, auch der unteren, wodurch Verzögerungen, die die Bevölkerung verärgern, Papierkrieg, eine übermäßige Verteuerung des Apparates usw. entstehen.

Der 3. Rätekongreß der UdSSR nimmt diese erheblichen Mängel in der Arbeit der sowjetischen Machtorgane zur Kenntnis und stellt gleichzeitig fest, daß die Sowjetmacht in den vergangenen Jahren Maßnahmen zur Beseitigung dieser Mängel ergriffen hat und daß bei dieser Arbeit bedeutende Ergebnisse erzielt worden sind ...

II. Zu den Rätewahlen

Die Rätewahlen sind die wichtigste Schule der politischen Erziehung der Massen der Werktätigen und die Hauptform der Einbeziehung der Arbeiter und Bauern in den sowjetischen Aufbau; deshalb muß die Kampagne der Rätewahlen so organisiert sein, daß eine wirklich große Beteiligung der Massen an den Wahlen sichergestellt ist ...

III. Zur Einbeziehung breiter Massen von Arbeitern und Bauern in die Leitung des Staates

Der Sowjetapparat läßt sich nur verbessern, wenn mit der Einbeziehung breiter Massen von Arbeitern und Bauern in die

Leitung des Staates fortgefahren wird. Die Hauptaufgabe liegt dabei darin, immer mehr Arbeiter und Bauern, aber auch werktätige und insbesondere dörfliche Intelligenz (Lehrer, Agronomen, Ärzte) um die Räte zu scharen und eine Festigung des Bundes zwischen Arbeitern und Bauern zu erreichen.

Eine weitere Festigung der Sowjetmacht, eine weitere Verbesserung des sowjetischen Apparates, eine Verbesserung der Arbeit auf dem Gebiet der Befriedigung aller Bedürfnisse der Werktätigen und der Kampf mit dem Bürokratismus fordern eine solche Organisation und solche Arbeitsmethoden der Räte, die die tatsächliche Beteiligung der großen Massen der Werktätigen an der Staatsführung erleichtern und erweitern, und die besonders die Dorfräte in wirklich kollektiv arbeitende Organe umwandeln . . .

2. Kapitel
Die Durchsetzung und Festigung der Einparteiherrschaft

Im ›Was tun?‹ hatte Lenin (1902) der noch jungen sozialdemokratischen Partei seine Vorstellungen zur Organisation entwikkelt: Nur als straff geführte Kaderpartei von Berufsrevolutionären, nicht als spontane Massenbewegung werde sie den Kampf gegen die zarische Autokratie überleben; nur bei straffer Führung werde das russische Proletariat ein politisches Bewußtsein entwickeln und eine Führungsrolle in der kommenden Revolution übernehmen können. In den Auseinandersetzungen um die Frage der Organisation, in den Diskussionen um Strategie und Taktik war die Partei in zwei Flügel zerfallen: Anhänger Lenins (Bolschewiki) und Gegner (Menschewiki) gingen seit 1903 getrennte Wege.

Vom selbst gesteckten Ziel einer schlagkräftigen, straff organisierten Kaderpartei waren die Bolschewiki 1917 allerdings noch weit entfernt, und der massenhafte Zustrom neuer Mitglieder vom Frühjahr bis zum Herbst sprengte das Konzept völlig[1]. Was sie zusammenhielt, war nicht die Organisation, sondern ein Aktionsprogramm: »Schluß mit dem Krieg«, »Nieder mit der Provisorischen Regierung«, »Alle Macht den Räten«, »Den Bauern das Land der Gutsbesitzer« und »Den Arbeitern die Kontrolle über die Fabriken«. Wie das zu geschehen hatte und was danach folgen sollte, darüber gingen die Meinungen weit auseinander.

Die Differenzen reichten bis hinein ins bolschewistische Zentralkomitee. Nur mit Mühe hatte Lenin im Oktober den Beschluß zum bewaffneten Aufstand durchgesetzt; prominente Mitglieder (wie Kamenev und Zinov'ev) blieben dagegen und trugen den Streit an die Öffentlichkeit. Die Meinungsverschiedenheiten gingen auch nach dem Oktoberaufstand weiter: Wie das Zentrale Exekutivkomitee der Räte (Dok. 17), so forderte auch eine starke Gruppe im bolschewistischen Zentralkomitee die Beteiligung der anderen in den Räten vertretenen Parteien an der Regierung. Das Zentralkomitee warf der innerparteilichen Opposition »Verrat« am Bolschewismus vor (Dok. 18) und forderte die strikte Unterordnung unter die Parteidisziplin

[1] Vgl. Tabelle 8 im Anhang.

(Dok. 19). Doch die Opposition setzte ihre Linie fort und verurteilte die bolschewistischen Zwangsmaßnahmen gegen die Zeitungen anderer Parteien. Mitte November traten fünf Mitglieder unter Protest aus dem Zentralkomitee aus, darunter die alten Widersacher Lenins Kamenev und Zinov'ev; Rykov (Inneres), Miljutin (Landwirtschaft), Nogin (Handel und Industrie) und Teodorovič (Ernährung) legten gleichzeitig ihre Regierungsämter nieder. Das Zentralkomitee sprach von »Desertion« (Dok. 20).

Doch die Linie Lenins setzte sich durch, eine breite Koalition der sozialistischen Parteien kam nicht zustande. Lediglich die Linken Sozialrevolutionäre wurden Ende November ins Kabinett aufgenommen: Man gab ihnen zunächst das Landwirtschaftsressort (Dok. 21), dann weitere Regierungsämter (Dok. 24), ohne daß der Führungsanspruch der Bolschewiki davon ernsthaft tangiert worden wäre. Die Regierungsbeteiligung der Linken Sozialrevolutionäre änderte auch nichts an der Repressivpolitik gegenüber den anderen Parteien, vor allem den bürgerlichen. Trotz eines sozialrevolutionären Protestes wurden schon im Dezember führende Mitglieder der Kadettenpartei verhaftet (Dok. 22) und eine Regierungsverlautbarung forderte dazu auf, auch die Wahl von Kadetten in die Konstituante zu verhindern (Dok. 23).

Im März 1918 überwarfen sich die Linken Sozialrevolutionäre mit den Bolschewiki; sie schieden aus der Koalition aus (Dok. 25) und machten endgültig einer bolschewistischen Alleinregierung Platz. Anlaß war der Abschluß des Friedens von Brest-Litovsk. Unfähig, sich dem deutschen Diktat zu widersetzen, hatte die Sowjetregierung schwere Einbußen hinnehmen müssen. Aber nicht nur bei den Sozialrevolutionären, auch in den eigenen Reihen war der Friedensschluß umstritten: Eine linke Fraktion der Bolschewiki (die »Linken Kommunisten«, darunter N. I. Bucharin) machte dagegen Front und forderte, den revolutionären Kampf gegen die internationale Bourgeoisie aufzunehmen (Dok. 26). Die Partei stand erneut am Rande einer Spaltung, zumal sich die innerparteilichen Auseinandersetzungen in den Debatten um die neue Wirtschaftsordnung fortsetzten[2] und im Frühsommer 1918 in den Diskussionen um die Verfassungsordnung[3] eine Neuauflage erlebten. Erst der um

[2] Vgl. Band 2 dieser Dokumentation.
[3] Siehe Kapitel 4.

sich greifende Bürgerkrieg ließ die Stimme der innerparteilichen Opposition allmählich verstummen.

Angesichts der verschärften innenpolitischen Lage wurden Mitte Juni 1918 per Verordnung Menschewiki und Rechte Sozialrevolutionäre aus dem Allrussischen Zentralen Exekutivkomitee und aus den Lokalsowjets ausgeschlossen (Dok. 27). Als im Juli Linke Sozialrevolutionäre einen Aufstandsversuch unternahmen, wozu die Ermordung des deutschen Botschafters Graf Mirbach das Fanal liefern sollte, wurde das Verbot auch auf diese Gruppierung ausgedehnt; nur Sozialrevolutionäre, die sich ausdrücklich von allen Aufstandsplänen distanzierten (Dok. 28), wurden davon ausgenommen. Noch scheute man jedoch den vollständigen Bruch mit den anderen sozialistischen Parteien (Dok. 29), und es fehlte wohl auch die Macht, die Beschlüsse vor Ort wirklich durchzusetzen. Erst nach Ende des Bürgerkriegs verschwanden die Vertreter der Sozialrevolutionäre und Menschewiki endgültig aus den Lokalsowjets und die bolschewistische Alleinregierung, wie sie an der Spitze des Staates, im Rat der Volkskommissare, schon seit Frühjahr 1918 bestand, setzte sich auch dort durch.

Der Wiederaufbau nach dem Bürgerkrieg wurde zum Neuanfang, auch für die Partei. Noch 1921 begann eine erste Parteisäuberung, die »Karrieristen« und »Bürokraten« aus der Partei entfernte. Rund 160000 schieden – freiwillig oder nicht – aus, ein Viertel des Mitgliederbestandes. Die nachfolgende Parteizählung[4] (vom 1.1.1922) ergab, daß die Altbolschewiken, die noch vor der Oktoberrevolution der Partei beigetreten waren, nur mehr eine verschwindende Minderheit (von knapp 12 Prozent) darstellten. Die Parteizählung demonstrierte aber auch die Schwäche der Gesamtorganisation: In den Klein- und Mittelbetrieben war die Partei kaum, auf dem flachen Lande fast gar nicht vertreten. Lediglich an der Spitze der Partei war (seit 1919) ein starker Apparat entstanden; er gruppierte sich um das Zentralkomitee (CK) und seine Abteilungen: das »Politbüro« (zuständig für Außen-, Finanz- und Wirtschaftspolitik) und das »Orgbüro« (zuständig für den Parteiaufbau) (Dok. 30).

Beim Neuaufbau der Partei übernahm ein prominentes, aber nicht sonderlich populäres Partei- und Regierungsmitglied die Leitung: I. V. Stalin. Er wurde im April 1922 Generalsekretär des Zentralkomitees. Gleichzeitig gehörte er auch dem CK-

[4] Vgl. Tabelle 9 im Anhang.

Plenum, dem Politbüro und dem Orgbüro an – eine Machtfülle, die Lenin bereits Ende des Jahres bedenklich schien (Dok. 32).

Die Reorganisation begann auf der obersten Ebene, beim Parteiapparat im Gouvernement, und ging von da aus tiefer, in die Kreise; die städtischen und ländlichen Basisorganisationen (die »Parteizellen«) wurden erst Ende der zwanziger/Anfang der dreißiger Jahre erfaßt. Immerhin, Stück für Stück entstand, neben den Sowjets und der Wirtschaftsverwaltung, eine eigene, hierarchisch gegliederte und im Sinne des Zentralkomitees zuverlässige Parteibürokratie, wobei Forderungen nach mehr »Demokratie« mit Hinweisen auf politische und ökonomische Notwendigkeiten, auf das Prinzip des »Demokratischen Zentralismus« oder mit dem Hinweis auf das (1921 beschlossene) Verbot von Fraktionsbildung innerhalb der Partei (Dok. 31) abgewehrt werden konnten.

Angesichts der ungelösten Probleme in Staat, Wirtschaft und Gesellschaft hatten die Debatten und Meinungsverschiedenheiten in der Parteiführung nie ganz aufgehört, und sie wurden merklich heftiger, als Lenin (nach zwei Schlaganfällen) 1922/23 aus der aktiven Politik fast völlig ausschied und im Januar 1924 starb. Nun ging es nicht mehr nur um Entwicklungsstrategien, jetzt ging es auch um die Frage der personellen Nachfolge. Die Diskussionen im einzelnen zu dokumentieren, würde den Rahmen dieses Bandes sprengen. Von den Themen und von der Schärfe der Auseinandersetzungen mögen die wenigen abgedruckten Quellenauszüge eine gewisse Vorstellung geben.

In seinem Brief an das Zentralkomitee und an die Zentrale Kontrollkommission machte Trockij im Oktober 1923 den desolaten Zustand der Partei, ihre Bürokratisierung und ihre Unfähigkeit, auf die entstandenen Probleme richtig zu reagieren, für die krisenhafte Lage im Innern mitverantwortlich (Dok. 33). Eine Erklärung von 46 hochkarätigen Parteimitgliedern stieß nach und kritisierte, wie Trockij, vor allem die Wirtschaftspolitik und die Nichtbeachtung von Grundsätzen der innerparteilichen Demokratie (Dok. 34). Das Zentralkomitee wies die Einwände zurück, und die Opposition wandte sich an die Öffentlichkeit – was Stalin veranlaßte, ihr Verletzung der Parteidisziplin und Fraktionsbildung vorzuwerfen. Die Resolution der 13. Parteikonferenz übernahm (im Januar 1924) dieses Urteil (Dok. 35).

Obwohl der Streit im Mai 1924 auf dem 13. Parteitag durch den Rückzug Trockijs offiziell beigelegt wurde, schwelte die

Auseinandersetzung unter der Oberfläche weiter, und die Gegner Stalins bekamen im Herbst 1925 Unterstützung durch Zinov'ev und Kamenev, die bisher zu den Stützen des Generalsekretärs gezählt hatten. Mit ihrer Kritik an den innerparteilichen Zuständen und vor allem an der Agrarpolitik, die allzuviel Entgegenkommen gegenüber den Großbauern, den »Kulaken«, zeige, näherten sie sich trockistischen Positionen. Die Tragweite der Kritik ging sogar eher noch darüber hinaus, und die Kardinalfrage, die dahinter stand, war die nach dem »Wesen« der NĖP und der weiteren Entwicklung der Sowjetunion. Zinov'ev sah in der NĖP nur eine Übergangserscheinung, einen taktischen Rückzug (Dok. 38); Stalin legte sich da, unterstützt von Bucharin, nicht so genau fest, und was seine Kontrahenten letztendlich für unmöglich hielten, wurde immer stärker sein Konzept: der »Aufbau des Sozialismus in *einem* Lande« (Dok. 36, 37). Der 14. Parteitag bestätigte, im Dezember 1925, die Position des Generalsekretärs; auch die neue Opposition unterlag.

17. Resolution des Allrussischen Zentralen Exekutivkomitees zur Frage der Bedingungen der Übereinkunft mit anderen Parteien, 14. November 1917

Zumal es eine Übereinkunft der sozialistischen Parteien für wünschenswert hält, erklärt das Zentrale Exekutivkomitee, daß eine Übereinkunft nur unter folgenden Bedingungen erreichbar ist:

1. Anerkennung des Programms der Sowjetregierung, wie es in den Dekreten über das Land, den Frieden und in beiden Projekten zur Arbeiterkontrolle seinen Ausdruck findet.
2. Anerkennung der Notwendigkeit eines bedingungslosen Kampfes gegen die Konterrevolution (Kerenskij, Kornilov und Kaledin)*.
3. Anerkennung des 2. Allrussischen Sowjetkongresses als einziger Quelle der Macht.
4. Die Regierung ist dem Zentralen Exekutivkomitee verantwortlich.
5. Ergänzung des Zentralen Exekutivkomitees, ausgenommen

* Kerenskij war letzter Ministerpräsident der Provisorischen Regierung; Kornilov Infanteriegeneral, Kaledin Kavalleriegeneral der zarischen Armee, nach dem Oktober Führer »weißer«, gegenrevolutionärer Truppen.

Organisationen, die nicht zu den Sowjets gehören, durch Repräsentanten von in ihm nicht vertretenen Sowjets der Arbeiter-, Soldaten- und Bauerndeputierten; proportionale Vertretung derer, die den Kongreß der Arbeiter- und Bauernräte verlassen haben, von allrussischen Gewerkschaftsorganisationen, wie dem Rat des Gewerkschaftsverbandes, der Union der Fabrik- und Betriebskomitees, des Vikžel'*, der Union der Post- und Telegrafen-Arbeiter und -Angestellten, unter der Bedingung von und nur nach Neuwahlen des Rates der Bauerndeputierten, und jener Militärorganisationen, in denen in den letzten drei Monaten keine Neuwahlen stattgefunden haben.

18. Resolution des CK der Russischen Sozialdemokratischen Arbeiterpartei (Bolschewiki) zur Frage der Opposition innerhalb des CK, 15. November 1917

Das Zentralkomitee stellt fest, daß die gegenwärtige Sitzung von historischer Tragweite ist und daher die zwei Positionen, die hier zutage getreten sind, festgehalten werden müssen.

1. Das Zentralkomitee stellt fest, daß die Opposition, die sich innerhalb des CK herausgebildet hat, alle grundlegenden Positionen des Bolschewismus sowie des proletarischen Klassenkampfes überhaupt voll und ganz preisgibt; sie wiederholt die zutiefst unmarxistischen Schlagworte von der Unmöglichkeit der sozialistischen Revolution in Rußland, von der Notwendigkeit, den ultimativen Forderungen und Rücktrittsdrohungen seitens der offenkundigen Minderheit der Sowjetorganisation nachzugeben; sie hintertreibt damit den Willen und den Beschluß des 2. Allrussischen Sowjetkongresses und sabotiert die eben geborene Diktatur des Proletariats und der armen Bauernschaft.

2. Das Zentralkomitee macht diese Opposition für die Behinderung der revolutionären Arbeit und für die im jetzigen Zeitpunkt verbrecherischen Schwankungen voll verantwortlich, es fordert sie auf, ihre Diskussion und ihren Skeptizismus in die Spalten der Presse zu verlegen und sich von der praktischen Arbeit, an die sie nicht glaubt, zurückzuziehen. Denn aus dieser Opposition spricht nichts weiter als die Verängstigung durch

* Vikžel': russ. Abkürzung für Allrussisches Exekutivkomitee der Eisenbahner-Gewerkschaft.

die Bourgeoisie, sie ist nichts anderes als die Widerspiegelung der Stimmungen des ermüdeten (und nicht des revolutionären) Teils der Bevölkerung.

3. Das Zentralkomitee stellt fest, daß man, ohne Verrat an der Losung der Sowjetmacht zu üben, auf eine rein bolschewistische Regierung nicht verzichten kann, nachdem die Mehrheit des 2. Allrussischen Sowjetkongresses, ohne irgend jemanden vom Kongreß auszuschließen, dieser Regierung die Macht übertragen hat.

4. Das Zentralkomitee stellt fest, daß man, ohne Verrat an der Losung der Macht der Sowjets der Arbeiter-, Soldaten- und Bauerndeputierten zu üben, nicht einen kleinlichen Kuhhandel um den Anschluß von Organisationen an die Sowjets anfangen kann, die nicht zum Sowjettypus gehören, d. h. von Organisationen, die nicht auf der freiwilligen Vereinigung der revolutionären Vorhut der für den Sturz der Gutsbesitzer und Kapitalisten kämpfenden Massen beruhen.

5. Das Zentralkomitee stellt fest, daß Zugeständnisse gegenüber ultimativen Forderungen und Drohungen der Minderheit der Sowjets einem völligen Verzicht nicht nur auf die Sowjetmacht gleichkommen, sondern auch auf den Demokratismus, denn solche Zugeständnisse bedeuten, daß die Mehrheit Angst hat, ihre Mehrheit zu nutzen, bedeuten Unterwerfung unter die Anarchie, bedeuten, daß jede beliebige Minderheit ultimative Forderungen wiederholen wird.

6. Das Zentralkomitee stellt fest, daß es niemanden vom 2. Allrussischen Sowjetkongreß ausschließt und auch jetzt durchaus bereit ist, diejenigen, die gegangen sind, wieder zuzulassen und eine Koalition mit ihnen im Rahmen der Sowjets einzugehen, daß also die Behauptungen, die Bolschewiki wollten mit niemandem die Macht teilen, absolut unwahr sind.

7. Das Zentralkomitee stellt fest, daß es am Tage der Bildung der jetzigen Regierung, einige Stunden vor dieser Regierungsbildung, drei Vertreter der Linken Sozialrevolutionäre zu seiner Sitzung eingeladen und ihnen in aller Form die Teilnahme an der Regierung angeboten hat. Die Absage der Linken Sozialrevolutionäre, wenn sie auch nur vorläufig und bedingt war, lädt die ganze Verantwortung für das Nichtzustandekommen eines Abkommens mit ihnen restlos auf diese Linken Sozialrevolutionäre.

8. Das Zentralkomitee erinnert daran, daß auf dem 2. Allrussischen Sowjetkongreß ein von der Fraktion der Bolschewiki

eingebrachter Antrag angenommen worden ist, in dem die Bereitschaft zum Ausdruck gebracht wurde, den Sowjet durch Soldaten aus den Schützengräben und Bauern aus den Landkreisen, aus den Dörfern zu ergänzen, daß also die Behauptungen, die bolschewistische Regierung sei gegen die Koalition mit den Bauern, absolut unwahr sind. Im Gegenteil, das CK erklärt, daß das Bodengesetz unserer Regierung, das eine wortgetreue Abschrift des Wählerauftrags der Sozialrevolutionäre darstellt, in der Praxis die volle und aufrichtigste Bereitschaft der Bolschewiki bewiesen hat, die Koalition mit der gewaltigen Mehrheit der Bevölkerung Rußlands zu verwirklichen.

9. Das Zentralkomitee stellt schließlich fest, daß der Sieg des Sozialismus sowohl in Rußland als auch in Europa allen Schwierigkeiten zum Trotz nur durch die unentwegte Fortsetzung der Politik der jetzigen Regierung gesichert wird. Das Zentralkomitee ist von dem Sieg dieser sozialistischen Revolution völlig überzeugt und fordert alle Skeptiker und Schwankenden auf, alle ihre Schwankungen zu überwinden und die Tätigkeit dieser Regierung aus ganzer Seele, mit hingebungsvoller Energie zu unterstützen.

Lenin

19. Ultimatum der Mehrheit des CK an die Minderheit 16. November 1917

Die Mehrheit des CK der RSDRP (Bolschewiki), die die Politik, wie sie der Rat der Volkskommissare bis zum gegenwärtigen Augenblick betrieben hat, vollkommen gutheißt, hält es für notwendig, an die Minderheit des CK folgende kategorische Erklärung zu richten:

Die Politik unserer Partei für den gegenwärtigen Zeitabschnitt ist in der von Genosse Lenin vorgeschlagenen und gestern, am 2. November*, vom CK angenommenen Resolution festgelegt. Diese Resolution erklärt jeden Versuch, unserer Partei den Verzicht auf die Macht aufzuzwingen, für Verrat an der Sache des Proletariats, nachdem der Allrussische Sowjetkongreß, auf der Grundlage unseres Programms, diese Macht im Namen der Millionen Arbeiter, Soldaten und Bauern den

* 15. November nach neuer Zeitrechnung.

Vertretern unserer Partei übergeben hat. Diese Grundlinie unserer Taktik, die sich aus unserem ganzen Kampf gegen die Politik des Paktierens ergibt und von der wir uns im Aufstand gegen die Kerenskij-Regierung leiten ließen, bildet gegenwärtig den revolutionären Wesenskern des Bolschewismus und wird vom CK erneut gutgeheißen; sie ist für alle Parteimitglieder und in erster Linie für die Minderheit des CK unbedingt bindend.

Indes trieben und treiben die Vertreter der Minderheit sowohl vor der gestrigen Sitzung des CK als auch nach dieser Sitzung eine Politik, die sich offenkundig gegen die Grundlinie unserer Partei richtet, die unsere eigenen Reihen demoralisiert und Schwankungen in einem Augenblick hervorruft, wo größte Festigkeit und Standhaftigkeit notwendig sind.

So hat gestern in der Sitzung des Zentralen Exekutivkomitees die bolschewistische Fraktion unter direkter Teilnahme von CK-Mitgliedern aus dem Lager der Minderheit offen gegen einen Beschluß des CK gestimmt (in der Frage der zahlenmäßigen und personellen Vertretung unserer Partei in der Regierung). Ein solch unerhörter Disziplinbruch, begangen durch Mitglieder des CK, hinter dem Rücken des CK, nach stundenlangen Debatten im CK, die durch dieselben Vertreter der Opposition hervorgerufen worden waren, zeigt uns ganz klar, daß die Opposition die Parteiinstitutionen mürbe machen will, indem sie die Arbeit der Partei in einem Augenblick sabotiert, da von dem unmittelbaren Ausgang dieser Arbeit das Schicksal der Partei, das Schicksal der Revolution abhängt.

Für eine solche Lage der Dinge können und wollen wir nicht die Verantwortung tragen.

Indem wir uns mit dieser Erklärung an die Minderheit des CK wenden, fordern wir eine kategorische Antwort in schriftlicher Form auf die Frage, ob die Minderheit sich verpflichtet, sich der Parteidisziplin zu fügen und die Politik durchzuführen, die in der vom CK angenommenen Resolution des Genossen Lenin formuliert ist.

Sollte eine ablehnende oder unbestimmte Antwort auf diese Frage erfolgen, so werden wir uns sofort an das Petrograder Parteikomitee, an das Moskauer Parteikomitee, an die bolschewistische Fraktion des Zentralen Exekutivkomitees, an die Petrograder Stadtkonferenz und an einen außerordentlichen Parteitag mit dem alternativen Antrag wenden:

Entweder muß die Partei die jetzige Opposition beauftragen,

eine neue Regierung zusammen mit denjenigen ihrer Verbündeten zu bilden, um derentwillen die Opposition jetzt unsere Arbeit sabotiert – und dann werden wir uns dieser neuen Regierung gegenüber, die zu nichts anderem als zu Schwankungen, zur Ohnmacht und zum Chaos führen kann, aller Verpflichtungen vollkommen enthoben betrachten.

Oder – und daran zweifeln wir nicht – die Partei wird die einzig mögliche, revolutionäre Linie, wie sie in dem gestrigen Beschluß des CK zum Ausdruck gebracht wurde, gutheißen, und dann muß die Partei die Vertreter der Opposition aufs entschiedenste anweisen, ihre desorganisierende Arbeit nicht im Rahmen unserer Parteiorganisation zu betreiben. Einen anderen Ausweg gibt es nicht und kann es nicht geben. Selbstverständlich wäre eine Spaltung eine außerordentlich bedauerliche Tatsache. Aber eine ehrliche und offene Spaltung ist jetzt unvergleichlich besser als Sabotage innerhalb der Partei, als die Hintertreibung der eigenen Beschlüsse, als Desorganisation und Entkräftung. Jedenfalls zweifeln wir keinen Augenblick: Wenn wir unsere Meinungsverschiedenheiten dem Urteil der Massen unterbreiten (es sind das im Grunde die gleichen Meinungsverschiedenheiten wie die mit der Gruppe ›Novaja Žizn'‹ und der Gruppe Martovs*), so wird unsere Politik die unbedingte und selbstlose Unterstützung der revolutionären Arbeiter, Soldaten und Bauern finden und die schwankende Opposition in kürzester Frist isoliert und ohnmächtig sein.

20. Verlautbarung des bolschewistischen CK zum Rücktritt von Mitgliedern aus dem CK und aus dem Rat der Volkskommissare (Auszug), 20. November 1917

An alle Parteimitglieder und an alle werktätigen Klassen Rußlands!

Genossen! Einige Mitglieder des CK unserer Partei und des Rats der Volkskommissare, Kamenev, Zinov'ev, Nogin, Rykov, Miljutin und einige wenige andere, sind gestern, am 4. Novem-

* ›Novaja Žizn'‹ (Neues Leben) war eine politische Tageszeitung, die sich um eine Zusammenarbeit aller demokratischen Kräfte bemühte (unter den Mitarbeitern: M. Gor'kij). Martov war der Führer des linken, »internationalistischen« Flügels der Menschewiki.

ber*, aus dem CK unserer Partei und – die drei letzten – aus dem Rat der Volkskommissare ausgetreten. In einer so großen Partei wie der unseren ist es trotz des proletarisch-revolutionären Kurses unserer Politik unvermeidlich, daß es einzelne Genossen gibt, die sich im Kampf gegen die Volksfeinde als nicht genügend standhaft und fest erweisen. Die Aufgaben, vor denen jetzt unsere Partei steht, sind wahrhaft unermeßlich, die Schwierigkeiten sind riesengroß, und einige Mitglieder unserer Partei, die früher verantwortliche Posten bekleideten, sind angesichts des Ansturms der Bourgeoisie wankend geworden und aus unserer Mitte geflohen. Die gesamte Bourgeoisie und alle ihre Helfershelfer frohlocken darüber, äußern ihre Schadenfreude, faseln von Zerfall, prophezeien den Untergang der bolschewistischen Regierung.

Genossen! Glaubt diesen Lügen nicht. Die ausgetretenen Genossen haben wie Deserteure gehandelt, haben nicht nur die ihnen anvertrauten Posten verlassen, sondern auch den ausdrücklichen Beschluß des CK unserer Partei verletzt, daß sie mit ihrem Austritt wenigstens bis zur Stellungnahme der Petrograder und der Moskauer Parteiorganisation warten sollten. Wir verurteilen diese Desertion aufs entschiedenste. Wir sind zutiefst überzeugt, daß alle klassenbewußten Arbeiter, Soldaten und Bauern, die unserer Partei angehören oder mit ihr sympathisieren, die Handlungsweise der Deserteure ebenso entschieden verurteilen werden.

Wir erklären jedoch, daß die Desertion einiger Leute aus den Spitzen unserer Partei auch nicht für einen Augenblick und nicht im geringsten die Einheit der *Massen*, die unserer Partei folgen, erschüttern und also auch unsere Partei nicht ins Wanken bringen wird.

Genossen, denkt daran, daß zwei der Deserteure, Kamenev und Zinov'ev, schon vor dem Aufstand in Petrograd als Deserteure und Streikbrecher aufgetreten sind, denn sie haben nicht nur in der entscheidenden Sitzung des CK am 10. Oktober 1917** gegen den Aufstand gestimmt, sondern haben auch *nach* der Beschlußfassung durch das CK vor den Parteifunktionären gegen den Aufstand agitiert. Alle wissen, daß die Zeitungen, die Angst haben, sich auf die Seite der Arbeiter zu stellen, und die

* 17. November neuen Stils; das Dokument wurde am 18./19. November (neuer Zeitrechnung) niedergeschrieben und am 20. November in der ›Pravda‹ veröffentlicht.

** 23. Oktober nach neuer Zeitrechnung.

mehr zur Bourgeoisie hinneigen (zum Beispiel die ›Novaja Žizn'‹), damals im Verein mit der gesamten bürgerlichen Presse ein Geschrei und Gezeter erhoben über den »Zerfall« unserer Partei, über das »Scheitern des Aufstands« und dergleichen mehr. Aber das Leben hat die Lügen und Verleumdungen der einen, die Zweifel, die Schwankungen und die Feigheit der anderen rasch widerlegt. Der »Sturm«, den man anläßlich der Schritte Kamenevs und Zinov'evs zur Vereitelung des Petrograder Aufstands entfachen wollte, erwies sich als *Sturm im Wasserglas,* und der gewaltige Aufschwung der Massen, der gewaltige Heroismus von Millionen Arbeitern, Soldaten und Bauern in Petrograd und Moskau, an der Front, in den Schützengräben und in den Dörfern hat die Deserteure mit derselben Leichtigkeit beiseite geschoben, mit der ein Eisenbahnzug Holzspäne beiseite schiebt.

Mögen sich alle Kleinmütigen, alle Schwankenden, alle Zweifelnden, alle, die sich von der Bourgeoisie einschüchtern oder vom Geschrei ihrer direkten und indirekten Helfershelfer beeinflussen ließen, schämen.

21. Verordnung des Allrussischen Zentralen Exekutivkomitees über die Änderung der Zusammensetzung des Rates der Volkskommissare, 30. November 1917

1. Das Ministerium für Landwirtschaft wird der Partei der Linken Sozialrevolutionäre übergeben.
2. In alle Kollegien beim Rat der Volkskommissare schicken die Linken Sozialrevolutionäre ihre Vertreter.
3. In das Ministerium für Landwirtschaft schicken die Bolschewiki ihren Vertreter.

22. Von der Verhaftung der Führer des Bürgerkrieges gegen die Revolution
Dekret des Rates der Volkskommissare
11. Dezember 1917

Die Mitglieder der führenden Gremien der Kadettenpartei, als einer Partei der Volksfeinde, sind zu verhaften und dem Gericht der Revolutionären Tribunale zu überstellen.

Den örtlichen Räten obliegt die Pflicht der Beobachtung der Kadettenpartei im Hinblick auf ihre Verbindung mit dem Kornilov-Kaledinschen* Bürgerkrieg gegen die Revolution.

Das Dekret tritt vom Moment der Unterschrift an in Kraft.

Der Vorsitzende des Rates der Volkskommissare
Vl. Ul'janov (Lenin)

23. Regierungsverlautbarung zum konterrevolutionären Aufstand der Bourgeoisie, geführt von der Kadettenpartei
11. Dezember 1917

An alle Werktätigen und Ausgebeuteten!

Das von der Kadettenpartei geleitete Bürgertum hat für den Zeitpunkt der Einberufung der Konstituante alle ihre Kräfte für eine gegenrevolutionäre Umwälzung vorbereitet. Am Ural und am Don haben Kornilov, Kaledin und Dutov die Fahne des Bürgerkrieges gegen die Räte der Arbeiter-, Soldaten- und Bauerndeputierten erhoben. Bogaevskij**, der Gehilfe Kaledins, hat offen erklärt, daß der Aufstand auf das direkte Verlangen der Kadettenpartei begonnen wurde, die sich schon längst mit dem gegenrevolutionären Teil des Kosakentums offiziell verbündet hat. Am Ural unterstützt die kadettische Bourgeoisie den konterrevolutionären Aufstand mit Geld und Waren. Bei Belgorod haben die ersten blutigen Zusammenstöße der revolutionären Truppen mit den Abteilungen der bürgerlichen Verschwörer stattgefunden. So ist der direkte Bürgerkrieg auf Initiative und unter Leitung der Kadettenpartei eröffnet. Das Zentralkomitee dieser Partei ist augenblicklich der politische Stab aller gegenrevolutionären Kräfte des Landes.

Diese die Sache des Friedens und alle Errungenschaften der Revolution bedrohende Arbeit wird unter dem Deckmantel des Schutzes der Konstituante ausgeführt. Die kadettische Zentralwahlkommission verrichtet ihre Arbeit, indem sie sich vor den Räten versteckt und alle Tatumstände über die Wahlen verheimlicht, um es unmöglich zu machen, daß die Wahlniederlage der

* Vgl. Fußnoten zu Dok. 23.

** Bogaevskij, Dutov, Kaledin, Kornilov: ehemalige zarische Generäle, im Bürgerkrieg Führer der »Weißen« Truppen gegen die »Roten«.

Kadetten, bevor die Verschwörung Miljukovs*, Kaledins, Kornilovs und Dutovs von einem Erfolg gekrönt ist, bekannt wird. Der Rat der Volkskommissare hat die Eröffnung der Konstituante beschlossen, sobald die Hälfte ihrer Mitglieder, d.h. 400 von den 800, sich versammelt haben wird. Dieser Beschluß enthielt die beste Widerlegung der boshaften Verleumdungen, der Rat der Volkskommissare, der sich auf alle arbeitenden Klassen des Landes stützt, wolle die Konstituante nicht einberufen. Aber gerade deshalb konnte das Bürgertum die gesetzmäßige Einberufung der Volksvertretung nicht ruhig abwarten. Einige Dutzend Personen, die sich Abgeordnete nennen, sind, ohne ihre Legitimationsausweise vorzuzeigen, am 28. November** abends in Begleitung von bewaffneten Weißgardisten, Junkern und einigen tausend Bürgern und Sabotage treibenden Beamten in das Gebäude des Taurischen Palais eingedrungen.

Die Aufgabe der Kadettenpartei bestand darin, daß ein angeblich gesetzlicher »Deckmantel« für den kadettisch-kaledinschen gegenrevolutionären Aufstand geschaffen wurde. Die Stimme einiger Dutzend bürgerlicher Abgeordneter wollte sie als die Stimme der Konstituante ausgeben.

Der Rat der Volkskommissare bringt diese Verschwörung zur Kenntnis des ganzen Volkes. Alle Errungenschaften des Volkes, darunter der nahe Friede, stehen auf dem Spiel. Im Süden Kaledin, im Osten Dutov, endlich im politischen Zentrum des Landes, in Petrograd, die Verschwörung des Zentralkomitees der Kadettenpartei, das nach Süden, an Kaledin, Kornilov-Offiziere als Unterstützung sendet. Die geringste Unentschlossenheit oder Schwäche des Volkes kann mit einem Zusammenbruch der Räte, mit einem Scheitern der Sache des Friedens, mit dem Untergang der Agrarreform, mit der neuen Allmacht der Gutsbesitzer und Kapitalisten enden.

Im vollen Bewußtsein der ungeheuren Verantwortung, die

* P. N. Miljukov: Führer der Konstitutionell-Demokratischen Partei (Kadetten).

** 11. Dezember 1917 nach neuer Zeitrechnung. Obwohl der Rat der Volkskommissare zwei Tage zuvor (am 9. Dezember) die Eröffnung der Konstituante an ein Quorum von mindestens 400 gebunden hatte, versammelten sich am 11. Dezember, an dem im Gesetz vorgesehenen Eröffnungstag, bereits einige Dutzend Abgeordnete der Oppositionsfraktionen zu einer ersten Sitzung im Taurischen Palais (dem Sitz der ehmaligen Reichsduma und vorgesehenen Tagungsort der Konstituierenden Versammlung) und protestierten (unter anderem) gegen die Verhaftung von Mitgliedern des kadettischen Zentralkomitees (worunter sich auch zwei gewählte Mitglieder der Konstituante befanden).

jetzt auf die Rätegewalt fällt, für das Schicksal des Volkes und der Revolution, erklärt der Rat der Volkskommissare die Kadettenpartei als eine Organisation des gegenrevolutionären Aufruhrs, als eine Partei der Volksfeinde.

Der Rat der Volkskommissare verpflichtet sich, die Waffen im Kampfe gegen die Kadettenpartei und ihre Kaledin-Truppen nicht niederzulegen.

Die politischen Führer des gegenrevolutionären Bürgerkrieges werden verhaftet werden. Der Bürgeraufruhr wird um jeden Preis unterdrückt werden.

In diesem Kampfe rechnet der Rat der Volkskommissare fest auf die Unterstützung und unerschütterliche Treue aller revolutionären Arbeiter, Bauern, Matrosen, Soldaten, Kosaken, aller ehrlichen Bürger gegen die Revolution.

Nieder mit der Bourgeoisie! Für die Feinde des Volkes, für die Gutsbesitzer und Kapitalisten darf kein Raum in der Konstituante sein. Das Land retten kann nur die Konstituante, die aus Vertretern der arbeitenden und ausgebeuteten Volksklassen besteht. Es lebe die Revolution, es leben die Räte, es lebe der Friede.

24. Bekanntmachung über die erreichte Einigung zwischen dem Rat der Volkskommissare und dem Zentralkomitee der Linken Sozialrevolutionäre in der Frage einer Regierungsbeteiligung, 23. Dezember 1917

In der Nacht vom 9. auf 10. Dezember* wurde zwischen dem Rat der Volkskommissare und dem Zentralkomitee der Partei der Linken Sozialrevolutionäre in der Frage der Zusammensetzung der Regierung vollständige Übereinkunft erzielt. Am Rat der Volkskommissare beteiligt sich die Partei der Linken Sozialrevolutionäre mit sieben Vertretern.

Der Sekretär des Rates der Volkskommissare
N. Gorbunov

* 22. auf 23. Dezember nach neuer Zeitrechnung.

25. Die bolschewistische Parteizeitung ›Pravda‹ über das Ausscheiden der Linken Sozialrevolutionäre aus der Regierung 19. März 1918

Meinungsverschiedenheiten über die Friedenspolitik auf dem Vierten Sowjetkongreß haben die Linken Sozialrevolutionäre dazu veranlaßt, aus dem Rat der Volkskommissare auszuscheiden. Die prominentesten Abtrünnigen haben sich in verschiedene Teile Rußlands begeben, um einen »Aufstand« zu organisieren . . .

26. Stellungnahme von Gegnern des Brester Friedens auf dem 7. (außerordentlichen) Parteitag der Bolschewiki 6.–8. März 1918

1. Der imperialistische Krieg verursacht bereits überall die Auflösung der kapitalistischen Produktionsverhältnisse, verschärft die sozialen Gegensätze aufs äußerste, zersetzt die bourgeoisen Gruppierungen und untergräbt, wie im Falle Österreichs, die Lebensfähigkeit einer Anzahl kapitalistischer Organismen. All das zusammengenommen bildet den Nährboden für die reifende sozialistische Revolution, deren erste Anzeichen im Westen die Streiks und die verschiedenen Erhebungen in Österreich und Deutschland waren.

2. Der Krieg der imperialistischen Koalitionen kann jetzt von zwei Gesichtspunkten her betrachtet werden: Die Koalitionen sind entweder zeitweilig und geheim untereinander auf Rußlands Kosten einig geworden, oder sie sind noch immer zur Fortsetzung des Krieges bereit. In beiden Fällen müssen wir uns auf Anschläge des internationalen Kapitals gefaßt machen, die von allen Seiten her eine Teilung Rußlands anstreben. Im zweiten Fall wird Deutschland, gerade weil es den Krieg nur dadurch verlängern kann, daß es sich in den Besitz russischer Kornkammern und Rohmaterialien setzt, das Sowjetregime um jeden Preis vernichten wollen.

3. So machen daher sowohl der Klassenkampf als auch die imperialistische Ausbeutung unter den gegenwärtigen Umständen die friedliche Koexistenz Sowjetrußlands mit der imperialistischen Koalition der Zentralmächte unmöglich.

4. Dieser Zustand kam mit größter Klarheit in den Friedensbedingungen zum Ausdruck, die von Deutschland gestellt wur-

den und die in Wirklichkeit sowohl auf die Unterminierung der äußeren als auch der inneren Politik des Sowjetregimes hinauslaufen.

5. Diese Umstände schneiden die Zentren der Revolution von den Ernährungsquellen der Industriebevölkerung ab, zerteilen die Zentren der Arbeiterbewegung und zerstören einige der wichtigsten Industriegebiete (Lettland, Ukraine); sie unterhöhlen die Wirtschaftspolitik des Sozialismus (die Frage der Annullierung der Anleihen, die Sozialisierung der Produktion etc.), bagatellisieren die internationale Bedeutung der russischen Revolution (Verzicht auf die internationale Propaganda), verwandeln die Sowjetrepublik in ein Werkzeug imperialistischer Politik (Persien, Afghanistan) und erstreben schließlich ihre Entwaffnung (die Forderung nach der Demobilisierung alter und neuer Einheiten). All das bietet nicht die Möglichkeit einer Atempause, sondern verschlechtert nur die Kampfbedingungen des Proletariats mehr denn je.

6. Ohne wirklich einen Aufschub zu gewähren, schwächt die Unterzeichnung des Friedens den revolutionären Willen des Proletariats zum Kampfe und hält die Entwicklung der internationalen Revolution auf. Die einzig korrekte Taktik würde daher die Taktik des revolutionären Krieges gegen den Imperialismus sein.

7. Angesichts der völligen Auflösung der alten Armee, deren Überreste weniger als nichts taugen, kann der revolutionäre Krieg in seinem ersten Stadium nur mit Hilfe fliegender Partisanenabteilungen geführt werden, die sowohl das Stadtproletariat als auch die ärmste Bauernschaft in den Kampf ziehen und die militärischen Handlungen, was uns angeht, in einen Bürgerkrieg der arbeitenden Klassen gegen das internationale Kapital verwandeln werden. Ein solcher Krieg würde trotz aller anfänglichen Niederlagen schließlich die Streitkräfte des Imperialismus zersetzen.

8. Außerdem würde die Mobilisierung des Proletariats, das infolge der Arbeitslosigkeit und des allgemeinen wirtschaftlichen Zusammenbruchs seine Bedeutung als schaffende Schicht verliert, die Gefahr der proletarischen Desorganisation bannen und aus den Arbeitslosen Soldaten der proletarischen Revolution machen.

9. Das Grundziel der Partei muß daher eine klare taktische Linie sein, die auf dem Krieg mit dem Imperialismus beruht und die Verteidigung des Sozialismus in diesem Krieg mit dem

höchsten Nachdruck organisiert. Die Kampfkraft einer sozialistischen Armee wird gerade durch den unmittelbaren Kampf selbst geschaffen.

10. Die Politik der führenden Organe unserer Partei war eine Politik der Schwankungen und der Kompromisse – eine Politik, die objektiv die proletarischen Widerstandsvorbereitungen hemmte und infolge ihres ständigen Schwankens selbst jene beispielhaften Abteilungen demoralisierte, die sich begeistert in den Kampf stürzten.

11. Die soziale Grundlage einer solchen Politik war die Verwandlung unserer Partei aus einer rein proletarischen in eine »allgemeine Volkspartei«, ein Vorgang, der angesichts ihres riesigen Wachstums unvermeidlich war. Die Massen der Soldaten, die um jeden Preis und zu allen Bedingungen Frieden haben wollten und gar nicht mit dem sozialistischen Charakter der Regierung des Proletariats rechneten, machten ihren Einfluß geltend, die Partei sank auf das Niveau der Bauernmassen zurück, statt diese auf ihr eigenes Niveau emporzuheben, und verwandelte sich aus einer Avantgarde der Revolution in eine »mittelmäßige« Organisation.

12. Überdies wird selbst die Bauernschaft im Falle eines weiteren Kampfes mit dem internationalen Imperialismus unvermeidlich in diesen Kampf hineingezogen, weil sie sich von der großen Gefahr des Landverlustes bedroht sehen muß.

13. Unter diesen Bedingungen sind die Ziele der Partei und der Sowjetregierung:

a) Die Annullierung des Friedensvertrages.

b) Verstärkte Propaganda und Agitation gegen das internationale Kapital, die die Bedeutung dieses neuen Bürgerkrieges in das richtige Licht rücken.

c) Die Schaffung einer schlagkräftigen Roten Armee; die Bewaffnung der Proletariats und der Bauernbevölkerung und die geeignete Unterweisung der letzteren in der Kriegstechnik.

d) Entschiedene soziale Maßnahmen, die die Bourgeoisie ökonomisch vernichten, das Proletariat einen und die Begeisterung der Massen verstärken.

e) Unerbittlicher Kampf mit der Konterrevolution und dem Versöhnlertum.

f) Intensivste internationale revolutionäre Propaganda und Rekrutierung von Freiwilligen aller Nationalitäten und Staaten für die Rote Armee.

27. Verordnung des Allrussischen Zentralen Exekutivkomitees zum Ausschluß der Vertreter der Sozialrevolutionäre (rechter Flügel und Zentrum) sowie der Menschewiki aus dem Allrussischen Zentralen Exekutivkomitee und aus den Lokalsowjets, 14. Juni 1918

In Anbetracht der Tatsache, daß

1. die Sowjetmacht eine außerordentlich schwierige Situation zu überstehen hat, da sie gleichzeitig dem Angriff des internationalen Imperialismus an allen Fronten und seiner Verbündeten im Innern der Russischen Republik ausgesetzt ist, denen im Kampf gegen die Arbeiter- und Bauernregierung jedes Mittel recht ist, von schamloser Lüge bis zur Verschwörung und zum bewaffneten Aufstand;

2. die Anwesenheit von Parteivertretern in Sowjetorganisationen, die offenkundig darauf aus sind, die Sowjetmacht zu diskreditieren und zu verunglimpfen, unterbunden werden muß;

3. aus früher publizierten Dokumenten, aber auch aus solchen, die in der heutigen Sitzung bekannt geworden sind, klar ersichtlich ist, daß die Parteienvertreter der Sozialrevolutionäre (Rechte und Zentrum) sowie der Menschewiki bis in die höchste Spitze der Beteiligung an der Organisation bewaffneter Aufstände gegen Arbeiter und Bauern im Bunde mit offenkundigen Konterrevolutionären überführt sind – am Don mit Kaledin und Kornilov, in Sibirien mit Semenov, Chorvat und Kolčak sowie schließlich in jüngster Zeit mit den Tschechoslowaken und Schwarzhundertschaften, die sich ihnen anschlossen,

verordnet das Allrussische Zentrale Exekutivkomitee:

die Vertreter der Parteien der Sozialrevolutionäre (Rechte und Zentrum) sowie der Menschewiki aus seinem Bestand auszuschließen und gleichzeitig allen Räten der Arbeiter-, Soldaten-, Bauern- und Kosakendeputierten vorzuschlagen, die Vertreter dieser Fraktionen aus ihrer Mitte zu entfernen.

Der Vorsitzende des Allrussischen Zentralen Exekutivkomitees
Ja. Sverdlov

Der Sekretär des Allrussischen Zentralen Exekutivkomitees
V. Avanesov

28. Resolution des Allrussischen Zentralen Exekutivkomitees zur Frage der Vertretung der Fraktion der Linken Sozialrevolutionäre, 15. Juli 1918

In Ausführung der Verordnung des 5. Sowjetkongresses kann das Allrussische Zentrale Exekutivkomitee nur Vertreter jener Teile der Fraktion der Linken Sozialrevolutionäre zum Zentralen Exekutivkomitee zulassen, die sich klar und eindeutig von dem Versuch distanzieren, mit der Ermordung Mirbachs einen Krieg anzuzetteln und einen Aufstand gegen die Sowjetmacht zu entfachen, wie er vom Zentralkomitee der Partei der Linken Sozialrevolutionäre unternommen wird.

29. Verordnung des Allrussischen Zentralen Exekutivkomitees zum Aufruf des Zentralkomitees der Russischen Sozialdemokratischen Arbeiterpartei/Menschewiki
30. November 1918

Das Allrussische Zentrale Exekutivkomitee hat die Frage der Beziehungen zu jenen politischen Gruppen besprochen, die durch die Verordnung vom 14. Juni 1918 aus dem Zentralen Exekutivkomitee und aus den örtlichen Sowjets ausgeschlossen wurden, da diese zusammen mit konterrevolutionären Gruppen der Bourgeoisie gegen die Sowjetmacht aufstanden. Es erachtet es nun als notwendig, die Entscheidung vom 14. Juni zu ändern.

Die Ausbreitung der proletarischen Revolution hat die ganze Welt klar in zwei Lager geteilt, die sich in einem entschlossenen Entscheidungskampf befinden. Alle dazwischenstehenden Gruppen müssen ihre Wahl zwischen Proletariat und Weltbourgeoisie treffen. Wenn diese Zwischengruppen, die in ihrer Politik die Schwankungen der kleinbürgerlichen Demokratie zum Ausdruck bringen, ihr Bündnis mit den besitzenden Klassen aufgeben und bereit sind, die Verteidigung der sozialistischen Revolution gegen die Bajonette des anglo-amerikanischen Imperialismus zu unterstützen, sieht die Arbeiterklasse in dieser Wendung einen Beweis für die Richtigkeit ihrer Politik.

Nachdem das Zentrale Exekutivkomitee den Inhalt der Resolution und den Aufruf des Zentralkomitees der Russischen Sozialdemokratischen Arbeiterpartei (Menschewiki) zur Kenntnis genommen hat, stellt es fest, daß diese Partei – zumindest das führende Zentrum – sich nun losgesagt hat vom Bund (der Koalition) mit den bürgerlichen Parteien und Gruppen, sowohl den russischen wie den internationalen. Dadurch hat sich die Partei der Menschewiki selbst die Möglichkeit eröffnet, zusammen mit den anderen Parteien teilzunehmen an der Arbeit der Sowjets, an der Arbeit zur Organisation und Verteidigung des Landes.

In Anbetracht dieser Umstände ordnet das Zentrale Exekutivkomitee an, die Resolution des Zentralen Exekutivkomitees vom 14. Juni 1918 in demjenigen Teil als hinfällig zu betrachten, der sich auf die Partei der Menschewiki bezieht.

In Anbetracht dessen, daß das Zentralkomitee der Russischen Sozialdemokratischen Arbeiterpartei nicht für alle Gruppen und Mitglieder der Partei die Verantwortung übernehmen kann, hält das Zentrale Exekutivkomitee die Feststellung für nötig, daß diese Entscheidung sich nicht auf diejenigen menschewistischen Gruppen bezieht, die am Bündnis mit der russischen und internationalen Bourgeoisie gegen die Sowjetmacht festhalten.

Der Vorsitzende des Allrussischen Zentralen Exekutivkomitees
Ja. Sverdlov
Der Sekretär des Allrussischen Zentralen Exekutivkomitees
V. Avanesov

30. Statut der Russischen Kommunistischen Partei / Bolschewiki* (RKP/b), angenommen auf der 8. Allrussischen Parteikonferenz (Auszug), 2.–4. Dezember 1919

I. Die Parteimitglieder

1. Als Parteimitglied gilt, wer das Programm der Partei anerkennt, in einer ihrer Organisationen mitarbeitet, sich den Beschlüssen der Partei unterordnet und die Mitgliedsbeiträge entrichtet.

2. Neue Mitglieder werden durch die örtlichen Parteikomitees aus den Reihen der Kandidaten aufgenommen und durch die nächste allgemeine Versammlung der betreffenden Organisation bestätigt.

Anmerkung: Auf Empfehlung von zwei Parteimitgliedern, die der Partei vor dem Oktober 1917 beigetreten sind, dürfen

* Offizielle Bezeichnung der Partei seit März 1918; vgl. Glossar im Anhang.

in Ausnahmefällen neue Mitglieder auch außerhalb der Reihen der Kandidaten gewonnen werden. Eine solche Ausnahme ist während der Durchführung einer Parteiwoche gemäß einer Instruktion des CK zulässig.

3. Jedes Mitglied einer Organisation wird bei der Übersiedlung in den Tätigkeitsbereich einer anderen Organisation von dieser mit Zustimmung der früheren Organisation aufgenommen.

4. Über die Frage des Parteiausschlusses entscheidet die allgemeine Versammlung der Organisation, deren Mitglied der Betreffende ist. Der Beschluß über den Ausschluß tritt erst nach seiner Bestätigung durch das Gouvernementskomitee in Kraft, wobei der Betreffende bis zur Bestätigung des Ausschlusses aus der Parteiarbeit entfernt wird. Der Ausschluß von Parteimitgliedern wird in der Parteipresse unter Angabe des Grundes des Ausschlusses bekanntgegeben.

II. Die Parteikandidaten

5. Jeder, der in die Reihen der Parteimitglieder einzutreten wünscht, macht eine Kandidatenzeit durch, die ein gründliches Vertrautmachen des Kandidaten mit dem Programm und der Taktik der Partei und die Prüfung der persönlichen Eigenschaften des Kandidaten bezweckt.

6. Neue Mitglieder werden als Kandidaten auf Empfehlung von zwei Parteimitgliedern mit sechsjähriger Parteizugehörigkeit aufgenommen, nachdem das örtliche Parteikomitee deren Empfehlungen geprüft hat.

7. Arbeiter und Bauern müssen mindestens zwei Monate, andere Personen mindestens sechs Monate in den Reihen der Kandidaten verbleiben.

8. Die Kandidaten werden mit beratender Stimme zu den öffentlichen allgemeinen Versammlungen der Parteiorganisation zugelassen.

9. Die Kandidaten zahlen den üblichen Mitgliedsbeitrag an die Kasse des örtlichen Parteikomitees.

III. Der organisatorische Aufbau der Partei

10. Leitendes Prinzip des organisatorischen Aufbaus der Partei ist der demokratische Zentralismus.

11. Die Partei ist auf der Grundlage des demokratischen Zentralismus nach dem Territorialprinzip aufgebaut; eine Organisation, die einen bestimmten Bereich umfaßt, gilt als höhere

gegenüber allen Organisationen, die Teile des betreffenden Bereichs umfassen.

12. Alle Parteiorganisationen sind in der Entscheidung örtlicher Fragen autonom.

13. Höchstes leitendes Organ jeder Organisation ist die allgemeine Versammlung, die Konferenz oder der Parteitag.

14. Die allgemeine Versammlung, die Konferenz oder der Parteitag wählt ein Komitee, das ihr Vollzugsorgan ist und die gesamte laufende Arbeit der örtlichen Organisation leitet.

15. Das Organisationsschema der Partei ist folgendes:

a) Territorium der RSFSR – Allrussischer Parteitag, CK;

b) Gebiete und Sowjetrepubliken, die zur RSFSR gehören – Gebietskonferenzen, Gebietskomitees;

c) Gouvernements – Gouvernementskonferenzen, Gouvernementskomitees;

d) Landkreise – Landkreiskonferenzen, Landkreiskomitees;

e) Landgemeinden – Landgemeindeversammlungen, Landgemeindekomitees;

f) Betriebe, Ortschaften, Truppenteile der Roten Armee, Institutionen – allgemeine Versammlungen der Zellen, Zellenbüros.

16. Die Reihenfolge der Unterordnung, der Rechenschaftslegung, der Weiterleitung und Anfechtung aller Parteibeschlüsse ist folgende (von der höchsten Instanz zur niederen): Allrussischer Parteitag, CK, Gebietskonferenz, Gebietskomitee, Gouvernementskonferenz usw.

17. Für besondere Formen der Parteiarbeit werden Spezialabteilungen geschaffen (nationale Abteilungen, Abteilungen für die Arbeit unter den Frauen, unter der Jugend usw.). Die Abteilungen bestehen bei den Komitees und sind ihnen unmittelbar untergeordnet. Die Organisation der Abteilungen wird durch besondere Instruktionen geregelt, die vom Zentralkomitee bestätigt werden.

18. Alle unteren Organisationen bis zu den Landkreisorganisationen werden durch die Landkreiskomitees mit Genehmigung des Gouvernementskomitees bestätigt, die Landkreisorganisationen durch das Gouvernementskomitee mit Genehmigung des Gebietskomitees oder – falls ein solches nicht vorhanden ist – des CK, die Gouvernementsorganisationen durch das Gebietskomitee mit Genehmigung des CK oder – falls ein Gebietskomitee nicht vorhanden ist – unmittelbar durch das CK.

19. Jede Organisation hat nach ihrer endgültigen Bestätigung das Recht, eine eigene Pressestelle einzurichten, jedoch nur mit Genehmigung der entsprechenden höheren Parteiinstanz.

IV. Die zentralen Parteiinstitutionen

20. Oberstes Parteiorgan ist der Parteitag. Ordentliche Parteitage werden jährlich einberufen. Außerordentliche Parteitage werden vom Zentralkomitee auf eigene Initiative oder auf Verlangen von mindestens einem Drittel aller Mitglieder einberufen, die auf dem letzten Parteitag vertreten waren. Die Einberufung des Parteitages und die Tagesordnung werden spätestens anderthalb Monate vor dem Parteitag bekanntgegeben. Der außerordentliche Parteitag wird innerhalb einer Frist von 2 Monaten einberufen. Der Parteitag gilt als beschlußfähig, wenn auf ihm mindestens die Hälfte aller Parteimitglieder vertreten ist, die auf dem letzten ordentlichen Parteitag vertreten waren.

Die Vertretungsquoten für den Parteitag werden vom CK und von der vor dem Parteitag tagenden ordentlichen Konferenz festgesetzt.

21. Beruft das Zentralkomitee den außerordentlichen Parteitag nicht innerhalb der im Punkt 20 angegebenen Frist ein, so haben die Organisationen, die ihn verlangt haben, das Recht, ein Organisationskomitee zu bilden, dem hinsichtlich der Einberufung des Parteitages alle Rechte des Zentralkomitees zustehen.

22. Der Parteitag:

a) nimmt die Rechenschaftsberichte des CK, der Revisionskommission und der übrigen zentralen Institutionen entgegen und bestätigt sie;

b) überprüft und ändert das Parteiprogramm;

c) bestimmt die taktische Linie der Partei in den laufenden Angelegenheiten;

d) wählt das CK und die Revisionskommission usw.

23. Das Zentralkomitee wird in der Zusammensetzung von neunzehn Mitgliedern (zwölf Kandidaten) gewählt. Scheiden Mitglieder des CK aus, so wird das CK aus dem Kreise der vom Parteitag gewählten Kandidaten in der vom Parteitag festgesetzten Reihenfolge ergänzt.

24. Das Zentralkomitee vertritt die Partei im Verkehr mit anderen Parteien und Institutionen, organisiert die verschiedenen Parteiinstitutionen und leitet ihre Tätigkeit, setzt die Redaktionen der Zentralorgane ein, die unter seiner Kontrolle arbeiten,

organisiert und leitet Unternehmungen, die für die Gesamtpartei von Bedeutung sind, verteilt die Kräfte und Mittel der Partei und verwaltet die Zentralkasse.

Das Zentralkomitee lenkt die Arbeit der zentralen Sowjet- und gesellschaftlichen Organisationen durch die Parteifraktionen.

Das Zentralkomitee hält mindestens zwei Plenartagungen im Monat an vorher bestimmten Tagen ab.

25. Das Zentralkomitee bildet für die politische Arbeit das Politische Büro, für die organisatorische Arbeit das Organisationsbüro und das Sekretariat mit dem Sekretär an der Spitze, der Mitglied des Organisationsbüros des CK ist.

26. Das CK beruft einmal in drei Monaten eine Parteikonferenz aus Vertretern der Gouvernements- und Hauptstadtkomitees der Partei ein.

27. Das CK stellt den Gouvernements- und Hauptstadtkomitees einmal im Monat einen schriftlichen Tätigkeitsbericht zu.

28. Die Revisionskommission besteht aus drei Mitgliedern, überprüft regelmäßig die Kasse und alle Unternehmungen des CK und erstattet dem nächsten Parteitag Bericht.

...

X. Die Parteidisziplin

50. Straffste Parteidisziplin ist die erste Pflicht aller Parteimitglieder und Parteiorganisationen. Die Beschlüsse der zentralen Parteiinstanzen müssen schnell und genau ausgeführt werden. Gleichzeitig ist innerhalb der Partei die Erörterung aller Streitfragen des Parteilebens völlig frei, solange über sie noch kein Beschluß gefaßt worden ist.

51. Die Nichtdurchführung von Beschlüssen der höheren Organisationen und andere Vergehen, die von der öffentlichen Meinung der Partei als Vergehen angesehen werden, haben zur Folge: für die Organisation – Tadel, Einsetzung eines provisorischen Komitees von oben und allgemeine Umregistrierung (Auflösung der Organisation); für einzelne Parteimitglieder – Parteitadel, öffentlichen Tadel, zeitweilige Entfernung aus der verantwortlichen Partei- und Sowjetarbeit, zeitweilige Entfernung aus jeglicher Partei- und Sowjetarbeit, Ausschluß aus der Partei und Ausschluß aus der Partei unter Mitteilung des Vergehens an die Verwaltungs- und Gerichtsbehörden.

52. Jedes Komitee ist berechtigt, Sitzungstage eigens zur Be-

handlung der verschiedenartigen Disziplinarvergehen anzuberaumen und Sonderkommissionen zu bilden, darf diese jedoch keinesfalls in ständige Parteigerichte verwandeln.

53. Die Disziplinarvergehen werden von den Komitees und den allgemeinen Versammlungen im üblichen Verfahren und auf dem festgesetzten Instanzenweg behandelt.

...

31. Resolution des 10. Parteitags der RKP/b über die Einheit der Partei, 8.–16. März 1921

1. Der Parteitag lenkt die Aufmerksamkeit aller Mitglieder der Partei darauf, daß die Einheit und Geschlossenheit ihrer Reihen, die Sicherung des vollen Vertrauens unter den Parteimitgliedern und einer wirklich einmütigen Arbeit, die tatsächlich die Willenseinheit der Avantgarde des Proletariats verkörpert, im gegenwärtigen Augenblick, wo eine Reihe von Umständen die Schwankungen unter der kleinbürgerlichen Bevölkerung des Landes verstärkt, besonders notwendig sind.

2. Indessen sind schon vor der allgemeinen Parteidiskussion über die Gewerkschaften einige Anzeichen der Fraktionsbildung in der Partei festzustellen gewesen, d.h. die Entstehung von Gruppen mit besonderen Plattformen und mit dem Bestreben, sich bis zu einem bestimmten Grade abzuschließen und eine eigene Gruppendisziplin zu schaffen. Solche Anzeichen der Fraktionsbildung traten z.B. zutage in einer Parteikonferenz in Moskau (im November 1920) und in Charkov sowohl bei der Gruppe der sogenannten »Arbeiteropposition« als auch teilweise bei der Gruppe des sogenannten »Demokratischen Zentralismus«.*

Es ist notwendig, daß alle klassenbewußten Arbeiter sich des Schadens und der Unzulässigkeit jeder wie immer gearteten Fraktionsbildung klar bewußt werden, die, selbst wenn Vertreter der einzelnen Gruppen den besten Willen haben, die Parteieinheit zu wahren, in der Praxis unweigerlich dazu führt, daß die einmütige Arbeit geschwächt wird und daß die Feinde, die sich an die Regierungspartei heranmachen, erneut verstärkte Versuche unternehmen, die Zerklüftung zu vertiefen und sie für die Zwecke der Konterrevolution auszunutzen. Die Ausnutzung jeder Art Abweichung von der streng konsequenten kom-

* Innerparteiliche Oppositionsgruppen 1919/20; vgl. auch Band 2 dieser Dokumentation.

zung jeder Art Abweichung von der streng konsequenten kommunistischen Linie durch die Feinde des Proletariats hat sich mit größter Anschaulichkeit an dem Beispiel der Kronstädter Meuterei* gezeigt, als die bürgerliche Konterrevolution und die Weißgardisten in allen Ländern der Welt sofort ihre Bereitschaft bekundeten, sich sogar der Losungen einer Sowjetordnung zu bedienen, um nur ja die Diktatur des Proletariats in Rußland zu Fall zu bringen, damals, als die Sozialrevolutionäre und überhaupt die bürgerliche Konterrevolution sich in Kronstadt der Losungen des Aufstandes angeblich im Namen einer Sowjetmacht gegen die Sowjetregierung in Rußland bedienten. Solche Tatsachen beweisen vollauf, daß die Weißgardisten bestrebt sind und es verstehen, sich einen solchen Anstrich zu geben, daß sie als Kommunisten erscheinen, ja sogar »linker« als die Kommunisten, nur um es zuwege zu bringen, das Bollwerk der proletarischen Revolution in Rußland zu schwächen und zu stürzen. Die menschewistischen Flugblätter in Petrograd am Vorabend der Kronstädter Meuterei zeigen gleichfalls, wie die Menschewiki die Meinungsverschiedenheiten und einige Ansätze der Fraktionsbildung innerhalb der Kommunistischen Partei Rußlands ausnutzten, um die Kronstädter Meuterer, die Sozialrevolutionäre und Weißgardisten faktisch vorwärtszutreiben und zu unterstützen, wobei sie sich in Worten als Gegner von Aufständen und als Anhänger der Sowjetmacht, nur einer Sowjetmacht mit angeblich kleinen Korrekturen, ausgaben.

3. Die Propaganda in dieser Frage muß bestehen: einerseits in einer eingehenden Aufklärung über den Schaden und die Gefährlichkeit der Fraktionsbildung vom Gesichtspunkt der Einheit der Partei und der Verwirklichung der Willenseinheit der Avantgarde des Proletariats als der Grundbedingung für den Erfolg der Diktatur des Proletariats, andererseits in der Erläuterung der Eigenart der neuesten taktischen Methoden der Feinde der Sowjetmacht. Diese Feinde, die sich davon überzeugt haben, daß die Konterrevolution unter offen weißgardistischer Flagge hoffnungslos ist, verwenden jetzt alle Anstrengungen darauf, unter Ausnutzung der Meinungsverschiedenheiten innerhalb der Kommunistischen Partei Rußlands die Konterrevolution auf diese oder jene Weise zu fördern, und zwar durch Auslieferung der Macht an Vertreter der politischen Schattie-

* Ende Februar/Anfang März 1921 hatten sich die Matrosen der Inselfestung Kronstadt gegen die bolschewistische Regierung erhoben; zu den Zielen und Forderungen vgl. Band 2 der Dokumentation.

rung, die der Anerkennung der Sowjetmacht äußerlich am nächsten steht.

Die Propaganda muß auch die Erfahrungen früherer Revolutionen erläutern, in denen die Konterrevolution die der äußersten revolutionären Partei am nächsten stehende Opposition unterstützte, um die revolutionäre Diktatur zu erschüttern und zu stürzen und dadurch dem weiteren vollen Sieg der Konterrevolution, dem Sieg der Kapitalisten und Gutsbesitzer, den Weg zu bahnen.

4. Im praktischen Kampf gegen die Fraktionsbildung ist es notwendig, daß jede Parteiorganisation aufs strengste darüber wache, daß keinerlei fraktionelle Handlungen zugelassen werden. Die unbedingt notwendige Kritik an den Mängeln der Partei muß so gehandhabt werden, daß jeder praktische Vorschlag in möglichst präziser Form unverzüglich, ohne jegliche Verschleppung, an die örtlichen leitenden Organe und an das leitende Zentralorgan der Partei zur Erörterung und Entscheidung weitergeleitet wird. Jeder, der Kritik übt, hat außerdem der Form der Kritik nach Rücksicht zu nehmen auf die Lage der Partei, die von Feinden umgeben ist, und muß in bezug auf den Inhalt der Kritik durch seine eigene unmittelbare Teilnahme an der Sowjet- und Parteiarbeit die Korrigierung der Fehler der Partei oder einzelner ihrer Mitglieder in der Praxis erproben. Irgendeine Analyse der allgemeinen Linie der Partei oder die Auswertung ihrer praktischen Erfahrung, die Kontrolle der Durchführung ihrer Beschlüsse, das Studium der Methoden zur Berichtigung von Fehlern usw. darf auf keinen Fall Gruppen zur vorhergehenden Erörterung vorgelegt werden, die sich aufgrund irgendeiner »Plattform« u. ä. bilden, sondern ist ausschließlich und unmittelbar zur Behandlung durch alle Parteimitglieder vorzulegen. Zu diesem Zweck verfügt der Parteitag, regelmäßiger das »Diskussionsblatt« und besondere Sammelschriften herauszugeben, wobei unermüdlich darauf hinzuwirken ist, daß die Kritik sachlich geführt werde und keinesfalls Formen annehme, die den Klassenfeinden des Proletariats förderlich sein können.

5. Indem der Parteitag die Abweichung in der Richtung zum Syndikalismus und Anarchismus, die in einer besonderen Resolution* analysiert wird, prinzipiell ablehnt und das Zentralko-

* Ebenfalls abgedruckt in Band 2.

mitee beauftragt, jegliche Fraktionsbildung völlig auszumerzen, erklärt er gleichzeitig, daß in den Fragen, die die besondere Aufmerksamkeit, z. B. der Gruppe der sogenannten »Arbeiteropposition«, auf sich gelenkt haben – Säuberung der Partei von nichtproletarischen und unzuverlässigen Elementen, Bekämpfung des Bürokratismus, Entfaltung des Demokratismus und der Initiative der Arbeiter usw. –, alle sachlichen Vorschläge mit der größten Aufmerksamkeit geprüft und in der praktischen Arbeit erprobt werden müssen. Die Partei muß wissen, daß wir in diesen Fragen nicht alle notwendigen Maßnahmen durchführen, weil wir auf eine ganze Reihe verschiedenartiger Hindernisse stoßen, und daß die Partei, bei rücksichtsloser Zurückweisung unsachlicher und fraktioneller Scheinkritik, nach wie vor unermüdlich, unter Erprobung neuer Methoden, mit allen Mitteln gegen den Bürokratismus, für die Erweiterung des Demokratismus und der Initiative, für die Aufdeckung, Entlarvung und Vertreibung der Leute, die sich an die Partei angebiedert haben, usw. kämpft.

6. Der Parteitag erklärt daher ausnahmslos alle Gruppen, die sich auf der einen oder anderen Plattform gebildet haben, für aufgelöst bzw. ordnet ihre sofortige Auflösung an. Die Nichterfüllung dieses Parteitagsbeschlusses zieht den unbedingten und sofortigen Ausschluß aus der Partei nach sich.

32. Lenins ›politisches Testament‹*
Briefe an den Parteitag (Auszug)
24. Dezember 1922/Januar 1923

... Genosse Stalin hat, nachdem er Generalsekretär geworden ist, eine unermeßliche Macht in seinen Händen konzentriert, und ich bin nicht überzeugt, daß er es immer verstehen wird, von dieser Macht vorsichtig genug Gebrauch zu machen. Andererseits zeichnet sich Genosse Trockij, wie schon sein Kampf

* Zum Zeitpunkt der Niederschrift des ›Testaments‹ bestand das Politbüro der Partei aus Zinov'ev, Kamenev, Lenin selbst, Stalin und Trockij; Kandidaten waren Bucharin, Kalinin und Molotov. Pjatakov (geb. 1890) war 1921 ins Zentralkomitee gewählt worden. Von der Führungsgruppe der Partei, die Lenin im ›Testament‹ benannte, sollte nur Stalin eines natürlichen Todes sterben; alle übrigen kamen bei den Parteisäuberungen um.

gegen das CK in der Frage des Volkskommissariats für Verkehrswesen bewiesen hat, nicht nur durch hervorragende Fähigkeiten aus*. Persönlich ist er wohl der fähigste Mann im gegenwärtigen CK, aber auch ein Mensch, der ein Übermaß von Selbstbewußtsein und eine übermäßige Vorliebe für rein administrative Maßnahmen hat.

Diese zwei Eigenschaften zweier hervorragender Führer des gegenwärtigen CK können unbeabsichtigt zu einer Spaltung führen, und wenn unsere Partei nicht Maßnahmen ergreift, um das zu verhindern, so kann die Spaltung überraschend kommen.

Ich will die persönlichen Eigenschaften der anderen Mitglieder des CK nicht weiter charakterisieren. Ich erinnere nur daran, daß die Episode mit Zinov'ev und Kamenev im Oktober natürlich kein Zufall war, daß man sie ihnen aber ebensowenig als persönliche Schuld anrechnen kann wie Trockij den Nichtbolschewismus.

Was die jungen Mitglieder des CK betrifft, so möchte ich einige Worte über Bucharin und Pjatakov sagen. Das sind meines Erachtens die hervorragendsten Kräfte (unter den jüngsten Kräften), und ihnen gegenüber sollte man folgendes im Auge haben: Bucharin ist nicht nur ein überaus wertvoller und bedeutender Theoretiker der Partei, er gilt auch mit Recht als Liebling der ganzen Partei, aber seine theoretischen Anschauungen können nur mit sehr großen Bedenken zu den völlig marxistischen gerechnet werden, denn in ihm steckt etwas Scholastisches (er hat die Dialektik nie studiert und, glaube ich, nie vollständig begriffen).

25. XII. Nun zu Pjatakov. Er ist zweifellos ein Mensch mit großer Willenskraft und glänzenden Fähigkeiten, der jedoch einen allzu starken Hang für das Administrieren und für administrative Maßnahmen hat, als daß man sich in einer ernsten politischen Frage auf ihn verlassen könnte.

Natürlich mache ich die eine wie die andere Bemerkung nur für die Gegenwart und für den Fall, daß diese beiden hervorragenden und ergebenen Funktionäre keine Gelegenheit finden

* Lenin bezog sich auf die harten Auseinandersetzungen im Zentralkomitee um die Trockijschen Pläne zur Militarisierung des Verkehrswesens (unter Gleichschaltung der Eisenbahnergewerkschaft) im Herbst 1920, die in die große Gewerkschaftsdebatte einmündeten (dazu auch Band 2 dieser Edition).

sollten, ihr Wissen zu erweitern und ihre Einseitigkeit zu überwinden.

25. XII. 1922 Lenin

Ergänzung zum Brief vom 24. Dezember 1922

Stalin ist zu grob, und dieser Mangel, der in unserer Mitte und im Verkehr zwischen uns Kommunisten durchaus erträglich ist, kann in der Funktion des Generalsekretärs nicht geduldet werden. Deshalb schlage ich den Genossen vor, sich zu überlegen, wie man Stalin ablösen könnte, und jemand anderen an diese Stelle zu setzen, der sich in jeder Hinsicht von Gen. Stalin nur durch *einen* Vorzug unterscheidet, nämlich dadurch, daß er toleranter, loyaler, höflicher und den Genossen gegenüber aufmerksamer, weniger launenhaft usw. ist. Es könnte so scheinen, als sei dieser Umstand eine winzige Kleinigkeit. Ich glaube jedoch, unter dem Gesichtspunkt der Vermeidung einer Spaltung und unter dem Gesichtspunkt der von mir oben geschilderten Beziehungen zwischen Stalin und Trockij, ist das keine Kleinigkeit, oder eine solche Kleinigkeit, die entscheidende Bedeutung erlangen kann.

4. Januar 1923 Lenin

33. Brief Trockijs an das Zentralkomitee und an die Zentrale Kontrollkommission der RKP/b (Auszug), 8. Oktober 1923

Im schlimmsten Zeitpunkt des Kriegskommunismus hatte das Wesen der Kooptation innerhalb der Partei auch nicht ein Zehntel der Verbreitung wie heute. Die Ernennung der Sekretäre der Gouvernementskomitees ist jetzt die Regel. Das schafft für die Sekretäre eine im wesentlichen von den örtlichen Organisationen unabhängige und unkontrollierbare Position. Im Falle von Opposition, Kritik und Unzufriedenheit nimmt der Sekretär seine Zuflucht zu Versetzung, wobei er sich der Zentrale bedient. Auf einer der Sitzungen des Politbüros wurde mit Befriedigung erklärt, daß bei der Zusammenlegung eines Gouvernements die einzige Frage, die die zusammengelegten Organisationen interessierte, die war, wer der Sekretär des vereinigten Gouvernementskomitees sein würde. Der von der Zentrale ernannte und eben dadurch von der örtlichen Organisation nahezu unabhängige Sekretär bildet seinerseits die Quelle weiterer Ernennungen und Entlassungen im Gebiet des Gouvernements. Der von oben nach unten geschaffene Sekretärsapparat zieht in immer stärker eigengesetzlicher Weise alle Fäden an sich. Die Teilnahme der Parteimassen an der wirklichen Formierung der Parteiorganisationen wird immer stärker illusorisch. Es ist in den letzten ein bis anderthalb Jahren eine besondere Sekretärspsychologie entstanden, deren wesentlicher Zug die Überzeugung ist, daß der Sekretär in der Lage ist, jede beliebige Frage ohne Vertrautheit mit dem Wesen der Sache zu entscheiden. Wir können regelmäßig beobachten, wie ein Genosse, der keinerlei organisatorische, administrative oder sonstige Fähigkeiten gezeigt hat, solange er an der Spitze einer Sowjetinstitution stand, herrisch wirtschaftliche und andere Fragen zu lösen beginnt, sobald er auf den Posten eines Sekretärs gerät. Eine solche Praxis ist um so schädlicher, weil sie das Verantwortungsgefühl schwächt und vernichtet.

... Der 12. Parteitag* verlief unter dem Zeichen der Demokratie. Viele Worte von damals, die zum Schutz der Arbeiterdemokratie gesagt wurden, erschienen mir übertrieben und in erheblichem Umfang demagogisch angesichts der Unvereinbarkeit einer vollen, bis ins letzte entwickelten Arbeiterdemokratie mit der Ordnung der Diktatur. Doch es war vollkommen klar, daß die Einengung der Epoche des Kriegskommunismus lebendigeren und umfassenderen Formen der Parteiöffentlichkeit Platz machen muß. Die Ordnung jedoch, die im Grunde schon vor dem 12. Parteitag errichtet worden ist und danach ihre endgültige Festigung und Formulierung erhalten hat, ist weiter entfernt von Arbeiterdemokratie als die Ordnung der schlimmsten Tage des Kriegskommunismus. Die Bürokratisierung des Parteiapparats hat durch die bei der Sekretärsauswahl angewendeten Methoden eine unerhörte Entwicklung genommen. Wenn wir in den schlimmsten Stunden des Bürgerkriegs in den Parteiorganisationen und sogar in der Presse über die Heranziehung von Spezialisten, über Partisanenwesen und reguläre Armee, über Disziplin usw. usw. gestritten haben, dann ist jetzt an einen derart offenen Gedankenaustausch über Fragen, die wirklich die Partei bewegen, nicht einmal auch nur zu denken. Es

* Der 12. Parteitag der RKP/b fand vom 17. bis 25. April 1923 in Moskau statt.

hat sich eine überaus breite Schicht von im Staats- oder Parteiapparat tätigen Parteiarbeitern gebildet, die eine eigene Parteimeinung geradezu aufgegeben hat, zumindest eine öffentlich geäußerte, so als meinten sie, daß die Sekretärshierarchie derjenige Apparat sei, welcher Parteimeinungen und Parteientscheidungen hervorbringe. Unter dieser Schicht, die sich einer eigenen Meinung enthält, zieht sich die breite Schicht der Parteimassen hin, denen gegenüber sich jede Entscheidung schon als eine Art von Aufruf oder Befehl darstellt. In dieser breiten Masse der Basis der Partei herrscht außerordentlich starke Unzufriedenheit, sowohl vollkommen berechtigte als auch durch zufällige Ursachen hervorgerufene. Diese Unzufriedenheit wird nicht auf dem Wege offenen Gedankenaustauschs auf Parteiversammlungen und auf dem Wege des Einwirkens der Massen auf die Organisation der Partei (Wahl der Parteikomitees, der Sekretäre usw.) beseitigt, sondern sie sammelt sich im stillen an und führt dann zu inneren Geschwüren.

34. Erklärung der Sechsundvierzig
Brief an das Politbüro des CK der RKP/b (Auszug)
15. Oktober 1923

Vertraulich

Die außerordentlich ernste Lage zwingt uns – im Interesse unserer Partei, im Interesse der Arbeiterklasse –, Ihnen offen zu sagen, daß der gesamten Partei schwerwiegende, schlimme Folgen drohen, wenn die Politik der Mehrheit des Politbüros fortgesetzt wird. Die seit Ende Juli dieses Jahres entstandene Wirtschafts- und Finanzkrise mit allen sich daraus ergebenden politischen Folgen, u. a. innerhalb der Partei, hat schonungslos die unbefriedigende Führung durch die Partei im Bereich der Wirtschaft sowie insbesondere auf dem Gebiet der innerparteilichen Beziehungen aufgedeckt.

Der zufällige, unüberlegte, unsystematische Charakter der Beschlüsse des Zentralkomitees, das im Bereich der Wirtschaft nicht zu Rande kommt, hat dazu geführt, daß wir bei zweifellos großen Erfolgen auf dem Gebiet der Industrie, der Landwirtschaft, der Finanzen und des Verkehrswesens – Erfolgen, die von der Wirtschaft des Landes spontan, nicht dank, sondern trotz der unbefriedigenden Führung oder besser: des Fehlens jeglicher Führung, erreicht worden sind – nicht nur vor der Perspektive eines zeitweiligen Aussetzens dieser Erfolge, sondern auch vor einer schweren allgemeinwirtschaftlichen Krise stehen ...

Im Bereich der innerparteilichen Beziehungen erblicken wir genau dieselbe falsche Führung, die die Partei lähmt und zersetzt, was sich in der augenblicklichen Krise besonders deutlich bemerkbar macht.

Wir erklären dies nicht mit der politischen Unfähigkeit der jetzigen Parteiführer; im Gegenteil, so wenig wir bei der Beurteilung der Lage und bei der Wahl der Maßnahmen zur Änderung der Lage auch mit ihnen übereinstimmen mögen, so glauben wir doch, daß die Partei die jetzigen Führer unter allen Umständen mit den führenden Posten der Arbeiterdiktatur betrauen muß. Wir erklären es vielmehr damit, daß wir es unter der äußeren Form der offiziellen Einheit in Wirklichkeit mit einer einseitigen, an die Auffassungen und Sympathien eines kleinen Kreises angepaßten Auslese von Menschen und einer entsprechend ausgerichteten Handlungsweise zu tun haben. Angesichts einer durch solche engstirnigen Manipulationen entstellten Parteiführung hört die Partei in beträchtlichem Maße auf, jenes lebendige, an Eigeninitiative reiche Kollektiv zu sein, das in feinfühliger Weise die lebendige Wirklichkeit erfaßt, da es durch Tausende von Fäden mit dieser Wirklichkeit verbunden ist. Statt dessen beobachten wir eine immer weiter voranschreitende und fast durch nichts mehr bemäntelte Teilung der Partei in eine Hierarchie von Sekretären und in »Laien«, in von oben ausgewählte berufsmäßige Parteifunktionäre und in die übrige Parteimasse, die am öffentlichen Leben keinen Anteil nimmt.

Das ist eine Tatsache, die jedem Parteimitglied bekannt ist. Parteimitglieder, die mit dieser oder jener Anweisung des Zentralkomitees oder gar des Gouvernementskomitees unzufrieden sind, die diese oder jene Zweifel hegen, die diese oder jene Fehler, Unstimmigkeiten und Mißstände »für sich« bemerken, haben Angst, darüber auf Parteiversammlungen zu sprechen, mehr noch, sie haben schon Angst, sich miteinander zu unterhalten, wenn der Gesprächspartner kein vollkommen verläßlicher Mensch im Hinblick auf »Nichtgeschwätzigkeit« ist: die freie Diskussion innerhalb der Partei ist faktisch verschwunden, die öffentliche Parteimeinung ist verstummt. Heute werden die Gouvernementskomitees und das Zentralkomitee der RKP nicht von der Partei, nicht von ihren breiten Massen aufgestellt und gewählt. Im Gegenteil, in immer stärkerem Maße wählt die Sekretärshierarchie der Partei die Delegierten der Konferenzen und Parteitage aus, welche in immer stärkerem Maße zu Versammlungen werden, in denen diese Hierarchie ihre Weisungen erteilt.

Das Regime, das sich innerhalb der Partei gebildet hat, ist völlig unerträglich; es tötet die Eigeninitiative der Partei und ersetzt die Partei durch einen ausgewählten Beamtenapparat, der in normalen Zeiten reibungslos funktioniert, der jedoch in Krisenzeiten unweigerlich versagt und sich angesichts herannahender ernster Ereignisse als völlig unselbständig zu erweisen droht ...

35. Resolution der 13. Parteikonferenz über die Ergebnisse der Diskussion und über kleinbürgerliche Tendenzen in der RKP/b (Auszug), 18. Januar 1924

... Die »Opposition« hat in allen ihren Schattierungen in bezug auf die Bedeutung der Parteidisziplin gänzlich unbolschewistische Anschauungen an den Tag gelegt. Das Vorgehen einer ganzen Reihe von Vertretern der »Opposition« stellt einen unerhörten Bruch der Parteidisziplin dar und weckt Erinnerungen an jene Zeiten, wo Genosse Lenin genötigt war, gegen den »Intellektuellenanarchismus« in Organisationsfragen zu kämpfen und die Fundamente der proletarischen Disziplin in der Partei zu verteidigen.

... Die »Opposition« hat den Beschluß des 10. Parteitages* der RKP, der die Fraktionsbildung innerhalb der Partei verbietet, offen verletzt. Die bolschewistische Auffassung der Partei als ein einheitliches Ganzes wird von der »Opposition« durch die Auffassung der Partei als einer Summe aller möglichen Richtungen und Fraktionen ersetzt. Diese Richtungen, Fraktionen und Gruppierungen müßten nach den »neuen« Ansichten der »Opposition« in der Partei gleichberechtigt sein, während das CK der Partei nicht so sehr der Führer der Partei als vielmehr ein bloßer Registrator und Vermittler zwischen den Richtungen und Gruppierungen sein müßte. Eine solche Auffassung über die Partei hat mit dem Leninismus gar nichts gemein. Die

* Siehe Dok. 31.

Fraktionstätigkeiten der »Opposition« haben die Hoffnungen aller Feinde der Partei, darunter auch der europäischen Bourgeoisie, auf eine Spaltung der RKP neu belebt. Diese fraktionsmäßigen Handlungen haben der Partei wieder mit der ganzen Schärfe die Frage gestellt, ob die RKP als eine herrschende Partei die Bildung von Fraktionsgruppierungen innerhalb der Partei zulassen könne.

Als Bilanz dieser Differenzen und nach der Analyse des ganzen Charakters der Handlungen der Oppositionsvertreter gelangt der Unionsparteitag zur Schlußfolgerung, daß wir es in der Gestalt der heutigen »Opposition« nicht nur mit einem Revisionsversuch des Bolschewismus, nicht nur mit einer direkten Abschwenkung vom Leninismus, sondern auch mit einer ausgesprochen kleinbürgerlichen Abweichung zu tun haben. Es unterliegt keinem Zweifel, daß diese »Opposition« objektiv den Druck der Kleinbourgeoisie auf die Positionen der proletarischen Partei und deren Politik widerspiegelt. Die Prinzipien der innerparteilichen Demokratie beginnt man außerhalb der Partei schon in erweitertem Sinne zu interpretieren, und zwar wird sie gedeutet als eine Schwächung der Diktatur des Proletariats und eine Erweiterung der politischen Rechte der neuen Bourgeoisie.

Bei der Tatsache, daß die RKP, die die Diktatur des Proletariats verkörpert, ein Monopolrecht auf die Legalität im Lande besitzt, ist es unvermeidlich, daß die am wenigsten gefestigten Gruppen der Kommunisten zuweilen nichtproletarischen Einflüssen unterliegen. Die gesamte Partei muß sich über diese Gefahren klar sein und entschieden für die Erhaltung der proletarischen Linie der Partei eintreten.

Diese kleinbürgerliche Abweichung erheischt einen systematischen und energischen Kampf unserer gesamten Partei.

36. Stalin zum »Schicksal des Sozialismus in der Sowjetunion«
Aus seinem Referat vor einer Moskauer Parteiorganisation
9. Mai 1925

... unter der Diktatur des Proletariats sind bei uns, wie es sich erweist, alle Vorbedingungen gegeben, die notwendig sind, um die vollendete sozialistische Gesellschaft zu errichten, wobei alle und jegliche inneren Schwierigkeiten überwunden werden, denn wir können und müssen sie aus eigener Kraft überwinden.

Das ist wohl klar.

Dem Einwand, daß die verhältnismäßige ökonomische Rückständigkeit unseres Landes die Möglichkeit der Errichtung des Sozialismus ausschließe, tritt Lenin aufs entschiedenste entgegen und verwirft ihn als etwas, was sich mit dem Sozialismus nicht vereinbaren läßt:

»Unendlich schablonenhaft ist ... ihr Argument«, sagt Lenin, »das sie im Verlauf der Entwicklung der westeuropäischen Sozialdemokratie auswendig gelernt haben und das darin besteht, daß wir für den Sozialismus noch nicht reif seien, daß uns, wie sich die verschiedenen ›gelehrten‹ Herren unter ihnen ausdrükken, die objektiven ökonomischen Voraussetzungen für den Sozialismus fehlen.«

Andernfalls hätte es ja keinen Sinn gehabt, im Oktober die Macht zu ergreifen und die Oktoberrevolution durchzuführen. Denn wenn die Möglichkeit und die Notwendigkeit der Errichtung der vollendeten sozialistischen Gesellschaft aus diesen oder jenen Erwägungen ausgeschlossen wird, so verliert damit auch die Oktoberrevolution ihren Sinn. Wer die Möglichkeit der Errichtung des Sozialismus in *einem* Lande leugnet, der muß auch zwangsläufig die Rechtmäßigkeit der Oktoberrevolution leugnen. Und umgekehrt: Wer nicht an den Oktober glaubt, der kann auch die Möglichkeit des Sieges des Sozialismus unter den Verhältnissen der kapitalistischen Umkreisung nicht anerkennen. Es besteht ein enger und unmittelbarer Zusammenhang zwischen dem Unglauben an den Oktober und der Nichtanerkennung der sozialistischen Möglichkeiten in unserem Lande ...

37. Stalin über die »innere Lage der Sowjetunion«
Aus dem Tätigkeitsbericht des CK für den 14. Parteitag
18.–31. Dezember 1925

... Wir arbeiten und bauen unter den Bedingungen der kapitalistischen Umkreisung. Das bedeutet, daß unsere Wirtschaft und unser Aufbau sich im Gegensatz, in Zusammenstößen zwischen unserem Wirtschaftssystem und dem kapitalistischen Wirtschaftssystem entwickeln werden. Diesem Widerspruch können wir in keiner Weise entrinnen. Das ist der Rahmen, innerhalb dessen der Kampf der beiden Systeme vor sich gehen muß, des sozialistischen Systems und des kapitalistischen Systems. Das bedeutet außerdem, daß unsere Wirtschaft nicht nur in ihrer Gegensätzlichkeit zur kapitalistischen Wirtschaft des Auslands aufgebaut werden muß, sondern auch im Rahmen der Gegensätzlichkeit der verschiedenen Elemente innerhalb unseres Landes, der Gegensätzlichkeit der sozialistischen Elemente zu den kapitalistischen Elementen.

Hieraus folgt: Wir müssen unsere Wirtschaft so aufbauen, daß unser Land nicht zu einem Anhängsel des kapitalistischen Weltsystems wird, daß es nicht in das Gesamtsystem der kapitalistischen Entwicklung als deren Hilfsbetrieb einbezogen wird, daß sich unsere Wirtschaft nicht als ein Hilfsbetrieb des Weltkapitalismus entwickelt, sondern als eine selbständige Wirtschaftseinheit, die sich hauptsächlich auf den inneren Markt, auf den Zusammenschluß unserer Industrie mit der bäuerlichen Wirtschaft unseres Landes stützt.

Es gibt zwei Generallinien: Die eine geht davon aus, daß unser Land noch lange ein Agrarland bleiben müsse, daß es landwirtschaftliche Erzeugnisse ausführen und Maschinen einführen, daß es dabei bleiben und sich auch in Zukunft in der gleichen Bahn weiterentwickeln müsse. Diese Linie fordert im Grunde genommen den Abbau unserer Industrie. Sie fand vor kurzem in den Thesen Šanins ihren Ausdruck (vielleicht hat sie jemand in der ›Ėkonomičeskaja Žizn'‹ gelesen). Diese Linie würde dazu führen, daß unser Land niemals oder fast niemals zu einer richtigen Industrialisierung kommen könnte, daß sich unser Land aus einer wirtschaftlich selbständigen Einheit, die sich auf den inneren Markt stützt, objektiv in ein Anhängsel des kapitalistischen Gesamtsystems verwandeln müßte. Diese Linie bedeutet eine Abkehr von den Aufgaben unseres Aufbaus.

Das ist nicht unsere Linie.

Es gibt eine andere Generallinie, die davon ausgeht, daß wir alle Kräfte aufbieten müssen, um unser Land zu einem wirtschaftlich selbständigen, unabhängigen, auf dem inneren Markt basierenden Land zu machen, zu einem Land, das zum Anziehungsfeld für alle anderen Länder wird, die nach und nach vom Kapitalismus abfallen und in die Bahnen der sozialistischen Wirtschaft einlenken werden. Diese Linie erfordert maximale Entfaltung unserer Industrie, jedoch nach Maßgabe und im Einklang mit den Hilfsquellen, die uns zur Verfügung stehen. Sie lehnt die Politik der Verwandlung unseres Landes in ein Anhängsel des kapitalistischen Weltsystems entschieden ab. Das ist unsere Aufbaulinie, die die Partei einhält und die sie auch künftig einhalten wird. Diese Linie ist unerläßlich, solange es eine kapitalistische Umkreisung gibt.

Anders wird sich die Lage gestalten, sobald die Revolution in Deutschland oder in Frankreich oder in beiden Ländern gesiegt hat, sobald dort der sozialistische Aufbau auf einer höheren technischen Grundlage beginnt. Dann werden wir von der Politik der Verwandlung unseres Landes in eine unabhängige Wirtschaftseinheit zur Politik der Einbeziehung unseres Landes in die gemeinsame Bahn der sozialistischen Entwicklung übergehen. Solange das aber nicht geschehen ist, brauchen wir für unsere Volkswirtschaft unbedingt jenes Minimum von Unabhängigkeit, ohne das es unmöglich ist, unser Land vor der wirtschaftlichen Unterwerfung unter das System des Weltkapitalismus zu bewahren ...

38. Zinov'ev über die NĖP und die Bauernfrage
Aus seinem Koreferat zum CK-Bericht auf dem 14. Parteitag, 18.–31. Dezember 1925

... Es handelt sich im Streite um den Staatskapitalismus nicht um einen terminologischen Streit. Es bildet sich jetzt um Bucharin herum eine ganze »Schule« heraus, die versucht, die tatsächliche Lage zu vertuschen und vom Klassenstandpunkt abzuweichen; sonst könnte man schon miteinander ruhig in Broschüren streiten, wie es Lenin manchmal vorgeschlagen hat, als es sich um rein akademische Fragen handelte. Ich glaube aber, daß der Streit hier nicht zufällig entbrannt ist, daß er eng verbunden ist mit der Politik, verbunden ist damit, daß diese »Schule« oder dieses »Schulchen« die Sache so darstellen will, als wäre die Frage: »Wer wen?«, wer den anderen besiegen wird, der Kapitalismus den Sozialismus oder der Sozialismus den Kapitalismus, bei uns bereits gelöst. Diese »Schule« vertuscht den Klassenkampf, vertuscht den tatsächlichen Konflikt zwischen den sozialistischen und kapitalistischen Elementen in unserem Lande und versucht jeden zu terrorisieren und als Defaitisten, Liquidator usw. zu brandmarken, der auf ihre Entstellungen der Grundlagen des Leninismus hinweist.

In diesem Streit handelt es sich um eine höchst ernste politische Frage. Die Vertuschung der wirklichen Sachlage, die Versüßung der NĖP, der Versuch, die NĖP als Sozialismus zu erklären, das dürfen wir keinesfalls zulassen. Ich glaube, daß die

Partei sich hier gänzlich auf den Standpunkt Lenins stellen muß. Der offene Kampf zwischen dem Genossen Lenin und Bucharin in dieser Frage ist genügend bekannt. Genügend klar ist die ganze Wirklichkeit. Genügend günstig sind für den sozialistischen Aufbau die Ergebnisse des ersten Jahrfünftes der NÈP. Zugleich ist es aber auch klar, daß es bei uns einen Kapitalismus gibt, daß bei uns ein Staatskapitalismus vorhanden ist. Das muß man den Arbeitern offen sagen, und wenn wir ihnen das nicht sagen, dann werden sie dies als einen falschen Ton empfinden und sie werden recht haben. Das ist eine ernste politische Frage, über die man sich nicht hinwegsetzen kann, und niemandem wird es so bald gelingen, den Leninismus auf diesem Gebiete zu revidieren. (Beifall bei der Leningrader Delegation.)

... Ich gehe zur Bauernfrage und in erster Linie zur Frage der Mittelbauern über. Auch hier muß ich mit einem Satz beginnen, der manchem vielleicht nicht gefallen und als eine Übertreibung erscheinen wird. Wer nicht in Leninscher Art die ganze Wahrheit über den Kulak aussprechen will, der muß seinem Nachbarn [gemeint: politischen Gegner] unvermeidlich den Vorwurf der Unterschätzung des Mittelbauern machen. Hierin liegt der Haken unseres ganzen Streites. Wahrhaftig gibt es bei uns eine Anzahl von Genossen, die ungefähr derart gestimmt sind, daß wenn man ihnen nicht beweist, daß es bei uns 110 Prozent Mittelbauern gibt, sie über der Frage des sozialistischen Aufbaues verzweifeln und nicht wissen, was mit uns geschehen wird.

... Wir alle wissen, daß der Kulak in unserem Dorfe eine quantitativ verhältnismäßig nicht allzu große Kraft darstellt: 3–4 Prozent höchstens, jetzt ganz wenig mehr. Wie groß ist aber seine ökonomische Macht? Im Jahre 1918 sagte Lenin, daß es ungefähr zwei Millionen Kulaken gibt. Es ist ganz wahrscheinlich, daß man ihre Zahl heute mit 1½ Millionen annehmen kann. Landarbeiter gibt es bei uns auch ungefähr 1½ Millionen. Zahlenmäßig scheinbar die gleiche Kraft, wenn wir aber die ökonomische Macht beider Gruppen vergleichen, dann werden wir schon sehen, daß das Schwergewicht dieser 1½ Millionen Kulaken, daß ihre ökonomische Macht ziemlich viel größer ist als die der Landarbeiter. Deshalb hat diese Frage sowohl innerhalb des Landes als auch auf dem internationalen Kampfplatz eine ungeheure Bedeutung.

Der Kulak hat seine Ergänzung in der Stadt. Seine Ergänzung

ist erstens der »Nepman«*, zweitens die neue Bourgeoisie überhaupt, drittens die obere Schicht der Spezialisten, die jetzt zu einem immer wichtigeren Bestandteil unserer Wirtschaft wird, viertens die obere Schicht unserer 2½ Millionen Angestellten, unter denen es natürlich auch eine gewisse Schicht gibt, die nicht zu uns gehört, und die natürlich einen gewissen politischen Zusammenschluß mit dem erstarkenden Kulak sucht, fünftens ein Teil der bürgerlichen Intelligenz, sechstens die ganze internationale kapitalistische Umgebung, die den Kulak in jeder möglichen Weise unterstützt und fördert.

Es wäre Panikmache, wenn wir, indem wir auf das Wachstum des Kulak hinweisen, nicht zugleich mit der ganzen Partei auf die Mittel seiner Bekämpfung, auf das Gegengewicht hinweisen würden. Wir weisen auch darauf hin, wie wir den Dorfarmen unterstützen sollen, wie wir mit ihm zusammen mit dem Mittelbauern ein Bündnis schließen sollen, um den Kulak zu isolieren. Es gibt hier gar keine Panik. Ich sehe hier nur den Unwillen, die Dinge so zu betrachten, wie sie sind. Es ist bei uns dazu gekommen, daß gestern Genosse Zajcev in der ›Pravda‹, folgendermaßen über den Mittelbauer belehrt: »Der Mittelbauer – aber nicht der Bourgeois«. Was bedeutet diese Gegenüberstellung von Mittelbauer und Bourgeois? Natürlich ist der Mittelbauer kein Rothschild, er ist natürlich nicht der klassische Typus eines Bourgeois. Wir wissen das sehr gut, wir wissen auch, daß in der Leninschen Perspektive, wo der Mittelbauer zu einem »zivilisierten Genossenschafter« wird, er in keinem Sinne Bourgeois sein wird. Heute kann und muß man aber den Mittelbauer einen Kleinbürger, einen kleinen Bourgeois nennen. Wer das nicht sieht, der idealisiert unbedingt den Mittelbauer.

* Das politische Schlagwort »Nepman« meint Personen, die die liberaleren Bedingungen der NĖP – auf welche Weise auch immer – zur persönlichen Bereicherung benutzten.

3. Kapitel
Die Absicherung der Staatsgewalt in Polizei, Justiz und Armee

Polizei, Beamtenschaft, Justiz und stehendes Heer waren Instrumente des alten Staates, die »Sowjetmacht« brauche diese »Maschinerie« nicht mehr, gewählte Laienrichter würden die Rechtsprechung übernehmen, die »Volksbewaffnung« würde für die Landesverteidigung sorgen. So hatten die Bolschewiki seit Frühjahr 1917 verkündet. Alte programmatische Forderungen (wie die nach Richterwahl und Territorialmiliz) verbanden sich dabei mit neuen, rätedemokratischen Gedankenspielen, wie sie Lenin in den ›Aprilthesen‹ und in ›Staat und Revolution‹ zu Papier gebracht hatte. Die Zielvorgabe war definiert: Man wollte die Staatsmacht erobern, um sie alsbald »absterben« zu lassen.

Den wichtigsten innenpolitischen Machtfaktor, die Armee, auszuschalten, gelang offenkundig rasch: Zumindest konnten mit den Versprechungen »Friede« und »Land« (Dok. 39, 40) größere Teile des Heeres neutralisiert werden. Die Kommissare der Provisorischen Regierung wurden abberufen, bei allen Truppenteilen »Revolutionäre Komitees« gebildet und die Kommandostäbe ihren Anweisungen unterstellt (Dok. 41). Die alte Befehlsstruktur war damit aufgelöst, die Truppe zerfiel. Hunderttausende verließen ihre Einheiten, um im Dorf bei der beginnenden Bodenumverteilung nicht zu spät zu kommen. Die Abschaffung der Offiziersränge und die Wahl der Vorgesetzten durch die Mannschaften setzte Ende Dezember den Schlußpunkt unter diese Entwicklung (Dok. 45, 46). An die Stelle der alten Armee, so viel stand bereits fest, sollte eine neue treten; noch im Januar wurden dafür erste gesetzliche Grundlagen geschaffen: Die neue »Rote Armee der Arbeiter und Bauern« sollte die »bewußtesten und bestorganisierten Elemente der werktätigen Klassen« zusammenfassen und zugleich die Basis für die allgemeine Volksbewaffnung bilden (Dok. 47). Die Realisierung der Milizidee schien in Angriff genommen zu werden.

Im Innern hatten schon Februarrevolution und Provisorische Regierung einen Teil des alten Staatsapparates beseitigt. Die zarische Geheimpolizei war abgeschafft, die Gendarmerie aufgelöst und der Strafvollzug reformiert; statt der Polizei war –

seit dem Februar – eine Volksmiliz mit gewählter Leitung im Entstehen.

Die Bolschewiki versuchten, ihr nun – nach dem Oktober – eine »Arbeitermiliz« entgegenzustellen (Dok. 42). Sie sollte bei allen Arbeiter- und Soldatenräten gegründet werden, und Militär- wie Zivilbehörden wurden angehalten, der Arbeitermiliz bei Bewaffnung und Versorgung behilflich zu sein. Für das Dorf ohnehin nicht vorgesehen, blieb ihre Stellung auch in den Städten schwach. Teils blieb die alte Miliz im Amt, teils übernahmen halbmilitärische Arbeiterbrigaden (die »Roten Garden«) die »Sicherung der revolutionären Ordnung«, was immer das heißen mochte; und für schwerwiegende Fälle wurde Mitte Dezember eine neue Institution gegründet: die »Allrussische Außerordentliche Kommission zur Bekämpfung von Konterrevolution und Sabotage«, abgekürzt ČK (Dok. 44).

Schon vorher – Anfang Dezember – hatte der Rat der Volkskommissare alle bestehenden Gerichte aufgehoben und ihre Neubildung aufgrund demokratischer Wahlen angekündigt (Dok. 43). Bis zur Durchführung der Wahlen wurden die Richter von den zuständigen Lokal- und Regionalräten bestellt. Mit gleicher Verordnung entfielen die Institutionen der Untersuchungsrichter, der Staatsanwaltschaft und der Advokatur; alle unbescholtenen Bürger waren fortan als Ankläger und Verteidiger zugelassen. Die neuen Gerichte sollten vor allem nach »revolutionärem Gewissen« und »revolutionärem Rechtsbewußtsein« entscheiden; alle Gesetze, die den Verordnungen der »Rätemacht« oder den Parteiprogrammen von Sozialdemokraten und Sozialrevolutionären widersprachen, galten als aufgehoben. Für Plünderung, Raub, Konterrevolution und Sabotage wurden spezielle »Revolutionäre Tribunale« eingerichtet; ihre Richter wurden von den Gouvernements- und Stadtsowjets ernannt, und vor diesen Gerichten wurden, laut Gesetz, auch jene Fälle verhandelt, die die ČK zur Anklage brachte (Dok. 43, 44). Die Wirkung dieser Vorschriften war, landesweit gesehen, gering; der Willkür, dem Terror, der um sich greifenden Selbstjustiz war damit nicht beizukommen. Immerhin zeigen sie aber, in welche Richtung die Regierungspläne für den Neuaufbau zielten: auf die radikale Demokratisierung und Entprofessionalisierung der Justiz. Zumindest noch im Winter 1917/18.

Bereits im Frühjahr 1918 wurden die Schwerpunkte anders gesetzt, erst bei den militärischen Planungen, dann auch in der Innen- und Justizpolitik. Die im Winter eilends aufgestellten

Rotgardisten- und Rotarmistenverbände waren den regulären deutschen Truppen nicht gewachsen gewesen. Aufgrund dieser Erfahrungen gab die politische Führung die Milizidee auf. Sie betrieb nun, trotz innerparteilicher Proteste, den Aufbau einer regulären Kaderarmee; nicht auf einmal, aber Schritt für Schritt. Die freiwillige Meldung wurde Ende April 1918 abgeschafft und durch die allgemeine Wehrpflicht ersetzt; sie galt für alle Arbeiter und werktätigen Bauern zwischen 18 und 40 (Dok. 49). Der zur Dienstpflicht Herangezogene hatte dabei ein »feierliches Versprechen« abzugeben, in dem er sich »vor dem Angesicht der werktätigen Klassen Rußlands und der ganzen Welt« zu unbedingtem Gehorsam verpflichtete (Dok. 48). Die Wahl der Kommandeure wurde abgeschafft und durch eine Bestallungsordnung ersetzt. Sie erlaubte auch die Anwerbung ehemaliger zarischer Offiziere und ihren Einbau als »Militärspezialisten« in die entstehende Rote Armee, streng überwacht von den politischen »Kommissaren«, die ihnen beigeordnet wurden (Dok. 51). Die Wiedereinführung von strengen Disziplinarordnungen mit Uniform, Dienstrangabzeichen und Grußpflicht folgte. Auch eine eigene Militärverwaltung entstand, beginnend mit den »Wehrbereichen« *(voennye okruga)* bis hinunter zu den ländlichen Amtsbezirken *(volosti)* (Dok. 51). Und an die Spitze der Organisation trat, im September 1918, ein »Revolutionärer Militärrat der Republik«.

Da im Innern die reguläre »Arbeitermiliz« bei der »Sicherung der revolutionären Ordnung« kaum größere Bedeutung erlangte, wuchs die Bedeutung der Außerordentlichen Kommission (ČK) beträchtlich. Als wichtigstes Instrument des Roten Terrors und Gegenterrors gründete sie Unterabteilungen bei allen Lokal- und Regionalsowjets. Mit dem Recht, eigene bewaffnete Verbände aufzustellen, zentral und vor Ort (Dok. 53), entwikkelte sie sich zu einem Staat im Staat, trotz formaler Anbindung an das Sowjetsystem: Gefängnisse und »Konzentrationslager« *(koncentracionnyj lager)* wurden errichtet, und die Zahl der Erschießungen ging schon im Sommer 1918 in die Tausende.

Hatte man noch im Frühjahr 1918 viele »Revolutionäre Tribunale« aufgelöst, den Umfang ihrer Kompetenzen begrenzt und alle allgemeineren Strafsachen ausdrücklich den ordentlichen Gerichten übertragen (Dok. 50), so ging die Entwicklung im Sommer darüber rasch hinweg. Es ist fraglich, ob weitere Bemühungen, ein einheitliches System ordentlicher Gerichte aufzubauen (vgl. etwa Dok. 52), noch Bedeutung erlangten.

Jedenfalls entwickelten sich neben den »Revolutionären Tribunalen« weitere Sondergerichte: Kameraden- und Regimentsgerichte, Kriegsgerichte, Revolutionäre Gerichte der Eisenbahnverwaltung, Tribunale des Verkehrskommissariats. Die Zuständigkeiten waren dabei sehr allgemein formuliert, und da Strafrechtsbücher fehlten, war der »revolutionären Willkür« Tür und Tor geöffnet. Der immer wieder geäußerten Kritik an den Zuständen und an der Allmacht der ČK blieb ein dauerhafter Erfolg versagt, solange die Lage im Innern derart auf Messers Schneide stand.

Erst nach dem Ende des Bürgerkriegs änderte sich diese Situation. Die Allrussische Außerordentliche Kommission wurde samt ihren Lokalorganen aufgelöst. Ihre Obliegenheiten wurden dem Volkskommissariat des Innern übertragen, das dafür eine spezielle Abteilung schuf, unter der unverdächtigen Bezeichnung »Staatliche Politische Verwaltung« (russische Abkürzung GPU) (Dok. 54, 55). Auch die Revolutionären Tribunale verschwanden, Willkür und Chaos sollten geregelten Verhältnissen weichen (Dok. 56, 58). Zu diesem Zweck wurde ein einheitliches Gerichtssystem (Dok. 57) geschaffen, mit Volks- und Gouvernementsgerichten auf der unteren Stufe und einem Obergericht als Kassations- und Aufsichtsinstanz. Sondergerichte sollte es nur mehr in begründeten Ausnahmen geben. Die Kodifizierung des Straf-, Zivil- und Prozeßrechtes folgte. Staatsanwaltschaft und Advokatur wurden ausdrücklich wieder zugelassen und alle Organe auf die »Durchsetzung der revolutionären Gesetzlichkeit« verpflichtet (Dok. 58). Mit all dem näherte sich die sowjetische Justizpolitik wieder geordneten, »bürgerlichen« Rechtsverhältnissen. Von den ehemaligen Idealen, der direkten Richterwahl und der Entprofessionalisierung der Justiz, war nun kaum noch die Rede.

Auch bei der Armee bedeutete der Neuanfang keine Rückkehr zu den ursprünglichen Zielen. Die allgemeine Wehrpflicht, die festgelegte Dienstzeit, der hierarchische Aufbau blieben – auch bei den Militärreformen 1924/25 – erhalten. Die Verwirklichung der alten Milizidee wurde nun explizit abgelehnt, und wo Milizverbände neben der Kaderarmee aufgestellt wurden, dienten sie nur als Übergangsmaßnahme, als Notbehelf angesichts der angespannten wirtschaftlichen Lage. Gleichzeitig beseitigte man das Nebeneinander von militärischen Kommandeuren und politischen Kommissaren: Schritt für Schritt wurde seit Frühjahr 1925 die »einheitliche Befehlsgewalt« in der Armee eingeführt und die Rolle der Kommissare auf die politische Schulung begrenzt.

39. Appell des Petrograder Militärischen Revolutionskomitees an Etappe und Front zum Sieg der Oktoberrevolution 7. November 1917

An Etappe und Front. In Petrograd ist die Macht in den Händen des Militärischen Revolutionskomitees des Petrograder Sowjet. Der einmütige Aufstand der Arbeiter und Soldaten siegte ohne jedes Blutvergießen. Die Regierung Kerenskij ist gestürzt. Das Komitee wendet sich an Front und Etappe mit dem Aufruf, sich nicht durch Provokation beeinflussen zu lassen, sondern den Petrograder Sowjet und die neue revolutionäre Macht zu unterstützen, die unverzüglich einen gerechten Frieden vorschlägt, den Bauern das Land übergibt und eine Konstituierende Versammlung einberuft.

Die Macht vor Ort geht in die Hände der Arbeiter-, Soldaten- und Bauerndeputierten über.

Das Militärische Revolutionskomitee des Petrograder Sowjet

40. Aufruf an die Soldatenräte, die Verlegung von Fronttruppen nach Petrograd zu verhindern, 7. November 1917

Die Petersburger Garnison und das Proletariat haben die Regierung Kerenskij beseitigt, die sich gegen die Revolution und das Volk erhob. Der Umsturz, der die Provisorische Regierung hinwegfegte, hat sich ohne Blutvergießen vollzogen. Der Petrograder Sowjet der Arbeiter- und Soldatendeputierten hat den vollzogenen Umsturz feierlich begrüßt und die Gewalt des Militärischen Revolutionskomitees bis zur Bildung einer Sowjetregierung anerkannt. Indem das Militärische Revolutionskomitee dies der Armee an der Front und im Hinterlande mitteilt, ruft es alle revolutionären Soldaten dazu auf, das Verhalten ihrer Kommandeure aufmerksam zu überwachen. Offiziere, die sich nicht direkt und offen der vollzogenen Revolution anschließen, sollen unverzüglich verhaftet werden.

Als Programm der neuen Gewalt sieht der Petersburger Sowjet an: sofortigen Abschluß eines demokratischen Friedens, die unverzügliche Übergabe des Landes der Gutsbesitzer an die Bauern, die Übergabe aller Macht an die Sowjets und die schnelle Einberufung einer Konstituierenden Versammlung. Die revolutionäre Volksarmee darf die Verlegung unnötiger Truppeneinheiten von der Front nach Petrograd nicht erlauben. Sie soll durch Wort und Gesinnung zu überzeugen versuchen, und wo dieses nicht hilft, den Abzug gewaltsam verhindern.

Dieser Befehl ist unverzüglich den Truppenteilen aller Waffengattungen vorzulesen.

Die Verheimlichung dieses Befehls vor den Soldatenmassen durch die Armeeorganisationen entspricht dem schwersten Verbrechen gegenüber der Revolution und wird mit der ganzen Strenge des revolutionären Gesetzes geahndet.

Soldaten! Für den Frieden, für Brot, für Land, für die Volksmacht!

Das Militärische Revolutionskomitee

41. Bildung von provisorischen Revolutionskomitees bei der Armee

Verordnung des 2. Allrussischen Sowjetkongresses
8. November 1917

Der Allrussische Rätekongreß schlägt allen Armeen die Einrichtung von provisorischen Revolutionskomitees vor. Ihnen wird die Verantwortung für die Aufrechterhaltung der revolutionären Ordnung und für die Festigkeit der Front übertragen. Die Oberkommandierenden sind verpflichtet, sich den Anordnungen der Komitees zu fügen. Die Kommissare der Provisorischen Regierung werden abgesetzt; Kommissare des Allrussischen Kongresses werden abgesandt.

Über alle Schritte ist unverzüglich telegraphische Mitteilung zu machen.

42. Über die Arbeitermiliz

Verordnung des Volkskommissariats des Inneren
10. November 1917

1. Alle Räte der Arbeiter- und Soldatendeputierten haben Arbeitermilizen zu gründen.

2. Die Arbeitermiliz untersteht vollständig und ausschließlich dem Rate der Arbeiter- und Soldatendeputierten.

3. Die Militär- und Zivilbehörden sind gehalten, bei der Bewaffnung der Arbeitermiliz, ihrer Versorgung mit technischen Mitteln bis zur Versorgung mit staatlichen Waffen mitzuwirken.

4. Dieses Gesetz ist telegraphisch auszuführen.

43. Über das Gericht

Dekret des Rates der Volkskommissare, 5. Dezember 1917

Der Rat der Volkskommissare beschließt:

1. Die jetzt bestehenden ordentlichen Gerichte, die Bezirksgerichte, Appellationsgerichte und der Regierende Senat mit allen seinen Departements, die Militär- und Marinegerichte aller Bezeichnungen sowie die Handelsgerichte werden aufgehoben; sie werden alle durch Gerichte ersetzt, die auf der Grundlagen demokratischer Wahlen gebildet sind.

Zum Fortgang und zur weiteren Behandlung der noch nicht abgeschlossenen Rechtsfälle wird ein besonderes Dekret erlassen.

Der Lauf aller Fristen wird vom 25. Oktober d. J.* bis zum Erlaß des besonderen Dekrets gestoppt.

2. Die Tätigkeit der bis jetzt bestehenden Friedensgerichtsinstitutionen ist einzustellen, und die Friedensrichter, die bis jetzt durch indirekte Wahlen gewählt wurden, sind durch örtliche Gerichte in der Person eines ständigen örtlichen Richters und zweier zeitweiliger, wechselnder Beisitzer zu ersetzen, die zu jeder Sitzung nach besonderen Listen der wechselnden Richter einberufen werden. Die Ortsrichter werden künftig aufgrund direkter demokratischer Wahlen und bis zur Anberaumung dieser Wahlen durch die provisorischen Rajons- und Amtsbezirksräte, wo solche nicht bestehen, durch die Kreis-, Stadt- und Gouvernementsräte der Arbeiter-, Soldaten- und Bauerndeputierten gewählt.

Diese Räte stellen auch die Listen der wechselnden Beisitzer auf und bestimmen die Reihenfolge ihres Erscheinens zur Sitzung.

Die früheren Friedensrichter gehen des Rechts nicht verlustig, mit ihrer Zustimmung zu Ortsrichtern gewählt zu werden,

* 7. November 1917 nach neuer Zeitrechnung; Zeitpunkt der Oktoberrevolution.

sowohl provisorisch durch die Räte als auch endgültig in den demokratischen Wahlen. Die Ortsgerichte entscheiden alle bürgerlichen Sachen mit einem Werte bis 3000 Rubel und Strafsachen, wenn dem Angeklagten eine Strafe nicht über zwei Jahre Freiheitsentzug droht, und wenn der Zivilanspruch 3000 Rubel nicht übersteigt. Die Strafurteile und Erkenntnisse der Ortsgerichte sind endgültig und durch Berufung nicht anfechtbar. In den Sachen, in denen auf eine Geldstrafe über 100 Rubel oder auf eine Freiheitsstrafe über sieben Tage erkannt ist, ist Kassationsantrag zulässig. Kassationsinstanz ist die Kreisversammlung der Ortsrichter.

Zur Entscheidung von Strafsachen an den Fronten werden die Ortsrichter in derselben Weise durch die Regimentsräte und, wo solche fehlen, durch die Regimentskomitees gewählt.

Über das Gerichtsverfahren in den anderen Gerichtssachen wird ein besonderes Dekret erlassen werden.

3. Die bis jetzt bestehenden Institutionen der Untersuchungsrichter, der Staatsanwaltschaft sowie der vereideten und privaten Advokatur werden aufgehoben.

Bis zur Umbildung des ganzen Gerichtsverfahrens obliegt die Voruntersuchung in Strafsachen den Ortsrichtern als Einzelrichtern, deren Beschlüsse über Verhaftung oder Anklageerhebung durch Beschluß des gesamten Ortsgerichts bestätigt sein müssen.

Als Ankläger und Verteidiger, die auch im Stadium der Voruntersuchung zugelassen werden, und in bürgerlichen Sachen als Bevollmächtigte werden alle unbescholtenen Bürger beiderlei Geschlechts, die im Besitze der bürgerlichen Rechte sind, zugelassen.

4. Zur Annahme und weiteren Behandlung von Sachen und Verfahren der Gerichte wie der Beamten der Voruntersuchung und der Staatsanwaltschaft sowie der Räte der vereideten Rechtsanwälte (Anwaltskammern) wählen die örtlichen Räte der Arbeiter-, Soldaten- und Bauerndeputierten besondere Kommissare, die die Archive und das Vermögen dieser Institutionen in ihre Verwaltung nehmen.

Allen unteren und Kanzleibeamten der aufgehobenen Institutionen wird vorgeschrieben, auf ihren Posten zu verbleiben und unter der allgemeinen Billigung der Kommissare alle notwendigen Arbeiten in der Behandlung der nicht abgeschlossenen Fälle zu verrichten sowie an den dazu bestimmten Tagen den beteiligten Personen Auskunft über ihre Fälle zu erteilen.

5. Die Ortsgerichte entscheiden die Sachen im Namen der russischen Republik und wenden in ihren Erkenntnissen und Strafurteilen die Gesetze der abgesetzten Regierungen nur so weit an, als sie durch die Revolution nicht aufgehoben sind und dem Revolutionsgewissen und dem revolutionären Rechtsbewußtsein nicht widersprechen.

Anmerkung. Als aufgehoben gelten alle Gesetze, die den Dekreten des Zentralen Exekutivkomitees, der Räte der Arbeiter-, Soldaten- und Bauerndeputierten sowie dem Programm-Minimum der russischen sozialdemokratischen und der sozialrevolutionären Partei widersprechen.

6. In allen bürgerlichen Streitsachen und in Privatklagesachen können die Parteien sich an ein Schiedsgericht wenden. Das Schiedsgerichtsverfahren wird durch ein besonderes Dekret geregelt werden.

7. Das Recht der Begnadigung und der Wiedereinsetzung in die Rechte der in Strafsachen Verurteilten steht künftig der richterlichen Gewalt zu.

8. Zur Bekämpfung der gegenrevolutionären Kräfte werden zwecks Ergreifung von Maßnahmen zum Schutz der Revolution und ihrer Errungenschaften sowie zur Entscheidung der Sachen betreffend den Kampf gegen Marodeure und Räuber, gegen Sabotage und andere Mißbräuche der Händler, Gewerbetreibenden, Beamten und anderer Personen revolutionäre Arbeiter- und Bauerntribunale eingesetzt, die sich aus einem Vorsitzenden und sechs von den Gouvernements- oder städtischen Räten der Arbeiter-, Soldaten- und Bauerndeputierten gewählten zeitweiligen Beisitzern zusammensetzen.

Für die Voruntersuchung in diesen Sachen werden bei denselben Räten Untersuchungskommissionen gebildet.

Alle bis jetzt bestehenden Untersuchungskommissionen werden aufgehoben, ihre Akten und Fälle werden an die bei den Räten neu zu bildenden Untersuchungskommissionen abgegeben.

44. Gründung der Allrussischen Außerordentlichen Kommission (ČK)
Verordnung des Rates der Volkskommissare
20. Dezember 1917

Es wird eine Allrussische Außerordentliche Kommission zur Bekämpfung der Konterrevolution und Sabotage begründet. Diese Kommission wird Allrussische Außerordentliche Kommission genannt und dem Rat der Volkskommissare angegliedert ...

Zu den Aufgaben dieser Kommission gehören:

1. Die Verfolgung und Bestrafung aller Akte der Konterrevolution und Sabotage in ganz Rußland ungeachtet ihrer Ursachen.

2. Die Überstellung aller Konterrevolutionäre und Saboteure an das Revolutionstribunal und die Ausarbeitung eines Planes zum Kampf gegen sie.

3. Die Vorbereitung aller Maßnahmen, um sie [d. h. die Konterrevolution] zu zerbrechen. Die Kommission besteht aus folgenden Abteilungen: Informationsabteilung, Organisationsabteilung (beauftragt mit der Organisation des Kampfes gegen die Konterrevolution in ganz Rußland) mit ihren Sektionen, und Kampfabteilung.

Die Kommission wird morgen gebildet werden ...

Der Vorsitzende des Rates der Volkskommissare
Vl. Ul'janov (Lenin)

45. Über die Angleichung der Rechte aller Militärpersonen
Dekret des Rates der Volkskommissare, 29. Dezember 1917

In Ausführung des Willens des revolutionären Volkes zur sofortigen und entschlossenen Beseitigung aller Überreste der früheren Ungleichheit in der Armee, verordnet der Rat der Volkskommissare:

1. Alle Stände und Ränge, vom Gefreiten bis hinauf zum General, werden aufgehoben. Die Armee der Russischen Republik besteht von nun an aus freien und gleichen Bürgern, die die Ehrenbezeichnung Soldat der revolutionären Armee tragen.

2. Alle Vorrechte, die mit früheren Ständen und Rängen verbunden waren, einschließlich der äußeren Erkennungszeichen, werden abgeschafft.

3. Alle Titel werden abgeschafft.

4. Alle Orden und andere Dienstabzeichen werden abgeschafft.

5. Mit der Beseitigung der Offiziersränge werden auch alle speziellen Offiziersorganisationen beseitigt.

6. Die in der gegenwärtigen Armee bestehende Einrichtung der Ordonnanzen wird beseitigt.

ANMERKUNG: Ordonnanzen bleiben nur bei den Amtsstuben des Regiments, den Komitees und anderen Truppenorganisationen bestehen.

Der Vorsitzende des Rates der Volkskommissare
Vl. Ul'janov (Lenin)
Der Volkskommissar für Armee- und Marineangelegenheiten
N. Krylenko

46. Über die Wählbarkeit und die Organisation der Macht bei der Armee

Dekret des Rates der Volkskommissare, 29. Dezember 1917

1. Die Armee, die dem Willen des werktätigen Volkes dient, wird dem obersten Vertreter dieses Willens, dem Rat der Volkskommissare, unterstellt.

2. Die ganze Fülle der Macht steht in jedem Truppenteil und seinen Einheiten dem entsprechenden Soldatenkomitee und Sowjet zu.

3. Lebensbereiche und Aktivitäten der Truppe, die sich schon bisher in der Obhut der Komitees befanden, unterliegen nun deren unmittelbarer Führung. Für alle Tätigkeitsbereiche, die die Komitees nicht selbst übernehmen können, wird eine Kontrollstelle der Komitees oder der Räte eingerichtet.

4. Es wird die Wahl des Kommandobestandes und aller Dienstgrade eingeführt. Die Kommandeure, bis zum Regiment einschließlich, werden durch allgemeine Abstimmung von ihren Einheiten, Zügen, Kompanien, Trupps, Eskadronen, Batterien, Divisionen und Regimentern gewählt. Die Kommandeure von höheren Einheiten als Regimentern bis zum Oberkommandierenden einschließlich werden auf entsprechenden Kongressen oder auf Konferenzen bei den entsprechenden Komitees gewählt.

Anmerkung: Unter Konferenz ist eine Versammlung des entsprechenden Komitees zusammen mit Delegierten von Komitees, die eine Stufe tiefer stehen, zu verstehen.

5. Gewählte Kommandeure von Einheiten, die größer sind als ein Regiment, werden durch das nächsthöhere Komitee bestätigt.

Anmerkung: Im Falle einer begründeten Ablehnung des gewählten Vorgesetzten durch das höhere Komitee, muß der beim zweiten Mal vom entsprechenden unteren Komitee gewählte Vorgesetzte bestätigt werden.

6. Armeekommandeure werden auf Armeekongressen, Frontkommandeure auf Frontkongressen gewählt.

7. Für technische Ämter, die Spezialausbildung, Spezialkenntnisse oder andere praktische Schulung verlangen, wie bei Ärzten, Ingenieuren, Technikern, Telegraphisten, Funktelegraphen, Luftschiffern, Kraftfahrern und dgl., werden von den entsprechenden Komitees der Spezialeinheiten nur solche Personen benannt, die über die entsprechenden Spezialkenntnisse verfügen.

8. Stabschefs werden auf Kongressen gewählt, die aus Personen mit entsprechender Vorbildung bestehen.

9. Alle übrigen Dienstgrade der Stäbe werden von den Stabschefs ernannt und von den entsprechenden Kongressen bestätigt.

Anmerkung: Alle Personen mit Spezialausbildung unterliegen einer besonderen Erfassung.

10. Allen Führungspersonen, die über das Einberufungsalter der Soldaten hinaus Dienst tun, nicht in irgendein Amt gewählt werden und sich damit auf der Stufe eines einfachen Soldaten befinden, wird das Recht gewährt, ihren Abschied zu nehmen.

11. Alle übrigen Ämter des Nicht-Kommandostabes, mit Ausnahme der Ämter bei der Versorgung, werden vom entsprechenden gewählten Vorgesetzten durch Ernennung ausgetauscht.

12. Eine entsprechende Wahlordnung für den Kommandobestand wird gesondert erlassen.

Der Vorsitzende des Rates der Volkskommissare
Vl. Ul'janov (Lenin)
Der Vorsitzende für Armee- und Marineangelegenheiten
N. Krylenko

47. Gründung der Roten Armee der Arbeiter und Bauern
Dekret des Rates der Volkskommissare, 28. Januar 1918

Die alte Armee diente als Werkzeug für die Unterdrückung der werktätigen Klassen durch die Bourgeoisie. Mit dem Übergang der Macht auf die werktätigen und ausgebeuteten Klassen entstand die Notwendigkeit, eine neue Armee zu schaffen, die gegenwärtig zu einem Bollwerk für die Sowjetmacht wird, künftig den Grundstock für den Übergang vom stehenden Heer zur allgemeinen Volksbewaffnung bildet und zur Unterstützung für die vorwärts schreitende sozialistische Revolution in Europa wird.

I.
Davon ausgehend verordnet der Rat der Volkskommissare die Organisation einer neuen Armee mit dem Namen »Rote Armee der Arbeiter und Bauern« auf folgender Grundlage:

1. Die Rote Armee der Arbeiter und Bauern wird aus den bewußtesten und bestorganisierten Elementen der werktätigen Massen geschaffen.

2. Der Eintritt in ihre Reihen steht allen Bürgern der Russischen Republik ab 18 Jahren frei. In die Rote Armee tritt jeder ein, der bereit ist, alle seine Kräfte, ja sein Leben für die Verteidigung der Errungenschaften der Oktoberrevolution, der Sowjetmacht und des Sozialismus einzusetzen. Für den Eintritt in die Rote Armee sind Empfehlungsschreiben unumgänglich: der Militärkomitees oder von demokratischen Gesellschaftsorganisationen, die auf dem Boden der Sowjetmacht stehen, von Partei- oder Gewerkschaftsorganisationen oder von wenigstens zwei Mitgliedern dieser Organisationen. Bei Eintritt ganzer Einheiten ist eine Gesamtbürgschaft und namentliche Abstimmung erforderlich.

II.

1. Die Soldaten der Roten Armee der Arbeiter und Bauern werden vollständig vom Staat versorgt und erhalten zusätzlich 50 Rubel im Monat.

2. Arbeitsunfähige Familienmitglieder der Soldaten der Roten Armee, die bisher von diesen unterhalten worden sind, werden mit allem Notwendigen gemäß den lokalen Versorgungsnormen bedacht, in Übereinstimmung mit den Verordnungen der örtlichen Organe der Sowjetmacht.

III.
Das höchste leitende Organ der Roten Armee der Arbeiter und Bauern ist der Rat der Volkskommissare. Die direkte Leitung und Verwaltung der Armee liegt beim Volkskommissariat für Militärfragen; es richtet dafür ein besonderes Allrussisches Kollegium ein.

Der Vorsitzende des Rates der Volkskommissare
Vl. Ul'janov (Lenin)
Der Oberkommandierende
N. Krylenko

48. Formel des feierlichen Versprechens für Soldaten der Roten Armee, festgelegt vom Allrussischen Zentralen Exekutivkomitee, 22. April 1918

1. Ich, ein Sohn des werktätigen Volkes, Bürger der Sowjetrepublik, nehme den Ehrentitel eines Kämpfers der Arbeiter- und Bauernarmee an.

2. Vor dem Angesicht der werktätigen Klassen Rußlands und der ganzen Welt verpflichte ich mich, diesen Namen mit Ehre zu tragen, gewissenhaft das Kriegshandwerk zu erlernen und wie meinen Augapfel das Volks- und Militärvermögen vor Verderben und Diebstahl zu hüten.

3. Ich verpflichte mich, streng und unablässig die revolutionäre Disziplin zu wahren und unbedingt alle Befehle der Kommandeure, die von der Macht der Arbeiter- und Bauernregierung eingesetzt worden sind, zu befolgen.

4. Ich verpflichte mich, mich jedweder Handlungen zu enthalten, die die Würde eines Bürgers der Sowjetrepublik in üblen Ruf bringen und erniedrigen, und meine Genossen von derartigen Handlungen abzuhalten, sowie all mein Tun und Denken auf das große Ziel der Befreiung aller Werktätigen zu richten.

5. Ich verpflichte mich, auf den ersten Ruf der Arbeiter- und Bauernregierung hin zur Verteidigung der Sowjetrepublik vor jeglichen Gefahren und Anschlägen von seiten aller ihrer Feinde auszurücken und im Kampf für die Russische Sowjetrepublik, für die Sache des Sozialismus und die Brüderschaft der Völker weder meine Kräfte, noch selbst mein Leben zu schonen.

6. Sollte ich in böser Absicht von diesem meinem feierlichen

Versprechen abweichen, so sei mein Los die allgemeine Verachtung, und es treffe mich der harte Arm des revolutionären Gesetzes.

Der Vorsitzende des Zentralen Exekutivkomitees
Ja. Sverdlov

49. Über die Einführung der obligatorischen militärischen Grundausbildung

Dekret des Allrussischen Zentralen Exekutivkomitees
22. April 1918

Eine der Hauptaufgaben des Sozialismus ist die Befreiung der Menschheit vom Joch des Militarismus und von der Barbarei blutiger Zusammenstöße zwischen den Völkern. Das Ziel des Sozialismus ist allgemeine Abrüstung, immerwährender Friede und brüderliche Zusammenarbeit aller Völker, die die Erde bewohnen.

Dieses Ziel wird erreicht sein, wenn in allen mächtigen kapitalistischen Ländern die Macht in die Hände der Arbeiterklasse übergeht, die die Produktionsmittel aus den Händen der Ausbeuter reißt, die Produktionsmittel der allgemeinen Nutzung aller Werktätigen übergibt und die kommunistische Ordnung als unerschütterliche Grundlage der Solidarität der ganzen Menschheit errichtet.

Zum gegenwärtigen Zeitpunkt gehört die Staatsmacht nur in Rußland der Arbeiterklasse. In allen übrigen Ländern steht die imperialistische Bourgeoisie an der Macht. Ihre Politik ist auf die Unterdrückung der kommunistischen Revolution und die Versklavung aller schwachen Völker gerichtet. Die Russische Sowjetrepublik, auf allen Seiten von Feinden umzingelt, muß sich eine mächtige Armee schaffen, unter deren Schutz die kommunistische Umgestaltung der gesellschaftlichen Ordnung des Landes sich vollziehen wird.

Die Arbeiter- und Bauernregierung der Republik stellt sich die unmittelbare Aufgabe, alle Bürger zur allgemeinen Arbeits- und Militärpflicht heranzuziehen. Diese Arbeit stößt auf den hartnäckigen Widerstand der Bourgeoisie, die auf ihre wirtschaftlichen Privilegien nicht verzichten will und auf dem Weg über Verschwörungen, Aufstände und verräterische Abmachungen mit den ausländischen Imperialisten sich die Staatsmacht wieder aneignen will.

Die Bourgeoisie bewaffnen hieße ununterbrochene innere Fehde in die Armee hineinzubringen und damit ihre Kraft im Kampf gegen die äußeren Feinde zu paralysieren. Die parasitenhaften und ausbeuterischen Elemente der Gesellschaft, die nicht die gleichen Rechte und Pflichten wie die anderen übernehmen wollen, können nicht zum Besitz der Waffe zugelassen werden. Die Arbeiter- und Bauernregierung wird einen Weg ausfindig machen, um der Bourgeoisie – in der einen oder anderen Form – einen Teil der Verteidigungslasten aufzuerlegen; haben doch die Verbrechen der besitzenden Klassen die schwerste Heimsuchung und Not über die Republik gebracht. In der nächstfolgenden Übergangsperiode wird sich die Ausbildung im Kriegshandwerk und die Bewaffnung des Volkes jedoch nur auf Arbeiter und solche Bauern erstrecken, die keine fremde Arbeitskraft ausbeuten.

Bürger im Alter von 18 bis 40 Jahren, die den militärischen Pflichtausbildungskurs hinter sich gebracht haben, werden als Militärpflichtige registriert. Auf den ersten Appell der Arbeiter- und Bauernregierung hin sind sie verpflichtet, zu den Waffen zu eilen und die Kader der Roten Armee aufzufüllen, die aus den ergebensten und selbstlosesten Kämpfern für die Freiheit und Unabhängigkeit der Russischen Sowjetrepublik und für die internationale sozialistische Revolution besteht.

1. Der Pflichtausbildung unterliegen Bürger der Russischen Föderativen Sowjetrepublik im folgenden Alter: a) im Schulalter, dessen unterste Stufe vom Volkskommissariat für Volksaufklärung bestimmt wird, b) im Vorstudienalter von 16 bis 18 Jahren und c) im dienstpflichtigen Alter von 18 bis 40 Jahren.

Bürgerinnen werden, bei ihrer Zustimmung, unter den gleichen Voraussetzungen ausgebildet.

Anmerkung: Personen, deren religiöse Überzeugungen Waffengebrauch nicht zulassen, werden nur in den Pflichten zur Ausbildung herangezogen, die nicht mit Waffengebrauch verbunden sind.

2. Die Ausbildung der Vorstudien- und dienstpflichtigen Altersstufen wird dem Volkskommissariat für Militärfragen auferlegt, die der Schulaltersstufe dem Volkskommissariat für Volksaufklärung, unter engster Beteiligung des Volkskommissariats für Militärfragen.

3. Zur Ausbildung werden Arbeiter, die in Betrieben, Fabriken, Werkstätten, auf Gutswirtschaften, in den Dörfern arbeiten, und Bauern, die nicht fremde Arbeitskraft ausbeuten, herangezogen.

4. Die Organisation der Pflichtausbildung im Kriegshandwerk in den örtlichen Stellen müssen die Kriegskommissariate (des Bezirks, des Gouvernements, des Kreises und des Amtsbezirks) leiten.

5. Die Lernenden erhalten keinerlei Entlohnung für die Zeit der Pflichtausbildung; die Ausbildung muß so organisiert sein, daß die Einberufenen während der Ausbildungszeit nach Möglichkeit nicht von ihrer ständigen normalen Arbeit entfernt werden.

6. Die Ausbildung muß ohne Unterbrechung im Verlauf von 8 Wochen bei nicht weniger als 12 Stunden in der Woche durchgeführt werden. Die Ausbildungsfrist bei besonderen Truppengattungen und die Wiedereinberufungsordnung werden durch Sonderbestimmungen festgelegt werden.

7. Personen, die früher eine Ausbildung in den Reihen der regulären Armee mitgemacht haben, können, nach Ablegung eines entsprechenden Testes, von der Ausbildung befreit werden, wobei ihnen dann eine Bescheinigung auszustellen ist, entsprechend der für jene Personen, die den Pflichtausbildungskurs durchlaufen haben.

8. Die Ausbildung muß von geschulten Instrukteuren nach dem Programm, das vom Volkskommissariat für Militärfragen festgelegt wurde, durchgeführt werden.

9. Personen, die sich vor der Pflichtausbildung drücken und sich nachlässig gegenüber der Erfüllung ihrer Pflichten bezüglich der allgemeinen Ausbildung verhalten, werden zur Verantwortung gezogen.

Der Vorsitzende des Zentralen Exekutivkomitees
Ja. Sverdlov
Der Sekretär V. Avanesov

50. Dekret des Rates der Volkskommissare über die Revolutionären Tribunale, 4. Mai 1918

1. In Abänderung und Ergänzung der gegenwärtig gültigen Richtlinien für die Revolutionären Tribunale, wie sie nach dem

Gerichtsdekret vom 24. November 1917* für den Kampf gegen Konterrevolution, Sabotage und Spekulation eingerichtet wurden, sind Revolutionäre Tribunale nur in den großen Zentren (in den Hauptstädten, Gouvernementsstädten, großen Eisenbahnknotenpunkten und Industriezentren) beizubehalten. Alle anderen Revolutionären Tribunale vor Ort und bei der Armee sind aufzulösen, ihre Fälle an das jeweils nächste Revolutionäre Tribunal abzugeben.

2. Den Revolutionären Tribunalen sind auch Fälle im Kampf gegen Pogrome, Korruption, Fälschungen, Mißbrauch von Sowjetdokumenten, Rowdytum und Spionage zu übertragen.

3. Alle Fälle von allgemeiner Kriminalität sind den Revolutionären Tribunalen zu nehmen und den Gerichtsbehörden selbst zu übergeben.

4. Die Einteilung der Revolutionären Tribunale in Tribunale für den Kampf gegen die Konterrevolution, für den Kampf gegen die Spekulation, für Presseangelegenheiten usw. ist abzuschaffen und jedem Tribunal die Behandlung von Strafsachen jeder Kategorie zu übertragen.

5. Bei jedem Revolutionären Tribunal ist neben der Untersuchungs-Ermittlungs-Kommission ein Kollegium von Anklägern mit nicht weniger als drei Personen zu schaffen, die von den Lokalsowjets unmittelbar oder auf Vorschlag des Revolutionären Tribunals oder des Volkskommissariats der Justiz zu bestimmen sind.

6. Zu den Aufgaben des Kollegiums der Ankläger gehören:

a) Teilnahme eines der Mitglieder des Kollegiums an den Sitzungen der Untersuchungskommission des Revolutionären Tribunals bei gleichzeitiger Prüfung der Frage, welche Personen dem Revolutionären Tribunal zu übergeben sind und wo eine Anklageerhebung erfolgen soll;

b) Gutachtertätigkeit für die Untersuchungskommission in der Frage der Gerichtszuständigkeit der Fälle und der Vollständigkeit der Ermittlungen;

c) Vorschlag für die Untersuchungskommission, gegen diese oder jene Person oder Gruppe Anklage zu erheben, bei Verbrechen, wie sie in der Ordnung für die Revolutionären Tribunale aufgeführt sind oder die Anzeichen von konterrevolutionären Aktivitäten tragen;

* 7. Dezember 1917 neuer Zeitrechnung, datiert nach der Veröffentlichung in der Regierungszeitung; Text siehe Dok. 43.

d) Formulierung von Thesen der Anklage bei jedem Fall in der Untersuchungskommission, wenn er vor das Revolutionäre Tribunal gebracht werden soll;

e) Vertretung der öffentlichen Anklage bei allen Fällen in den Gerichtsverhandlungen des Revolutionären Tribunals.

7. Die Untersuchungskommission des Revolutionären Tribunals trifft alle Entscheidungen in Fragen der Ermittlung in nicht-öffentlichen Sitzungen.

8. Die Untersuchungskommission des Revolutionären Tribunals gibt in jedem Falle ihre Entscheidung einer Einschaltung des Gerichts oder einer Einstellung des Verfahrens dem Kollegium der Ankläger bekannt. Bei Ausbleiben eines Protestes von seiten der Ankläger im Lauf von drei Tagen nimmt der Fall seinen vorgesehenen Gang.

9. Das Ermittlungsergebnis wird in jedem Falle dem Beschuldigten oder seinem Verteidiger mitgeteilt, wobei ihm das Recht zusteht, dazu Stellung zu nehmen. Die Frage des weiteren Verlaufs entscheidet die Untersuchungskommission.

Der Vorsitzende des Rates der Volkskommissare
Vl. Ul'janov (Lenin)
Der Geschäftsführer des Rates der Volkskommissare
Vl. Bonč-Bruevič
Sekretär N. Gorbunov

51. Die Organisation der Roten Armee
Verordnung des 5. Allrussischen Sowjetkongresses
10. Juli 1918

1. Die Russische Sowjetrepublik gleicht einer von allen Seiten von imperialistischen Heeren belagerten Festung. Im Inneren der Sowjetischen Festung erhebt die Gegenrevolution, die in den tschechoslowakischen Söldnern der englisch-französischen Bourgeoisie eine provisorische Stütze gefunden hat, ihr Haupt. Die Sowjetrepublik braucht eine starke Revolutionsarmee, die fähig ist, die Gegenrevolution der Bourgeoisie und der Grundbesitzer zu vernichten und dem Vorstoß der imperialistischen Banditen Widerstand entgegenzusetzen.

2. Die alte zaristische Armee, die unter Anwendung von Gewalt und zur Unterstützung der Herrschaft der besitzenden Oberschicht über die werktätige untere Volksschicht zusam-

mengestellt worden war, hat im imperialistischen Gemetzel der Völker eine fürchterliche Niederlage erlitten. Sie wurde endgültig zerschlagen durch die lügenhafte kadettische und kompromißlerische Politik, durch den verbrecherischen Angriff des 18. Juni*, durch das Treiben Kerenskijs und Kornilovs.

Mit der alten Ordnung und der alten Armee brach gleichzeitig der alte militärische Verwaltungsapparat im Zentrum und in der Provinz zusammen und fiel auseinander.

3. Unter diesen Umständen standen der Arbeiter- und Bauernregierung für die Organisation einer Armee am Anfang keine anderen Mittel und Wege zur Verfügung als die Aushebung von Freiwilligen, die bereit waren, sich unter die Banner der Roten Armee zu stellen.

4. Gleichzeitig hat die Sowjetmacht immer erklärt, und der 5. Allrussische Sowjetkongreß hat dies aufs neue feierlich bestätigt, daß jeder ehrliche und gesunde Bürger im Alter zwischen 18 und 40 verpflichtet ist, die Sowjetrepublik – auf ihren ersten Appell hin – gegenüber äußeren und inneren Feinden zu verteidigen.

5. Zur Durchführung der obligatorischen militärischen Ausbildung und des obligatorischen Wehrdienstes hat der Rat der Volkskommissare Sowjetorgane für die örtliche Militärverwaltung eingerichtet: in Form von Wehrbereichs-, Gouvernements-, Kreis- und Amtsbezirks-Kriegskommissariaten. Der Allrussische Sowjetkongreß billigt diese Reform und verpflichtet alle Lokalsowjets zur peinlich genauen Durchführung vor Ort. Voraussetzung für den Erfolg aller Maßnahmen ist ein konsequenter Zentralismus innerhalb der Militärverwaltung, das heißt strenge und bedingungslose Unterordnung der Amtsbezirkskommissariate unter die des Kreises, derer des Kreises unter die des Gouvernements, derer des Gouvernements unter die des Wehrbereichs, derer des Wehrbereichs unter das Volkskommissariat für Militärfragen.

6. Der 5. Rätekongreß fordert von allen örtlichen Dienststellen eine genaue Registrierung des Militärvermögens sowie dessen gewissenhafte Verteilung und Verausgabung gemäß dem Etat und den Sätzen, die von den zentralen Organen der Sowjetmacht festgelegt worden sind; mutwillige Besitzergreifung, Unterschlagung, ungesetzliche Inbesitznahme und gewissenlo-

* Gemeint ist die Westoffensive der Provisorischen Regierung, die am 18. Juni 1917 begann.

se Verausgabung von Militärvermögen müssen von jetzt an schwersten Staatsverbrechen gleichgestellt werden.

7. Die Periode der zufälligen Aufstellungen, der eigenmächtigen Gliederungen und des Aufbaus mit primitiven Mitteln müssen wir hinter uns lassen. Alle Formationen sind in genauester Entsprechung zu den festgesetzten Etats und gemäß der Zuweisung seitens des Allrussischen Hauptquartiers durchzuführen. Die Rote Armee der Arbeiter und Bauern muß so aufgebaut sein, daß sie bei geringstem Aufwand von Kraft und Waffen das größtmögliche Resultat erzielen kann; dies ist jedoch nur dann möglich, wenn alle Formen der Kriegswissenschaft, wie sie sich aus den Erfahrungen des jetzigen Krieges herausgebildet hat, planmäßig angewandt werden.

8. Für die Bildung einer zentralisierten, gut ausgebildeten und ausgerüsteten Armee ist es unumgänglich, die Erfahrungen und Sachkenntnisse zahlreicher Militärspezialisten aus den Reihen der Offiziere der ehemaligen Armee zu verwerten. Sie müssen alle registriert werden und sich verpflichten, die Posten anzutreten, die ihnen von der Sowjetmacht zugeteilt werden. Jeder Militärspezialist, der ehrlich und gewissenhaft an der Entwicklung und Festigung der Militärmacht der Sowjetischen Republik arbeitet, besitzt das Recht auf Achtung seitens der Arbeiter- und Bauernarmee und auf Unterstützung seitens der Sowjetmacht. Versucht ein Militärspezialist seinen verantwortungsvollen Posten treubrüchig für eine konterrevolutionäre Verschwörung oder für einen Verrat an ausländischen Imperialisten zu nutzen, so muß er mit dem Tod bestraft werden.

9. Die Kriegskommissare sind die Hüter einer engen und unzerstörbaren inneren Verbundenheit der Roten Armee mit der Arbeiter- und Bauernregierung insgesamt. Die Posten der Kriegskommissare, in deren Hände das Schicksal der Armee gelegt wird, müssen ausschließlich mit makellosen Revolutionären, standhaften Kämpfern für die Sache des Proletariats und der Dorfarmut besetzt werden.

10. Eine außerordentlich wichtige Aufgabe bei der Aufstellung der Armee ist die Schulung eines neuen Kommandobestandes, der völlig von den Ideen der Arbeiter- und Bauernrevolution durchdrungen ist. Der Kongreß verpflichtet den Volkskommissar für Militärfragen dazu, seine Anstrengungen auf diesem Weg durch die Errichtung eines breitangelegten Netzes von Instruktorenschulen und durch Heranziehen be-

gabter, energischer und mutiger Soldaten der Roten Armee in diesen Schulen zu verdoppeln.

11. Die Rote Armee der Arbeiter und Bauern muß auf der Grundlage eiserner Revolutionsdisziplin aufgebaut sein. Jeder Bürger, der von der Sowjetmacht eine Waffe zur Verteidigung der Interessen der werktätigen Massen erhalten hat, ist verpflichtet, sich den Forderungen und Befehlen der von der Sowjetmacht aufgestellten Kommandeure widerspruchslos unterzuordnen. Rowdyhafte Elemente, die die lokale Bevölkerung berauben und vergewaltigen oder Plünderungen veranstalten, Egoisten, Feiglinge und Deserteure, die die Kampfposten verlassen, müssen erbarmungslos bestraft werden. Der Allrussische Kongreß verpflichtet das Kriegskommissariat vor allen Dingen dazu, jene Kommissare und Kommandeure zur Verantwortung zu ziehen, welche Ausschweifungen solcher Art zulassen oder Nachsicht gegenüber Verstößen gegen die Militärpflicht üben.

12. Solange die Bourgeoisie noch nicht endgültig enteignet ist und den allgemeinen Verpflichtungen nicht unterliegt, solange sie die Wiederherstellung ihrer vormaligen Herrschaft anstrebt, kommt eine Versorgung der Bourgeoisie mit Waffen einer Bewaffnung des Feindes gleich, der zu jeder Stunde bereit ist, die Sowjetische Republik an die ausländischen Imperialisten zu verraten. Der Kongreß bestätigt den Beschluß des Rates der Volkskommissare zur Aufstellung einer aus der Bourgeoisie im dienstpflichtigen Alter bestehenden Etappenformation, die der Vervollständigung von Abteilungen der Nichtkombattanten sowie von Dienst- und Arbeitskommandos dient. Eine Überführung zu den Kampfeinheiten verdienen nur diejenigen bürgerlichen Elemente, die ihre Treue den werktätigen Klassen gegenüber wirklich an den Tag legen.

13. Der Kongreß macht es allen sowjetischen Behörden, Gewerkschafts- und Fabrikorganisationen zur Pflicht, die militärischen Stellen bei der Durchführung der allgemeinen obligatorischen militärischen Ausbildung von Arbeitern und jenen Bauern, die keine fremde Arbeitskraft ausbeuten, nach besten Kräften zu unterstützen. Es ist notwendig, überall Schießplätze und Schießzirkel zu organisieren, Manöver und militärisch-revolutionäre Festlichkeiten zu veranstalten sowie großangelegte Agitationen durchzuführen, die alle darauf abzielen, das Interesse für Militärfragen bei der Arbeiterklasse und bei den Bauern zu erhöhen.

14. Indem er die Einberufung von Arbeitern zweier Altersjahrgänge in Moskau und Petrograd wie auch den Beginn der Mobilmachung an der Wolga und am Ural begrüßt und das Bestreben der Banditen in der ganzen Welt, Rußland aufs neue in ein imperialistisches Gemetzel zu verstricken, in Betracht zieht, hält der Kongreß eine Mobilmachung von Arbeitern und werktätigen Bauern mehrerer Altersjahrgänge im ganzen Land binnen kürzester Zeit für unumgänglich. Dem Zentralen Exekutivkomitee und dem Rat der Volkskommissare wird die Pflicht auferlegt, ein Dekret zu erlassen, welches die Zahl der Altersjahrgänge festsetzt, die der sofortigen Einberufung unterliegen, wie auch die Aufnahmefrist und Aufnahmebedingungen.

15. Von allen Seiten von Feinden umzingelt und der sich auf fremdländische Söldner stützenden Konterrevolution ins Angesicht blickend, baut die Sowjetische Republik eine starke Armee auf, die die Arbeiter- und Bauernregierung bis zu jener Stunde beschützen wird, in der die Arbeiterklasse Europas und der ganzen Welt sich erheben und dem Militarismus einen tödlichen Schlag versetzen wird und somit die Bedingungen für eine friedliche und brüderliche Zusammenarbeit aller Völker schafft.

52. Dekret des Rates der Volkskommissare über das Gericht, Nr. 3, 10. Juli 1918

In Weiterführung und Ergänzung der Dekrete über das Gerichtswesen Nr. 1* und Nr. 2** und des Dekretes über Revolutionstribunale*** verordnet der Rat der Volkskommissare:

1. Den örtlichen Volksgerichten wir die Behandlung aller Verbrechen und Vergehen übertragen mit Ausnahme der folgenden Straftaten: Anschlag auf das menschliche Leben, Notzucht, Raub und Banditentum, Fälschung von Geldzeichen, Bestechung und Spekulation; diese Fälle unterliegen der Zuständigkeit der Bezirksvolksgerichte.

2. Strafsachen wegen Bestechung und Spekulation werden von der Zuständigkeit der Revolutionären Tribunale ausge-

* Vgl. Dok. 43.

** Das Gerichtsdekret Nr. 2 vom 7. März 1918 ist hier nicht abgedruckt.

*** Vgl. Dok. 50.

nommen und den Bezirksvolksgerichten, wo solche bestehen, zugewiesen.

3. Die örtlichen Volksgerichte sind befugt, unter Anwendung der Dekrete der Arbeiter- und Bauernregierung und geleitet durch das sozialistische Gewissen, auf Freiheitsstrafen bis zu fünf Jahren zu erkennen.

4. Den örtlichen Volksgerichten wird die Behandlung aller Zivilsachen bis zu einem Werte von 10000 Rubel zugewiesen.

5. In Fällen, wo Geldstrafen über 500 Rubel oder Freiheitsstrafen über sieben Tage verhängt werden, ist die Kassationsbeschwerde an die Räte der örtlichen Volksgerichte zulässig.

6. Bei komplizierteren Strafsachen, für die die örtlichen Volksgerichte zuständig sind, ist eine Voruntersuchung anzuberaumen, die von den nach dem Dekret über das Gerichtswesen Nr. 2 eingesetzten Untersuchungskommissionen zu führen ist. In diesen Fällen werden die Vorermittlungen auf Beschluß des örtlichen Volksgerichts oder von der Untersuchungskommission selbst eingeleitet, wobei die Frage der weiteren Behandlung des Falles vom örtlichen Volksgericht endgültig entschieden wird.

7. Die Entscheidung in Zivilsachen durch die Bezirksvolksgerichte obliegt in der Hauptsache einem Richterkollegium, mit einem Vorsitzenden oder einem Mitglied der Zivilabteilung und vier turnusmäßigen Beisitzern.

8. Zur Verhandlung über Kassationsbeschwerden gegen Entscheidungen der Bezirksvolksgerichte in Zivil- wie in Strafsachen und an Stelle der Gerichtskontrolle wird in der Stadt Moskau provisorisch ein Kassationsgericht in zwei Abteilungen errichtet, einer Zivil- und einer Strafabteilung, in der Besetzung mit einem Vorsitzenden und seinem Stellvertreter, die auf Vorschlag des Volkskommissars für Justiz vom Allrussischen Zentralen Exekutivkomitee zu bestätigen sind, und acht Mitgliedern, die vom Allrussischen Zentralen Exekutivkomitee aus den von den Bezirksvolksgerichten und den Räten der örtlichen Volksgerichte zum 1. August 1918 bezeichneten Kandidaten zu wählen sind.

ANMERKUNG: Der Vorsitzende, sein Stellvertreter und die Mitglieder des Kassationsgerichts können vom Allrussischen Zentralen Exekutivkomitee der Räte abberufen werden.

9. Für alle diejenigen Straf- und Zivilsachen, für die der Lauf aller Fristen vom 25. Okt. 1917* an ausgesetzt war, beginnt bis

* 7. November 1917 nach neuer Zeitrechnung.

zum Erlaß eines besonderen Dekrets der Lauf aller Fristen wieder vom 1. August 1918 an.

10. Den von den Gerichten und Revolutionstribunalen zu Freiheitsstrafen Verurteilten sind außer den Gerichtskosten auch die Kosten ihres Unterhalts während der Haftdauer aufzuerlegen.

11. Freiheitsstrafen bis zu drei Monaten sind überall, wo Gemeindezwangsarbeiten eingeführt sind, in der Weise zu vollstrecken, daß zu diesen Arbeiten, ohne Inhaftnahme, angehalten wird.

53. Über die Allrussische und die lokalen Außerordentlichen Kommissionen

Verordnung des Allrussischen Zentralen Exekutivkomitees
28. Oktober 1918

1. Die Allrussische Außerordentliche Kommission im Kampf gegen Konterrevolution, Spekulation und Verbrechen im Dienst ist das Zentralorgan, das die Tätigkeit der örtlichen Außerordentlichen Kommissionen koordiniert und den unmittelbaren Kampf mit der Konterrevolution, der Spekulation und den Verbrechen im Dienst auf dem gesamten Territorium der RSFSR leitet.

2. Die Allrussische Außerordentliche Kommission ist ein Organ des Rates der Volkskommissare und wirkt in engem Kontakt mit den Volkskommissariaten des Innern und der Justiz.

3. Die Mitglieder der Allrussischen Außerordentlichen Kommission werden vom Rat der Volkskommissare ernannt.

4. Der Vorsitzende der Allrussischen Außerordentlichen Kommission wird Mitglied des Kollegiums des Volkskommissariats des Innern.

5. Das Innen- und das Justizkommissariat delegieren Vertreter in die Allrussische Außerordentliche Kommission.

6. Der Etat der Allrussischen Außerordentlichen Kommission wird vom Rat der Volkskommissare gebilligt.

7. Die Allrussische Außerordentliche Kommission und alle örtlichen Außerordentlichen Kommissionen haben das Recht zur Aufstellung eigener bewaffneter Verbände. Die Größe der örtlichen Verbände wird durch die örtlichen Exekutivkomitees im Einvernehmen mit der Allrussischen Außerordentlichen Kommission festgelegt. Kredite für die Verbände bei den örtli-

chen Außerordentlichen Kommissionen werden auf dem üblichen Weg von den örtlichen Exekutivkomitees bewilligt.

Alle Verbände der Allrussischen Außerordentlichen Kommission und der lokalen Außerordentlichen Kommissionen unterliegen der Kontrollaufsicht des Revolutionären Militärrats der Republik.

8. Alle Angelegenheiten im unmittelbaren Kampf gegen die Konterrevolution, gegen Spekulation und Verbrechen im Dienst obliegen vor Ort den örtlichen Außerordentlichen Kommissionen, die von den Lokalsowjets oder ihren Exekutivkomitees gebildet und mit gleichen Rechten wie die übrigen Abteilungen ausgestattet werden.

9. Die Mitglieder der örtlichen Außerordentlichen Kommissionen werden durch die örtlichen Exekutivkomitees ernannt und abberufen.

10. Die Vorsitzenden der örtlichen Außerordentlichen Kommissionen werden von den örtlichen Exekutivkomitees gewählt und von der Allrussischen Außerordentlichen Kommission bestätigt.

11. Höhere Organe der Außerordentlichen Kommissionen haben das Recht, in die unteren Organe Vertreter mit Stimmrecht zu delegieren.

12. Die Verfügungen der lokalen Außerordentlichen Kommissionen können von Außerordentlichen Kommissionen der höheren Instanz storniert und aufgehoben werden.

13. Alle Etatpläne der lokalen Außerordentlichen Kommissionen werden von den lokalen Exekutivkomitees vorläufig bestätigt und gehen in üblicher Weise auf den Etatplan der Allrussischen Außerordentlichen Kommission über. Alle Geldanweisungen für die örtlichen Außerordentlichen Kommissionen erfolgen durch die Allrussische Außerordentliche Kommissionen über die lokalen Exekutivkomitees.

14. Die Allrussische Außerordentliche Kommission arbeitet Instruktionen für die lokalen Außerordentlichen Kommissionen aus.

Der Vorsitzende des Allrussischen Zentralen Exekutivkomitees
Sverdlov

54. Über die Allrussische Außerordentliche Kommission
Resolution des 9. Allrussischen Rätekongresses
28. Dezember 1921

Der Rätekongreß würdigt die heldenhafte Arbeit, die die Organe der Allrussischen Außerordentlichen Kommission in den schlimmsten Momenten des Bürgerkrieges leisteten, und die außerordentlich großen Verdienste, die sie sich um die Festigung und die Verteidigung der Errungenschaften der Oktoberrevolution vor inneren und äußeren Angriffen erworben haben.

Der Kongreß ist der Ansicht, daß die Festigung der Sowjetmacht nach außen und im Inneren es erlaubt, den Tätigkeitsbereich der Allrussischen Außerordentlichen Kommission und ihrer Organe einzuschränken und die Aufgabe, Verstöße gegen die Gesetze der Sowjetrepubliken zu bekämpfen, den gerichtlichen Organen zu übertragen.

Aufgrund dessen beauftragt der Rätekongreß das Präsidium des Allrussischen Zentralen Exekutivkomitees, möglichst bald die Bestimmungen über die Allrussische Außerordentliche Kommission und ihre Organe zu revidieren, um die Kommission und ihre Organe zu reorganisieren, ihre Kompetenzen einzuengen und die Prinzipien der revolutionären Gesetzlichkeit zu festigen.

55. Die Auflösung der Allrussischen Außerordentlichen Kommission
Verordnung des Allrussischen Zentralen Exekutivkomitees
6. Februar 1922

In Ausführung der Verordnung des 9. Allrussischen Rätekongresses über die Reorganisation der Allrussischen Außerordentlichen Kommission zur Bekämpfung der Gegenrevolution, der Spekulation und der Amtsdelikte und ihrer örtlichen Organe bestimmt das Allrussische Zentrale Exekutivkomitee:

1. Die Allrussische Außerordentliche Kommission und ihre örtlichen Organe werden aufgelöst.

2. Dem Volkskommissariat für Inneres werden neben den in § 1 des Reglements über das Volkskommissariat für Inneres folgende Aufgaben auf dem ganzen Gebiet der RSFSR zur Durchführung übertragen:

a) die Unterdrückung offener gegenrevolutionärer Aufstände, darunter auch des Banditismus;

b) die Ergreifung von Schutz- und Kampfmaßnahmen gegen die Spionage;

c) der Schutz der Verkehrswege, der Eisenbahn und zu Wasser;

d) der politische Schutz der Grenzen der RSFSR;

e) der Kampf gegen Konterbande und Überschreitung der Grenze der Republik ohne entsprechende Erlaubnis;

f) die Ausführung besonderer Aufträge des Allrussischen Zentralen Exekutivkomitees oder des Rates der Volkskommissare zum Schutz der revolutionären Ordnung.

3. Zur Durchführung dieser Aufgaben werden beim Volkskommissariat für Inneres der RSFSR die Staatliche Politische Verwaltung unter persönlichem Vorsitz des Volkskommissars für Inneres oder eines vom Rat der Volkskommissare zu ernennenden Vertreters desselben gebildet und in der Provinz Politische Abteilungen in den Autonomen Republiken und Gebieten bei den Zentralen Exekutivkomitees und in den Gouvernements bei den Gouvernements-Exekutivkomitees.

4. Die Politischen Abteilungen bei den Zentralexekutivkomitees der Autonomen Republiken und Gebiete bleiben unmittelbar der Staatlichen Politischen Verwaltung beim Volkskommissariat für Inneres nach denselben Grundsätzen unterstellt, wie auch die übrigen vereinigten Volkskommissariate und Verwaltungen der Republiken und Gebiete.

5. Die Politischen Abteilungen der Gouvernements-Exekutivkomitees werden aufgrund eines besonderen sie betreffenden Reglements tätig, das vom Präsidium des Allrussischen Zentralen Exekutivkomitees bestätigt wird.

ANMERKUNG: Die Besonderen Abteilungen und Transportabteilungen, die zum Bestand der Staatlichen Politischen Verwaltung und der Politischen Abteilungen gehören, führen den Kampf gegen Delikte in der Armee und auf Eisenbahnen aufgrund besonderer Reglements, die vom Präsidium des Allrussischen Zentralen Exekutivkomitees bestätigt sind.

6. Zur unmittelbaren Verfügung der Staatlichen Politischen Verwaltung stehen besondere Militärabteilungen in einer durch Verordnung des Rates für Arbeit und Verteidigung zu bestimmenden Zahl, die geleitet werden von einem besonderen zum Bestand der Behörden der Staatlichen Politischen Verwaltung gehörigen Stabe der Truppe der Staatlichen Politischen Verwaltung beim Volkskommissariat für Inneres.

7. Falls es notwendig ist, Sicherungsmaßnahmen hinsichtlich

von Personen zu ergreifen, die an gegenrevolutionären Delikten, Banditismus, Spionage, Raub auf Eisenbahnen und Wasserwegen, Konterbande und unerlaubtem Grenzübertritt beteiligt sind, steht der Staatlichen Politischen Verwaltung, den Politischen Abteilungen sowie auch ihren Bevollmächtigten in den Kreisen das Recht zur Vornahme von Durchsuchungen, Beschlagnahmungen und Verhaftungen nach folgenden Grundsätzen zu:

a) hinsichtlich von Personen, die am Ort der Tat ergriffen werden, können Verhaftungen, Durchsuchungen und Beschlagnahmungen durch Agenten der Staatlichen Politischen Verwaltung oder der Politischen Abteilungen ohne besondere Verfügung der Staatlichen Politischen Verwaltung oder der Politischen Abteilungen und ohne besonderen Befehl vorgenommen werden, mit nachfolgender Bestätigung seitens des Vorsitzenden der Staatlichen Politischen Verwaltung oder der Politischen Abteilungen innerhalb 48 Stunden nach Ergreifung der Sicherungsmaßnahmen. In allen übrigen Fällen sind Verhaftungen sowie auch Durchsuchungen und Beschlagnahmungen nur aufgrund besonderer Verfügung der Staatlichen Politischen Verwaltung oder der Politischen Abteilungen mit der Unterschrift ihrer Vorsitzenden aufgrund besonderer Befehle zulässig, deren Erteilung durch eine von der Staatlichen Politischen Verwaltung ausgearbeitete und vom Volkskommissariat für Justiz bestätigte Anweisung bestimmt wird;

b) spätestens innerhalb zweier Wochen vom Tag der Verhaftung an muß dem Verhafteten die Beschuldigung mitgeteilt werden;

c) spätestens innerhalb zweier Monate vom Tag der Verhaftung an hat die Staatliche Politische Verwaltung entweder den Verhafteten in Freiheit zu setzen oder bei dem Präsidium des Allrussischen Zentralen Exekutivkomitees um Erlaubnis zur weiteren Isolierung nachzusuchen, wenn die besonderen Umstände des Falles dies notwendig erscheinen lassen, für eine Dauer, die vom Präsidium des Allrussischen Zentralen Exekutivkomitees zu bestimmen ist, oder die Sache an das Gericht weiterzuleiten unter Inhaftbehaltung des Verhafteten für das Gericht.

8. Alle Strafsachen allgemeiner Natur, betreffend Spekulation, Amtsdelikte und andere Delikte, die vor der Veröffentlichung dieser Verordnung bei der Allrussischen Außerordentlichen Kommission und ihren Organen anhängig sind, sind in-

nerhalb der Frist von zwei Wochen den Revolutionstribunalen bzw. Volksgerichten zu übergeben, und in Zukunft sind alle Sachen, betreffend Delikte, die gegen das Sowjetregierungssystem gerichtet sind, oder Verletzungen der Gesetze der RSFSR in sich schließen, ausschließlich im gerichtlichen Verfahren durch die Revolutionstribunale bzw. Volksgerichte zur Entscheidung zu bringen.

9. Die allgemeine Aufsicht über die Durchführung der §§ 7 und 8 dieser Verordnung wird dem Volkskommissariat für Justiz übertragen.

10. Entsprechend dieser Verordnung ist das Reglement des Volkskommissariats für Inneres zu ergänzen.

56. Ergänzung der Verordnung über die Staatliche Politische Verwaltung GPU, 16. Oktober 1922

Aufgrund des Buchstaben f) des § 2 der Verordnung des Allrussischen Zentralen Exekutivkomitees vom 6. 2. 1922 über die Staatliche Politische Verwaltung* bestimmt das Präsidium des Allrussischen Zentralen Exekutivkomitees:

1. Zwecks schnellerer Ausrottung von Banditenüberfällen und bewaffneten Räubereien jeder Art wird der Staatlichen Politischen Verwaltung das Recht außerordentlicher Bestrafung einschließlich der Erschießung hinsichtlich aller Personen gewährt, die auf frischer Tat bei Banditenüberfällen und bewaffneten Räubereien (§§ 76, 183 Abs. 2 und 184 des St.G.B.) angetroffen werden.

2. In Ergänzung und Entwicklung der Verordnung des Allrussischen Zentralen Exekutivkomitees über das Verfahren der Ausweisung von Personen, die als sozialgefährlich betrachtet werden, wird der entsprechend dem Dekret über die Ausweisung gebildeten Kommission beim Volkskommissariat für Inneres das Recht eingeräumt, auszuweisen und in Zwangsarbeitslagern am Ausweisungsort für die gleiche Dauer (nicht über drei Jahre) unterzubringen:

a) die Funktionäre sowjetfeindlicher Parteien (§§ 60, 61, 62 des St.G.B.);

b) Personen, die zweimal verurteilt worden sind wegen der in

* Vgl. Dok. 55.

§§ 76, 85, 93, 140, 170, 171, 176, 180, 182, 184, 189, 190, 191 und 220 des St.G.B. vorgesehenen Delikte.*

3. Die staatliche Politische Verwaltung wird verpflichtet, über ihre Tätigkeit dem Präsidium des Allrussischen Zentralen Exekutivkomitees einmal in drei Monaten Rechenschaft abzulegen.

57. Grundzüge der Gerichtsverfassung der Union der Sozialistischen Sowjetrepubliken, 29. Oktober 1924

§ 1. Aufgaben des Gerichts.

Folgendes sind die Aufgaben des Gerichts:

a) der Schutz der Errungenschaften der proletarischen Revolution, der Arbeiter- und Bauernregierung und der durch sie aufgestellten Rechtsordnung;

b) der Schutz der Interessen und Rechte der Werktätigen und ihrer Vereinigungen;

c) die Festigung der öffentlichen Arbeitsdisziplin und der Solidarität der Werktätigen und deren Rechtserziehung;

d) die Verwirklichung der revolutionären Gesetzlichkeit hinsichtlich der persönlichen und Vermögensbeziehungen der Bürger.

§ 2. System der Gerichtsbehörden.

Auf dem Gebiete der Unionsrepubliken gilt folgendes einheitliche Grundsystem der Gerichtsbehörden: Volksgericht, Gouvernements- (oder ein ihm entsprechendes) Gericht und Obergericht (in den Autonomen Republiken das Haupt- oder Oberste Gericht).

Anmerkung: Abweichungen von diesem System der Gerichtsbehörden, entsprechend den nationalen und kulturellen Verhältnissen der Unions- oder Autonomen Republiken und den Besonderheiten ihrer verwaltungswirtschaftlichen Einteilung sind nur zulässig aufgrund besonderer Verordnungen des Präsidiums des Zentralen Exekutivkomitees der Union der Sozialistischen Sowjetrepubliken auf Vorschlag des Zentralen Exekutivkomitees der betreffenden Unionsrepublik.

* Die hier aufgeführten §§ bezogen sich auf Bandenunwesen, Geldfälschung, Vergehen gegen Waffen- und Sprengstoffgesetz, Nötigung zur Prostitution, Rowdytum, schweren Diebstahl und Raub sowie Dokumentenfälschung.

§ 3. Richtlinien für die Einrichtung der Gerichte.

Die Gerichtsbehörden werden nach folgenden Grundsätzen aufgebaut:

a) daß die richterliche Tätigkeit ausschließlich von Werktätigen ausgeübt wird;

b) daß die Richter und Volksbeisitzer von den Räten, den Rätekongressen und anderen Organen derselben in dem Verfahren gewählt werden, das durch die Gesetzgebung der Union der Sozialistischen Sowjetrepubliken und der Unionsrepubliken hinsichtlich der gerichtlichen Organe der Unionsrepubliken und durch die Gesetzgebung der Union der Sozialistischen Sowjetrepubliken hinsichtlich des Obergerichts der Union der Sozialistischen Sowjetrepubliken, der Kriegstribunale und anderen Tribunalen der Union der Sozialistischen Sowjetrepubliken aufgestellt ist;

c) daß die Gerichtspolitik in der Union der Sozialistischen Sowjetrepubliken, die aufgrund der Gesetzgebung der Union der Sozialistischen Sowjetrepubliken und der Gesetzgebung der Unionsrepubliken seitens des Obergerichts der Union der Sozialistischen Sowjetrepubliken, seitens der Volkskommissariate für Justiz und der Obergerichte der Unionsrepubliken geführt wird, einheitlich sei.

§ 4. Befähigung zum Richteramt.

Richter kann jeder vom Gericht nicht gebrandmarkte Bürger und jede Bürgerin der Union der Sozialistischen Sowjetrepubliken sein, die folgenden Bedingungen entsprechen:

a) die das Recht haben, in einen Rat zu wählen oder gewählt zu werden;

b) die eine Dienstzeit öffentlicher politischer Arbeit in Arbeiter-, Bauern-, kommunalen, Gewerkschafts- oder Parteiarbeiterorganisationen haben, oder eine Dienstzeit praktischer Arbeit bei den Organen der Sowjetjustiz oder bei entsprechenden Verwaltungsorganen des Staates.

Die Dauer und die Bedingungen der für den Richter notwendigen Dienstzeit bestimmen sich nach der Gesetzgebung der Union der Sozialistischen Sowjetrepubliken bzw. nach der Gesetzgebung der Unionsrepubliken.

Anmerkung: Personen, die aus kommunalen Organisationen wegen brandmarkender Vergehen ausgeschlossen sind, können nicht Volksrichter sein.

§ 5. Keine Berufung, nur Kassation.

Alle Sachen werden in tatsächlicher Beziehung in einer Instanz verhandelt. Berufung ist unzulässig. Gegen Urteile können Beschwerden im Kassationsverfahren vorgebracht werden.

§ 6. Volksgericht.

Dem Gerichtssystem jeder Unionsrepublik liegt das Volksgericht zugrunde. Das Volksgericht ist regelmäßig in der Besetzung mit einem Volksrichter und zwei Beisitzern tätig.

Die Fälle, in denen die Volksgerichte ihre Tätigkeit ohne Volksbeisitzer ausüben, werden durch die Gesetzgebung der Unionsrepubliken festgestellt.

§ 7. Gouvernementsgericht.

Die Gouvernements- (oder ihnen entsprechenden) Gerichte, die die Kassations- und Aufsichtsinstanz für die Volksgerichte sind, werden als Gerichte erster Instanz für Sachen besonderer Kategorien tätig, die durch die Gesetzgebung der Unionsrepubliken im Rahmen der Grundsätze des Straf- und Zivilprozesses der Union der Sozialistischen Sowjetrepubliken festgesetzt werden.

§ 8. Verwaltungsfunktionen des Gouvernementsgerichts.

Die Gouvernements- (oder ihnen entsprechenden) Gerichte sind gleichzeitig hinsichtlich der Volksrichter Organe der Justizverwaltung und als solche den Volkskommissariaten für Justiz der betreffenden Republik unterstellt.

§ 9. Besetzung des Gouvernementsgerichts.

Die Gouvernements- (oder die ihnen entsprechenden) Gerichte werden bei der Entscheidung von Sachen als erste Instanz regelmäßig in der Besetzung mit einem Gerichtsmitglied und mit zwei Volksbeisitzern tätig. Bei der Prüfung der Sachen als Kassationsinstanz wird das Gouvernementsgericht regelmäßig in der Besetzung mit drei ständigen Richtern tätig.

§ 10. Obergericht (Hauptgericht).

In jeder Unionsrepublik ist zur Durchführung der obersten Gerichtsaufsicht und der unmittelbaren Leitung der Gerichtspraxis aufgrund der Gesetzgebung dieser Republik ein Obergericht tätig, und in den Autonomen Republiken sind Haupt- oder Oberste Gerichte aufgrund entsprechender Reglements, die sie betreffen, tätig.

§ 11. Funktionen der Obergerichte und der Volkskommissariate für Justiz.

Das Obergericht einer Republik, das die Kassations- und Aufsichtsinstanz für die Sachen ist, die seitens der Gouvernements- oder der ihnen entsprechenden Gerichte entschieden worden sind, wird zugleich als Gericht erster Instanz für Angelegenheiten ausschließlicher Zuständigkeit tätig, die von der Gesetzgebung der Unionsrepubliken bestimmt werden. Die Rechte des Obergerichts jeder Unionsrepublik zur Prüfung, Aufhebung oder Abänderung der Entscheidungen eines beliebigen Gerichts einer bestimmten Republik im Verfahren der höheren Gerichtsaufsicht, sowie das Verfahren und der Umfang der Ausübung dieses Rechts werden von den Gesetzen jeder Unionsrepublik festgesetzt, und hinsichtlich der Haupt- und Obersten Gerichte der Autonomen Republiken durch die Reglements, die diese Gerichte betreffen.

§ 12.

Die Volkskommissariate für Justiz der Unions- und Autonomen Republiken üben die Aufsicht über die gesamte gerichtliche Praxis aller Gerichte einer gegebenen Republik aus, indem sie durch die Staatsanwaltschaftsaufsicht ein beliebiges Urteil, das seitens der Gerichte einer gegebenen Republik erlassen ist, einschließlich auch seitens des Obergerichts der Republik, mit Protest anfechten und in dem Verfahren weiterleiten, das von der Gesetzgebung der betreffenden Republik bestimmt ist.

Im Hinblick auf die Organisation obliegt dem Volkskommissariat für Justiz der Unions- und Autonomen Republiken die allgemeine Leitung, Organisierung, Revision und Unterweisung aller Gerichtsbehörden einer gegebenen Republik, der Staatsanwaltschaft, der Untersuchungsorgane, Notariate, Gerichtsvollzieher, Verteidiger usw.

ANMERKUNG: Die Rechte der Volkskommissariate für Justiz der Unionsrepubliken und der Staatsanwaltschaft der Unionsrepubliken hinsichtlich der Einrichtung von Kriegstribunalen, hinsichtlich deren persönlicher Zusammensetzung (Vorsitzende und Mitglieder) und der Staatsanwaltschaft der Kriegstribunale, die auf dem Gebiete der Unionsrepubliken tätig sind, bestimmen sich nach dem Reglement über das Obergericht der Union der Sozialistischen Sowjetrepubliken.

§ 13. Staatsanwalt der Republik.

An der Spitze der Staatsanwaltschaft als Staatsanwalt der Republik steht der Volkskommissar für Justiz der betreffenden Republik.

§ 14. Aufgaben der Staatsanwaltschaft.

Die Staatsanwaltschaft der Unions- und Autonomen Republiken hat folgende Aufgaben:

a) die Aufsicht auf dem Gebiete der betreffenden Republiken über die Gesetzmäßigkeit der Tätigkeit der Organe der Sowjetregierung, der staatlichen und kommunalen Behörden und der Privatpersonen;

b) die Protesterhebung im Wege der Kassation und im Wege der Aufsicht hinsichtlich der Urteile und Beschlüsse, die von den Gerichten einer gegebenen Republik erlassen worden sind;

c) die unmittelbare Aufsicht und die Beobachtung der Vornahme der Voruntersuchung, der Vorermittlung, der Untersuchung und der Voruntersuchung in Strafsachen;

d) die Vertretung der Anklage in Strafsachen vor Gericht;

e) die Aufsicht über die Vollstreckung der Urteile, über die Gesetzmäßigkeit der Gefangenhaltung, über das Vermögen und die Tätigkeit der Gefängnisse;

f) den Schutz der Interessen des Staates und der Werktätigen in Zivilsachen.

Die Staatsanwaltschaft wird nach den Grundsätzen der Zentralisierung und der ausschließlichen Unterstellung unter den Staatsanwalt der Republik eingerichtet und wird aufgrund besonderer Reglements tätig, die von den Republiken zu erlassen sind. Der Staatsanwalt der Republik ist lediglich dem obersten Organ seiner Republik zur Rechenschaftslegung verpflichtet und ihm unterstellt.

§ 15 Organisation der Gerichte ist Sache der Unionsrepubliken.

Die Organisation der Gerichts- und Untersuchungsorgane wird durch die Gesetzgebung der Unionsrepubliken festgestellt.

§ 16. Das Obergericht der Union.

Bei den Zentralen Exekutivkomitees der Union der Sozialistischen Sowjetrepubliken besteht gemäß §§ 43–48 des Grundgesetzes (der Verfassung) der Union der Sozialistischen Sowjetrepubliken ein Obergericht der Union der Sozialistischen Sowjetrepubliken.

Die Organisation und Zuständigkeit des Obergerichts der Union der Sozialistischen Sowjetrepubliken, dessen Beziehungen zu den Obergerichten der Unionsrepubliken sowie die Beziehungen des Staatsanwalts des Obergerichts der Union der Sozialistischen Sowjetrepubliken zu dem Obergericht der Union der Sozialistischen Sowjetrepubliken, zu den Obergerichten der Unionsrepubliken und zu den Staatsanwälten der Obergerichte der Unionsrepubliken werden durch das Reglement über das Obergericht der Union der Sozialistischen Sowjetrepubliken bestimmt.

§ 17. Kollegium der Verteidiger.

Zwecks Erzeigung juristischer Hilfe an die Bevölkerung, darunter auch zwecks Erfüllung der Aufgaben der Verteidigung vor Gericht werden Verteidigerkollegien gegründet.

Die Verteidigerkollegien haben das Recht der Disziplinaraufsicht über die Tätigkeit ihrer Mitglieder und werden nach den Grundsätzen der Selbstergänzung unter Aufsicht der Gouvernements- (Gebiets-) Exekutivkomitees organisiert. Die Verteidigerkollegien werden aufgrund eines besonderen, sie betreffenden Reglements tätig, dessen allgemeine Grundsätze im Wege der allgemeinen Unionsgesetzgebung festgestellt werden.

§ 18. Die Notariatskontore.

Zur Errichtung und Beglaubigung von Urkunden, von Verträgen und zur Ausführung anderer notarieller Obliegenheiten werden Notariatskontore eingerichtet, die bei den Gouvernementsgerichten bestehen und unter deren unmittelbarer Leitung und Aufsicht tätig sind.

An der Spitze der Notariatskontore stehen Notare, die von den Gouvernements- und Kreisexekutivkomitees auf Vorschlag der Gouvernementsgerichte aus der Zahl der Personen zu ernennen und abzusetzen sind, die das Recht haben, als Volksrichter gewählt zu werden und eine entsprechende Prüfung bestanden haben.

Die Organisation und der Tätigkeitsbereich der Notariatskontore werden durch das Reglement über das Staatliche Notariat bestimmt, dessen Grundsätze im Wege der allgemeinen Unionsgesetzgebung verlautbart werden.

Anmerkung: Einzelne Funktionen der Notariatskontore können entsprechend der Gesetzgebung der Unionsrepubliken den Volksgerichten, Amtsbezirks- oder Bezirksexekutivkomitees und anderen Organen übertragen werden.

§ 19. Gerichtsvollzieher.

Zur Durchführung der Zwangsvollstreckung aus Gerichtsurteilen und -beschlüssen bestehen bei den Gouvernementsgerichten Gerichtsvollzieher, die unter unmittelbarer Leitung und Aufsicht der Gouvernementsgerichte tätig sind.

Die Urteile und Gerichtsbefehle aller Gerichtsbehörden der Union der Sozialistischen Sowjetrepubliken, der Unions- und Autonomen Republiken, sowie die Beschlüsse und Ersuchen der Staatsanwaltschaft und die von der Staatsanwaltschaft bestätigten Beschlüsse der Gerichts- und Untersuchungsorgane sind von allen Gerichts-, Untersuchungs- und Verwaltungsorganen im Rahmen ihrer Zuständigkeit auf dem ganzen Gebiete der Union der Sozialistischen Sowjetrepubliken zu vollstrecken.

§ 20. Aufsicht über die Staatliche Politische Verwaltung (GPU).

Das Aufsichtsverfahren über die Tätigkeit der Vereinigten Staatlichen Politischen Verwaltung, das gemäß § 63 des Grundgesetzes durchzuführen ist, wird besonders festgesetzt und von dem Zentralen Exekutivkomitee der Union der Sozialistischen Sowjetrepubliken bestätigt.

Das Aufsichtsverfahren über die Tätigkeit der Staatlichen Politischen Verwaltung der Unionsrepubliken seitens der Staatsanwaltschaftsaufsicht der betreffenden Republik bestimmt sich durch die Reglements, die von den Zentralen Exekutivkomitees der Unionsrepubliken, entsprechend dem Reglement über die Aufsicht über die Vereinigte Staatliche Politische Verwaltung erlassen und vom Zentralen Exekutivkomitee der Union der Sozialistischen Sowjetrepubliken bestätigt sind.

§ 21. Kriegstribunale.

Zur Prüfung der Angelegenheiten, betreffend Militärdelikte bei den Bezirken, Korps, Frontabteilungen, von Armeen und bei den Flotten sowie bei den Divisionen werden Kriegstribunale gebildet, die auf Grund eines Reglements tätig werden, das im Wege der allgemeinen Unionsgesetzgebung auf Grund des Reglements über das Obergericht zu erlassen ist.

Anmerkung 1: In ganz besonderen Ausnahmefällen sind auf Grund Beschlusses des Präsidiums des Zentralen Exekutivkomitees der Union der Sozialistischen Sowjetrepubliken, beziehungsweise der Präsidien der Zentralen Exekutivkomitees der Unions- oder Autonomen Republiken von dem Kriegskollegium des Obergerichts der Union der Sozialistischen Sowjetrepubliken beziehungsweise von den Kriegstribunalen auch andere Delikte zu prüfen, die der Sicherheit und Stärke der Roten Armee bedrohlich sind.

Anmerkung 2: Die gegenseitigen Beziehungen der Staatsanwaltschaft bei den Tribunalen und der Staatsanwaltschaft der Unionsrepubliken sowie die gegenseitigen Beziehungen zwischen der Staatsanwaltschaft der Unions- und Autonomen Republiken und den Kriegstribunalen bestimmen sich durch Reglements der Union der Sozialistischen Sowjetrepubliken und durch das besondere Reglement über die Kriegstribunale und die bei ihnen tätige Staatsanwaltschaft.

§ 22. Arbitragekommissionen.

Vermögensrechtliche Streitigkeiten zwischen staatlichen Behörden und Unternehmungen werden entschieden:

a) von der Obersten Arbitragekommission bei dem Rat für Arbeit und Verteidigung der Union der Sozialistischen Sowjetrepubliken;

b) von den Obersten Arbitragekommissionen bei den Wirtschaftsversammlungen der Unionsrepubliken, von den Arbitragekommissionen bei den Räten der Volkskommissariate der Autonomen Republiken und von den örtlichen (Gebiets- und Gouvernements-) Arbitragekommissionen, die bei den Exekutivkomitees der Gebiete und Gouvernements zu bilden sind.

In ihrer Tätigkeit richten sich die Arbitragekommissionen nach den allgemeinen Grundsätzen der Wirtschaftspolitik der Sowjets, nach der Unionsgesetzgebung und der Gesetzgebung der Unionsrepubliken.

Das Reglement über die Oberste Arbitragekommission beim Rat für Arbeit und Verteidigung der Union der Sozialistischen Sowjetrepubliken wird im Wege der allgemeinen Unionsgesetzgebung erlassen.

Die Reglements über die Obersten Arbitragekommissionen bei den Wirtschaftsversammlungen der Unionsrepubliken, über die Arbitragekommissionen bei den Räten der Volkskommissariate der Autonomen Republiken und über die örtlichen Arbitragekommissionen werden von den Unionsrepubliken in Übereinstimmung mit dem Reglement über die Oberste Arbitragekommission beim Rat für Arbeit und Verteidigung der Union der Sozialistischen Sowjetrepubliken erlassen.

Das Verfahren der Aufsicht über die Tätigkeit der Arbitragekommissionen seitens der leitenden Gerichtsbehörden der Union der Sozialistischen Sowjetrepubliken und der Unionsrepubliken wird geregelt: hinsichtlich der Obersten Arbitragekommission durch das Reglement über das Obergericht der Union der Sozialistischen Sowjetrepubliken, hinsichtlich der Unionsrepubliken durch die Reglements über die Gerichtsverfassung dieser Republiken.

§ 23. Disziplinarverfahren.

Das Verfahren der Verhängung von Disziplinarstrafen über Beamte wird durch die besondere Gesetzgebung der Unionsrepubliken aufgrund der Grundsätze festgesetzt, die von der Gesetzgebung der Union der Sozialistischen Sowjetrepubliken auszuarbeiten sind.

§ 24. Sondergerichte.

Zur Entscheidung von Sachen besonderer Kategorien, die eine besondere Zusammensetzung des Gerichts und ein besonderes Verhandlungsverfahren erfordern, können im Wege der Gesetzgebung der Unionsrepubliken verwaltungsgerichtliche Organe ständigen und vorübergehenden Charakters gebildet werden, wie z. B. gerichtliche Agrarkommissionen, Kammern der Volksgerichte für Arbeitssachen und Kommissionen betreffend Sachen von Nichtvolljährigen usw.

Anmerkung: Über die Gründung verwaltungsgerichtlicher Organe in den Autonomen Republiken wird entschieden durch Verordnung des Zentralen Exekutivkomitees dieser Republiken unter Bestätigung seitens des Zentralen Exekutivkomitees der betreffenden Unionsrepublik.

Der Vorsitzende des Zentralen Exekutivkomitees der
Union der Sozialistischen Sowjetrepubliken
M. Kalinin
Der Sekretär des Zentralen Exekutivkomitees der
Union der Sozialistischen Sowjetrepubliken
A. Enukidze

58. Zur strengen Beachtung der revolutionären Gesetzlichkeit
Aus einer Verordnung des 3. Allunions-Rätekongresses
20. Mai 1925

Der 3. Rätekongreß der UdSSR sieht in der Sicherstellung der korrekten Verwirklichung der sowjetischen Gesetze und in der Festigung der Prinzipien der sowjetischen revolutionären Gesetzlichkeit eine der wichtigsten Aufgaben.

Diese Aufgabe erfordert zwei Arten von Maßnahmen: die Bekämpfung von Verstößen gegen die revolutionäre Gesetzlichkeit als auch das Bekanntmachen der Bevölkerung mit den Gesetzen und dem Verfahren der Beschwerdeführung bei ungesetzlichem Vorgehen der Machtorgane.

Die Maßnahmen der *erst*genannten Art erfordern eine Intensivierung des Kampfes mit denjenigen, die gegen die revolutionäre Gesetzlichkeit verstoßen, mit Verwaltungswillkür, Bestechlichkeit, grobem und nachlässigem Verhalten gegenüber den Bürgern und überhaupt mit jeglicher Art von Amtsmißbrauch.

Zu diesem Zweck hält es der 3. Rätekongreß der UdSSR für nötig, die Verordnung des Präsidiums des Zentralen Exekutivkomitees der UdSSR über die Stärkung der Prinzipien der revolutionären Gesetzlichkeit ohne weiteren Aufschub zu verwirklichen, parteilose aktive Bauern aus den Reihen der armen und Mittelbauern bei den Neuwahlen zu den Gerichten in deren Bestand als auch in den Bestand der Gerichtsbeisitzer einzubeziehen, die ordnungsgemäße Arbeit der Staatsanwaltschaft zu erweitern und zu stärken, Wandergerichtssitzungen zu organisieren und auf ihnen in erster Linie Fälle von Amtsmißbrauch untersuchen zu lassen.

Die Maßnahmen der *zweiten* Art erfordern, daß die Massen der Arbeiter und Bauern mit der sowjetischen Gesetzgebung vertraut gemacht werden und daß sie die Beschwerdeordnung gegen das Vorgehen von Machtorganen kennen, wenn diese gegen Gesetze verstoßen.

Deshalb empfiehlt der 3. Rätekongreß der UdSSR dem Zentralen Exekutivkomitee der UdSSR, eine Verordnung auszuarbeiten und zu verabschieden, die sicherstellt, daß die Bürger der UdSSR alle Gesetze kennen.

Der 3. Rätekongreß der UdSSR beauftragt das Präsidium des Zentralen Exekutivkomitees der UdSSR:

1. Durch einen entsprechenden gesetzgeberischen Akt die Verwaltungsstrafen sowohl in den Städten als auch in den ländlichen Siedlungen nur auf die in der Rechtsordnung festgelegten Ausmaße und Fälle zu beschränken.

2. Eine Verordnung auszuarbeiten und herauszugeben, die die Beschlagnahmungen von Besitz durch das Gericht, den Zwangsverkauf von Besitz bei nicht gezahlten Steuern, Strafen usw. einschränkt.

4. Kapitel
Die Kodifizierung des Staatsrechts. Von der Verfassung der RSFSR zur Verfassung der UdSSR

Am 18. Januar 1918, auf der ersten und einzigen Sitzung der Konstituierenden Versammlung, brachte die bolschewistische Fraktion einen Resolutionsentwurf ein, die ›Deklaration der Rechte des werktätigen und ausgebeuteten Volkes‹. Vom Allrussischen Zentralen Exekutivkomitee zuvor bekräftigt und am 17. Januar in der ›Pravda‹ veröffentlicht, forderte die Deklaration die Anerkennung der »Errungenschaften« der Oktoberrevolution: Rußland sollte eine föderative Sowjetrepublik werden, in der alle Macht von den Räten ausging, die Auslandsanleihen annulliert, der Boden nationalisiert und die Banken verstaatlicht blieben und die Kontrolle über Fabriken und Betriebe – als Vorstufe zur Sozialisierung – an die Arbeiter überging (Dok. 61). Die nichtbolschewistische Mehrheit lehnte die Behandlung dieses Antrages ab, worauf die Bolschewiki die Versammlung verließen; noch am gleichen Tag erfolgte ihre Auflösung (s. Dok. 6). Am 25. Januar 1918 ließen sich die Bolschewiki die Deklaration vom 3. Sowjetkongreß bestätigen; sie wurde ein erstes Staatsgrundgesetz. Die im Juli 1918 erlassene erste Verfassung knüpfte hieran an: Sie übernahm den Text der Deklaration in einem ersten Abschnitt.

Über die in der Deklaration vertretenen Positionen gab es in der bolschewistischen Partei keine Debatten. Die Schwierigkeiten begannen aber bei der Konkretisierung dieser Grundsätze; die Verfassungsdiskussionen förderten die Probleme im Frühjahr 1918 zutage: Wie waren die Kompetenzen der Sowjetorgane voneinander abzugrenzen? Sollte man mit den örtlichen oder den zentralen Räteorganen beginnen? Mußte man nicht zuvor das Wahlrecht klären? Konnte man damit beginnen, ohne allgemeine Prinzipien vorweg zu formulieren, zum Beispiel die Frage nach dem »Charakter« der Räteherrschaft oder nach dem Verhältnis der gesellschaftlichen zu den politischen Organisationen, von Gewerkschaften und Fabrikkomitees zu den Räten? Schließlich: War vom Ist- oder vom Sollzustand auszugehen?

Wo auch immer man ansetzte, die Erörterung der Probleme zeigte rasch recht unterschiedliche Vorstellungen vom künftigen Staatsaufbau, wobei es sich keineswegs nur um technische

Fragen handelte. Dachten die einen bei »Rätestaat« an basisdemokratische, syndikalistische oder gar anarchistische Lösungen, so verwiesen ihre Gegner darauf, daß dem herrschenden Chaos nur mit einem gerüttelten Maß von Zentralismus beizukommen sei.

Ein weiteres Problem war mit den genannten eng verknüpft und erschwerte noch ihre Lösung: Es war das Problem der Nationalitäten und die Frage ihrer Rolle im künftigen Rätestaat. Der russische Vielvölkerstaat befand sich im Stadium der Auflösung: Finnland hatte sich schon im Frühjahr 1917 vom Staatsverband gelöst und beharrte auf der Anerkennung seiner Souveränität. In der Ukraine hatte sich eine Zentralrada etabliert, die sich nach der Oktoberrevolution zum obersten Organ der »Ukrainischen Volksrepublik« erklärte. Rumänien war Ende des Jahres in Bessarabien eingefallen und hatte das Land zwischen Dnestr und Prut an sich gebracht. Polen, Litauen, Estland, Livland und Kurland waren in deutscher Hand, und im Vertrag von Brest-Litovsk (Anfang März 1918) mußte ihnen die Sowjetregierung ebenso die Selbständigkeit zugestehen wie Finnland und der Ukraine. Die kaukasischen Bezirke von Erdahan, Kars und Batum fielen an die Türkei, und im April/Mai 1918 bildeten sich auch im Transkaukasus selbständige Regierungen: die Republiken von Georgien, Armenien und Azerbajdžan.

Dem Zerfall des Gesamtstaates versuchte die Sowjetregierung gegenzusteuern. In einer ›Deklaration der Rechte der Völker Rußlands‹ bot sie ihnen Mitte November 1917 einen »freiwilligen und ehrlichen Bund« an, in dem alle nationalen und national-religiösen Privilegien aufgehoben sein sollten. Jeder nationalen Minderheit und ethnischen Gruppe wurde das Recht auf freie Entfaltung zugesprochen – bis hin zur Lösung aus dem Staatsverband (Dok. 59). In einem dringenden Aufruf an die mohammedanische Bevölkerung distanzierte sich die Sowjetregierung Anfang Dezember auf das entschiedenste von der kolonialen Vergangenheit, sprach von der Freiheit und Unantastbarkeit der Religionen und Sitten, und attestierte den muselmanischen »Brüdern« das Recht, das Leben nach eigenen Vorstellungen zu gestalten (Dok. 60). Und im Januar 1918 bekannte sich der 3. Allrussische Rätekongreß ausdrücklich zu den föderativen Grundlagen des künftigen Staates (siehe oben Dok. 7).

Die im Juli 1918 verabschiedete erste Verfassung der Russischen Sozialistischen Föderativen Sowjetrepublik (RSFSR) hatte den hier vorgetragenen Tendenzen und Positionen Rechnung zu tragen. Sie war ein Kompromiß zwischen Zentralisten und Basisdemokraten, streng proletarischen und klassenoffeneren Konzeptionen, Großrussen und Nationalitäten, wobei die zentralistische, proletarische, großrussische Komponente überwog (Dok. 62): Den Lokal- und Regionalsowjets wurde zwar das Entscheidungsrecht in allen Fragen von lokaler und regionaler Bedeutung zugesprochen, aber ihre erste Aufgabe sollte sein, alle Beschlüsse der nächsthöheren Instanz auszuführen (Art. 61). Zwar wurde das Wahlrecht zu den Räteorganen allen, die ihren Lebensunterhalt durch produktive und gemeinnützige Arbeit verdienten, zugesprochen, aber die Einschränkungen waren weit auslegbar und der proletarische Charakter des Staates wurde ausdrücklich betont (Art. 64, 65). Und die Verfassung sprach zwar von der Russischen Räterepublik als »freie Vereinigung freier Nationen« (Art. 2), aber die autonomen Rechte dieser freien Nationen wurden nirgends im einzelnen definiert.

Mitte 1918, als die Verfassung verabschiedet wurde, wäre das auch kaum von Belang gewesen. Die Macht der bolschewistischen Regierung reichte im Osten kaum bis zum Ural, sie endete im Süden bereits im Gebiet der Donkosaken, im Westen in Weißrußland, und im Norden formierte sich eine karelische Separatistenbewegung, unterstützt von alliierten Interventionstruppen. Nur mit Mühe gelang es, die weißen Angriffswellen zu überstehen. Seit Herbst und Winter 1919 trat die Rote Armee zur Gegenoffensive an: nach Osten und Süden, Südosten und Nordwesten. Im Winter 1919/20 brach Kolčaks Herrschaft in Sibirien zusammen, auch der Vorstoß von Estland aus auf das rote Petrograd (Judenič) war gescheitert, und im Süden zogen sich die von Denikin und Wrangell geführten Truppen auf die Krim zurück. Anfang 1919 hatte sich Weißrußland zur Belorussischen Sowjetrepublik erklärt, und im März 1919 wurde die Ukrainische Sowjetrepublik ausgerufen; Azerbajdžan folgte im April 1920, im November Armenien und im Februar 1921 – nach dem Einmarsch der Roten Armee und der Absetzung der menschewistischen Regierung – Georgien. Bis 1922 hatte der bolschewistische Staat die einstigen Grenzen im Süden, Südosten und Osten wieder erreicht, während im Westen Finnland, Estland, Lettland, Litauen und Polen selbständig blieben. Bessarabien war weiterhin in rumänischer Hand, und im russisch-polnischen Krieg (1920) hatte die RSFSR zusätzlich weißrussische und ukrainische Gebiete an Polen verloren.

Die Verfassungen der weißrussischen, ukrainischen, azerbajdžanischen, armenischen und georgischen Sowjetrepublik folgten dem Vorbild der RSFSR. Azerbajdžan, Armenien und Georgien schlossen sich im März 1922 zur Transkaukasischen Sozialistischen Föderativen Sowjetrepublik zusammen, und die wiederum vereinte sich mit der RSFSR, der Ukrainischen SSR und der Belorussischen SSR im Dezember 1922 zur Union der Sozialistischen Sowjetrepubliken (UdSSR). Der 10. Allrussische Sowjetkongreß definierte dafür am 26. Dezember 1922 die Grundlagen (Dok. 63), ein daraus hervorgegangener erster Unionsrätekongreß bestätigte sie vier Tage später. Am 6. Juli 1923 nahm das Zentrale Exekutivkomitee der UdSSR die neue Unionsverfassung an (Dok. 64), und am 31. Januar 1924 bestätigte sie der 2. Rätekongreß der UdSSR.

Die Verfassung der UdSSR war ein in vertraglicher Form abgefaßtes Staatsorganisationsgesetz; ein Grundrechtskatalog etwa fehlte. Sie übertrug die Struktur der RSFSR auf die Union, mit einem Rätekongreß, einem Zentralen Exekutivkomitee und einem Präsidium des Zentralen Exekutivkomitees an der Spitze. Das Zentrale Exekutivkomitee bestand nun aus einem Unions- und einem Nationalitätenrat, und jeder verbündeten Regierung verblieb das Recht auf freien Austritt aus der Föderation. An der starken Stellung der Zentralgewalt gegenüber den Einzelrepubliken änderte das freilich wenig (vgl. Dok. 64, Teil II, Art. 1). Als eigentliche Regierung und Vollzugsorgan des Zentralen Exekutivkomitees fungierte der Rat der Volkskommissare der UdSSR (ebd. Art. 37). Und wie schon in der Verfassung der RSFSR, so war auch in der Unionsverfassung der mittlerweile wichtigste Entscheidungsträger nicht erwähnt: die bolschewistische Partei.

59. Deklaration der Rechte der Völker Rußlands
Proklamation des Rates der Volkskommissare
15. November 1917

Die Oktoberrevolution begann unter dem allgemeinen Banner der Befreiung aus der Knechtschaft.

Die Bauern werden von der Gewalt der Gutsbesitzer befreit, denn die Gutsbesitzer haben kein Grundeigentum mehr – es ist abgeschafft. Soldaten und Matrosen werden von der Gewalt der autokratischen Generäle befreit, denn die Generäle werden von nun an wählbar und absetzbar sein. Die Arbeiter werden von den Launen und der Willkür der Kapitalisten befreit, denn von jetzt an übernehmen die Arbeiter die Kontrolle über die Fabriken. Alles, was lebt und lebensfähig ist, wird aus den verhaßten Fesseln befreit.

Es bleiben nur noch die Völker Rußlands, welche Unterdrückung und Mutwilligkeit erduldet haben und noch erdulden, und deren Entsklavung umgehendst beginnen, deren Befreiung durchgeführt werden muß, entschieden und unwiderruflich.

In der Epoche des Zarismus wurden die Völker systematisch gegeneinander gehetzt. Die Ergebnisse einer solchen Politik sind bekannt: Gemetzel und Pogrome einerseits und Knechtschaft der Völker andererseits.

Solch eine schändliche Politik der Hetze wird und darf nicht mehr wiederkehren. An ihre Stelle muß die Politik eines freiwilligen und ehrlichen Bundes der Völker Rußlands treten.

In der Zeitspanne des Imperialismus, nach der Februarrevolution, als die Macht in die Hände der konstitutionell-demokratischen Bourgeoisie überwechselte, wurde die unverhohlene Hetzpolitik abgelöst durch eine Politik des ängstlichen Mißtrauens gegenüber den Völkern Rußlands, einer Politik der Schikane und Provokation unter dem Deckmantel verbaler Erklärungen der »Freiheit« und »Gleichheit« der Völker. Die Auswirkungen einer solchen Politik sind bekannt: Vertiefung nationaler Feindschaft, Untergrabung des gegenseitigen Vertrauens.

Dieser unwürdigen Politik der Lügen und des Mißtrauens, der Schikane und Provokation muß ein Ende gesetzt werden. Von jetzt an muß eine offene und ehrliche Politik, die zu einem vollen gegenseitigen Vertrauen der Völker Rußlands führt, an ihre Stelle treten.

Nur infolge eines solchen Vertrauens kann ein ehrlicher und fester Bund der Völker Rußlands geschlossen werden.

Nur durch einen solchen Bund können die Arbeiter und Bauern der Völker Rußlands zu einer revolutionären Kraft zusammengeschweißt werden, die fähig ist, den Angriffen der imperialistisch-annexionistischen Bourgeoisie standzuhalten.

Im Juni dieses Jahres verkündete der Rätekongreß das Recht der Völker Rußlands auf freie Selbstbestimmung.

Im Oktober dieses Jahres bekräftigte der zweite Rätekongreß

dieses unveräußerliche Recht der Völker noch entschiedener und konkreter.

Dem Willen dieser Kongresse gemäß hat der Rat der Volkskommissare beschlossen, folgende Prinzipien zur Grundlage seiner Tätigkeit hinsichtlich der Nationalitäten Rußlands zu machen:

1. Gleichheit und Souveränität der Völker Rußlands.
2. Recht der Völker Rußlands auf freie Selbstbestimmung, bis hin zu einer Loslösung und Bildung eines selbständigen Staates.
3. Aufhebung aller und jeglicher nationaler und nationalreligiöser Privilegien und Einschränkungen.
4. Freie Entfaltung nationaler Minderheiten und ethnographischer Gruppen, die das Gebiet Rußlands bewohnen.

Die daraus resultierenden konkreten Dekrete werden unmittelbar nach der Bildung einer Kommission für Nationalitätenfragen ausgearbeitet.

Im Namen der Russischen Republik
Der Volkskommissar für Nationalitätenfragen
Iosif Džugašvili – Stalin
Der Vorsitzende des Rates der Volkskommissare
Vl. Ul'janov – Lenin

60. ›An die gesamte werktätige muslimische Bevölkerung in Rußland und im Orient‹
Proklamation des Rates der Volkskommissare
3. Dezember 1917

Genossen! Brüder!

Große Ereignisse gehen in Rußland vor. Der blutige Krieg, begonnen zur Annexion fremder Völker, nähert sich seinem Ende. Es stürzt die Herrschaft der Räuber, die die Völker der Erde unterjochten. Unter den Schlägen der russischen Revolution zittert das alte Gebäude der Hörigkeit und Sklaverei. Die Welt der Willkür und Unterdrückung erlebt ihre letzten Tage. Eine neue Welt wird geboren, eine Welt der Werktätigen und Befreiten. An der Spitze dieser Revolution steht die Arbeiter- und Bauernregierung Rußlands, der Rat der Volkskommissare.

Ganz Rußland ist übersät mit revolutionären Räten der Arbeiter-, Soldaten- und Bauerndeputierten. Die Macht im Lande ist in den Händen des Volkes. Das werktätige Volk Rußlands hat das brennende Verlangen, einen ehrenhaften Frieden zu erreichen und den geknechteten Völkern der Welt bei der Erkämpfung der Freiheit zu helfen.

In dieser heiligen Sache steht Rußland nicht allein. Der große Ruf der Befreiung, ausgestoßen von der russischen Revolution, erreicht alle Werktätigen des Orients und des Westens. Erschöpft vom Krieg reichen uns bereits die Völker Europas die Hand zum Frieden. Die Arbeiter und Soldaten des Westens sammeln sich bereits unter dem Banner des Sozialismus zum Sturm auf die Festungen des Imperialismus. Selbst das ferne Indien, jahrhundertelang unterdrückt von den »aufgeklärten« Räubern Europas, hat schon die Fahne des Aufstands erhoben, organisiert seine Deputiertenräte, wirft von den Schultern die verhaßte Knechtschaft, ruft die Völker des Orients zum Kampf und zur Befreiung auf.

Die Herrschaft der kapitalistischen Ausplünderung und Vergewaltigung stürzt in sich zusammen. Den imperialistischen Räubern brennt der Boden unter den Füßen.

Angesichts dieser großen Ereignisse wenden wir uns an Euch, Ihr werktätigen und unglücklichen Moslems in Rußland und im Orient.

Russische Moslems, Tataren von der Wolga und von der Krim, Kirgizen und Sarten Sibiriens und Turkestans, Türken und Tataren jenseits des Kaukasus, Čečenen und Bergvölker des Kaukasus, alle, deren Moscheen und Bethäuser zerstört wurden, deren Glauben und Sitten von den Herrschern und Unterdrückern Rußlands mit Füßen getreten wurden!

Von nun an sollen Eure Religionen und Sitten, Eure nationalen und kulturellen Einrichtungen frei und unantastbar sein! Entfaltet Euer nationales Leben frei und ungehindert! Ihr habt das Recht dazu. Wißt, daß Eure Rechte, wie die Rechte aller Völker Rußlands, den Schutz der ganzen Macht der Revolution und ihrer Organe, der Räte der Arbeiter-, Soldaten- und Bauerndeputierten genießen.

Unterstützt deshalb diese Revolution und die durch sie eingesetzte Regierung!

Orientalische Moslems, Perser und Türken, Araber und Inder, alle, mit deren Köpfen und Vermögen, mit deren Freiheit und Heimat jahrhundertelang die gierigen europäischen Räuber

Handel trieben, alle, deren Länder die Plünderer, die den Krieg begonnen haben, aufteilen wollten.

Wir erklären, daß die Geheimverträge des gestürzten Zaren über die Eroberung von Konstantinopel, die der gestürzte Kerenskij bestätigt hat, von nun an null und nichtig sind. Die russische Republik und ihre Regierung, der Rat der Volkskommissare, sind gegen die Eroberung von fremden Ländern. Konstantinopel soll in den Händen der Moslems bleiben!

Wir erklären, daß der Vertrag über die Teilung von Persien null und nichtig ist. Wenn erst die Waffen schweigen, werden die Truppen aus Persien abgezogen und den Persern das Recht garantiert, frei ihr eigenes Schicksal zu bestimmen.

Wir erklären, daß der Vertrag über die Aufteilung der Türkei und die Wegnahme Armeniens von der Türkei null und nichtig ist. Wenn erst die Waffen schweigen, erhalten die Armenier das Recht, frei ihr politisches Schicksal zu bestimmen.

Nicht von Rußland und seiner revolutionären Regierung erwartet Euch Unterdrückung, sondern von den Räubern des europäischen Imperialismus, von denen, die diesen Krieg führen, um Eure Länder aufzuteilen, von denen, die Eure Heimat in ihre »Kolonien« verwandelt haben, zur freien Ausplünderung.

Stürzt diese Räuber und Plünderer Eurer Länder. Jetzt, da Krieg und Verfall den Bau der alten Welt erschüttern, da ein Sturm der Entrüstung die ganze Welt gegen die imperialistischen Eroberer erfaßt hat, da jeder Funke der Empörung zur mächtigen Flamme der Revolution wird, da sogar die indischen Moslems, gepreßt und geknechtet unter fremdem Joch, sich gegen ihre Unterdrücker erheben – jetzt darf man nicht stumm bleiben. Verliert keine Zeit und schüttelt ab von Euren Schultern die jahrhundertealten Eroberer Eurer Länder! Gebt Ihnen nicht länger Euren heimischen Herd zur Ausbeutung preis! Ihr selbst müßt die Herren Eures Landes sein! Ihr selbst müßt Euer Leben nach eigenen Vorstellungen gestalten! Ihr habt das Recht dazu, weil Euer Schicksal in Euren eigenen Händen liegt . . .

Fest und entschlossen gehen wir einer ehrenhaften, demokratischen Welt entgegen.

Auf unseren Fahnen steht die Befreiung der geknechteten Völker der Welt.

Moslems in Rußland!

Moslems im Orient!

Auf diesem Weg zur Befreiung der Welt erwarten wir von Euch Sympathie und Unterstützung.

Der Volkskommissar für Nationalitätenfragen
Džugašvili – Stalin
Der Vorsitzende des Rates der Volkskommissare
Vl. Ul'janov – Lenin

61. Deklaration der Rechte des werktätigen und ausgebeuteten Volkes

Resolutionsantrag der bolschewistischen Fraktion in der Konstituierenden Versammlung, 18. Januar 1918

Das Exekutivkomitee verkündet folgende Grundthesen:
Die Konstituierende Versammlung wolle beschließen:

I.

1. Rußland wird zu einer Republik der Arbeiter-, Soldaten- und Bauern-Sowjets erklärt. Alle zentrale und lokale Gewalt gehört diesen Sowjets.

2. Die Russische Sowjetrepublik wird aufgrund einer freien Vereinigung freier Nationen, als eine Föderation von nationalen Sowjetrepubliken gegründet.

II.

Indem sie es zu ihrer Hauptaufgabe macht, jede Ausbeutung des Menschen durch den Menschen zu beseitigen, jede Teilung der Gesellschaft in Klassen abzuschaffen, allen Widerstand der Ausbeuter schonungslos zu unterdrücken, die sozialistische Organisation der Gesellschaft und den Sieg des Sozialismus in allen Ländern durchzusetzen, beschließt die Konstituierende Versammlung darüber hinaus:

1. Zwecks Verwirklichung der Sozialisierung des Bodens wird jedes private Landeigentum abgeschafft, der gesamte Fonds an Ländereien zum Eigentum des ganzen werktätigen Volkes erklärt und an die Werktätigen ohne jede Entschädigung gleichmäßig verteilt.

Alle Wälder, Bodenschätze und Gewässer, die von Bedeutung für den ganzen Staat sind, ebenso das gesamte lebende und tote Inventar, alle Güter und landwirtschaftlichen Unternehmen werden zum Nationaleigentum erklärt.

2. Das von den Sowjets veröffentlichte Dekret über die Arbeiterkontrolle und die Errichtung eines Obersten Volkswirtschaftsrates zwecks Festigung der Macht der Werktätigen über die Ausbeuter wird als der erste Schritt zum endgültigen Übergang der Fabriken, Werke, Bergwerke, Eisenbahnen und sonstiger Produktions- und Transportmittel in das Eigentum der Republik der Arbeiter- und Bauern-Sowjets bestätigt.

3. Der Übergang aller Banken in das Eigentum des Arbeiter- und Bauernstaates wird als eine der Bedingungen zur Befreiung der werktätigen Massen vom Joche des Kapitals bestätigt.

4. Zur Beseitigung der schmarotzenden Gesellschaftsschichten und zur Organisierung der Volkswirtschaft wird die allgemeine Arbeitspflicht eingeführt.

5. Zur Festigung der Macht der werktätigen Massen und zur Beseitigung jeder Möglichkeit einer Wiederherstellung der Macht der Ausbeuter wird die Bewaffnung der Werktätigen, die Bildung einer sozialistischen Roten Arbeiter- und Bauernarmee und die gänzliche Entwaffnung der besitzenden Klassen dekretiert.

III.

1. Vom unbeugsamen Entschlusse beseelt, die Menschheit aus den Krallen des Kapitals und des Imperialismus zu befreien, die die Erde in diesem verbrecherischsten aller Kriege mit Strömen von Blut getränkt haben, unterstützt die Konstituierende Versammlung die von der Sowjetregierung befolgte Politik der Lösung aller Geheimverträge, der Organisierung der weitestgehenden Verbrüderung zwischen den Bauern und Arbeitern in den heute einander bekämpfenden Armeen und der Anwendung aller revolutionären Mittel zur Durchsetzung eines demokratischen Friedens ohne Annexionen und Kontributionen auf der Grundlage eines freien Selbstbestimmungsrechtes der Nationen.

2. Aus den gleichen Gründen verlangt die Konstituierende Versammlung den endgültigen Bruch mit der barbarischen Politik der bürgerlichen Zivilisation, die den Wohlstand der Ausbeuter einiger weniger auserwählter Länder auf der Versklavung von Millionen von Werktätigen in Asien, in den Kolonien und in den kleineren Staaten gründete. Die Konstituierende Versammlung begrüßt die Politik des Rates der Volkskommissare, der die völlige Unabhängigkeit Finnlands proklamierte,

mit der Räumung Persiens begann und Armenien das Selbstbestimmungsrecht gewährte.

Als den ersten Schlag für das internationale Bankkapital betrachtet die Konstituierende Versammlung das von den Sowjets erlassene Gesetz über die Annullierung der von den Regierungen des Zaren, der Gutsbesitzer und der Bourgeoisie geschlossenen Anleihen und erwartet, daß die Sowjetregierung diesen Weg energisch weiterverfolgen wird bis zum völligen Sieg der internationalen Arbeiterrevolution über das Joch des Kapitals.

IV.

Da sie aufgrund von Listen gewählt wurde, die noch vor der Oktoberrevolution aufgestellt worden waren, als das Volk in seiner großen Masse sich noch nicht gegen die Ausbeuter erheben konnte, die ganze Widerstandskraft der ihre Klassenprivilegien verteidigenden Ausbeuter noch nicht kannte und die Schaffung einer sozialistischen Gesellschaft praktisch noch nicht in die Hand genommen hatte, würde es die Konstituierende Versammlung selbst vom formalen Standpunkte aus für unrichtig halten, sich der Sowjetregierung entgegenzustellen.

Die Konstituierende Versammlung vertritt die Auffassung, daß jetzt, im Augenblicke des entscheidenden Kampfes des Volkes gegen seine Ausbeuter, diese letzteren an keinem der die Macht ausübenden staatlichen Organe beteiligt sein dürfen. Die Macht muß gänzlich und ausschließlich den werktätigen Massen und ihrer bevollmächtigten Vertretung – den Sowjets der Arbeiter-, Soldaten- und Bauerndeputierten – gehören.

Indem sie die Sowjetregierung und die Dekrete des Rates der Volkskommissare unterstützt, erkennt die Konstituierende Versammlung an, daß ihre Aufgabe sich auf die Ausarbeitung von Grundsätzen für den sozialistischen Umbau der Gesellschaft beschränkt.

Im Bestreben, ein wahrhaft freies und freiwilliges und folglich um so engeres und dauerhafteres Bündnis zwischen allen arbeitenden Klassen aller Nationen Rußlands zu errichten, beschränkt sich die Konstituierende Versammlung auf die Festlegung der Grundprinzipien der Föderation der Sowjetrepubliken Rußlands und überläßt es den Arbeitern und Bauern einer jeden Nation, auf selbständigen Sowjetkonferenzen selbständige Beschlüsse zu fassen, ob und unter welchen Bedingungen sie wünschen, an den Föderativen Sowjetinstitutionen teilzunehmen. Die oben angeführten Grundsätze müssen unverzüglich veröffentlicht, vom offiziellen Vertreter der Sowjetrepublik, der die Konstituierende Versammlung eröffnet, von der Tribüne herab verlesen und der Tätigkeit der Konstituierenden Versammlung zugrunde gelegt werden.

62. Verfassung der Russischen Sozialistischen Föderativen Sowjetrepublik (RSFSR)
Angenommen vom 5. Allrussischen Sowjetkongreß am 10. Juli 1918

Die vom 3. Allrussischen Sowjetkongreß im Januar 1918 bestätigte Deklaration der Rechte des arbeitenden und ausgebeuteten Volkes bildet zusammen mit der vom 5. Allrussischen Sowjetkongreß bestätigten Verfassung der Räterepublik das einheitliche Grundgesetz der Russischen Sozialistischen Räterepublik.

Dieses Grundgesetz tritt mit dem Zeitpunkt seiner Bekanntmachung in endgültiger Form in den ›Nachrichten des Allrussischen Zentralen Exekutivkomitees‹ *(Izvestija)* in Kraft.

Der 5. Allrussische Sowjetkongreß beauftragt den Volkskommissar für das Bildungswesen, den Unterricht in den Grundbestimmungen dieser Verfassung sowie deren Erläuterung und Auslegung in allen Schulen und Lehranstalten der russischen Republik ausnahmslos einzuführen.

Erster Abschnitt.
Deklaration der Rechte des arbeitenden und ausgebeuteten Volkes.

Erstes Kapitel.

1. Rußland wird zur Räterepublik der Arbeiter-, Soldaten- und Bauerndeputierten erklärt. Die gesamte zentrale wie örtliche Gewalt steht diesen Räten zu.

2. Die Russische Räterepublik gründet sich auf die freie Vereinigung der freien Nationen als ein Bund nationaler Räterepubliken.

Zweites Kapitel.

3. Indem sie die Beseitigung jeder Ausbeutung eines Menschen durch den anderen, die völlige Abschaffung der Einteilung der Gesellschaft in Klassen, die schonungslose Unterdrükkung der Ausbeuter, die Herstellung einer sozialistischen Orga-

nisation der Gesellschaft und des Sieges des Sozialismus in allen Ländern sich zur Grundaufgabe macht, beschließt der 3. Allrussische Rätekongreß der Arbeiter-, Soldaten- und Bauerndeputierten weiter:

a) In Verwirklichung der Sozialisierung des Landes wird jedes private Eigentum an Grund und Boden aufgehoben, und der gesamte Bestand an Land wird zum Gemeineigentum des Volkes erklärt und den Arbeitenden ohne jedes Entgelt auf der Grundlage der ausgleichenden Bodenbenutzung übergeben.

b) Alle Wälder, die Bodenschätze und die Gewässer von allgemein staatlicher Bedeutung, ebenso alles lebende und tote Inventar, die Mustergüter und landwirtschaftlichen Betriebe werden zum Nationalvermögen erklärt.

c) Als erster Schritt zum vollen Übergang der Fabriken, Betriebe, Bergwerke, Eisenbahnen und der anderen Transport- und Produktionsmittel in das Eigentum der Arbeiter- und Bauern-Räterepublik wird das Rätegesetz über die Arbeiterkontrolle und den Obersten Volkswirtschaftsrat zwecks Sicherung der Gewalt der Arbeitenden über die Ausbeuter bestätigt.

d) Der 3. Allrussische Rätekongreß betrachtet das Gesetz über die Annullierung der von der Regierung der Zaren, Gutsbesitzer und der Bourgeoisie getätigten Anleihen als den ersten Schlag gegen das internationale Bank- und Finanzkapital und bringt die Zuversicht zum Ausdruck, daß die Rätegewalt mit Festigkeit auf diesem Wege weiterschreiten wird bis zum vollen Siege der internationalen Arbeitererhebung gegen die Unterjochung durch das Kapital.

e) Als Vorbedingung für die Befreiung der arbeitenden Massen vom Joch des Kapitalismus wird der Übergang aller Banken in das Eigentum des Arbeiter- und Bauernstaates bestätigt.

f) Zwecks Vernichtung der parasitischen Gesellschaftsschichten und Organisierung der Wirtschaft wird die allgemeine Arbeitspflicht eingeführt.

g) Im Interesse der Sicherung der vollen Gewalt der arbeitenden Massen und der Beseitigung jeder Möglichkeit einer Wiederherstellung der Gewalt der Ausbeuter wird die Bewaffnung der Arbeitenden, die Bildung einer sozialistischen Roten Armee der Arbeiter und Bauern und die völlige Entwaffnung der besitzenden Klassen angeordnet.

Drittes Kapitel.

4. In unbeugsamer Entschlossenheit, die Menschheit aus den Krallen des Finanzkapitals und des Imperialismus, die in diesem verbrecherischsten aller Kriege die Erde mit Blut überschwemmt haben, zu befreien, schließt sich der 3. Allrussische Rätekongreß der von der Rätegewalt durchgeführten Politik der Beseitigung aller Geheimverträge, der Organisierung einer Verbrüderung der Arbeiter und Bauern der jetzt miteinander kriegführenden Heere im weitesten Umfange und der Erreichung eines demokratischen Friedens um jeden Preis ohne Annexionen und Kontributionen auf der Grundlage der Selbstbestimmung der Nationen voll und ganz an.

5. Zum selben Zweck dringt der 3. Allrussische Rätekongreß auf den vollständigen Bruch mit der barbarischen Politik der bürgerlichen Zivilisation, die den Wohlstand der Ausbeuter in wenigen auserwählten Nationen auf der Unterjochung von Hunderten von Millionen der arbeitenden Bevölkerung in Asien, überhaupt in den Kolonien und in kleinen Ländern aufbaut.

6. Der 3. Allrussische Rätekongreß begrüßt die Politik des Rates der Volkskommissare, der die volle Unabhängigkeit Finnlands proklamiert, mit der Zurückziehung der Truppen aus Persien begonnen und die Freiheit der Selbstbestimmung Armeniens erklärt hat.

Viertes Kapitel.

7. Der 3. Allrussische Rätekongreß der Arbeiter-, Soldaten- und Bauerndeputierten vertritt die Ansicht, daß zum gegenwärtigen Zeitpunkt des entscheidenden Kampfes des Proletariats gegen seine Ausbeuter für diese in keinem Machtorgan Raum vorhanden ist. Die Gewalt muß ganz und ausschließlich den arbeitenden Massen und ihren bevollmächtigten Vertretern, den Räten der Arbeiter-, Soldaten- und Bauerndeputierten gehören.

8. Gleichzeitig beschränkt sich der 3. Allrussische Rätekongreß im Bestreben, eine freie und freiwillige und folglich um so vollständigere und festere Vereinigung der arbeitenden Klassen aller Nationen Rußlands zu schaffen, darauf, die Grundelemente des Bundes der Räterepubliken Rußlands festzustellen, und überläßt es den Arbeitern und Bauern jeder Nation in ihrer eigenen bevollmächtigten Räteversammlung selbständig Beschluß darüber zu fassen, ob und auf welcher Grundlage sie an

der föderativen Regierung und an den anderen föderativen Räteeinrichtungen teilnehmen will.

Zweiter Abschnitt.
Allgemeine Bestimmungen der Verfassung der Russischen Sozialistischen Föderativen Räterepublik.

Fünftes Kapitel.

9. Die Hauptaufgabe der auf die gegenwärtige Übergangszeit berechneten Verfassung der Russischen Sozialistischen Föderativen Räterepublik besteht in der Aufrichtung der Diktatur des städtischen und ländlichen Proletariats und der ärmsten Bauernschaft in der Gestalt einer machtvollen Allrussischen Sowjetmacht zwecks vollständiger Unterdrückung der Bourgeoisie, Vernichtung der Ausbeutung eines Menschen durch den anderen und der Herstellung des Sozialismus, unter dem weder eine Klasseneinteilung, noch eine Staatsgewalt sein wird.

10. Die Russische Republik ist eine freie sozialistische Gesellschaft aller Arbeitenden in Rußland. Die gesamte Gewalt im Bereiche der Russischen Sozialistischen Föderativen Räterepublik gehört der gesamten in den städtischen und ländlichen Räten zusammengefaßten Arbeiterbevölkerung des Landes.

11. Die Räte solcher Gebiete, die sich durch besondere Lebensweise und nationale Zusammensetzung auszeichnen, können sich zu autonomen Gebietsverbänden zusammenschließen, an deren Spitze, wie überhaupt an der Spitze aller etwa sich bildenden Vereinigungen die Gebietsrätekongresse und ihre Exekutivorgane stehen.

Diese autonomen Gebietsverbände treten auf der Grundlage der Föderation in die Russische Sozialistische Föderative Räterepublik ein.

12. Die oberste Gewalt in der Russischen Sozialistischen Föderativen Räterepublik gehört dem Allrussischen Rätekongreß und im Zeitabschnitt zwischen den Kongressen dem Allrussischen Zentralen Exekutivkomitee der Räte.

13. Um den Arbeitenden wirkliche Gewissensfreiheit zu gewährleisten, wird die Kirche vom Staate und die Schule von der Kirche getrennt, und die Freiheit der religiösen und der antireligiösen Propaganda wird allen Bürgern gewährt.

14. Um den Arbeitenden wirkliche Freiheit ihrer Meinungsäußerung zu sichern, beseitigt die Russische Sozialistische Föderative Räterepublik die Abhängigkeit der Presse vom Kapital

und übergibt in die Hände der arbeitenden Klasse und der bäuerlichen Armut alle technischen und materiellen Mittel zur Herausgabe von Zeitungen, Broschüren, Büchern und aller anderen Druckerzeugnisse und gewährleistet ihnen freie Verbreitung im ganzen Lande.

15. Um den Arbeitenden wirkliche Versammlungsfreiheit zu sichern, stellt die Russische Sozialistische Föderative Räterepublik, in Anerkennung des Rechts der Bürger der Räterepublik auf freie Veranstaltung von Versammlungen, Meetings, Zusammenkünften und dgl., alle für die Abhaltung von Versammlungen tauglichen Räume einschließlich der Einrichtung, Beleuchtung und Beheizung in die Verfügungsgewalt der Arbeiterklasse und der armen Bauernbevölkerung.

16. Um den Arbeitenden wirkliche Freiheit der Vereinigung zu sichern, leistet die Russische Sozialistische Föderative Räterepublik, nachdem sie die wirtschaftliche und politische Macht der besitzenden Klassen niedergebrochen und dadurch alle Hindernisse beseitigt hat, die in der Bourgeoisiegesellschaft die Arbeiter und Bauern bis jetzt daran gehindert haben, frei zu handeln und sich zu organisieren, den Arbeitern und ärmsten Bauern jede materielle und sonstige Mitwirkung bei ihrer Vereinigung und Organisierung.

17. Um den Arbeitenden wirklichen Zutritt zu den Wissenschaften zu sichern, stellt sich die Russische Sozialistische Föderative Räterepublik zur Aufgabe, den Arbeitern und ärmsten Bauern volle, allseitige und unentgeltliche Bildung zu gewähren.

18. Die Russische Sozialistische Föderative Räterepublik erklärt die Arbeit als Pflicht aller Bürger der Republik und verkündet die Losung: »Wer nicht arbeitet, hat kein Daseinsrecht.«

19. Um die Errungenschaften der großen Arbeiter- und Bauernrevolution auf jede Weise zu wahren, erklärt die Russische Sozialistische Föderative Räterepublik es zur Pflicht aller Bürger der Republik, das sozialistische Vaterland zu schützen, und stellt die allgemeine Militärpflicht fest. Das Ehrenrecht, die Revolution mit der Waffe in der Hand zu schützen, steht nur den Arbeitenden zu; den nichtarbeitenden Elementen dagegen obliegt die Verrichtung anderer Militärobliegenheiten.

20. Von der Solidarität der Arbeitenden aller Nationen ausgehend, gewährt die Russische Sozialistische Föderative Räterepublik alle politischen Rechte der russischen Bürger den Ausländern, die im Gebiete der Russischen Republik wohnhaft

sind, um einer Beschäftigung nachzugehen, und der Arbeiterklasse oder der Bauernschaft angehören, sofern sie sich nicht fremder Arbeitskraft bedienen, und sie gewährt den Ortsräten das Recht, solchen Ausländern das russische Bürgerrecht ohne alle Formalitäten zu verleihen.

21. Die Russische Sozialistische Föderative Räterepublik gewährt allen Ausländern, die wegen politischer und religiöser Verbrechen verfolgt werden, das Asylrecht.

22. Die Russische Sozialistische Föderative Räterepublik erkennt allen Bürgern die gleichen Rechte zu, ohne Rücksicht auf ihre Rassen und nationale Zugehörigkeit, und erklärt die Festsetzung oder Zulassung irgendwelcher Vorrechte oder Vorzüge auf diesem Gebiete, ebenso irgendwelche Unterdrückung nationaler Minderheiten oder die Beschränkung ihrer Gleichberechtigung, als den Grundgesetzen der Republik widersprechend.

23. Von den Interessen der Arbeiterklasse in ihrer Gesamtheit geleitet, entzieht die Allrussische Sozialistische Föderative Räterepublik einzelnen Personen und einzelnen Gruppen die Rechte, welche sie zum Schaden der Interessen der sozialistischen Revolution genießen.

Dritter Abschnitt.
Die Strukturen der Sowjetmacht.

A. Organisation der Zentralgewalt.

Sechstes Kapitel.
Der Allrussische Rätekongreß der Arbeiter-, Bauern-, Rote Armee- und Kosakendeputierten.

24. Der Allrussische Rätekongreß stellt die höchste Gewalt der Russischen Sozialistischen Föderativen Räterepublik dar.

25. Der Allrussische Rätekongreß setzt sich zusammen aus den Vertretern der städtischen Räte, auf jede 25000 Wähler je ein Deputierter gerechnet, und den Vertretern der Gouvernementsrätekongresse, auf jede 125000 Einwohner ein Deputierter gerechnet.

Anmerkung 1: Falls der Gouvernementsrätekongreß dem Allrussischen Rätekongreß nicht voraufgeht, so werden die Delegierten zum letzteren unmittelbar von den Kreisrätekongressen entsendet.

ANMERKUNG 2: Falls der Gebietsrätekongreß dem Allrussischen Rätekongreß voraufgeht, so können die Delegierten zum letzteren vom Gebietsrätekongreß entsendet werden.

26. Der Allrussische Rätekongreß wird von dem Allrussischen Zentralen Exekutivkomitee der Räte wenigstens zweimal jährlich einberufen.

27. Ein außerordentlicher Allrussischer Rätekongreß wird von dem Allrussischen Zentralen Exekutivkomitee der Räte entweder aus eigener Initiative oder auf Verlangen der Räte von Orten einberufen, die mindestens ein Drittel der Gesamtbevölkerung der Republik darstellen.

28. Der Allrussische Rätekongreß wählt das Allrussische Zentrale Exekutivkomitee der Räte in der Zahl von höchstens 200 Personen.

29. Das Allrussische Zentrale Exekutivkomitee der Räte ist in vollem Umfange dem Allrussischen Rätekongreß verantwortlich.

30. In der Zeit zwischen den Kongressen stellt das Zentrale Exekutivkomitee der Räte die höchste Gewalt der Republik dar.

Siebentes Kapitel.

31. Das Allrussische Zentrale Exekutivkomitee der Räte ist das höchste gesetzgebende, verfügende und kontrollierende Organ der Russischen Sozialistischen Föderativen Räterepublik.

32. Das Allrussische Zentrale Exekutivkomitee der Räte gibt der Tätigkeit der Arbeiter- und Bauernregierung und aller Organe der Sowjetmacht im Lande die Richtung, vereinheitlicht und bringt in Einklang die gesetzgeberische und Verwaltungstätigkeit und überwacht die Durchführung der Räteverfassung, der Beschlüsse der Allrussischen Rätekongresse und der Zentralorgane der Sowjetmacht.

33. Das Allrussische Zentrale Exekutivkomitee der Räte prüft und bestätigt die Entwürfe der Dekrete und anderer Vorlagen, die vom Rate der Volkskommissare oder den einzelnen Ressorts eingebracht werden, und erläßt auch eigene Dekrete und Verfügungen.

34. Das Allrussische Zentrale Exekutivkomitee der Räte beruft den Allrussischen Rätekongreß, dem es über seine Tätigkeit Rechenschaft ablegt, über die allgemeine Politik und einzelne Fragen Bericht erstattet.

35. Das Allrussische Zentrale Exekutivkomitee der Räte

bildet einen Rat der Volkskommissare für die allgemeine Verwaltung der Geschäfte der Russischen Sozialistischen Föderativen Räterepublik und Abteilungen (Volkskommissariate) für die Leitung der einzelnen Verwaltungszweige.

36. Die Mitglieder des Allrussischen Zentralen Exekutivkomitees der Räte arbeiten in den Abteilungen (Volkskommissariaten) oder führen besondere Aufträge des Allrussischen Zentralen Exekutivkomitees aus.

Achtes Kapitel.
Der Rat der Volkskommissare.

37. Der Rat der Volkskommissare führt die allgemeine Verwaltung der Geschäfte der Russischen Sozialistischen Föderativen Räterepublik.

38. In Erfüllung dieser Aufgabe erläßt der Rat der Volkskommissare Dekrete, Verordnungen, Instruktionen und ergreift überhaupt alle Maßregeln, die für einen regelmäßigen und schnellen Lauf des staatlichen Lebens notwendig sind.

39. Von allen seinen Beschlüssen und Entscheidungen hat der Rat der Volkskommissare dem Allrussischen Zentralen Exekutivkomitee der Räte sofort Kenntnis zu geben.

40. Das Allrussische Zentrale Exekutivkomitee der Räte ist befugt, jeden Beschluß oder jede Entscheidung des Rates der Volkskommissare aufzuheben oder einzustellen.

41. Alle Beschlüsse und Entscheidungen des Rates der Volkskommissare von erheblicher allgemeiner politischer Bedeutung sind dem Allrussischen Zentralen Exekutivkomitee der Räte zur Prüfung und Bestätigung vorzulegen.

Anmerkung: Die Maßnahmen, die eine unaufschiebbare Erledigung erfordern, können vom Rate der Volkskommissare unmittelbar durchgeführt werden.

42. Die Mitglieder des Rates der Volkskommissare stehen an der Spitze der einzelnen Volkskommissariate.

43. Es sind 17 Volkskommissariate gebildet, und zwar:
a) für Auswärtige Angelegenheiten,
b) für Militärangelegenheiten,
c) für Marineangelegenheiten,
d) für Innere Angelegenheiten,
e) für Justiz,
f) für Arbeit,
g) für soziale Sicherheit,
h) für Volksaufklärung,

i) für das Post- und Telegraphenwesen,
k) für Angelegenheiten der Nationalitäten,
l) für Finanzen,
m) für Versorgungswesen,
n) für Ackerbau,
o) für Handel und Gewerbe,
p) für Verpflegungswesen,
q) für die Staatskontrolle,
r) der Oberste Volkswirtschaftsrat,
s) für Gesundheitspflege.

44. Bei jedem Volkskommissar, unter seinem Vorsitz, ist ein Kollegium zu bilden, dessen Mitglieder vom Rate der Volkskommissare zu bestätigen sind.

45. Der Volkskommissar allein ist befugt, in solchen Fragen Beschlüsse zu fassen, die zur Zuständigkeit des betreffenden Volkskommissariats gehören, und dem Kollegium von ihnen Kenntnis zu geben. Ist das Kollegium mit diesem oder jenem Beschluß des Volkskommissars nicht einverstanden, so kann es, ohne die Ausführung des Beschlusses einzustellen, gegen denselben beim Rate der Volkskommissare oder beim Präsidium des Allrussischen Zentralen Exekutivkomitees der Räte Beschwerde erheben.

Dasselbe Beschwerderecht steht auch den einzelnen Mitgliedern des Kollegiums zu.

46. Der Rat der Volkskommissare ist in vollem Umfang dem Allrussischen Rätekongreß und dem Allrussischen Zentralen Exekutivkomitee verantwortlich.

47. Die Volkskommissare und die Kollegien bei den Volkskommissariaten sind in vollem Umfange dem Rate der Volkskommissare und dem Allrussischen Zentralen Exekutivkomitee der Räte verantwortlich.

48. Der Amtscharakter eines Volkskommissars steht ausschließlich Mitgliedern des Rates der Volkskommissare zu, der die allgemeine Geschäftsverwaltung der Russischen Sozialistischen Föderativen Räterepublik führt, und kann keinem anderen Vertreter der Sowjetmacht im Zentrum wie in den einzelnen Orten zugeeignet werden.

Neuntes Kapitel.
Die Bereiche, für welche der Allrussische Rätekongreß und das Allrussische Zentrale Exekutivkomitee der Räte zuständig sind.

49. Zur Zuständigkeit des Allrussischen Rätekongresses und

des Allrussischen Zentralen Exekutivkomitees der Räte gehören alle Fragen von allgemeinstaatlicher Bedeutung wie:

a) die Bestätigung, Änderung und Ergänzung der Verfassung der Russischen Sozialistischen Föderativen Räterepublik;

b) die allgemeine Leitung der gesamten äußeren und inneren Politik der Russischen Sozialistischen Föderativen Räterepublik;

c) die Festsetzung und Änderung der Grenzen sowie die Abtrennung von Teilen des Gebietes der Russischen Sozialistischen Föderativen Räterepublik oder von ihr gehörigen Rechten;

d) die Festsetzung der Grenzen und der Zuständigkeit der Gebietsräteverbände, die zum Bestande der Russischen Sozialistischen Föderativen Räterepublik gehören, sowie die Entscheidung von Streitigkeiten unter ihnen;

e) die Aufnahme von neuen Mitgliedern der Räterepublik in den Verband der Russischen Sozialistischen Föderativen Räterepublik, sowie die Anerkennung des Ausscheidens von Teilen derselben;

f) die allgemeine administrative Einteilung des Gebietes der Russischen Sozialistischen Föderativen Räterepublik und die Bestätigung von Gebietsverbindungen;

g) die Festsetzung und Änderung des Systems für Maße, Gewichte und Valuta im Gebiete der Russischen Sozialistischen Föderativen Räterepublik;

h) der Verkehr mit den auswärtigen Staaten, die Erklärung des Krieges und die Schließung von Frieden;

i) der Abschluß von Anleihen, von Zoll- und Handelsverträgen sowie von Finanzabkommen;

k) die Feststellung der Grundlagen und des Planes der gesamten Volkswirtschaft und ihrer einzelnen Zweige im Gebiete der Russischen Sozialistischen Föderativen Räterepublik;

l) die Bestätigung des Budgets der Russischen Sozialistischen Föderativen Räterepublik;

m) die Bestimmung der allgemeinstaatlichen Steuern und Abgaben;

n) die Festsetzung der Grundlagen der Organisation der bewaffneten Macht der Russischen Sozialistischen Föderativen Räterepublik;

o) die allgemeinstaatliche Gesetzgebung, Gerichtsverfassung, Gerichtsverfahren, die zivil- und strafrechtliche Gesetzgebung usw.;

p) die Ernennung und Ersetzung der einzelnen Mitglieder des Rates der Volkskommissare und dieses Rates in seinem Gesamtbestande wie die Bestätigung seines Vorsitzenden;

q) der Erlaß allgemeiner Vorschriften über den Erwerb und Verlust des russischen Bürgerrechts und über die Rechte der Ausländer im Gebiete der Republik;

r) das Recht der allgemeinen und teilweisen Amnestie.

50. Außer den aufgezählten Fragen gehören zur Zuständigkeit des Allrussischen Rätekongresses und des Allrussischen Zentralen Exekutivkomitees der Räte alle Fragen, die sie als zu ihrer Zuständigkeit gehörig erklären.

51. Zur ausschließlichen Zuständigkeit des Allrussischen Rätekongresses gehören:

a) die Feststellung, Ergänzung und Änderung der Grundlagen der Räteverfassung;

b) die Ratifizierung von Friedensverträgen.

52. Die Entscheidung der unter c) und h) des Art. 49 bezeichneten Fragen steht dem Allrussischen Zentralen Exekutivkomitee der Räte nur dann zu, wenn die Einberufung des Allrussischen Rätekongresses unmöglich ist.

B. Organisation der örtlichen Sowjetmacht.

Zehntes Kapitel.
Die Rätekongresse.

53. Die Rätekongresse haben folgende Zusammensetzung:

a) Diejenigen der *Gebiete:* aus Vertretern der städtischen Räte und der Kreiskongresse der Räte, je ein Deputierter auf 25000 Einwohner und von den Städten je ein Deputierter auf 5000 Wähler, jedoch nicht mehr als 500 Delegierte für das ganze Gebiet – oder aus Vertretern der Gouvernementsrätekongresse nach derselben Norm gewählt, falls dieser Kongreß unmittelbar vor dem Gebietsrätekongreß zusammentritt.

b) Diejenigen der *Gouvernements* (Distrikte): aus Vertretern der städtischen Räte und der Amtsbezirksrätekongresse, je ein Deputierter auf 10000 Einwohner, und von den Städten je ein Deputierter auf 2000 Wähler, jedoch nicht mehr als 300 Deputierte für das ganze Gouvernement (Distrikt), wobei, falls der Kreiskongreß der Räte unmittelbar vor demjenigen des Gouvernements einberufen wird, die Wahlen, nach derselben Norm, nicht durch die Rätekongresse der Amtsbezirke, sondern der Kreise vorzunehmen sind.

c) Diejenigen der *Kreise* (Rajons): aus Vertretern der Dorfräte, je ein Deputierter auf 1000 Einwohner, jedoch nicht mehr als 300 Deputierte für den ganzen Kreis (Rajon).

d) Diejenigen der *Amtsbezirke:* aus Vertretern der Dorfräte des Amtsbezirks, je ein Deputierter auf zehn Mitglieder des Rates.

Anmerkung 1: An den Kreisrätekongressen nehmen Vertreter der städtischen Räte teil, deren Bevölkerung 10000 nicht übersteigt; die Dorfräte von Orten, die weniger als 1000 Einwohner zählen, sind zwecks Wahl der Deputierten für den Kreisrätekongreß zusammenzulegen.

Anmerkung 2: Dorfräte mit weniger als zehn Mitgliedern entsenden in den Kreisrätekongreß einen Vertreter.

54. Die Rätekongresse werden durch die betreffenden Exekutivorgane der Rätegewalt (Exekutivkomitees) des Territoriums nach Ermessen der letzteren oder auf Verlangen der Räte von Orten, die wenigstens ein Drittel der ganzen Bevölkerung des betreffenden Rajons ausmachen, jedoch wenigstens zweimal im Jahre für das Gebiet, einmal in 3 Monaten für die Gouvernements und Kreise und einmal im Monat für den Amtsbezirk einberufen.

55. Der Rätekongreß (der Gebiete, Gouvernements, Kreise, Amtsbezirke) wählt sein Exekutivorgan, das Exekutivkomitee, dessen Mitgliederzahl nicht übersteigen darf:

a) für das Gebiet und Gouvernement: 25; b) für den Kreis: 20; c) für den Amtsbezirk: 10. Das Exekutivkomitee ist in vollem Umfang dem Rätekongreß verantwortlich, der es gewählt hat.

56. In den Grenzen seiner Zuständigkeit ist der Rätekongreß (des Gebietes, Gouvernements, Kreises, Amtsbezirks) die höchste Gewalt im Bereiche des betreffenden Territoriums; in der Zwischenzeit zwischen den Tagungen stellt diese Gewalt das Exekutivkomitee dar.

Elftes Kapitel.
Die Deputiertenräte.

57. Die Deputiertenräte werden gebildet:

a) in den *Städten:* aus je einem Deputierten auf 1000 Einwohner, jedoch nicht weniger als 50 und nicht mehr als 1000 Mitglieder zählend,

b) in den *Landgemeinden* (Dörfern, Siedlungen, Kosakendörfern, Kleinstädten, Städten mit weniger als 10000 Einwohnern, Aulen, Chutoren usw.): aus je einem Deputierten auf

100 Einwohner, jedoch nicht weniger als 3 und nicht mehr als 50 für die Gesamtgemeinde.

Die Amtsdauer der Deputierten beträgt 3 Monate.

ANMERKUNG: In den ländlichen Orten, wo es durchführbar ist, werden die Verwaltungsfragen von der allgemeinen Wählerversammlung der betreffenden Landgemeinde unmittelbar entschieden.

58. Für die laufenden Arbeiten wählt der Deputiertenrat aus seiner Mitte ein Vollziehungsorgan (Exekutivkomitee) in der Zahl von nicht mehr als 5 Personen in den Dörfern, und in den Städten je einen auf 50 Mitglieder, jedoch nicht weniger als 3 und nicht mehr als 15 (Petersburg und Moskau nicht mehr als 40). Das Exekutivkomitee ist in vollem Umfang dem Rat, der es gewählt hat, verantwortlich.

59. Der Deputiertenrat wird von dem Exekutivkomitee nach dessen Ermessen oder auf Verlangen von wenigstens der Hälfte der Mitglieder des Rates, jedoch wenigstens einmal wöchentlich in den Städten und zweimal wöchentlich in den Dörfern einberufen.

60. In den Grenzen seiner Zuständigkeit ist der Rat, und in dem in Art. 57 (Anmerkung) vorgesehenen Falle die allgemeine Wählerversammlung die höchste Gewalt im Bereiche des betreffenden Territoriums.

Zwölftes Kapitel.
Zuständigkeit der Organe der örtlichen Sowjetmacht.

61. Die Gebiets-, Gouvernements-, Kreis- und Amtsbezirksorgane der Sowjetmacht sowie die Deputiertenräte haben zum Gegenstand ihrer Tätigkeit:

a) die Ausführung aller Beschlüsse der betreffenden höheren Organe der Rätegewalt;

b) die Ergreifung aller Maßnahmen zur Hebung der Kultur und Wirtschaftlichkeit in dem betreffenden Gebiete;

c) die Entscheidung aller Fragen, die eine rein örtliche (für das betreffende Gebiet) Bedeutung haben;

d) die Vereinheitlichung der gesamten Rätetätigkeit im Bereiche des betreffenden Gebietes.

62. Die Rätekongresse und ihre Exekutivkomitees haben das Kontrollrecht über die Tätigkeit der örtlichen Räte (d. h. die Gebietsräte das Kontrollrecht über alle Räte des betreffenden Gebietes, die Gouvernementsräte über alle Räte des betreffenden Gouvernements, außer den städtischen, die nicht zum Be-

stand der Kreisrätekongresse gehören usw.), und die Gebiets- und Gouvernementsrätekongresse und deren Exekutivkomitees haben außerdem das Recht, die Entscheidungen der in ihren Rajons tätigen Räte aufzuheben unter Benachrichtigung, in den erheblichen Fällen, der Zentralrätegewalt.

63. Zur Erfüllung der den Organen der Sowjetmacht zugewiesenen Aufgaben sind bei den Räten (den städtischen und ländlichen) und den Exekutivkomitees (der Gebiete, Gouvernements, Kreise und Amtsbezirke) entsprechende Abteilungen mit Leitern derselben an der Spitze zu bilden.

Vierter Abschnitt.
Das aktive und passive Wahlrecht.

Dreizehntes Kapitel.

64. Das Recht, in die Räte zu wählen und gewählt zu werden, genießen unabhängig vom Glaubensbekenntnis, der Nationalität, Ansässigkeit usw. folgende Bürger beiderlei Geschlechts der Russischen Sozialistischen Föderativen Räterepublik, die am Wahltage das Alter von 18 Jahren erreicht haben:

a) alle, welche ihren Lebensunterhalt durch produktive und gemeinnützige Arbeit erlangen, ebenso Personen, die häusliche Wirtschaft verrichten, die den ersteren die Möglichkeit produktiver Arbeit schaffen, wie: Arbeiter und Angestellte aller Arten und Kategorien, die in Gewerbe-, Handels- und Landwirtschaftsbetrieben usw. beschäftigt sind, Bauern, ackerbautreibende Kosaken, die keine Lohnarbeiter zum Zwecke der Erzielung von Gewinn beschäftigen;

b) die Soldaten der Sowjetarmee und Flotte;

c) die zur Kategorie unter a) und b) dieses Artikels gehörigen Bürger, die in gewissem Grade ihre Arbeitsfähigkeit verloren haben.

Anmerkung 1: Die Ortsräte können mit Zustimmung der Zentralgewalt das in diesem Artikel bestimmte Normalalter herabsetzen.

Anmerkung 2: Von denjenigen, die die russische Bürgerschaft nicht erworben haben, genießen auch die in Art. 20 (zweiter Abschnitt, fünftes Kapitel) bezeichneten Personen das aktive und passive Wahlrecht.

65. Nicht wählen oder gewählt werden können, auch wenn sie zu einer der oben aufgezählten Kategorien gehören:

a) Personen, die Lohnarbeiter zum Zwecke der Gewinnerzielung beschäftigen;

b) Personen, die nicht von den Einkünften ihrer Arbeit leben, wie: von Kapitalszinsen, Einkünften von Unternehmen, Vermögen u. dgl.;

c) private Handelsleute, Handels- und kaufmännische Vermittler;

d) Mönche und geistliche Diener von Kirchen und Religionskulten;

e) Angestellte und Agenten der früheren Polizei, des besonderen Gendarmeriekorps und der Schutzabteilungen, sowie die Mitglieder des früher in Rußland regierenden Hauses;

f) Personen, die in vorgeschriebenem Verfahren für geisteskrank oder wahnsinnig erklärt sind, ebenso Personen, die unter Vormundschaft stehen;

g) Personen, die wegen gewinnsüchtiger und ehrenrühriger Straftaten verurteilt sind, für die durch Gesetz oder Urteil bestimmte Dauer.

Vierzehntes Kapitel.
Die Vornahme der Wahlen.

66. Die Wahlen sind nach der feststehenden Gewohnheit an den von den Ortsräten zu bestimmenden Tagen vorzunehmen.

67. Die Wahlen sind in Gegenwart der Wahlkommission und eines Vertreters des Ortsrates vorzunehmen.

68. Wo die Anwesenheit eines Vertreters der Sowjetmacht technisch unmöglich ist, vertritt ihn der Vorsitzende der Wahlkommission, und beim Fehlen eines solchen der Vorsitzende der Wahlversammlung.

69. Über den Gang und das Ergebnis der Wahlen ist ein Protokoll aufzunehmen, das von den Mitgliedern der Wahlkommission und dem Vorsitzenden des Rates zu unterschreiben ist.

70. Das nähere Verfahren für die Vornahme der Wahlen, sowie die Beteiligung der Berufs- und anderer Arbeiterorganisationen wird durch die Ortsräte entsprechend der Instruktion des Allrussischen Zentralen Exekutivkomitees der Räte bestimmt.

Fünfzehntes Kapitel.
Prüfung und Aufhebung der Wahlen und Abberufung der Abgeordneten.

71. Das gesamte Material über Ausführung der Wahlen ist dem zuständigen Rat zu übermitteln.

72. Behufs Prüfung der Wahlen ernennt der Rat eine Prüfungskommission.

73. Über das Ergebnis der Prüfung erstattet die Prüfungskommission Bericht an den Rat.

74. Der Rat entscheidet die Frage wegen Bestätigung der Kandidaten, über die Streit besteht.

75. Wird der eine oder der andere Kandidat nicht bestätigt, hat der Rat eine Neuwahl anzuberaumen.

76. Sind die Wahlen in ihrer Gesamtheit ungültig, so wird die Frage über Aufhebung der Wahlen von dem instanzenmäßig höheren Organ der Sowjetmacht entschieden.

77. Die letzte Instanz für Kassierung von Rätewahlen ist das Allrussische Zentrale Exekutivkomitee der Räte.

78. Die Wähler, die einen Deputierten in den Rat entsandten, sind berechtigt, ihn jederzeit abzuberufen und neue Wahlen gemäß der allgemeinen Bestimmung vorzunehmen.

Fünfter Abschnitt.
Das Budgetrecht.

Sechzehntes Kapitel.

79. Die Finanzpolitik der Russischen Sozialistischen Föderativen Räterepublik im gegenwärtigen Übergangsstadium der Diktatur der Arbeitenden dient dem Grundziel der Expropriierung der Bourgeoisie und der Vorbereitung der Bedingungen für die allgemeine Gleichheit der Bürger der Republik auf dem Gebiete der Produktion und der Güterverteilung. Zu diesem Zwecke stellt sie sich zur Aufgabe, alle notwendigen Mittel zur Befriedigung der örtlichen und allgemeinstaatlichen Bedürfnisse der Räterepublik in die Verfügungsmacht der Organe der Sowjetmacht zu bringen, ohne vor dem Eindringen in das private Eigentumsrecht stehen zu bleiben.

80. Die staatlichen Einnahmen und Ausgaben der Russischen Sozialistischen Föderativen Räterepublik werden in einem allgemeinen Staatsbudget zusammengefaßt.

81. Der Allrussische Rätekongreß oder das Allrussische Zentrale Exekutivkomitee der Räte bestimmen, welche Arten von Einnahmen und Abgaben Bestandteile des allgemeinstaatlichen Budgets sein sollen, und welche den örtlichen Räten zur Verfügung zu stellen sind, und ebenso bestimmen sie die Grenzen der Besteuerung.

82. Die Räte setzen die Auferlegung von Steuern und

Abgaben ausschließlich für die Bedürfnisse der örtlichen Wirtschaft fest. Die allgemeinstaatlichen Bedürfnisse werden aus den Mitteln gedeckt, die von der Staatskasse zur Verfügung gestellt werden.

83. Kein einziger Ausgabeposten aus den Mitteln der Staatskasse darf verausgabt werden, ohne daß für ihn ein Kredit in den Etat der staatlichen Einnahmen und Ausgaben eingestellt wird, oder daß ein besonderer Beschluß der Zentralgewalt ergeht.

84. Zur Deckung der Bedürfnisse von allgemeinstaatlicher Bedeutung werden die notwendigen Kredite aus der Staatskasse den örtlichen Räten von den zuständigen Volkskommissariaten zur Verfügung gestellt.

85. Alle den Räten aus der Staatskasse zur Verfügung gestellten Kredite, ebenso die nach den Voranschlägen für die örtlichen Bedürfnisse bestätigten Kredite werden von ihnen in den Grenzen der Unterabteilungen der Voranschläge (Paragraphen und Artikel) für ihre direkte Bestimmung verwendet und dürfen nicht zur Deckung anderer Bedürfnisse ohne besonderen Beschluß des Allrussischen Zentralen Exekutivkomitees der Räte und des Rates der Volkskommissare verwendet werden.

86. Die örtlichen Räte haben für die örtlichen Bedürfnisse Halbjahres- und Jahresvoranschläge aufzustellen. Die Voranschläge der Dorf- und Amtsbezirksräte und der Räte der Städte, die an den Kreisrätekongressen teilnehmen, ebenso die Voranschläge der Kreisorgane der Sowjetmacht werden eigens von den Gebiets- und Gouvernements-Rätekongressen oder ihren Exekutivkomitees bestätigt; die Voranschläge der städtischen, Gebiets- und Gouvernementsorgane der Sowjetmacht werden von dem Zentralen Exekutivkomitee der Räte und dem Rate der Volkskommissare bestätigt.

87. Für Ausgaben, die in den Voranschlägen nicht vorgesehen sind, ebenso im Falle der Unzulänglichkeit der Ansätze der Voranschläge haben die Räte bei dem zuständigen Volkskommissariat um Nachtragskredite nachzusuchen.

88. Reichen die örtlichen Mittel zur Deckung der örtlichen Bedürfnisse nicht aus, so werden den örtlichen Räten zur Deckung der unaufschiebbaren Ausgaben Beihilfen oder Darlehen aus den Mitteln der Staatskasse von dem Allrussischen Zentralen Exekutivkomitee der Räte und dem Rate der Volkskommissare bewilligt.

Sechster Abschnitt.
Das Wappen und die Flagge der Russischen Sozialistischen Föderativen Räterepublik.

Siebzehntes Kapitel.

89. Das Wappen der Russischen Sozialistischen Föderativen Räterepublik besteht aus der Darstellung einer goldenen Sichel und eines goldenen Hammers in Sonnenstrahlen auf rotem Grunde, die kreuzweise mit den Griffen nach unten angebracht und von einem Ährenkranz und der Umschrift umgeben sind:

a) Russische Sozialistische Föderative Räterepublik und
b) Proletarier aller Länder vereinigt euch!

90. Die Handels-, Marine- und Kriegsflagge der Russischen Sozialistischen Föderativen Räterepublik besteht aus einem Leinwandtuch von roter (purpurner) Farbe, in dessen linkem Winkel beim Schaft oben die Buchstaben RSFSR oder die Aufschrift »Russische Sozialistische Föderative Sowjetrepublik« angebracht ist.

63. Vertragsvorschlag für die Bildung einer Union der Sozialistischen Sowjetrepubliken
Verordnung des 10. Allrussischen Sowjetkongresses
26. Dezember 1922

1. Die Vereinigung der Russischen Sozialistischen Föderativen Sowjetrepublik, der Ukrainischen Sozialistischen Sowjetrepublik, der Transkaukasischen Sozialistischen Föderativen Sowjetrepublik und der Weißrussischen Sozialistischen Sowjetrepublik zu einer Union der Sozialistischen Sowjetrepubliken ist als Gebot der Stunde anzuerkennen.

2. Grundlage der Vereinigung bildet das Prinzip der Freiwilligkeit und der Gleichberechtigung der Republiken, wobei jede von ihnen das Recht des freien Austritts aus der Union der Republiken behält.

3. Eine Delegation* wird beauftragt, gemeinsam mit den Delegationen der Ukraine, der Transkaukasischen Republik und Weißrußlands einen Entwurf zu einer Erklärung über die Bildung der Union der Republiken auszuarbeiten, wobei die

* Es wird die Zusammensetzung der Delegation angegeben.

Umstände dargelegt werden, die eine Vereinigung der Republiken zu einem Bundesstaat vorschreiben.

4. Die Delegation wird beauftragt, die Bedingungen des Eintritts der RSFSR in die Union der Republiken auszuarbeiten, wobei sie bei der Durchsicht des Unionsvertrages an folgenden Punkten festzuhalten hat:

a) Bildung von entsprechenden legislativen und exekutiven Unionsorganen;

b) Zusammenlegung der Volkskommissariate für: Militär und Marine, Verkehrswege, Auswärtige Angelegenheiten, Außenhandel und das Post- und Fernmeldewesen;

c) Unterordnung der Volkskommissariate für das Finanzwesen, Nahrungsmittel, Volkswirtschaft, Arbeit und die Arbeiter- und Bauerninspektion der vertragschließenden Republiken unter die Direktiven der entsprechenden Kommissariate der Union der Republiken;

d) volle Sicherung der Interessen der nationalen Entwicklung der Völker der vertragschließenden Republiken.

5. Der Vertragsentwurf wird, bevor er dem ersten Unionskongreß der Republiken unterbreitet wird, dem Allrussischen Zentralen Exekutivkomitee, und zwar dem Präsidium als dessen Vertreter, zur Billigung vorgelegt.

6. Die Delegation wird bevollmächtigt, auf der Grundlage der Billigung der Vereinigungsbedingungen durch das Allrussische Zentrale Exekutivkomitee den Vertrag der RSFSR mit den sozialistischen Sowjetrepubliken der Ukraine, Transkaukasiens und Weißrußlands über die Bildung der Union der Sozialistischen Sowjetrepubliken zu schließen.

7. Der Vertrag wird dem ersten Unionskongreß der Republiken zur Bestätigung vorgelegt.

64. Verfassung der Union der Sozialistischen Sowjetrepubliken (UdSSR)

Angenommen auf der 2. Sitzung des Zentralen Exekutivkomitees der UdSSR, 6. Juli 1923

I. Teil.

Deklaration über die Gründung der Union der Sozialistischen Sowjetrepubliken.

Seit der Bildung der Sowjetrepubliken zerfielen die Staaten der Welt in zwei feindliche Lager: in das Lager des Kapitalismus und in das Lager des Sozialismus.

Dort, im Lager des Kapitalismus, herrschen nationale Feindseligkeiten und Ungleichheit, koloniales Sklaventum, Chauvinismus, nationaler Haß und Pogrome, imperialistische Grausamkeit und Kriege – *hier*, im Lager des Sozialismus, gegenseitiges Vertrauen und Friede, nationale Freiheit und Gleichheit, friedliches Zusammenleben und brüderliches Zusammenarbeiten der Völker.

Die Versuche der kapitalistischen Welt, die Nationalitätenfrage durch Verhinderung der freien Entwicklung der Völker, durch das System der Ausbeutung des einen Menschen durch den anderen auf viele Jahrzehnte zu regeln, haben sich nicht als fruchtbar erwiesen. Im Gegenteil: der Knoten der nationalen Widersprüche verknüpft sich immer mehr und bedroht die Existenz des Kapitalismus selbst. Die Bourgeoisie erwies sich als unfähig, das Zusammenarbeiten der Völker herbeizuführen.

Nur im Lager der Sowjetrepubliken, nur unter den Bedingungen der proletarischen Diktatur, um die sich die Mehrheit der Bevölkerung schart, war es möglich, den nationalen Haß im Keime zu ersticken, eine Atmosphäre gegenseitigen Vertrauens zu schaffen und den Grundstein zu einem friedlichen Zusammenwirken der Völker zu legen.

Nur dank dieser Verhältnisse gelang es den Sowjetrepubliken, den Angriff der Imperialisten der ganzen Welt, sowohl der inneren wie der äußeren, abzuwehren; nur dank dieser Verhältnisse gelang es ihnen, dem Bürgerkrieg ein erfolgreiches Ende zu setzen, ihre Existenz zu sichern und zum friedlichen Wirtschaftsaufbau zu schreiten.

Aber die Jahre des Krieges gingen nicht spurlos vorüber. Die verwüsteten Felder, die stilliegenden Fabriken, die zerstörten Produktionskräfte und die erschöpften Wirtschaftsquellen – die Erbschaft des Krieges – machten die gesonderten Anstrengungen der einzelnen Republiken im wirtschaftlichen Aufbau unzureichend. Der Wiederaufbau der Volkswirtschaft ist bei einer abgesonderten Existenz der einzelnen Republiken unmöglich.

Andererseits macht die Unsicherheit der internationalen Lage und die Gefahr neuer Angriffe die Schaffung einer Einheitsfront der Sowjetrepubliken gegenüber der kapitalistischen Umgebung unvermeidlich.

Schließlich drängt der seiner Klassennatur nach internationale Aufbau der Sowjetmacht die werktätigen Massen der Sowjetrepubliken auf den Weg der Vereinigung in eine sozialistische Familie.

Alle diese Umstände fordern imperativ die Vereinigung der Sowjetrepubliken in einem Bundesstaat, der die äußere Sicherheit und das innere wirtschaftliche Gedeihen und die Freiheit der nationalen Entwicklung der Völker garantieren kann.

Der Wille der Völker der Sowjetrepubliken, die auf ihren unlängst abgehaltenen Kongressen einmütig den Beschluß über die Bildung einer Union der Sozialistischen Sowjetrepubliken faßten, ist die feste Bürgschaft dafür, daß dieser Bund eine freiwillige Vereinigung gleichberechtigter Völker ist, daß jeder Republik das freie Recht des Austrittes aus dem Bundesstaate vorbehalten bleibt, daß der Zutritt zum Bunde allen sozialistischen Sowjetrepubliken, sowohl den bereits existierenden wie den künftig entstehenden, offen bleibt, daß der neue Bundesstaat eine würdige Krönung der noch im Oktober 1917 gelegten Grundsteine des Zusammenlebens und brüderlichen Zusammenarbeitens der Völker sein wird, daß er eine wahre Stütze gegen den Weltkapitalismus bilden und einen neuen entscheidenden Schritt auf dem Wege der Vereinigung der Werktätigen aller Länder in eine sozialistische Sowjetrepublik darstellen wird.

II. Teil.
Vertrag.
Die Russische Sozialistische Föderative Sowjetrepublik (RSFSR), die Ukrainische Sozialistische Sowjetrepublik (USSR), die Belorussische Sowjetrepublik (BSSR) und die Transkaukasische Sozialistische Föderative Sowjetrepublik (ZSFSR), die Sozialistische Sowjetrepublik Azerbajdžan, die Sozialistische Sowjetrepublik Georgien und die Sozialistische Sowjetrepublik Armenien, schließen sich in einem Bundesstaat – der »Union der Sozialistischen Sowjetrepubliken«* – zusammen.

1. Kapitel.
Über die Obliegenheiten der obersten Machtorgane der Union der Sozialistischen Sowjetrepubliken.

1. Den obersten Organen der UdSSR obliegt:

a) die Vertretung des Bundes in internationalen Beziehungen, die Führung aller diplomatischen Beziehungen, der Abschluß politischer und anderer Verträge mit anderen Staaten;

* Dt. Abkürzung: UdSSR; russ. Abkürzung: SSSR.

b) die Änderung der Unionsgrenzen und auch die Regelung der Fragen über Grenzveränderungen zwischen den einzelnen Unionsrepubliken;

c) Abschluß von Verträgen über die Aufnahme neuer Republiken in die Union;

d) Kriegserklärungen und Friedensschlüsse;

e) Abschluß innerer und äußerer Anleihen für die UdSSR und die Begutachtung der inneren und äußeren Anleihen der einzelnen Unionsrepubliken;

f) Ratifizierung internationaler Verträge;

g) die Führung des Außenhandels und die Bestimmung des Systems des Innenhandels;

h) Bestimmung der Grundlagen und des allgemeinen Planes der gesamten Volkswirtschaft der Union, die Verfügung über Industriezweige und einzelne Industrieunternehmungen, die für die ganze Union von Bedeutung sind, der Abschluß von Konzessionsverträgen, sowohl im Namen der Union wie auch im Namen der einzelnen Unionsrepubliken;

i) die Führung des Transport-, Post- und Telegraphenwesens;

k) die Organisierung und die Führung der bewaffneten Kräfte der Union;

l) die Bestätigung des Gesamtstaatsbudgets, das auch die Budgetansätze der Unionsrepubliken enthält, die Feststellung der Bundessteuer und anderer Einkünfte und auch die Abzüge und Zuschläge, die den Budgets der Unionsrepubliken überwiesen werden; die Gestattung von Ersatzsteuern und Gebühren für die Budgets der Unionsrepubliken;

m) die Festsetzung des einheitlichen Geld- und Kreditsystems;

n) die Bestimmung der allgemeinen Prinzipien der Bodenbestellung und der Bodenbenutzung, ferner der Benutzung der Bodenschätze, Wälder und Gewässer auf dem ganzen Gebiete der Union;

o) die Unionsgesetzgebung bezüglich der Übersiedlungen zwischen den einzelnen Unionsrepubliken und Bestimmung des Übersiedlungsfonds;

p) die Bestimmung der Grundlagen des Gerichtswesens und der Prozeßordnung, ferner der bürgerlichen und Strafgesetzgebung der Union;

q) die Bestimmung der wichtigsten Arbeitsgesetze;

r) die Bestimmung der allgemeinen Grundlagen der Volksbildung;

s) die Bestimmung der allgemeinen Maßnahmen auf dem Gebiete des Schutzes der Volksgesundheit;

t) die Feststellung des Maß- und Gewichtssystems;

u) die Organisierung der Unionsstatistik;

v) die grundsätzliche Gesetzgebung auf dem Gebiete der Unionsstaatsbürgerschaft und bezüglich der Rechte der Ausländer;

w) das Recht der allgemeinen, sich auf das ganze Unionsgebiet erstreckenden Amnestie;

x) die Änderung jener Verfügungen der Sowjetkongresse, Zentralen Exekutivkomitees und Räte der Volkskommissare der Unionsrepubliken, die diese Verfassung verletzen;

y) Entscheidung der Streitfragen, die zwischen den einzelnen Unionsrepubliken entstehen können.

2. Die Bestätigung und Änderung der Grundlagen dieser Verfassung obliegt ausschließlich dem Rätekongreß der Union der Sozialistischen Sowjetrepubliken.

2. Kapitel.
Über die Souveränen Rechte der Unionsrepubliken und über die Unionsstaatsbürgerschaft.

3. Die Souveränität der Unionsrepubliken ist nur innerhalb der durch diese Verfassung bestimmten Grenzen beschränkt und nur bezüglich jener Kompetenzen, für die die Union zuständig ist. Innerhalb dieser Grenzen gebraucht jede Republik ihre Staatsmacht selbständig; die UdSSR schützt die Souveränitätsrechte der einzelnen Republiken.

4. Jeder Unionsrepublik bleibt das Recht des freien Austrittes aus dem Bunde vorbehalten.

5. Die Unionsrepubliken ändern ihre Verfassungen aufgrund dieser Verfassung.

6. Das Gebiet der Unionsrepubliken kann nicht ohne ihre Zustimmung geändert werden, ebenso ist zur Änderung, Einschränkung oder Aufhebung des Punktes 4 die Zustimmung aller Mitgliederrepubliken der UdSSR notwendig.

7. Für die Bürger der Unionsrepubliken wird eine einheitliche Unionsstaatsbürgerschaft festgesetzt.

3. Kapitel.
Über den Rätekongreß der Union der Sozialistischen Sowjetrepubliken.

8. Das oberste Machtorgan der Union der Sozialistischen So-

wjetrepubliken ist der Rätekongreß und in der Zwischenzeit zwischen den Kongressen das Zentrale Exekutivkomitee der UdSSR, das aus dem Unionsrat und dem Nationalitätenrat zusammengesetzt ist.

9. Der Rätekongreß der UdSSR wird zusammengesetzt aus den Vertretern der städtischen Sowjets und der Sowjets der städtischen Siedlungen (im Verhältnis von einem Delegierten auf je 25 000 Wähler) und aus den Vertretern der Gouvernements-Rätekongresse (im Verhältnis von einem Delegierten auf je 125 000 Einwohner).

10. Die Delegierten des Unions-Rätekongresses werden auf den Gouvernements-Rätekongressen gewählt. In jenen Republiken, die nicht in Gouvernements eingeteilt sind, werden die Delegierten unmittelbar auf dem Rätekongreß der betreffenden Republik gewählt.

11. Ordentliche Rätekongresse der UdSSR werden durch das Zentrale Exekutivkomitee der UdSSR einmal jährlich einberufen; außerordentliche Kongresse werden durch das Zentrale Exekutivkomitee der UdSSR aufgrund eigenen Beschlusses, oder auf Forderung des Unionsrates, des Nationalitätenrates, oder aber auf Forderung zweier Unionsrepubliken einberufen.

12. Unter außerordentlichen Verhältnissen, die die rechtzeitige Einberufung des Unions-Rätekongresses verhindern, ist dem Zentralen Exekutivkomitee der Union das Recht der Aufschiebung der Einberufung des Kongresses eingeräumt.

4. Kapitel.
Über das Zentrale Exekutivkomitee der Union der Sozialistischen Sowjetrepubliken.

13. Das Zentrale Exekutivkomitee der UdSSR besteht aus dem Unionsrat und dem Nationalitätenrat.

14. Der Rätekongreß der UdSSR wählt den Unionsrat aus den Vertretern der Unionsrepubliken im Verhältnis zur Bevölkerungszahl einer jeden Republik, im ganzen 371 Mitglieder.

15. Der Nationalitätenrat wird gebildet aus den Vertretern der Unions- und autonomen sozialistischen Sowjetrepubliken, und zwar fünf Vertreter jeder Unions- und autonomen Republik und je ein Vertreter der autonomen Gebiete der RSFSR. Der Bestand des Nationalitätenrates wird im ganzen durch den Rätekongreß der UdSSR bestätigt.

ANMERKUNG: Die autonomen Republiken Adžarija und Abchazija und die autonomen Gebiete Süd-Osetija, Berg-Karabach und Nachičevan entsenden in den Nationalitätenrat je einen Vertreter.

16. Der Unionsrat und der Nationalitätenrat revidieren alle Dekrete, Gesetzbücher und Verordnungen, die ihnen das Präsidium des Zentralen Exekutivkomitees und des Rates der Volkskommissare der UdSSR, die einzelnen Volkskommissariate der Union, die Zentralen Exekutivkomitees der verbündeten Republiken vorlegen und auch jene, die auf Initiative des Unionsrates und des Nationalitätenrates entstehen.

17. Das Zentrale Exekutivkomitee der UdSSR gibt Gesetzbücher, Dekrete, Verordnungen und Verfügungen heraus, faßt die gesetzgeberische und Verwaltungsarbeit der UdSSR zusammen und bestimmt den Wirkungskreis des Präsidiums des Zentralen Exekutivkomitees und des Rates der Volkskommissare der UdSSR.

18. Alle Dekrete und Verordnungen, die die allgemeinen Regeln des politischen und wirtschaftlichen Lebens der UdSSR bestimmen, und auch jene, die die gegenwärtige Praxis der Staatsorgane der UdSSR grundsätzlich ändern, müssen unbedingt dem Zentralen Exekutivkomitee der UdSSR zur Revision und Bestätigung vorgelegt werden.

19. Alle Dekrete, Verordnungen und Verfügungen des Zentralen Exekutivkomitees der Union müssen auf dem ganzen Gebiete der UdSSR unverzüglich durchgeführt werden.

20. Dem Zentralen Exekutivkomitee der UdSSR steht das Recht der Aufhebung und der Außerkraftsetzung der Dekrete, Verordnungen und Verfügungen des Präsidiums des Zentralen Exekutivkomitees der Union, sowie der Rätekongresse und Zentralen Exekutivkomitees der Unionsrepubliken und anderer innerhalb des Gebietes der UdSSR tätigen Machtorgane zu.

21. Ordentliche Sitzungen des Zentralen Exekutivkomitees der UdSSR werden durch das Präsidium des Zentralen Exekutivkomitees dreimal jährlich einberufen. Außerordentliche Sitzungen werden auf Verfügung des Präsidiums des Unionsrates oder des Präsidiums des Nationalitätenrates und auch auf Forderung des Zentralen Exekutivkomitees einer der Unionsrepubliken einberufen.

22. Gesetzentwürfe, für deren Revision das Zentrale Exekutivkomitee der UdSSR zuständig ist, erhalten Gesetzeskraft

nur, wenn sie sowohl durch den Unionsrat wie auch durch den Nationalitätenrat angenommen und durch das Zentrale Exekutivkomitee der UdSSR veröffentlicht werden.

23. Wenn zwischen dem Unionsrat und dem Nationalitätenrat Meinungsverschiedenheiten entstehen, so wird die Frage einer durch sie gewählten Vereinbarungskommission zur Entscheidung unterbreitet.

24. Wenn in der Vereinbarungskommission keine Vereinbarung erzielt wird, so wird die Frage einer gemeinsamen Sitzung des Unionsrates und des Nationalitätenrates vorgelegt, und wenn sich keine Mehrheit entweder des Unionsrates oder Nationalitätenrates ergibt, so kann die Frage auf Forderung eines dieser beiden Organe dem ordentlichen oder einem außerordentlichen Rätekongreß der UdSSR zur Entscheidung unterbreitet werden.

25. Der Unionsrat und der Nationalitätenrat wählen zur Vorbereitung ihrer Sitzungen und zur Leitung der Arbeiten ihre Vorstände (Präsidien) in der Stärke von je 7 Mitgliedern.

26. In der Zeit zwischen den Sitzungen des Zentralen Exekutivkomitees der UdSSR ist das höchste Machtorgan: das 21 Mitglieder umfassende Präsidium des Zentralen Exekutivkomitees der UdSSR, das durch das Zentrale Exekutivkomitee gewählt wird, und zwar so, daß in das Präsidium alle Mitglieder des Präsidiums des Unionsrates und des Nationalitätenrates aufgenommen werden.

27. Das Zentrale Exekutivkomitee wählt aus den Vertretern der 4 Unionsrepubliken 4 Vorsitzende, und zwar 2 aus den Mitgliedern des Präsidiums des Zentralen Exekutivkomitees der UdSSR.

28. Das Zentrale Exekutivkomitee der UdSSR ist dem Rätekongreß der UdSSR verantwortlich.

5. Kapitel.
Über das Präsidium des Zentralen Exekutivkomitees der UdSSR.

29. Das Präsidium des Zentralen Exekutivkomitees der UdSSR ist in der Zeit zwischen den Sitzungen des Zentralen Exekutivkomitees der UdSSR das höchste legislative ausführende und verfügende Organ der UdSSR.

30. Das Präsidium des Zentralen Exekutivkomitees der UdSSR sorgt für die Durchführung der Verfassung der UdSSR und für die Durchführung aller Verordnungen der Rätekon-

gresse und des Zentralen Exekutivkomitees der UdSSR seitens aller Behörden.

31. Das Präsidium des Zentralen Exekutivkomitees der UdSSR hat das Recht, die Verordnungen des Rates der Volkskommissare und der einzelnen Volkskommissariate der UdSSR und auch die der Zentralen Exekutivkomitees und Volkskommissariate der Unionsrepubliken außer Kraft zu setzen und aufzuheben.

32. Das Präsidium des Zentralen Exekutivkomitees der Union hat das Recht, die Verordnungen der Rätekongresse der Unionsrepubliken außer Kraft zu setzen, ist aber verpflichtet, diese Verfügungen dem Zentralen Exekutivkomitee der UdSSR zur nachträglichen Begutachtung und Bestätigung vorzulegen.

33. Das Präsidium des Zentralen Exekutivkomitees der Union gibt Dekrete, Verordnungen und Verfügungen heraus, begutachtet und bestätigt die durch den Rat der Volkskommissare, durch die einzelnen Behörden der UdSSR, die Zentralen Exekutivkomitees der Unionsrepubliken, ihre Präsidien und anderen Behörden eingebrachten Entwürfe von Dekreten und Verordnungen.

34. Die Dekrete und Verfügungen des Zentralen Exekutivkomitees, dessen Präsidiums und des Rates der Volkskommissare der UdSSR werden in allen in den Unionsrepubliken landläufigen Sprachen (russisch, ukrainisch, weißrussisch, georgisch, armenisch, türkisch-tatarisch) veröffentlicht.

35. Das Präsidium des Zentralen Exekutivkomitees der UdSSR entscheidet die Fragen über die gegenseitigen Beziehungen des Rates der Volkskommissare der UdSSR bzw. der einzelnen Volkskommissariate der UdSSR einerseits, und der Zentralen Exekutivkomitees der Unionsrepubliken bzw. ihrer Präsidien andererseits.

36. Das Präsidium des Zentralen Exekutivkomitees der UdSSR ist dem Zentralen Exekutivkomitee der UdSSR verantwortlich.

6. Kapitel.
Über den Rat der Volkskommissare der UdSSR.

37. Der Rat der Volkskommissare der UdSSR ist das ausführende und verfügende Organ des Zentralen Exekutivkomitees der UdSSR und wird durch dieses mit folgendem Bestand gebildet:

Vorsitzender des Rates der Volkskommissare der UdSSR;
Stellvertreter des Vorsitzenden;
Volkskommissar des Äußeren;
Volkskommissar für Militär- und Marinewesen;
Volkskommissar für Außenhandel;
Volkskommissar für Verkehrswesen;
Volkskommissar für Post- und Telegraphenwesen;
Volkskommissar für Arbeiter- und Bauerninspektion;
Vorsitzender des Obersten Volkswirtschaftsrates;
Volkskommissar für Arbeit;
Volkskommissar für Versorgung;
Volkskommissar für Finanzen.

38. Der Rat der Volkskommissare der UdSSR gibt innerhalb der ihm durch das Zentrale Exekutivkomitee der UdSSR eingeräumten Rechte und aufgrund der Verordnung über den Rat der Volkskommissare der UdSSR Dekrete und Verordnungen heraus, die auf dem ganzen Gebiete der UdSSR durchgeführt werden müssen.

39. Der Rat der Volkskommissare der UdSSR prüft die Dekrete und Verfügungen, die durch die einzelnen Volkskommissariate der UdSSR sowie auch durch die Zentralen Exekutivkomitees der Unionsrepubliken und die Präsidien dieser Exekutivkomitees eingebracht werden.

40. Der Rat der Volkskommissare der UdSSR ist für seine ganze Tätigkeit dem Zentralen Exekutivkomitee der UdSSR und dessen Präsidium verantwortlich.

41. Die Verordnungen und Verfügungen des Rates der Volkskommissare der UdSSR können durch das Zentrale Exekutivkomitee der UdSSR und dessen Präsidium aufgehoben und außer Kraft gesetzt werden.

42. Die Zentralen Exekutivkomitees der Unionsrepubliken und ihre Präsidien können gegen die Dekrete und Verordnungen des Rates der Volkskommissare der UdSSR bei dem Präsidium des Zentralen Exekutivkomitees der UdSSR Berufung einlegen, ohne jedoch die Durchführung der betreffenden Dekrete und Verordnungen aufschieben zu dürfen.

7. Kapitel.
Über den Obersten Gerichtshof der UdSSR.

43. Zur Befestigung der revolutionären Gesetzesordnung auf dem Gebiete der UdSSR wird beim Zentralen Exekutivkomitee

der UdSSR ein oberstes Tribunal gegründet, zu dessen Zuständigkeit gehören:

a) die Erteilung wegweisender Aufklärungen in den Fragen der Unionsgesetzgebung;

b) Prüfung der Verordnungen, Beschlüsse und Urteile der Obersten Gerichtshöfe der einzelnen Unionsrepubliken und Berufung gegen diese beim Zentralen Exekutivkomitee der UdSSR auf Veranlassung des führenden Anwaltes des Obersten Gerichtshofes der UdSSR, wenn diese Verordnungen der Unionsgesetzgebung widersprechen oder wenn sie die Interessen anderer Republiken verletzen;

c) Fassung von Beschlüssen auf Veranlassung des Zentralen Exekutivkomitees der UdSSR über die Gesetzmäßigkeit dieser oder jener Verordnungen der Unionsrepubliken aus dem Gesichtspunkte der Verfassung;

d) Entscheidung der Rechtsstreitigkeiten zwischen den Unionsrepubliken;

e) Prüfung der Prozesse gegen die obersten Funktionäre der Union bei Amtsvergehen.

44. Der Oberste Gerichtshof der UdSSR ist tätig als:

a) Plenarsitzung des Obersten Gerichtshofes der UdSSR;

b) als Privatprozeß- und Strafprozeßkollegium des Obersten Gerichtshofes der UdSSR;

c) als militärisches und Kriegstransportkollegium.

45. Der Oberste Gerichtshof der UdSSR besteht in seiner Plenarsitzung aus 11 Mitgliedern, darunter 1 Vorsitzender und sein Stellvertreter, 4 Vorsitzende der Plenarsitzung der Obersten Gerichtshöfe der Unionsrepubliken und 1 Vorsitzender der Vereinigten Staatlichen Politischen Verwaltung der UdSSR. Der Vorsitzende und sein Stellvertreter, ferner die übrigen 5 Mitglieder werden durch das Präsidium des Zentralen Exekutivkomitees der UdSSR ernannt.

46. Der führende Anwalt (Prokuror) des Obersten Gerichtshofes der UdSSR und sein Stellvertreter werden vom Präsidium des Zentralen Exekutivkomitees der UdSSR ernannt. Dem führenden Anwalt des Obersten Gerichtshofes der UdSSR obliegt die Erteilung von Gutachten in allen Fragen, für deren Entscheidung der Oberste Gerichtshof der UdSSR zuständig ist, die Führung der Anklage bei den Sitzungen des Gerichtshofes, und, wenn seiner Meinung nach der Beschluß der Plenarsitzung des Obersten Gerichtshofes unrichtig ist, Be-

rufung gegen diesen beim Präsidium des Zentralen Exekutivkomitees der UdSSR.

47. Die Unterbreitung der in Punkt 43 genannten Fragen zur Prüfung durch die Plenarsitzung des Obersten Gerichtshofes der UdSSR hat ausschließlich auf Veranlassung des Zentralen Exekutivkomitees der UdSSR, seines Präsidiums, des führenden Anwaltes des Obersten Gerichtshofes, der führenden Anwälte der Unionsrepubliken und der Vereinigten Staatlichen Politischen Verwaltung der UdSSR vor sich zu gehen.

48. Die Plenarsitzungen des Obersten Gerichtshofes bilden Gerichtskollegien zur Prüfung von:

a) Straf- und Privatprozessen von außerordentlicher Wichtigkeit, die ihrem Inhalte nach zwei oder mehr Unionsrepubliken interessieren und

b) Prozessen gegen Mitglieder des Zentralen Exekutivkomitees und des Rates der Volkskommissare der UdSSR.

Die Übernahme dieser Prozesse in die Zuständigkeit des Obersten Gerichtshofes der UdSSR kann nur aufgrund einer jedesmaligen besonderen Verfügung des Unions-Exekutivkomitees oder dessen Präsidiums erfolgen.

8. Kapitel.
Über die Volkskommissariate der Union der Sozialistischen Sowjetrepubliken.

49. Zur unmittelbaren Leitung der im Wirkungskreise des Rates der Volkskommissare der UdSSR liegenden einzelnen Zweige der staatlichen Verwaltung werden 10 Volkskommissariate gemäß Punkt 37 dieser Verfassung gebildet, die aufgrund der vom Zentralen Exekutivkomitee der UdSSR bestätigten Verordnungen ihre Funktionen ausüben.

50. Die Volkskommissariate der UdSSR sind:

a) entweder alleinige Unionsvolkskommissariate für die gesamte Union oder

b) Vereinigte Volkskommissariate der UdSSR.

51. Alleinige Unionsvolkskommissariate sind die Volkskommissariate:

des Äußeren,
für Militär- und Marinewesen,
für Außenhandel,
für Verkehrswesen,
für Post- und Telegraphenwesen.

52. Vereinigte Volkskommissariate der UdSSR sind:
der Oberste Volkswirtschaftsrat und die Volkskommissariate:
für Versorgung,
für Arbeit,
für Finanzen und
für Arbeiter- und Bauerninspektion.

53. Die alleinigen Unionsvolkskommissariate der UdSSR haben bei den Unionsrepubliken Bevollmächtigte, die ihnen unmittelbar unterstellt sind.

54. Die Organe der Vereinigten Volkskommissariate der UdSSR auf den Gebieten der einzelnen Unionsrepubliken sind die gleichnamigen Volkskommissariate dieser Republiken.

55. An der Spitze der Volkskommissariate der UdSSR stehen die Mitglieder des Rates der Volkskommissariate – die Volkskommissare der UdSSR.

56. Neben jedem Volkskommissar wird unter seinem Vorsitz ein Kollegium gebildet, dessen Mitglieder vom Rate der Volkskommissare der UdSSR ernannt werden.

57. Der Volkskommissar hat das Recht, in allen dem betreffenden Volkskommissariat obliegenden Angelegenheiten selbständige Beschlüsse zu fassen, muß darüber aber das Kollegium in Kenntnis setzen. Falls das Kollegium oder seine einzelnen Mitglieder mit dem einen oder anderen Beschluß des Volkskommissars nicht einverstanden sind, können sie gegen diese Verfügungen – ohne jedoch die Durchführung aufzuschieben – beim Rate der Volkskommissare der UdSSR Berufung einlegen.

58. Die Verfügungen der einzelnen Volkskommissariate der UdSSR können durch das Präsidium des Zentralen Exekutivkomitees und durch den Rat der Volkskommissare der UdSSR aufgehoben werden.

59. Die Verfügungen der Volkskommissariate der UdSSR können durch die Zentralen Exekutivkomitees der Unionsrepubliken oder durch deren Präsidien außer Kraft gesetzt werden, wenn die betreffende Verfügung mit der Unionsverfassung, mit der Unionsgesetzgebung oder mit der Gesetzgebung der betreffenden Unionsrepublik in offenem Widerspruche steht. Über die Außerkraftsetzung der Verordnungen müssen die Zentralen Exekutivkomitees bzw. die Präsidien der Zentralen Exekutivkomitees der Unionsrepubliken den Rat der Volkskommissare und den entsprechenden Volkskommissar der UdSSR unverzüglich in Kenntnis setzen.

60. Die Volkskommissare der UdSSR sind dem Rate der

Volkskommissare und dem Zentralen Exekutivkomitee der UdSSR bzw. dem Präsidium des letzteren verantwortlich.

9. Kapitel.
Über die Vereinigte Staatliche Politische Verwaltung (OGPU).

61. Zum Zwecke der Zusammenfassung der revolutionären Anstrengungen der Unionsrepubliken im Kampfe gegen die politische und wirtschaftliche Gegenrevolution, gegen Spionage und Banditismus wird bei dem Rate der Volkskommissare der UdSSR eine Vereinigte Staatliche Politische Verwaltung (OGPU) gebildet, deren Vorsitzender Mitglied des Rates der Volkskommissare der UdSSR mit beratender Stimme ist.

62. Die Vereinigte Staatliche Politische Abteilung der UdSSR leitet die Tätigkeit der lokalen Organe der Staatlichen Politischen Abteilungen durch ihre Bevollmächtigten bei den Räten der Volkskommissare der einzelnen Unionsrepubliken. Diese Organe arbeiten aufgrund der Bestimmungen eines besonderen Gesetzes.

63. Die Aufsicht über die Gesetzmäßigkeit der Handlungen der Vereinigten Staatlichen Politischen Verwaltung der UdSSR wird durch den führenden Anwalt der UdSSR aufgrund einer besonderen Verordnung des Zentralen Exekutivkomitees der UdSSR ausgeübt.

10. Kapitel.
Über die Unionsrepubliken.

64. Innerhalb der Grenzen des Gebietes jeder Unionsrepublik ist deren oberstes Machtorgan der Rätekongreß der Republik und in der Zeit zwischen den einzelnen Kongressen ihr Zentrales Exekutivkomitee.

65. Die gegenseitigen Beziehungen zwischen den obersten Machtorganen der Unionsrepubliken und den obersten Machtorganen der UdSSR werden durch diese Verfassung geregelt.

66. Die Zentralen Exekutivkomitees der Unionsrepubliken wählen aus ihren Mitgliedern ihre Präsidien, die in der Zwischenzeit der einzelnen Sitzungen der Zentralen Exekutivkomitees die obersten Machtorgane sind.

67. Die Zentralen Exekutivkomitees der Unionsrepubliken bilden ihre Vollzugsorgane, die Räte der Volkskommissare, mit folgendem Bestand:

Vorsitzender des Rates der Volkskommissare,

Stellvertreter des Vorsitzenden,
Vorsitzender des Obersten Volkswirtschaftsrates,
Volkskommissar für Landwirtschaft,
Volkskommissar für Finanzen,
Volkskommissar für Versorgung,
Volkskommissar für Arbeit,
Volkskommissar des Inneren,
Volkskommissar für Justiz,
Volkskommissar für Arbeiter- und Bauerninspektion,
Volkskommissar für Volksaufklärung,
Volkskommissar für Gesundheitswesen,
Volkskommissar für soziale Fürsorge,

ferner mit beratender oder beschließender Stimme, je nach dem Beschlusse der Zentralen Exekutivkomitees der Unionsrepubliken, die Bevollmächtigten der Volkskommissare der UdSSR
für auswärtige Angelegenheiten,
für Militär- und Marinewesen,
für Außenhandel,
für Verkehrswesen,
für Post- und Telegraphenwesen.

68. Der Oberste Volkswirtschaftsrat und die Volkskommissariate für Versorgung, für Finanzen, Arbeit, Arbeiter- und Bauerninspektion der Unionsrepubliken führen innerhalb ihrer Tätigkeit – sich den Zentralen Exekutivkomitees und Räten der Volkskommissare der Unionsrepubliken unterordnend – die Direktiven der entsprechenden Volkskommissariate der UdSSR durch.

69. Das Recht der Amnestie sowie auch das Recht der Begnadigung und Rehabilitierung jener Bürger, die durch die Gerichts- und Verwaltungsorgane der Unionsrepubliken verurteilt wurden, wird den Zentralen Exekutivkomitees dieser Republiken vorbehalten.

11. Kapitel.
Über das Wappen, die Flagge und die Hauptstadt der Union der Sozialistischen Sowjetrepubliken.

70. Das Staatswappen der Union der Sozialistischen Sowjetrepubliken besteht aus Sichel und Hammer auf einem Erdball, mit Ähren umrahmt, mit der Überschrift in den sechs in Punkt 34 erwähnten Sprachen: »Proletarier aller Länder, vereinigt Euch!« Im oberen Teile des Wappens befindet sich der fünfeckige Stern.

71. Die Staatsflagge der UdSSR besteht aus scharlach- oder purpurroter Grobleinwand mit dem Abbilde des Staatswappens.

72. Die Hauptstadt der Union der Sozialistischen Sowjetrepubliken ist die Stadt Moskau.

II. Der »Aufbau des Sozialismus in einem Lande« Revolution von oben und stalinistische Diktatur 1928–1953

Daß beim Aufbau des Sozialismus Rußlands »Rückständigkeit« überwunden werden mußte, darin war sich die Partei einig. Überwindung der Rückständigkeit hieß Ausrottung des Analphabetismus, Aufklärung und Bildung der Massen; hieß Zusammenschluß der bäuerlichen Höfe zu größeren Produktionseinheiten; hieß vor allem Auf- und Ausbau einer großen und leistungsfähigen Industrie. So stand es schon im Parteiprogramm von 1903, und das galt jetzt erst recht: Nur ein leistungsfähiger Sowjetstaat konnte sich in einer kapitalistischen Welt behaupten, nur in einem industrialisierten Land waren sozialistische Produktionsverhältnisse, war optimale Nutzung und gerechte Verteilung der Ressourcen möglich. Zur Diskussion standen nicht die Ziele, sondern die Mittel und Wege – und die Fristen, in denen dieser Zustand erreicht werden sollte.

Schien es noch Mitte der zwanziger Jahre so, als ob die Parteiführung, trotz linker Kritik, an den Grundlagen der NĖP festhalten wollte, den Ausgleich mit den Bauern suchte und mit einer längeren Übergangsperiode rechnete, so verschoben sich seit 1927 die Präferenzen. Ein festes Datum ist dafür kaum anzugeben. Noch im Herbst 1927 hatte man die linken Kritiker (Trockij und Zinov'ev) aus dem Zentralkomitee ausgeschlossen und bei der Festlegung der Direktiven für den 1. Fünfjahresplan (auf dem 15. Parteitag im Dezember) eine vorsichtige Gangart vorgeschlagen, die einen Mittelweg suchte und das »dynamische Gleichgewicht« zwischen Konsum- und Investitionsinteressen, landwirtschaftlicher und industrieller Entwicklung wahrte. Doch die Planungen des Folgejahrs gingen rasch darüber hinweg. Oberster Volkswirtschaftsrat und Staatliche Planungskommission *(Gosplan)* setzten, einander überbietend, das Wachstumstempo der industriellen Entwicklung wesentlich höher an, die nachfolgende Diskussion machte aus der ursprünglichen »Optimalvariante« die Norm, und auf dem Höhepunkt des Planungsfiebers billigten im Frühjahr 1929 die 16. Parteikonferenz und der 5. Allunionskongreß der Räte eine Planversion, die mit dem Ziel einer forcierten Industrialisierung alles überbot, was linke Kritiker je gefordert hatten.

Auch die gleichzeitig auftretende Agrarkrise brachte Staats-

und Parteiführung nicht von ihren Plänen ab, im Gegenteil: Sie antworteten mit scharfen Repressionen gegen die Bauernschaft, mit einer Politik, die, sich in mehreren Wellen steigernd, schließlich in die Zwangskollektivierung der Landwirtschaft einmündete. Hatte man anfangs noch die ausbeuterische Politik der Großbauern (Kulaken) für die Agrarmisere verantwortlich gemacht und ihre »Liquidierung als Klasse« gefordert, so richtete sich der Kampf bald gegen die Bauernschaft als Ganzes und gegen die vorherrschende Form des bäuerlichen Kleinbesitzes. Wie in der Industrie, so wurden auch hier die Planziffern für die Kollektivierung, den Zusammenschluß von Einzelhöfen zu landwirtschaftlichen Großbetrieben, ständig gesteigert und Anfang 1930 der Beschluß zur landesweiten Kollektivierung des Agrarsektors bekanntgegeben. Mitte des Jahres 1934 waren über 70 Prozent, Mitte 1935 über 80 Prozent, Mitte 1936 über 90 Prozent der Bauernhöfe kollektiviert. Nimmt man die Terrorwellen gegen Kulaken, bürgerliche Spezialisten und »rechte Abweichler in der Partei« hinzu, so befand sich das Land in einem Umbruch, wie es ihn seit den Tagen der Revolution und des Kriegskommunismus nicht mehr erlebt hatte. Es war eine neue, zweite Revolution, die in ihren gesamtgesellschaftlichen Auswirkungen die erste noch übertraf.

Was hat die Parteiführung zu diesem abrupten Kurswechsel Ende der zwanziger Jahre bewogen? Warum übernahm sie nun »linke« Positionen, die sie noch kurz zuvor erbittert bekämpft hatte, ja überbot sie noch? Warum diskreditierte sie nun Anschauungen als »rechte Abweichung«, denen sie bisher die Stange gehalten hatte? Ließ sie sich durch die relativ günstige Konjunkturentwicklung und die unerwartet hohen Wachstumsraten der Jahre 1926 und 1927 dazu verführen? War es die wachsende außenpolitische Bedrohung, die, vermeintlich oder tatsächlich, die forcierte Industrialisierung und den Schulterschluß der Gesellschaft erzwang? Oder war es letztendlich doch nur ein Machtkampf um die Nachfolge Lenins, bei dem sich Stalin erst seiner »linken«, dann seiner »rechten« Weggenossen und Konkurrenten entledigte?

Keine der hier genannten Erklärungen reicht wohl für sich allein genommen aus, und solange die sowjetischen Archive geschlossen bleiben, sind nur Vermutungen möglich, welches Kalkül »letztendlich« das entscheidende gewesen sein könnte. Sicher ist, daß diese zweite Revolution gegen den Willen der Mehrheit der Bevölkerung erfolgte, selbst wenn sie in Teilen der industriellen Arbeiterschaft und auch bei manchen Intellektuellen ihre Anhänger hatte. Sicher ist auch, daß die Initiative »von oben« ausging, und daß nicht nur nachvollzogen wurde, was sich »in den Massen« vorbereitet hatte. Und da Stalin dabei – unleugbar – eine Schlüsselrolle zufiel, verbindet sich diese zweite Revolution zu Recht mit seinem Namen. Sie prägte die Epoche, über die hier berichtet wird. Die Folgen für Staat und Partei, Wirtschaft und Gesellschaft reichen bis in unsere Tage.

1. Kapitel
Der Ausbau des Staatsapparates

Die Räte mit Leben zu erfüllen, ihre Isolation zu überwinden, sei eine der wichtigsten Aufgaben der Politik; die proletarischen und bäuerlichen »Massen« müßten an den Sowjetstaat »herangeführt« werden. Kaum eine Parteitagsresolution vergaß, seit der Wende von 1921/22, darauf zu verweisen. Auch die Vorbereitungen zur Neuwahl im Frühjahr 1927 (die zweite große Kampagne nach dem Wahlfeldzug im Winter 1925/26) standen unter diesem Motto. Mit dem Erfolg sollte das allgemeine Vertrauen in die Politik der Partei demonstriert und das Bündnis zwischen Stadt und Land, zwischen Arbeitern und Bauern *(smyčka)* gefestigt werden (Dok. 65). Doch trotz aller Anstrengungen gingen kaum mehr Menschen zur Wahl als im Vorjahr: nicht einmal 60 Prozent in der Stadt und weniger als die Hälfte der ländlichen Bevölkerung[1].

Die Stellung der Sowjets blieb schwach, vor allem auf dem Lande. Das dünne Netz der Organisation machte es ihnen dort nicht leicht, mit den älteren Formen bäuerlicher Selbstverwaltung, den Dorfversammlungen, zu konkurrieren[2]. Und unter solchen Voraussetzungen waren sie auch nicht in der Lage, selbst wenn sie dazu bereit gewesen wären, nach der Wende von 1928/29 die neue Agrarpolitik, die Politik der Kollektivierung zu tragen. Kaum irgendwo marschierten die Dorfsowjets an der Spitze der Kollektivierungsbewegung, und gar nicht so selten schlossen sie sich dem bäuerlichen Widerstand an und mußten selbst erst einer »Säuberung« unterzogen werden. So oder so, für manche regionale Stellen hatten die Dorfräte ihre Unzuverlässigkeit und Unfähigkeit damit endgültig bewiesen; man begann sie als Institutionen abzuschaffen und ihre Funktion den neuen Kolchozverwaltungen zu übertragen. Die Staatsspitze stoppte im Januar 1930 diese Politik und verfügte statt der Auflösung der Dorfräte ihre Neuwahl (Dok. 66). Der Vorgang demonstriert, daß von den ursprünglichen Ideen, von den Räten als Organen demokratischer Selbstverwaltung nichts mehr übrig geblieben war; nicht sie, sondern die Partei bestimmte die

[1] Vgl. Tabelle 7a im Anhang.
[2] Vgl. Tabelle 7c im Anhang.

Richtlinien, und wenn sie dafür in den Räten keine Mehrheit fand, schuf sie sich neue (Dok. 67).

1932/33 begann die Terrorwelle abzuflachen und eine neue Konsolidierung der Lage schien sich anzubahnen. Nach einer Phase schärfster Konfrontation innerhalb der Gesellschaft suchte man nun den Ausgleich, auch zwischen den früheren »Klassen«. Im März 1933 erhielten die »Kulakenkinder« das Wahlrecht zurück (Dok. 68). Im Mai 1934 gab die Staatsführung die Direktive, den ausgesiedelten Kulaken die Bürgerrechte wieder zuzuerkennen, wenn sie sich mindestens fünf Jahre lang durch ehrliche Arbeit und loyale Einstellung ausgezeichnet hatten (Dok. 69). Im Februar 1935 schlugen bolschewistisches Zentralkomitee (CK) und Sowjetkongreß gemeinsam vor, ein direktes, gleiches und geheimes Wahlrecht einzuführen (Dok. 100). Und Höhepunkt dieser Entwicklung war die Verabschiedung der neuen Sowjetverfassung im Jahr darauf; über sie wird (Kapitel 3) noch zu reden sein.

In der Armee machte sich die Konsolidierung auf eigene Weise bemerkbar: Die seit der Revolution abgeschafften Offiziersränge wurden (statt der bloßen Dienstbezeichnungen) wieder eingeführt (Dok. 73). Die gefürchtete GPU – seit der Verfassung der UdSSR von 1923/24 eine eigenständige Organisation mit Sitz im Rat der Volkskommissare – wurde im Juli 1934 in das neugegründete Volkskommissariat des Inneren der UdSSR (NKVD) eingegliedert, als »Hauptverwaltung für die Staatssicherheit«; die Gerichtskollegien der GPU, die das Recht zur Aburteilung auf administrativem Wege besessen hatten, wurden aufgelöst (Dok. 70). Und hatte in der Phase des großen Umbruchs die führende Schule der sowjetischen Jurisprudenz (Pašukanis) die Justiz zum bloßen Instrument des Klassenkampfes erklärt, so verkündete Stalin nun, Ende 1936, den Abschluß dieser Phase: Stabile Rechtsverhältnisse seien wichtiger als je zuvor (Dok. 74). Pašukanis wurde verhaftet, ein neues Gerichtsverfassungsgesetz vorbereitet (Dok. 75).

Eben zu diesem Zeitpunkt, als das Ärgste überstanden schien, begann eine neue Terrorwelle, heftiger als je zuvor: die »Zeit der großen Säuberungen«. Sie richtete sich nicht nur gegen führende Mitglieder der Partei (vgl. dazu Kapitel 2), sie hauste auch vernichtend unter den eben mühsam aufgebauten wirtschaftlichen und gesellschaftlichen Kadern, den neuen, nachrevolutionären Eliten. Noch verheerender waren möglicherweise die Auswirkungen in der Armee, wo ein Großteil der Generäle und

Obersten zumindest die Stellung, wenn nicht das Leben verlor: unter ihnen drei von fünf Marschällen (Tuchačevskij, Jakir, Uborevič), 13 von 15 Armeebefehlshabern und 110 von 195 Divisionskommandeuren. Daß die in Aussicht gestellten »Reformen« die Rechtssicherheit nicht erhöhten, zeigte sich rasch. Denn was half die Beschwörung der Legalität, wenn die aufgeblähten und weit auslegbaren gesetzlichen Bestimmungen weiterhin bestanden und angewendet wurden; die Definition »konterrevolutionärer Handlungen« in Artikel 58 des Strafgesetzbuches war dafür das beste Beispiel (Dok. 83). Die Ausnahmegesetze blieben in Kraft (Dok. 72). Die formale Einhaltung des Prozeßrechtes konnte, wie sich an der Inszenierung der »Schauprozesse« zeigte, die Politisierung der Justiz nicht verhindern. Und die Macht der administrativen Organe fiel nicht, sondern lebte unter neuem Namen fort (Dok. 71).

Erst unmittelbar vor Kriegsausbruch ließ die Intensität der »Säuberungen« allmählich nach. Das Ausmaß von Leid und Schrecken, die sie über die Bevölkerung brachten, ist ebenso wie ihr Sinn oder ihre Logik kaum zu begreifen. Auch der Forschung sind sie im Grunde ein Rätsel geblieben. Über die Ziele Stalins und mögliche Machtkämpfe konkurrierender Apparate läßt sich allenfalls spekulieren, aber kein schlüssiger Beleg beibringen.

In der Hochstimmung nach Kriegsende hofften viele auch auf eine Öffnung und Humanisierung des Gesamtsystems. Im Mai 1947 schaffte der Oberste Sowjet generell die Todesstrafe ab (Dok. 76). Doch die liberale Phase, wenn davon überhaupt die Rede sein kann, hielt nicht lange vor. Noch im gleichen Jahr wurden in einer Strafrechtsnovelle für relative Bagatellfälle (zum Schutz des privaten und öffentlichen Eigentums) drakonische Strafen angedroht (Dok. 77, 78), ein Signal für eine Verschärfung des Kurses im Inneren. Und im gleichen Maße, wie sich die Fronten im Kalten Krieg verhärteten, sah man im Inneren offenbar nur noch Vaterlandsverräter, Spione und Saboteure am Werk, die nur mit polizeistaatlichen Maßnahmen unterdrückt werden konnten (Dok. 79, 80, auch 81) – bis hin zur offiziellen Wiedereinführung der Todesstrafe im Jahre 1950 (Dok. 82).

65. Über die Neuwahlen der Räte
Resolution des CK-Plenums der VKP/b
7.–12. Februar 1927

Nachdem das Plenum des CK den Bericht des Genossen Kalinin über die begonnene Neuwahlkampagne und über die bevorstehenden Rätekongresse angehört hat, erachtet es für notwendig, als Nachtrag zu den früheren Richtlinien der Partei die folgenden höchst wichtigen Punkte hervorzuheben:

1. Die gegenwärtige Neuwahlkampagne ist *die zweite breite und offene* Wahlkampagne zu den Räten. Die Losung der Belebung der Räte muß in dieser Kampagne mit größerer Konsequenz als früher durchgeführt werden: Weder Kommandieren noch ein Aufdrängen von Kandidaten für die Räte ist zulässig; es sind tatsächliche Wahlen erforderlich, die eine breite Beteiligung der Arbeiter- und Bauernmassen an ihnen gewährleisten, Wahlen, die die Bedeutung der Räte als echte Organe der proletarischen Diktatur vergrößern. Den politischen Inhalt der Neuwahlkampagne zu den Räten müssen die Grundsatzfragen der inneren und internationalen Politik der Sowjetmacht und der Partei bilden, sowie auch die Fragen von örtlicher Bedeutung, die unmittelbar mit den dringlichen Interessen der Wähler verbunden sind.

2. Die Wahlen zu den Räten sind eine grundlegende und allgemeine Überprüfung der ganzen Arbeit der Sowjetmacht und unserer Partei seitens der in die Millionen gehenden Massen parteiloser Arbeiter und Bauern. Auf der Grundlage des Vertrauenszuwachses und der aktiven Unterstützung durch die parteilosen Arbeiter, als auch durch die ganze parteilose Masse der Werktätigen, muß die Partei ihre führende Rolle in den Räten festigen. Diese Aufgabe der Festigung ihrer führenden Rolle muß die Partei durch Heranziehen von immer neuen Schichten parteiloser Arbeiter und Bauern zu den Wahlen und zur Rätearbeit selbst verwirklichen.

3. Das Proletariat muß bei den Neuwahlen der Räte ein Maximum an Aktivität, Organisiertheit und Bewußtsein an den Tag legen. Das ist um so notwendiger, als die Erfahrung der vorjährigen Wahlkampagne einen wesentlichen Anstieg der Aktivitäten seitens der kleinbürgerlichen Schichten erbrachte. Es ist um jeden Preis notwendig zu erreichen, daß auch die rückständigeren Schichten der Arbeiter (die Arbeiterinnen, neue Arbeiter, unqualifizierte Arbeiter, ungelernte Arbeiter usw.) in allergröß-

tem Umfang zu diesen Rätewahlen herangezogen werden, und daß ihre Belange und Forderungen einen größeren Niederschlag in der Arbeit der neuen Räte finden. Eine der wichtigsten Aufgaben der gegenwärtigen Wahlkampagne ist es, die Arbeit der Gewerkschaften in dieser Richtung zu verstärken.

4. Die Neuwahlen der Räte auf dem Lande müssen der Festigung des Bündnisses der Arbeiterschaft und der Dorfarmut mit der breiten Masse der Mittelbauern dienen und somit zur politischen Isolierung des Kulakentums im Dorfe führen. Gleichzeitig ist es notwendig, sich besonders aufmerksam gegenüber der richtigen Durchführung der Wahlvorschriften zu verhalten, die gegen das Kulakentum, und nur gegen dieses, gerichtet sind. Die richtige Durchführung der Wahlvorschrift soll keineswegs die Mittelbauernschichten des Dorfes abstoßen. Dem Mittelbauern die Wahlrechte zu entziehen, bedeutet objektiv eine direkte Hilfe für das Kulakentum. Jeder Versuch einer solchen erweiterten Deutung der Vorschriften, bei der der Mittelbauer unter die Kategorie derer fällt, denen die Wahlrechte entzogen sind, muß als gröbster politischer Fehler angesehen werden. Gegen eine solche erweiterte Deutung der Vorschrift zum Nachteil der Mittelbauernschichten müssen ganz entschiedene Maßnahmen unternommen werden. Neben dem möglichst breiten Heranziehen der Mittelbauernmasse des Dorfes zu den Neuwahlen muß die Wahlkampagne auf die Organisierung der Dorfarmut abzielen. Es ist notwendig, immer wieder das Augenmerk auf die Stärkung des Einflusses des Ackerbauproletariats zu richten. Die Neuwahlen müssen sich auf die erzielten Erfolge in dieser Sache stützen und dazu verhelfen, daß die Parteiarbeit sich weiter in dieser Richtung entfaltet.

5. Die neuen Räte müssen ein noch mächtigerer Hebel des sozialistischen Aufbaus werden. Neben der Grundaufgabe, in den Räten den fortschrittlichsten und aktivsten Teil der Arbeiterklasse sowie den fortschrittlichsten Teil der werktätigen Bauernschaft im Dorf zu versammeln, müssen in der Arbeit der neuen Räte und in ihrer Zusammensetzung die Belange aller Grundschichten der Arbeitermassen und im Dorf der werktätigen Masse der Bauernschaft, insbesondere ihres kleinbäuerlichen und proletarischen Teils, noch größeren Ausdruck finden. Die rückständigeren Gruppen der Proletarier und Halbproletarier müssen näher an die Arbeit der Räte herantreten. Die Beteiligung der parteilosen Arbeiter und Arbeiterinnen an den Stadträten und auch der Bauern und Bäuerinnen an den Räten auf

dem Lande, darf nicht nur nicht geschwächt werden, sondern muß zunehmen. Das Augenmerk muß in viel größerem Umfang als früher auf das Problem gerichtet werden, daß aus der parteilosen Arbeiter- und Bauernmasse neue und tatsächlich fortschrittliche aktive Funktionäre in die Räte einrücken. Die Rätearbeit muß mit der Arbeit aller Organisationen der Arbeiter- und Bauernmassen koordiniert werden: mit den Gewerkschaften, dem Genossenschaftswesen, den Bauernhilfen usw. Die Räte müssen immer mehr und mehr zu organisatorisch-politischen und wirtschaftlichen Mittelpunkten der ganzen Arbeiter- und Bauerngemeinschaft werden.

6. Es ist vonnöten, der Vorbereitung von Rätekongressen (auf Kreis-, Gouvernements-, Republiks- und Unionsebene) erheblich mehr Aufmerksamkeit zu widmen. Die richtige Organisation der Rechenschaftslegung der Exekutivorgane der Räte gegenüber den Kongressen und höchste Feinhörigkeit gegenüber der Stimme der Werktätigen auf diesen Kongressen müssen helfen, die Mängel der früheren Arbeit zu beseitigen und ihren Niederschlag in der weiteren Arbeit der neugewählten Räte-Exekutivkomitees finden. Die Aufmerksamkeit muß dabei ganz ernsthaft der Aufgabe der Erneuerung der führenden Räteorgane gewidmet werden, wobei gleichzeitig mit der Festigung des kommunistischen Teils der Exekutivkomitees neue Kräfte aus den Reihen der parteilosen Arbeiter und Bauern hierfür herangezogen werden müssen. Die Förderung neuer Kräfte aus der parteilosen Masse der Werktätigen auf verantwortlichen Posten muß darauf abzielen, neue, tatsächlich aktive und tatsächlich fortschrittliche Elemente der Arbeiter und Bauern (insbesondere der armen Bauern und der Dorfproletarier) in die Arbeit der führenden Räteorgane einzubeziehen. Es ist vonnöten, daß der parteilose Teil der Mitglieder der Exekutivkomitees (darunter der Kreis-, Gouvernements- und höherstehenden Exekutivkomitees) nicht weniger als ein Drittel der Gesamtzahl der Mitglieder der Exekutivkomitees ausmacht.

7. Die besonders große politische Bedeutung der Rätekongresse der Unionsrepubliken wie der Allunionsrätekongresse fordert verstärkte Aufmerksamkeit bei der Vorbereitung der Wahlen auf diesen Kongressen und für die Organisation ihrer Arbeit. Auf diesen Kongressen müssen die Hauptfragen der Arbeit der Sowjetmacht in der gegenwärtigen Periode zur Diskussion gebracht werden, wobei die Organisation des Kongreßablaufs (besonders durch Schaffung von großen Kommissionen

und Sektionen unter Beteiligung der Parteilosen) zur breiten Debatte der auf dem Kongreß anstehenden Fragen beitragen muß. Die Repräsentation der einfachen Parteimitglieder, der parteilosen Arbeiter und Bauern auf diesen Kongressen muß im Vergleich zu früher unbedingt vergrößert werden. In Anbetracht der Besonderheiten bei der Organisation der Rätekongresse der RSFSR und der UdSSR muß besondere Aufmerksamkeit darauf verwendet werden, daß jeder von ihnen richtig vorbereitet wird.

66. Die neuen Aufgaben der Räte im Zuge der Massenkollektivierung
Verordnung des Zentralen Exekutivkomitees der UdSSR
25. Januar 1930

In Übereinstimmung mit der Entscheidung der Konferenz der Vertreter der Zentralen Exekutivkomitees der Unions- und autonomen Republiken, der Gau-, Gebiets- und Kreisexekutivkomitees und der Stadt- und Dorfräte, einer Konferenz, die vom Präsidium des Zentralen Exekutivkomitees der UdSSR zur Klärung der neuen Aufgaben der Räte im Zusammenhang mit der breit entfalteten Kollektivierung auf dem Land einberufen wurde, *verordnet* das Präsidium des Zentralen Exekutivkomitees der UdSSR, den örtlichen Räten die nachfolgenden Weisungen zu geben:

1. Die Massenkollektivierung, die grandiose sozialistische Umgestaltung der bäuerlichen Klein- und Kleinstwirtschaften, die entschiedene Politik der Liquidierung des Kulakentums als Klasse wirft auf neue Weise die Frage der Arbeit des ganzen unteren Netzes der Räte auf und stellt ihre Arbeit auf eine höhere Stufe.

Unter den Bedingungen des verschärften Klassenkampfes, der im Verlauf der Liquidierung des Kulakentums als Klasse noch erbitterter wird, müssen die Organe der proletarischen Diktatur – die Räte – besonders gestärkt und gefestigt werden. Die Massenorganisation der Kollektivwirtschaften kann nicht verhindern, ja geht davon aus, daß die Klassenfeinde in offener oder versteckter Form Widerstand leisten werden. Die Räte sind die Organe, die die Aktivität der breiten Massen des Ackerbauproletariats, der Dorfarmut und des Mittelbauerntums zur Umgestaltung des ganzen Dorflebens auf sozialistischer

Grundlage mobilisieren. Die Kollektivwirtschaften jedoch und die sie leitenden Organe, die Produktionsvereinigungen darstellen, können und dürfen keinesfalls den Dorfräten als Gliedern der einheitlichen Kette der sowjetischen Staatsmacht entgegengestellt werden.

Alle Versuche, die Dorfräte zu liquidieren, ihre leitende Rolle im Zusammenhang mit der Massenkollektivierung sowohl in offener als auch maskierter Form mittels Übergabe der Rechte der Dorfräte an die Leitungen der Kollektivwirtschaften zu schwächen oder herabzudrücken – alle diese Versuche erweisen sich im Wesen als antisowjetisch und spiegeln die Stimmungen unserer Klassenfeinde wider, die bestrebt sind, die Diktatur des Proletariats zu untergraben und die Stärke der Organe dieser Diktatur zu schwächen. Dergleichen Liquidierungsbestrebungen müssen den entschiedensten und erbarmungslosesten Widerstand erfahren.

2. Unter den Bedingungen der Massenkollektivierung vergrößert, kompliziert und erweitert sich die Arbeit der Dorfräte ins Unermeßliche. Unterdessen entsprechen die unteren Organe der Sowjetmacht, die bedeutende Erfolge im Zusammenhang mit der Politik der Belebung der Räte erreicht haben, in der jetzigen Periode des sozialistischen Aufbaus überhaupt nicht den neuen Anforderungen, die im Verlauf der Massenkollektivierung aufgetaucht sind und auftauchen.

Der Inhalt und die Formen der Arbeit der unteren Organe der Sowjetmacht, die der Wiederaufbauperiode angepaßt waren, als hinsichtlich der Landwirtschaft die Aufgabe, individuelle bäuerliche Wirtschaften wachsen zu lassen, Vorrang besaß, sie entsprechen keineswegs der Arbeit der gegenwärtigen Etappe, in der der radikale sozialistische Umbau der Landwirtschaft in Angriff genommen wird.

Die Dorfräte haben sich in ihrer Mehrheit nicht an die Spitze der Kolchozbewegung gestellt. Indem sie der Kollektivierung fernbleiben, erfüllen diese Dorfräte nicht die Grundaufgaben hinsichtlich der Verwirklichung der Produktionsformen des Zusammenschlusses zwischen Stadt und Land. Sie beteiligen sich schwach an der sozialistischen Umformung der Landwirtschaft, traben hinter der Kollektivierung her und erfüllen somit ihre Aufgaben als Organe der proletarischen Diktatur nicht. Gründe dafür, daß die Dorfräte es nicht verstanden, ihre Arbeit umzustellen, sind zu einem gewichtigen Teil: die Unzulänglichkeiten ihrer sozialen Zusammensetzung, die Schwäche ihrer

Kader, die dürftige Leitung seitens der übergeordneten Exekutivkomitees und, in einer Reihe von Ortschaften, der offensichtliche und versteckte Einfluß des Kulakentums. Es ist vonnöten, einen schnellen, radikalen und entscheidenden Durchbruch bei der Verbesserung der Arbeit der Dorfräte zu erzielen.

Ein Dorfrat, der seine Arbeit in bezug auf die neuen Aufgaben im Zusammenhang mit der Massenkollektivierung nicht umstellt, und der sich nicht an die Spitze der Kolchozbewegung stellt, wird in der Tat ein Kulakendorfrat sein, unfähig, die Politik des sozialistischen Aufbaus durchzuführen.

Auf gleiche Weise spielt ein Kolchoz, der sich dem Dorfrat entgegenstellt, der nach seiner Liquidierung strebt, oder der den Dorfrat bei seiner Arbeit umgeht, den Kulaken in die Hände und kann keine sozialistische Form der Umgestaltung der Landwirtschaft sein.

3. Als Hauptinhalt der Arbeit der Dorfräte im Zusammenhang mit der Massenkollektivierung gilt ihre aktive Teilnahme an der Zusammenstellung der Produktionspläne der Kollektivwirtschaften und an deren Verwirklichung, wobei die Rolle der Dorfräte sich besonders in der Verstärkung der Vergesellschaftungsprozesse, in der richtigen Arbeitsorganisation und auch darin kundtun muß, daß die Dorfräte die Erfüllung aller Verpflichtungen von seiten der Kollektivwirtschaften gegenüber dem proletarischen Staat überwachen (Getreideerfassungen, Kontraktsystem, Steuern usw.).

Die Dorfräte müssen, indem sie alle Wirtschaften der Dorfarmut und des Mittelbauerntums in die Kollektivwirtschaften einbeziehen und das Kulakentum als Klasse liquidieren, entschieden die Anstrengungen der Kulaken unterbinden, in die Kollektivwirtschaften einzudringen oder deren Arbeit zu beeinflussen.

Die Dorfräte, insbesondere in den Rajons mit durchgängiger Kollektivierung, müssen ihren eigenen Haushalt haben. Die Dorfräte müssen alle kulturell-aufklärerischen und sozial-alltagsbezogenen Institutionen sowie auch die kommunalwirtschaftlichen Einrichtungen des Dorfes leiten und alle diese Arbeit in die Richtung der sozialistischen Erziehung der Massen und der radikalen Umgestaltung der ganzen Lebensweise lenken.

Der Dorfrat, als Vertreter der Staatsmacht, verfügt über alle Bodenbestände, überwacht ihre rationelle Ausnutzung in den Kollektivwirtschaften, prüft die Gesuche der Kollektivwirtschaften um Gewährung von Krediten, bestätigt diese Gesuche und sorgt dafür, daß ihnen stattgegeben wird.

Neben diesen neuen Funktionen bleiben die administrativen Funktionen des Dorfrates in vollem Umfang bestehen (die Aufrechterhaltung der revolutionären Ordnung u. ä.).

4. Die Dorfräte können mit den schwierigen Aufgaben, vor die sie im Zusammenhang mit der Massenkollektivierung gestellt worden sind, nur fertig werden, wenn die Verbesserung der Massenarbeit und die maximale Heranziehung der breiten Massen zur Arbeit der Räte vorausgesetzt wird. Nur wenn die Massen der Dorfproletarier und der armen Bauern zusammenhalten, nur wenn die Dorfproletarier und armen Bauern ausnahmslos zur alltäglichen Arbeit der Räte herangezogen werden, und nur wenn gleichzeitig ihre Zahl im Bestand der Dorfräte bedeutend vergrößert wird, können die neuen Aufgaben, vor denen die Dorfräte stehen, erfolgreich gelöst werden.

Dabei kommt der Auslese der Führungskader der Dorfräte die allergrößte Bedeutung zu. Die führenden sowjetischen Organisationen sind verpflichtet, die Arbeit hinsichtlich der Vorbereitung und Umschulung der unteren Rätefunktionäre in der gegenwärtigen Etappe in den Mittelpunkt ihrer Tätigkeit zu stellen. Die Stadträte müssen tatkräftig den Dorfräten helfen, indem sie Sonderbrigaden aus Mitgliedern der Stadträte, aus Arbeiteraktivisten zur zeitweiligen oder ständigen Arbeit in die Dorfräte schicken.

Um einen entscheidenden und raschen Umbruch zu erreichen, ist es vonnöten, Neuwahlen in denjenigen Dorfräten durchzuführen, die sich als unfähig erwiesen haben, die Kolchozbewegung zu leiten. Ein Dorfrat, der seine Arbeit nicht umgestaltet hat, ein Dorfrat, der sich nicht an die Spitze der Kolchozbewegung gestellt hat, der hinter dem Tempo der sozialistischen Umgestaltung des Dorfes zurückbleibt, der es nicht vermag, die Massen der armen Bauern und Dorfproletarier zu organisieren, ein solcher Dorfrat unterliegt einer sofortigen Neuwahl. Und im Verlaufe dieser Neuwahlen müssen die breitesten Massen des Dorfproletariats, der Dorfarmut und des Mittelbauerntums unter der Parole der Kollektivierung der Landwirtschaft und der Liquidierung des Kulakentums als Klasse mobilisiert werden. Die Arbeit der Dorfräte auf eine neue Weise umgestalten, sie in Richtung der Kollektivierung wenden – das ist die Hauptaufgabe des gegenwärtigen Augenblicks.

67. Über die vorgezogenen Dorfwahlen in den Kollektivierungsgebieten

Verordnung des Präsidiums des Zentralen Exekutivkomitees der UdSSR, 31. Januar 1930

Rundschreiben an die Zentralen Exekutivkomitees der Unionsrepubliken.

In seiner Verordnung vom 25. Januar 1930 über die neuen Aufgaben der Räte im Zusammenhang mit der breit entfalteten Kollektivierung auf dem Lande hat das Präsidium des Zentralen Exekutivkomitees der UdSSR darauf hingewiesen, daß ein Dorfrat, der seine Arbeit nicht umgestellt hat, daß ein Dorfrat, der nicht an der Spitze der Kolchozbewegung marschiert, der hinter dem Tempo der sozialistischen Umgestaltung des Dorfes zurückbleibt, der es nicht vermag, die Kleinbauern- und Dorfproletariermassen zu organisieren, daß ein solcher Dorfrat einer sofortigen Neuwahl unterliegt.

Zur Erfüllung dieser Weisung schlägt das Präsidium des Zentralen Exekutivkomitees der Sowjetunion den Zentralen Exekutivkomitees der Unionsrepubliken vor, den Zentralen Exekutivkomitees der autonomen Republiken und den Gau- (Gebiets-) und Bezirksexekutivkomitees zu gestatten, vorfristige Wahlen derjenigen Dorfräte durchzuführen, deren Personalbestand durch fremde Elemente verunreinigt ist, und die es nicht vermocht haben, sich auf die Dorfproletarier-, Kleinbauern- und Mittelbauernmassen zu stützen, sich an die Spitze der sozialistischen Umgestaltung des Dorfes zu stellen und die Kolchozbewegung zu leiten; ferner Neuwahlen aller Dorfräte in den Rajons mit durchgängiger Kollektivierung durchzuführen, und zwar unter dem Gesichtspunkt, daß ihr leitender Einfluß in der sozialistischen Umgestaltung des Dorfes gestärkt werde, und daß die Dorfproletarier- und Kleinbauernschichten der Bevölkerung sowie das Aktiv der Kolchozbauern stärker herangezogen werden.

In gleicher Weise soll man die Neuwahl derjenigen Rajonsexekutivkomitees gestatten, die keine ausreichende Leitung der Dorfräte gewährleisten, die keine Arbeit hinsichtlich der Kollektivierung der Landwirtschaft und hinsichtlich der Verbesserung der Betreuung der Kolchozbevölkerung entfaltet haben.

Das Präsidium des Zentralen Exekutivkomitees der Sowjetunion weist darauf hin, daß bei der bevorstehenden Kampagne zur Neuwahl der Räte die allerbreitesten Massen des Dorfproletariats, der Dorfarmut und des Mittelbauerntums mobilisiert werden müssen, um die Kollektivierung der Landwirtschaft weiter zu entfalten und das Kulakentum als Klasse zu liquidieren, verbunden mit dem Ziel, daß die Neuwahlen der Räte auch die erfolgreiche Durchführung der Frühjahrssaatkampagne gewährleisten.

Die Pläne zu den Neuwahlen der Dorfräte und der Rajonsexekutivkomitees, die Rechenschaftsberichte der Dorfräte und ihrer einzelnen Mitglieder müssen vorher in den Dorfarmutgruppen* der Dorfräte, auf den Generalversammlungen des Dorfproletariats und der Kleinbauern und auf den Versammlungen der Kolchozbauern besprochen werden.

Die vorgezogenen Neuwahlen der Dorfräte und der Rajonsexekutivkomitees und auch die Neuwahlen der Dorfräte in den Rajons mit durchgängiger Kollektivierung müssen in Übereinstimmung mit der Wahlgesetzgebung der Sowjetunion und der Unionsrepubliken durchgeführt werden.

68. Über die Wiederzulassung von »Kulakenkindern« zu den Rätewahlen

Verordnung des Präsidiums des Zentralen Exekutivkomitees der UdSSR, 17. März 1933

Das Präsidium des Zentralen Exekutivkomitees der UdSSR verordnet:

Den Punkt r des Artikels 6 der Instruktionen über die Wahlen zu den Räten (SZ SSSR 1930, Nr. 50 Art. 524)** durch folgenden Absatz zu ergänzen:

»Die Kinder der verbannten Kulaken – sowohl diejenigen, die sich an den Verbannungsorten, als auch diejenigen, die sich außerhalb von ihnen befinden, und die volljährig geworden sind – werden in ihre Wahlrechte durch die Rajonsexekutivkomitees ihres Aufenthaltsortes wiedereingesetzt, unter der Bedingung, daß sie einer gesellschaftlich nützlichen Arbeit nachgehen und gewissenhaft arbeiten.«

* Zu den Gruppen der »Dorfarmut« *(bednota)* vgl. Band 2 dieser Dokumentation.

** Hier nicht abgedruckt.

69. Über das Verfahren der Wiedereinsetzung ehemaliger Kulaken in ihre Bürgerrechte
Verordnung des Zentralen Exekutivkomitees der UdSSR
27. Mai 1934

Das Zentrale Exekutivkomitee der UdSSR verordnet:

1. Den Regions- und Gebietsexekutivkomitees, in Übereinstimmung mit der Verordnung des Präsidiums des Zentralen Exekutivkomitees der UdSSR vom 3. Juli 1931 über das Verfahren der Wiedereinsetzung von ausgesiedelten Kulaken in ihre Bürgerrechte (SZ SSSR 1931, Nr. 44 Art. 298)*, zu empfehlen, diejenigen Sonderumsiedler, die sich an den Orten der Neuansiedlung durch absolut ehrliche Arbeit, loyale Einstellung und Unterstützung der Maßnahmen der Sowjetmacht ausgezeichnet haben, nach Ablauf von fünf Jahren ab dem Tag der Aussiedlung, sowie diejenigen Sonderumsiedler, die im Verlauf von drei Jahren in der Gold- und Platinindustrie gearbeitet haben, nach Ablauf von drei Jahren, auf Vorschlag der entsprechenden bevollmächtigten Vertreter der OGPU, in ihre Bürgerrechte wiedereinzusetzen.

2. Den Regions- und Gebietsexekutivkomitees das Recht zu gewähren, die Sonderumsiedler, die sich am meisten ausgezeichnet haben, insbesondere aus der Jugend, die als Stoßarbeiter** in der Produktion tätig sind und sich aktiv an der gesellschaftlichen Arbeit beteiligen, vorzeitig, auf Vorschlag der entsprechenden bevollmächtigten Vertreter der OGPU, in ihre Bürgerrechte wiedereinzusetzen.

70. Über die Bildung eines Volkskommissariats für innere Angelegenheiten der UdSSR
Verordnung des Zentralen Exekutivkomitees der UdSSR
10. Juli 1934

Das Zentrale Exekutivkomitee der UdSSR verordnet:

1. Es ist ein Vereinigtes Volkskommissariat für innere Angelegenheiten der Union zu bilden, unter Einschluß der Vereinigten Staatlichen Politischen Verwaltung (OGPU).

* Hier nicht abgedruckt.
** Ein Stoßarbeiter *(udarnik)* übertrifft die Arbeitsnorm und ist ein Vorbild an Arbeitsdisziplin.

2. Aufgabe des Volkskommissariats für innere Angelegenheiten ist

a) die Sorge für die revolutionäre Ordnung und die Staatssicherheit;

b) Schutz des öffentlichen (sozialistischen) Eigentums;

c) die Registrierung von standesamtlichen Vorgängen (Registrierung von Geburten, Todesfällen, Eheschließungen, Scheidungen);

d) der Grenzschutz.

3. Innerhalb des Volkskommissariats für innere Angelegenheiten werden folgende Verwaltungen gebildet:

a) Hauptverwaltung für Staatssicherheit;

b) Hauptverwaltung für Arbeiter- und Bauernmiliz;

c) Hauptverwaltung für Grenz- und Binnenschutz;

d) Hauptverwaltung für Feuerschutz;

e) Hauptverwaltung für Besserungs-Arbeitslager und Arbeitsstrafansiedlungen;

f) Abteilung für standesamtliche Angelegenheiten;

g) Administrations-Wirtschaftsabteilung.

4. In den Unionsrepubliken werden Volkskommissariate für innere Angelegenheiten der Republiken errichtet, die auf der Grundlage einer Verordnung über das Unions-Volkskommissariat des Inneren arbeiten; in der RSFSR wird jedoch an Stelle eines Volkskommissariats das Institut eines Bevollmächtigten des Unions-Volkskommissariats für Inneres geschaffen.

5. Das Gerichtskollegium der OGPU ist aufzulösen.

6. Das Volkskommissariat für innere Angelegenheiten der UdSSR und seine örtlichen Organe haben von ihnen verfolgte Strafdelikte nach Abschluß ihrer Untersuchungen an die Gerichtsorgane zur Aburteilung gemäß dem im Gesetz vorgesehenen Verfahren weiterzuleiten.

7. Fälle der Verwaltung für Staatssicherheit im Innenkommissariat werden an das Oberste Gericht der UdSSR weitergeleitet, Verbrechen wie Verrat der Heimat, Spionage u. ä. betreffend, sind dem Militärkollegium des Obersten Gerichts der UdSSR oder den Militärtribunalen zur Aburteilung zu übergeben.

8. Beim Volkskommissariat des Inneren der UdSSR wird ein besonderes Kollegium eingerichtet, welches – auf der Grundlage einer speziellen Verordnung – das Recht besitzt, auf administrativem Wege Verbannung, Deportierung, Haftstrafen in Besserungs-Arbeitslagern bis zu fünf Jahren und Ausweisung aus dem Staatsgebiet der UdSSR zu verhängen.

9. An das Volkskommissariat für innere Angelegenheiten der UdSSR ergeht der Auftrag, eine Verordnung für das Volkskommissariat des Inneren zu entwerfen und dem Rat der Volkskommissare der UdSSR vorzulegen.

Der Vorsitzende des Zentralen Exekutivkomitees der UdSSR
M. Kalinin
Der Sekretär des Zentralen Exekutivkomitees der UdSSR
A. Enukidze

71. Über das Besondere Kollegium beim Volkskommissariat für innere Angelegenheiten der UdSSR

Verordnung des Zentralen Exekutivkomitees und des Rates der Volkskommissare der UdSSR, 5. November 1934

In Ausführung des Artikels 8 der Verordnung des Zentralen Exekutivkomitees vom 10. Juli 1934* . . . verordnen das Zentrale Exekutivkomitee und der Rat der Volkskommissare der UdSSR:

1. Das Volkskommissariat für innere Angelegenheiten der UdSSR hat das Recht, Personen, die eine gesellschaftliche Gefahr darstellen, zu bestrafen mit

a) Deportation für fünf Jahre unter öffentlicher Bewachung in Gebiete, über die vom Volkskommissariat für innere Angelegenheiten der UdSSR ein Verzeichnis zusammengestellt wird;

b) Verbannung für fünf Jahre unter öffentlicher Bewachung und mit dem Verbot des Aufenthalts in den Hauptstädten, Großstädten und industriellen Zentren der UdSSR;

c) Inhaftierung in Besserungs-Arbeitslagern für fünf Jahre;

d) Ausweisung aus dem Staatsgebiet der Sowjetunion von ausländischen Staatsangehörigen, die eine öffentliche Gefahr darstellen.

2. Für die Anwendung von Maßnahmen, wie sie in Artikel 1 aufgeführt sind, wird beim Volkskommissariat für innere Angelegenheiten der UdSSR unter seinem Vorsitzenden ein Besonderes Kollegium eingerichtet mit folgenden Mitgliedern:

a) dem Stellvertreter des Volkskommissars des Inneren;

b) dem Bevollmächtigten des Volkskommissars des Inneren der UdSSR für das Gebiet der RSFSR;

* Vgl. Dok. 70.

c) dem Chef der Hauptverwaltung der Arbeiter- und Bauernmiliz;

d) dem Volkskommissar für Inneres jener Unionsrepublik, auf deren Territorium der Fall auftrat.

3. An den Sitzungen des Besonderen Kollegiums nimmt von Amts wegen der Staatsanwalt *(prokuror)* der UdSSR oder sein Stellvertreter teil, der – falls er mit dem Urteil des Besonderen Kollegiums oder mit der Überweisung des Falles an das Besondere Kollegium nicht übereinstimmt – das Recht zum Protest beim Präsidium des Zentralen Exekutivkomitees der UdSSR hat.

In diesem Falle wird die Entscheidung des Besonderen Kollegiums so lange ausgesetzt, bis das Präsidium des Zentralen Exekutivkomitees in dieser Sache seine Anordnungen getroffen hat.

4. Bei einer Entscheidung des Besonderen Kollegiums über Verbannung und Inhaftierung in einem Besserungs-Arbeitslager soll bei jeder einzelnen Person die Begründung der Maßnahmen sowie der Rajon und die Frist der Verbannung oder Lagerinhaftierung angegeben werden.

5. Das Besondere Kollegium hat das Recht,

a) bei entsprechender Führung der Verbannten oder in Besserungs-Arbeitslager Inhaftierten auf der Grundlage von Stellungnahmen der verantwortlichen Organe des Volkskommissariats für innere Angelegenheiten der UdSSR die Aufenthaltsdauer (Frist) für die Verbannung oder im Besserungs-Arbeitslager zu verkürzen;

b) vom weiteren Aufenthalt in den speziellen Arbeits-Strafansiedlungen zu befreien.

Der Vorsitzende des Zentralen Exekutivkomitees der UdSSR
M. Kalinin
Der stellvertretende Vorsitzende des Rates der
Volkskommissare der UdSSR
Ja. Rudzutak
Der Sekretär des Zentralen Exekutivkomitees der UdSSR
A. Enukidze

72. Gesetzesänderung zur Strafverfolgung terroristischer Anschläge gegen Sowjetfunktionäre

Verordnung des Zentralen Exekutivkomitees der UdSSR
1. Dezember 1934

Das Zentrale Exekutivkomitee der UdSSR verordnet:

Folgende Änderungen, die die Untersuchung und Prüfung von Fällen terroristischer Organisationen und terroristischer Handlungen gegen Funktionäre der Sowjetmacht betreffen, sind in die geltenden Strafgesetzbücher der Unionsrepubliken einzutragen:

1. Das Untersuchungsverfahren ist in diesen Sachen innerhalb eines Zeitraums von nicht mehr als zehn Tagen abzuschließen.
2. Den Angeklagten ist die Anklageformel 24 Stunden vor der Gerichtsverhandlung auszuhändigen.
3. Die Verhandlung ist ohne Beteiligung der Parteien zu führen.
4. Kassationseinsprüche gegen das Urteil sowie die Einreichung von Gnadengesuchen sind nicht zuzulassen.
5. Die Verurteilung zum höchsten Strafmaß ist sofort nach Fällung des Urteils zu vollstrecken.

73. Über die Einführung persönlicher Dienstgrade bei den Führungsstäben der Arbeiter- und Bauernarmee

Verordnung des Zentralen Exekutivkomitees und des Rates der Volkskommissare der UdSSR, 22. September 1935

In den Jahren der gigantischen Siege beim Aufbau des Sozialismus in der UdSSR ist die Rote Arbeiter- und Bauernarmee in ihrer organisatorisch-technischen Entwicklung gewaltig vorangekommen; sie ist zu einer fortschrittlichen, erstklassigen Armee geworden, die über das ganze Arsenal moderner Kriegstechnik verfügt.

Die Kader des Führungsbestandes der Roten Arbeiter- und Bauernarmee sind das wertvollste Kapital, das von der Partei herangebildet und geschult wurde. Mit jedem Jahr füllen sich diese Kader weiter auf mit neuen Abteilungen junger Kommandeure, die die Kriegsschulen und -akademien absolviert haben und aus den Reihen des unteren Kommandobestandes aufgerückt sind. Tausende und Zehntausende junger Arbeiter und Kolchozbauern des Sowjetlandes gehen alljährlich in unsere heimatliche Rote Armee, die eine echte Volksarmee darstellt, und widmen sich dem Dienst in den Reihen ihrer Kommandeure.

In der gegenwärtigen Aufbauetappe der Streitkräfte der Sowjetunion kommt der Rolle der Kommandokader der Roten Arbeiter- und Bauernarmee erstrangige Bedeutung zu. Die Parteilosung »Die Kader entscheiden alles« bedeutet bei Anwendung auf die Rote Armee zuallererst die Schaffung von Bedingungen, die das weitere Wachstum und die Vervollkommnung der Kader und ihres Führungsbestandes gewährleisten.

Für die ganze Masse der Kommandeure, politischen Funktionäre, Militäringenieure, Techniker, Ärzte, des militärwirtschaftlichen und verwaltungs- und militärjuristischen Personalbestandes wird der Dienst in der Roten Arbeiter- und Bauernarmee zum Beruf auf Lebenszeit, und die Besonderheiten dieses Dienstes erfordern eine gesetzlich genau reglementierte Dienstordnung. Die besonders verantwortungsvollen Aufgaben in bezug auf die Ausbildung und Erziehung der Massen innerhalb der Roten Armee, diese Aufgaben, die dem Führungsbestand als Ganzem auferlegt sind, und die führende Rolle des Kommandeurs in der Kampfsituation erfordern die Festsetzung von Dienstgraden, die die militärische und fachliche Qualifikation jedes Kommandeurs und jeder Führungsperson, deren Dienstalter und Verdienste, deren Macht und Autorität als Kommandeure und Vorgesetzte der Roten Arbeiter- und Bauernarmee deutlich zum Ausdruck bringen.

Das Zentrale Exekutivkomitee und der Rat der Volkskommissare der UdSSR verordnen:

1. die unten folgenden Kommando- und Fachdienstgrade des Führungsbestandes der Roten Arbeiter- und Bauernarmee einzuführen, und zwar:

a) Für den Kommandobestand der Land- und Luftstreitkräfte

1. Leutnant,
2. Oberleutnant,
3. Hauptmann,
4. Major,
5. Oberst,
6. Brigadekommandeur,
7. Divisionskommandeur,
8. Korpskommandeur,
9. Armeekommandeur 2. Ranges,
10. Armeekommandeur 1. Ranges.

b) Für den Kommandobestand der Seestreitkräfte

1. Leutnant,
2. Oberleutnant,
3. Kapitänleutnant,
4. Kapitän 3. Ranges,
5. Kapitän 2. Ranges,
6. Kapitän 1. Ranges,
7. Flaggoffizier 2. Ranges,
8. Flaggoffizier 1. Ranges,
9. Flottenflaggoffizier 2. Ranges,
10. Flottenflaggoffizier 1. Ranges.

c) Für den militärisch-politischen Personalbestand aller Truppengattungen

1. politischer Leiter,
2. oberer politischer Leiter,
3. Bataillonskommissar,
4. Regimentskommissar,
5. Brigadekommissar,
6. Divisionskommissar,
7. Korpskommissar,
8. Armeekommissar 2. Ranges,
9. Armeekommissar 1. Ranges.

...

2. Für den Mannschafts- und unteren Führungsbestand folgende Dienstgrade einzuführen, und zwar:

Bei den Land- und Luftstreitkräften
a) Rotarmist,
b) Abteilungskommandeur,
c) Unterzugskommandeur,
d) Ältester;

Bei den Seestreitkräften
a) Matrose der Roten Flotte,
b) Abteilungskommandeur,
c) Ältester.

3. Den Dienstgrad »Marschall der Sowjetunion« einzuführen; dieser Dienstgrad wird von der Regierung der Sowjetunion hervorragenden Personen des obersten Kommandobestandes, die sich besonders ausgezeichnet haben, persönlich verliehen.

4. Die Bestimmungen über den Wehrdienst des Kommando- und Führungsbestandes der Roten Arbeiter- und Bauernarmee zu bestätigen.

5. Auf der Grundlage dieser Bestimmungen hat der Volkskommissar für Verteidigung der Sowjetunion:

a) eine Instruktion bezüglich der Anwendung der gegenwärtigen Bestimmungen bei allen Truppengattungen und Dienstarten der Roten Arbeiter- und Bauernarmee herauszugeben;

b) eine Attestierung des ganzen Kaderführungsbestandes durchzuführen und ihm die entsprechenden Dienstgrade zu verleihen;

c) beim Zentralen Exekutivkomitee der UdSSR vorstellig zu werden zwecks Eintragung der nötigen Abänderungen im Gesetz über den Pflichtwehrdienst.

Der Vorsitzende des Zentralen Exekutivkomitees der UdSSR
M. Kalinin
Der Vorsitzende des Rates der Volkskommissare der UdSSR
V. Molotov
Der Sekretär des Zentralen Exekutivkomitees der UdSSR
I. Akulov

74. Stalin über Abänderungs- und Ergänzungsvorschläge zum Verfassungsentwurf
Bericht auf dem 8. (außerordentlichen) Sowjetkongreß (Auszug), 25. November 1936

... Weiter folgt eine Ergänzung zu Artikel 40, derzufolge vorgeschlagen wird, dem Präsidium des Obersten Sowjets das Recht einzuräumen, provisorische Gesetzesakte zu erlassen. Ich glaube, daß dieser Ergänzungsvorschlag unrichtig ist und vom Kongreß nicht angenommen werden soll. Es muß endlich damit Schluß gemacht werden, daß nicht ein einziges Organ, sondern eine ganze Reihe von Organen gesetzgeberisch tätig ist. Eine derartige Lage widerspricht dem Prinzip der Stabilität der Gesetze. Die Stabilität der Gesetze aber brauchen wir jetzt mehr denn je. Die gesetzgeberische Gewalt in der UdSSR darf lediglich durch ein Organ, den Obersten Sowjet der UdSSR, ausgeübt werden.

75. Der Aufbau der Gerichte in der UdSSR, in den Unions- und in den Autonomen Republiken
Auszüge aus dem Gesetz des Obersten Sowjet
16. August 1938

I. Allgemeine Bestimmungen

Art. 1. In Übereinstimmung mit Art. 102 der Verfassung der UdSSR* wird die Rechtsprechung in der UdSSR vom Obersten Gericht der UdSSR, von den Obersten Gerichten der Unions-

* Vgl. Kapitel 3.

republiken, von den Gau- und Gebietsgerichten, von den Gerichten der Autonomen Republiken und der Autonomen Gebiete, von den Distriktgerichten, von den auf Anordnung des Obersten Sowjet der UdSSR einzurichtenden besonderen Gerichten der UdSSR und von den Volksgerichten ausgeübt.

Art. 2. Die Rechtsprechung in der UdSSR hat die Aufgabe:

a) die von der Verfassung der UdSSR und von den Verfassungen der Unionsrepubliken und der Autonomen Republiken aufgestellte gesellschaftliche und staatliche Ordnung der UdSSR, das sozialistische Wirtschaftssystem und das sozialistische Eigentum,

b) die politischen, Arbeits-, Wohnungs- und sonstigen persönlichen und Vermögensrechte und Interessen der Bürger der UdSSR, die von der Verfassung der UdSSR und von den Verfassungen der Unionsrepubliken und der Autonomen Republiken gewährleistet werden, sowie

c) die Rechte und die gesetzlich geschützten Interessen der staatlichen Behörden und Betriebe, der Kollektivwirtschaften, der genossenschaftlichen und der sonstigen gesellschaftlichen Organisationen vor jeglichen Angriffen zu schützen.

Die Rechtsprechung in der UdSSR hat die Aufgabe, die genaue und unwandelbare Erfüllung der sowjetischen Gesetze durch alle Behörden, Organisationen, Amtspersonen und Bürger der UdSSR zu gewährleisten.

Art. 3. Indem das sowjetische Gericht Strafmaßnahmen anwendet, straft es nicht nur die Verbrecher, sondern hat es auch die Aufgabe, die Verbrecher zu bessern und umzuerziehen.

Durch seine gesamte Tätigkeit erzieht das Gericht die Bürger der UdSSR im Geist der Ergebenheit gegenüber dem Vaterland und gegenüber der Sache des Sozialismus, im Geist einer genauen und unwandelbaren Erfüllung der sowjetischen Gesetze, einer sparsamen Einstellung gegenüber sozialistischem Eigentum, im Geist der Arbeitsdisziplin, im Geist einer ehrlichen Einstellung gegenüber den staatlichen und gesellschaftlichen Pflichten und im Geist der Achtung vor den Regeln des sozialistischen Gemeinschaftslebens.

Art. 4. Die Gerichte der UdSSR verwirklichen die im Art. 2 dieses Gesetzes bezeichneten Aufgaben:

a) durch Verhandlung von Strafsachen in den Gerichtssitzungen und durch Anwendung der im Gesetz vorgesehenen Strafen auf Vaterlandsverräter, Schädlinge, Verbrecher am sozialistischen Eigentum und sonstige Volksfeinde, sowie auf Plünderer, Diebe, Rowdys und sonstige Verbrecher;

b) durch Verhandlung und Entscheidung von Streitigkeiten, welche die Rechte und Interessen der Bürger, der staatlichen Behörden und Betriebe, der Kollektivwirtschaften und sonstiger gesellschaftlicher Organisationen betreffen, in Gerichtssitzungen.

Art. 5. Die Rechtsprechung in der UdSSR wird nach folgenden Grundsätzen durchgeführt:

a) nach dem Grundsatz eines für alle Bürger, unabhängig von ihrer gesellschaftlichen, vermögensmäßigen und dienstlichen Stellung und unabhängig von ihrer nationalen und rassischen Zugehörigkeit, einheitlichen und gleichen Gerichts;

b) nach dem Grundsatz einer einheitlichen und für alle Gerichte verbindlichen Straf-, Zivil- und prozeßrechtlichen Gesetzgebung der UdSSR.

Art. 6. Die Richter sind unabhängig und nur dem Gesetz unterworfen (Art. 112 der Verfassung der UdSSR).

Art. 7. In Übereinstimmung mit Art. 110 der Verfassung der UdSSR wird das Gerichtsverfahren in der UdSSR in der Sprache der Unionsrepublik oder der Autonomen Republik oder des Autonomen Gebiets durchgeführt, wobei für Personen, welche diese Sprache nicht beherrschen, die Möglichkeit, sich in vollem Umfange durch einen Dolmetscher mit dem auf die Sache bezüglichen Material bekanntzumachen, sowie das Recht, vor Gericht in der Muttersprache aufzutreten, gewährleistet wird.

Art. 8. Abgesehen von den im Gesetz vorgesehenen Ausnahmen ist die Verhandlung der Angelegenheiten in allen Gerichten der UdSSR in Übereinstimmung mit Art. 111 der Verfassung der UdSSR öffentlich, wobei dem Angeklagten das Recht auf Verteidigung gewährleistet wird.

Art. 9. Mit Ausnahme der im Gesetz ausdrücklich vorgesehenen Fälle erfolgt die Verhandlung der Angelegenheiten entsprechend Art. 103 der Verfassung der UdSSR in allen Gerichten der UdSSR unter Teilnahme von Volksbeisitzern.

Art. 10. In Übereinstimmung mit den Artikeln 105, 106, 107, 108 und 109 der Verfassung der UdSSR werden die Gerichte in der UdSSR in dem durch dieses Gesetz festgesetzten Verfahren durch Wahlen gebildet.

Art. 11. Als Richter und Volksbeisitzer können Bürger tätig sein, die das Wahlrecht besitzen.

Art. 12. Die Volksbeisitzer werden zur Erfüllung ihrer Obliegenheiten in den Gerichten nach einem Verzeichnis in einer bestimmten Reihenfolge für nicht länger als zehn Tage im Jahr berufen, mit Ausnahme der Fälle, in denen eine Verlängerung dieser Frist für die Teilnahme der Volksbeisitzer an der Verhandlung einer Gerichtsangelegenheit erforderlich ist.

Während der Erfüllung ihrer Obliegenheiten im Gericht genießen die Volksbeisitzer alle Rechte, die den Richtern zustehen.

Art. 13. Arbeiter und Angestellte, die als Volksbeisitzer tätig sind, behalten während der Erfüllung ihrer Obliegenheiten im Gericht ihren Anspruch auf Arbeitslohn.

In allen übrigen Fällen werden die Ausgaben, die die Volksbeisitzer während der Erfüllung ihrer Obliegenheiten im Gericht haben, in einem Verfahren vergütet, welches durch die Gesetzgebung der Unionsrepubliken bestimmt wird.

Art. 14. Mit Ausnahme der im Gesetz ausdrücklich vorgesehenen Fälle erfolgt die Verhandlung der Angelegenheiten in allen Gerichten im Bestande eines Richters und zweier Volksbeisitzer, wenn die Durchführung der Verhandlung drei Mitgliedern des Gerichts übertragen ist.

Art. 15. Gegen die Urteile, Entscheidungen und Verfügungen aller Gerichte, mit Ausnahme des Obersten Gerichts der UdSSR und der Obersten Gerichte der Unionsrepubliken, können in dem im Gesetz vorgesehenen Verfahren beim übergeordneten Gericht seitens der Angeklagten und ihrer Verteidiger, der Kläger und der Beklagten sowie ihrer Interessenvertreter Beschwerden eingelegt oder seitens des Staatsanwalts Protest erhoben werden.

Bei der Durchsicht der Beschwerden und Proteste überprüft das übergeordnete Gericht aufgrund der in der Angelegenheit vorhandenen und von den Parteien vorgelegten Unterlagen, ob das Urteil oder die Entscheidung des nachgeordneten Gerichts gesetzmäßig und sachlich begründet ist.

Art. 16. Gerichtsurteile, Entscheidungen und Verfügungen, welche rechtskräftig geworden sind, können nur vom Staatsanwalt der UdSSR oder vom Staatsanwalt einer Unionsrepublik, vom Vorsitzenden des Obersten Gerichts der UdSSR und vom Vorsitzenden des Obersten Gerichts der Unionsrepublik in Übereinstimmung mit den Artikeln 51, 64 und 74 dieses Gesetzes durch einen Protest angefochten werden.

Art. 17. Eine Entlassung der Richter und Volksbeisitzer kann nur aufgrund einer Abberufung durch die Wähler oder durch ein rechtskräftiges Gerichtsurteil erfolgen.

Art. 18. Die Einleitung eines Strafverfahrens gegen die Richter, ihre Amtsenthebung aus diesem Anlaß und ihre gerichtliche Belangung erfolgt:

bei den Volksrichtern und bei den Mitgliedern der Gaugerichte, der Gebietsgerichte, der Distriktgerichte, der Gerichte der Autonomen Gebiete und der Obersten Gerichte der Unionsrepubliken und der Autonomen Republiken auf Verfügung des Staatsanwalts der Unionsrepublik mit Bestätigung des Präsidiums des Obersten Sowjet der Unionsrepublik;

bei den Mitgliedern des Obersten Gerichts der UdSSR und bei den Mitgliedern der besonderen Gerichte der UdSSR auf Verfügung des Staatsanwalts der UdSSR mit Bestätigung des Präsidiums des Obersten Sowjet der UdSSR.

Art. 19. Im Falle der zeitweiligen Abwesenheit eines Volksrichters (wegen Krankheit, Urlaub usw.) wird die Erfüllung seiner richterlichen Obliegenheiten für die Dauer seiner Abwesenheit durch den Bezirkssowjet der Abgeordneten der Werktätigen einem Volksbeisitzer übertragen.

Art. 20. Im Falle des Ausscheidens eines Volksrichters vor dem Ablauf seiner Amtszeit wird die Wahl eines neuen Volksrichters spätestens im Laufe von zwei Monaten nach seinem Ausscheiden durchgeführt.

Die Neuwahl eines Volksrichters wird vom Justizvolkskommissariat der Unionsrepublik und in einer Autonomen Republik vom Justizvolkskommissariat der Autonomen Republik organisiert.

Im Falle des Ausscheidens von Mitgliedern der Distrikt-, Gau- und Gebietsgerichte und von Mitgliedern der Obersten Gerichte der Unionsrepubliken und der Autonomen Republiken, sowie von Mitgliedern der besonderen Gerichte und des Obersten Gerichts der UdSSR wird die Wahl neuer Gerichtsmitglieder auf der nächsten ordentlichen Tagung des örtlichen Sowjet des Gebiets, des Gaues oder des Distrikts oder des Obersten Sowjet der Unionsrepublik oder der Autonomen Republik oder des Obersten Sowjet der UdSSR durchgeführt.

II. Das Volksgericht

Art. 21. Das Volksgericht verhandelt:

a) Strafsachen betreffend Verbrechen gegen das Leben, die Gesundheit, die Freiheit und die Ehre von Bürgern: Tötung,

Körperverletzung, gesetzwidrige Abtreibung, gesetzwidrige Freiheitsentziehung, Vergewaltigung, böswillige Nichtzahlung von Alimenten, Beleidigung, Rowdytum und Verleumdung; Strafsachen betreffend Vermögensverbrechen: Raub, Plünderung, Diebstahl, Betrug und Erpressung; Strafsachen betreffend Amtsverbrechen von Amtspersonen: Mißbrauch der Amtsgewalt, Überschreitung der Amtsgewalt, Untätigkeit im Amt, Unterschlagung, unwirtschaftliches Verhalten, Fälschung, falsches Wiegen und Messen und gesetzwidrige Preisüberschreitung; Strafsachen betreffend Verbrechen gegen die Verwaltungsordnung: Verletzung des Wahlgesetzes, böswillige Nichtzahlung der im Gesetz vorgesehenen Steuern und Abgaben, böswillige Nichterfüllung der Naturallasten und Leistungspflichten gegenüber dem Staat, Nichterfüllung eines Einberufungsbefehls, Nichterfüllung der militärischen Dienstpflicht und Nichterfüllung der gesetzlichen Anordnungen von Behörden und Amtspersonen;

b) Zivilsachen betreffend Klagen in vermögensrechtlichen Streitfragen, betreffend Klagen über Verletzungen der Arbeitsgesetze, betreffend Klagen in Unterhaltssachen und betreffend Klagen in Erbschaftsangelegenheiten; sowie

c) sonstige Strafsachen und sonstige Zivilsachen, für die das Volksgericht nach dem Gesetz zuständig ist.

Art. 22. In Übereinstimmung mit Art. 109 der Verfassung der UdSSR werden die Volksgerichte von den Bürgern eines Rajons in allgemeiner, unmittelbarer, gleicher und geheimer Abstimmung auf drei Jahre gewählt*.

Art. 23. Die Volksrichter und die Volksbeisitzer werden von den Bürgern der einzelnen Rajons nach Wahlkreisen gewählt, wobei ein Wahlkreis der Volksrichter und der Volksbeisitzer die gesamte Bevölkerung, die im Gerichtsbezirk des betreffenden Volksgerichts ansässig ist, umfaßt.

Art. 24. Das Recht, Kandidaten für die Wahl der Volksrichter und der Volksbeisitzer aufzustellen, haben die gesellschaftlichen Organisationen und die Vereine der Werktätigen: die kommunistischen Parteiorganisationen, die Gewerkschaften, die Genossenschaften, die Jugendorganisationen, die kulturellen Vereine, die Vollversammlungen der Arbeiter und Ange-

* Bis 1948/49 blieb es bei der Bestellung durch die Sowjetorgane, und auch danach war es eher eine akklamatorische Bestätigung des vorgeschlagenen Kandidaten als eine »Wahl«.

stellten der einzelnen Betriebe, die Versammlungen der Armeeangehörigen der einzelnen Truppenteile, die Vollversammlungen der Bauern in den einzelnen Kollektivwirtschaften und die Vollversammlungen der Arbeiter und Angestellten in den einzelnen Sowjetwirtschaften.

Art. 25. Das Verfahren der Registrierung der Kandidaten und der Veröffentlichung der Kandidatenlisten für die Wahl der Volksrichter und der Volksbeisitzer sowie die Termine und das Verfahren der Wahl werden durch die von den Obersten Sowjets der Unionsrepubliken zu bestätigenden ›Wahlordnungen für die Wahl der Richter und Volksbeisitzer‹ bestimmt.

Art. 26. Die Zahl der in jedem einzelnen Rajon zu wählenden Volksgerichte wird vom Rat der Volkskommissare der betreffenden Unionsrepubliken auf Vorschlag des Justizvolkskommissars dieser Unionsrepublik bestimmt. In den Autonomen Republiken wird die Zahl der in jedem Rajon zu wählenden Volksgerichte vom Rat der Volkskommissare der Autonomen Republik auf Vorschlag des Justizvolkskommissars der Autonomen Republik bestimmt.

Art. 27. Vor der Hauptverhandlung trifft das Volksgericht folgende Entscheidungen: a) es bestätigt die vom Staatsanwalt unterbreitete Anklageschrift; wenn es mit der Anklageschrift nicht einverstanden ist, kann das Volksgericht die Angelegenheit an den Staatsanwalt zur Vornahme einer ergänzenden Untersuchung zurückverweisen oder, wenn hierfür die erforderlichen Voraussetzungen vorliegen, das Verfahren einstellen; b) es entscheidet, ob der Angeklagte in Haft genommen oder aus der Haft entlassen werden soll; c) es entscheidet, ob der Verteidiger und der Staatsanwalt an der Hauptverhandlung unbedingt teilnehmen müssen.

Art. 28. Der Volksrichter: a) entscheidet aufgrund eingegangener Beschwerden oder Mitteilungen, ob eine Strafverfolgung eröffnet werden soll oder nicht; b) leitet erforderlichenfalls die eingegangenen Mitteilungen oder Beschwerden an die Untersuchungsorgane zur Durchführung einer Untersuchung weiter; c) bestimmt den Termin der gerichtlichen Verhandlung; d) verfügt die Ladung der Angeklagten, der Zeugen und der Sachverständigen zur gerichtlichen Verhandlung und teilt den Klägern und den Beklagten den Verhandlungstermin mit; e) führt den Vorsitz in den Sitzungen des Volksgerichts.

Art. 29. Die Volksrichter geben ihren Wählern Rechenschaftsberichte über ihre Arbeit und über die Arbeit des Volksgerichts.

[Es folgen Ausführungen über:
III. das Gebiets-, Gau- und Distriktgericht;
IV. das Oberste Gericht der Autonomen Republik;
V. das Oberste Gericht der Unionsrepublik;
VI. die besonderen Gerichte der UdSSR (Militärtribunale, Eisenbahntransport- und Wasserstraßentransportgerichte);
VII. das Oberste Gericht der UdSSR;
VIII. die Gerichtsvollzieher.]

76. Über die Abschaffung der Todesstrafe
Dekret des Präsidiums des Obersten Sowjet der UdSSR
26. Mai 1947

Der historische Sieg des Sowjetvolkes über den Feind hat nicht nur die Machtzunahme des Sowjetstaates, sondern und vor allem auch die einzigartige Treue der gesamten Bevölkerung der Sowjetunion gegenüber der sowjetischen Heimat und der Sowjetführung dargetan.

Zugleich zeigt die internationale Lage in der seit der Kapitulation Deutschlands und Japans verflossenen Zeit, daß die Sache des Friedens, ungeachtet der Versuche aggressiver Elemente, einen Krieg zu provozieren, auf lange Zeit gesichert ist.

Mit Rücksicht auf diese Umstände und in Übereinstimmung mit den Wünschen der Gewerkschaften der Arbeiter und Angestellten und anderer maßgebender Organisationen, die die Meinung breiter Kreise der Öffentlichkeit zum Ausdruck bringen, ist das Präsidium des Obersten Sowjet der UdSSR der Auffassung, daß die Anwendung der Todesstrafe unter den Bedingungen der Friedenszeit nicht mehr notwendig ist.

Das Präsidium des Obersten Sowjet der UdSSR *verordnet:*

1. Für die Friedenszeit wird die Todesstrafe, soweit die in der UdSSR geltenden Gesetze sie für Verbrechen vorsehen, abgeschafft.

2. Für Verbrechen, die nach den geltenden Gesetzen mit der Todesstrafe bestraft werden, tritt für die Friedenszeit an deren Stelle Einschließung in ein Besserungsarbeitslager für die Dauer von 25 Jahren.

3. Bei Verurteilungen zur Todesstrafe, die bis zur Veröffentlichung dieses Dekrets noch nicht vollstreckt worden sind, wird die Todesstrafe durch Beschluß des nächsthöheren Gerichts durch die in Artikel 2 dieses Dekrets vorgesehene Strafe ersetzt.

77. Über den verstärkten Schutz des persönlichen Eigentums
Dekret des Präsidiums des Obersten Sowjet der UdSSR
4. Juni 1947

Um den Schutz des persönlichen Eigentums der Bürger zu verstärken, *verordnet* das Präsidium des Obersten Sowjet der UdSSR:

1. Diebstahl, d. h. die heimliche oder offene Entwendung von Gegenständen des persönlichen Vermögens der Bürger,

wird mit Einschließung in ein Besserungsarbeitslager auf die Dauer von fünf bis zu sechs Jahren bestraft.

Diebstahl als Bandendiebstahl oder wiederholt begangen,

wird mit Einschließung in ein Besserungsarbeitslager auf die Dauer von sechs bis zu zehn Jahren bestraft.

2. Raub, d. h. der in der Absicht, sich fremde Vermögensgegenstände anzueignen, vorgenommene Überfall, verbunden mit Gewalt oder Androhung von Gewaltanwendung,

wird mit Einschließung in ein Besserungsarbeitslager auf die Dauer von zehn bis zu fünfzehn Jahren, verbunden mit Vermögenskonfiskation, bestraft.

Raub, verbunden mit einer für das Leben oder die Gesundheit des Verletzten gefährlichen Gewaltanwendung oder mit der Androhung des Todes oder einer schweren Körperverletzung, oder als Bandentat oder wiederholt begangen,

wird mit Einschließung in ein Besserungsarbeitslager auf die Dauer von fünfzehn bis zu zwanzig Jahren, verbunden mit Vermögenskonfiskation, bestraft.

3. Nichtanzeige eines sich in Vorbereitung befindlichen oder vollendeten Raubes, von dem man auf glaubwürdige Weise Kenntnis erlangt hat, bei den Organen der Staatsgewalt

wird mit Freiheitsentziehung von einem bis zu zwei Jahren oder Verschickung auf die Dauer von vier bis zu fünf Jahren bestraft.

78. Strafrechtsbestimmungen gegen die rechtswidrige Aneignung von staatlichem und öffentlichem Vermögen
Dekret des Präsidiums des Obersten Sowjet der UdSSR
4. Juni 1947

Um die Gesetzgebung über die strafrechtliche Verantwortlichkeit für die rechtswidrige Aneignung von staatlichem und öffentlichem Vermögen zu vereinheitlichen und den Kampf gegen diese Verbrechen zu verstärken, *verordnet* das Präsidium des Obersten Sowjet der UdSSR:

1. Diebstahl, Unterschlagung oder sonstige rechtswidrige Aneignung von Gegenständen staatlichen Vermögens
wird mit Einschließung in ein Besserungsarbeitslager auf die Dauer von sieben bis zu zehn Jahren, mit oder ohne Vermögenskonfiskation, bestraft.

2. Rechtswidrige Aneignung von Gegenständen staatlichen Vermögens, wiederholt oder von einer organisierten Gruppe (Bande) oder in großem Ausmaß begangen,
wird mit Einschließung in ein Besserungsarbeitslager auf die Dauer von zehn bis zu zwanzig Jahren, verbunden mit Vermögenskonfiskation, bestraft.

3. Diebstahl, Unterschlagung oder sonstige rechtswidrige Aneignung von Gegenständen eines Kolchoz-, Genossenschafts- oder sonstigen öffentlichen Vermögens
wird mit Einschließung in ein Besserungsarbeitslager auf die Dauer von fünf bis zu acht Jahren, mit oder ohne Vermögenskonfiskation, bestraft.

4. Rechtswidrige Aneignung von Gegenständen eines Kolchoz-, Genossenschafts- oder sonstigen öffentlichen Vermögens, wiederholt oder von einer organisierten Gruppe (Bande) oder in großem Ausmaß begangen,
wird mit Einschließung in ein Besserungsarbeitslager auf die Dauer von acht bis zu zwanzig Jahren, verbunden mit Vermögenskonfiskation, bestraft.

5. Nichtanzeige einer in Vorbereitung befindlichen oder vollendeten rechtswidrigen Aneignung von Gegenständen staatlichen oder öffentlichen Vermögens gemäß Artikel 2 und 4 dieses Dekrets, von der man auf glaubwürdige Weise Kenntnis erlangt hat, bei den Organen der Staatsgewalt
wird mit Freiheitsentziehung von zwei bis zu drei Jahren oder mit Verschickung auf die Dauer von fünf bis zu sieben Jahren bestraft.

79. Verzeichnis von Nachrichten, die ein Staatsgeheimnis darstellen und deren Verbreitung bestraft wird
Verordnung des Ministerrates der UdSSR, 8. Juni 1947

Der Ministerrat der UdSSR hat die Aufstellung des nachfolgenden Verzeichnisses der Nachrichten verordnet, die ein Staatsgeheimnis darstellen:

Nachrichten militärischen Charakters

1. Organisation, Zahlenstärke, Standortverteilung, Kampfkraft, Bewaffnung, Ausrüstung, Gefechtsausbildung, materielle und finanzielle Versorgung, Mobilisierungs- und Operationspläne, betreffend die bewaffneten Streitkräfte der UdSSR im ganzen, die Waffengattungen sowie die militärischen Verbände, Truppenteile, Kriegsschiffe, militärischen Einheiten, Behörden, Anstalten und einzelnen militärischen Objekte.

2. Zusammensetzung, Ausmaß, Zustand, Standortverteilung und Bestimmung der staatlichen Mobilmachungsreserven aller Art, der staatlichen Material- und Verpflegungsreserven sowie der der Erfassung unterliegenden Menschenreserven sowohl in bezug auf die UdSSR im ganzen als auch in bezug auf die Unions- und autonomen Republiken, die Gaue, Gebiete, Basen, Industrie- und Verkehrsbetriebe sowie die Verbände, Truppenteile und Behörden der bewaffneten Streitkräfte der UdSSR.

3. Mobilisierungs- und Operationspläne sowie Berechnungen, Entwürfe und Maßnahmen, die mit den Mobilisierungsplänen zur Sicherung der Verteidigungsfähigkeit der UdSSR zusammenhängen: im Bereich der Staatsverwaltung, der Industrie, des Verkehrs- und Nachrichtenwesens und aller übrigen Zweige der Volkswirtschaft (sowohl im ganzen als auch im Hinblick auf die einzelnen Behörden, Unternehmen und territorialen Bezirke).

4. Standortverteilung, Ausrüstung, Finanzierungs- und Produktionspläne, Zustand, Produktionskraft sowie Produktionsnomenklatur und Produktionsausmaß der Kriegsindustrie sowie der ganzen übrigen Industrie, soweit sie Rüstungsaufträge ausführt.

5. Entdeckungen, Erfindungen und Verbesserungen, Forschungs- und experimentelle Arbeiten im Bereich technischer oder sonstiger Mittel zur Verteidigung der UdSSR.

6. Urkunden, Materialien und Druckschriften, die eine Beziehung zur Verteidigung der UdSSR haben, sowie Daten, die auf

diese Urkunden, Materialien und Druckschriften gegründet sind.

Nachrichten wirtschaftlichen Charakters

7. Nachrichten, von denen der Ministerrat der UdSSR erklärt, daß sie der Geheimhaltung unterliegen: über die Industrie im ganzen oder einzelne ihrer Zweige, über die Landwirtschaft, den Handel und das Verkehrswesen.

8. Bestand der Währungsfonds, Nachrichten über die laufende Zahlungsbilanz und die finanzpolitischen Pläne der UdSSR. Nachrichten über Ort und Art der Aufbewahrung und Transporte von Edelmetallen des staatlichen Fonds, von Valuten und Banknoten.

9. Pläne und Planungsvorhaben, betreffend die Einfuhr und Ausfuhr bestimmter Waren, Bestand der Exportfonds bestimmter Waren.

10. Geologische Vorräte und Ausbeute an bunten und seltenen Metallen und Erden.

Nachrichten über Entdeckungen, Erfindungen und Verbesserungen nicht-militärischen Charakters

11. Entdeckungen, Erfindungen, technische Verbesserungen, Forschungs- und experimentelle Arbeiten auf allen Gebieten der Wissenschaft, Technik und Volkswirtschaft bis zu ihrem endgültigen Abschluß und der Erteilung der Erlaubnis zu ihrer Bekanntgabe.

Nachrichten anderer Art

12. Nachrichten, betreffend Verhandlungen und Übereinkünfte der UdSSR mit fremden Staaten, die Beziehungen der UdSSR zu diesen Staaten sowie alle anderen Maßnahmen auf dem Gebiete der Außenpolitik und des Außenhandels, die in den offiziell veröffentlichten Angaben nicht enthalten sind.

13. Staatliche Chiffren und der Inhalt eines chiffrierten Schriftverkehrs.

14. Andere Nachrichten, von denen der Ministerrat der UdSSR feststellen wird, daß ihre Verbreitung nicht gestattet ist.

80. Über die Verantwortlichkeit für die Verbreitung eines Staatsgeheimnisses und den Verlust von Urkunden, die ein Staatsgeheimnis enthalten

Dekret des Präsidiums des Obersten Sowjet der UdSSR
9. Juni 1947

Um die Gesetzgebung zu vereinheitlichen und die Verantwortlichkeit für die Verbreitung von Nachrichten zu verschärfen, die ein Staatsgeheimnis im Sinne des Verzeichnisses darstellen, das der Ministerrat der Union der SSR in seiner Verordnung vom 8. Juni d. J. aufgestellt hat*, *verordnet* das Präsidium des Obersten Sowjet der UdSSR:

1. Verbreitung von Nachrichten, die ein Staatsgeheimnis darstellen, begangen von Personen, denen diese Nachrichten anvertraut waren, oder die diese Nachrichten kraft ihrer dienstlichen Stellung erlangen konnten, wird, sofern diese Handlung nicht als Vaterlandsverrat oder Spionage beurteilt werden kann,

mit Einschließung in ein Besserungsarbeitslager auf die Dauer von acht bis zu zwölf Jahren bestraft.

2. Verbreitung von Nachrichten militärischen Charakters, die ein Staatsgeheimnis darstellen, durch eine Militärperson, wird, sofern diese Handlung nicht als Vaterlandsverrat oder Spionage beurteilt werden kann,

mit Einschließung in ein Besserungsarbeitslager auf die Dauer von zehn bis zu zwanzig Jahren bestraft.

3. Verbreitung von Nachrichten, die ein Staatsgeheimnis darstellen, durch eine Privatperson, wird, sofern diese Handlung nicht als Vaterlandsverrat oder Spionage beurteilt werden kann,

mit Einschließung in ein Besserungsarbeitslager auf die Dauer von fünf bis zu zehn Jahren bestraft.

4. Verlust von Materialien, Urkunden oder Druckschriften, die Nachrichten enthalten, die ein Staatsgeheimnis darstellen, durch einen Beamten wird, sofern nicht diese Handlung ihrer Art nach kraft Gesetzes eine schwerere Strafe nach sich zieht,

mit Einschließung in ein Besserungsarbeitslager auf die Dauer von vier bis zu sechs Jahren bestraft.

Das gleiche Verbrechen wird, wenn es schwere Folgen hervorgerufen hat,

* Siehe Dok. 79.

mit Einschließung in ein Besserungsarbeitslager auf die Dauer von sechs bis zu zehn Jahren bestraft.

5. Verlust von Urkunden, die Nachrichten enthalten, die ein Staatsgeheimnis darstellen, durch eine Militärperson wird, sofern nicht diese Handlung ihrer Art nach kraft Gesetzes eine schwerere Strafe nach sich zieht,

mit Einschließung in ein Besserungsarbeitslager auf die Dauer von fünf bis zu acht Jahren bestraft.

Das gleiche Verbrechen wird, wenn es besondere schwere Folgen hervorgerufen hat,

mit Einschließung in ein Besserungsarbeitslager auf die Dauer von acht bis zu zwölf Jahren bestraft.

6. Mitteilung oder Weitergabe einer ein Staatsgeheimnis darstellenden Erfindung, Entdeckung oder technischen Verbesserung, die innerhalb der UdSSR oder im Ausland von einem sich dort in staatlichem Auftrag aufhaltenden Bürger der UdSSR gemacht worden ist, an das Ausland wird, sofern dieses Verbrechen nicht als Vaterlandsverrat oder Spionage beurteilt werden kann,

mit Einschließung in ein Besserungsarbeitslager auf die Dauer von zehn bis zu fünfzehn Jahren bestraft.

7. Für Strafsachen, betreffend die in diesem Dekret vorgesehenen Verbrechen, sind die Militärtribunale zuständig.

81. Über die Anwendung der Dekrete vom 4. Juni 1947

Plenarbeschluß des Obersten Gerichtshofs der UdSSR
19. März 1948

Aus den vom Obersten Gerichtshof der UdSSR im Wege der Revision geprüften Strafsachen, betreffend die nach den Dekreten vom 4. Juni 1947* strafbaren Verbrechen, ist ersichtlich, daß die gerichtlichen Organe in einer Reihe von Fällen die Begriffe organisierte Gruppe (Bande) und wiederholte Begehung als qualifizierende Merkmale gemäß Art. 2 und 4 des Dekrets vom 4. Juni 1947 ›Über die strafrechtliche Verantwortlichkeit für die rechtswidrige Aneignung von staatlichem und öffentlichem Vermögen‹ sowie gemäß Art. 1 Abs. 2 und Art. 2 Abs. 2 des Dekrets vom 4. Juni 1947 ›Über die Verstärkung des Schutzes

* Vgl. Dok. 77, 78.

des persönlichen Eigentums der Bürger‹ unrichtig bestimmen. Ebenso findet sich gelegentlich eine unrichtige Beurteilung in Fällen des Raubes.

Mit Rücksicht hierauf beschließt das Plenum des Obersten Gerichtshofs der UdSSR, den Gerichten folgende leitende Weisungen zu erteilen:

1. Unter einer organisierten Gruppe oder Bande ist eine Gruppe von zwei oder mehr Personen zu verstehen, die sich im voraus zur Begehung einer oder mehrerer Aneignungstaten zusammengeschlossen haben. Dabei sind nach den entsprechenden Artikeln der Dekrete vom 4. Juni 1947 nicht nur die Rädelsführer, sondern auch die Teilnehmer der organisierten Gruppe (Bande) verantwortlich.

Da die Dekrete vom 4. Juni 1947 eine Verantwortlichkeit nicht für die Beteiligung an der organisierten Gruppe (Bande), vielmehr für die Aneignungstat vorsehen, die von einer solchen Gruppe begangen ist, müssen die Gerichte beachten, daß in den Fällen, in denen die Gruppe die Ziele, für die sie geschaffen war, nicht erreicht hat, Art. 19 StGB RSFSR und die entsprechenden Artikel der Strafgesetzbücher der anderen Unionsrepubliken, d. h. die Vorschriften anzuwenden sind, die im Falle der Vorbereitung und des Versuchs gelten.

2. Wiederholte Begehung als qualifizierendes Merkmal ist sowohl dann anzunehmen, wenn der Angeklagte bereits für eine früher begangene Aneignungstat verurteilt ist, als auch dann, wenn das Gericht feststellt, daß der Angeklagte zwei oder mehr Aneignungstaten begangen hat, mag er auch für keine dieser Taten bereits früher verurteilt worden sein. Dabei ist wiederholte Begehung auch dann anzunehmen, wenn die früher begangene Aneignungstat schon vor Erlaß der Dekrete vom 4. Juni 1947 erfolgte. Die früher begangene Aneignungstat darf nur dann nicht als qualifizierendes Merkmal zugerechnet werden, wenn bezüglich dieses Verbrechens die Vorbestraftheit des Täters aufgehoben oder erloschen ist, oder die Verjährungsfristen abgelaufen sind (Art. 14, 15 und 55 StGB RSFSR und die entsprechenden Artikel der Strafgesetzbücher der anderen Unionsrepubliken).

3. Raub, begleitet von Gewaltanwendung, die den Tod oder eine schwere Körperverletzung des Verletzten zur Folge gehabt hat, ist als Raub, verbunden mit einer für das Leben oder die Gesundheit des Verletzten gefährlichen Gewaltanwendung, d. h. gemäß Art. 2 Abs. 2 des Dekrets vom 4. Juni 1947 ›Über

die Verstärkung des Schutzes des persönlichen Eigentums der Bürger‹, zu beurteilen.

4. Rechtswidrige Aneignung von Vermögen, begangen unter den in Art. 59,3 StGB RSFSR* und den entsprechenden Artikeln der Strafgesetzbücher der anderen Unionsrepubliken bezeichneten Umständen, ist nach diesen Artikeln und, in Tateinheit hiermit, nach den entsprechenden Artikeln der Dekrete vom 4. Juni 1947 zu beurteilen.

82. Die Wiedereinführung der Todesstrafe für Vaterlandsverräter, Spione und Saboteure

Dekret des Präsidiums des Obersten Sowjet der UdSSR
12. Januar 1950

Angesichts der von seiten der nationalen Republiken, der Gewerkschaften, der bäuerlichen Organisationen sowie aus kulturellen Kreisen eingegangenen Eingaben, wonach es notwendig sei, das Dekret über die Abschaffung der Todesstrafe in dem Sinn zu ändern, daß es auf Vaterlandsverräter, Spione und Saboteure keine Anwendung findet, *verordnet* das Präsidium des Obersten Sowjet der UdSSR:

1. Als Ausnahme von dem Dekret des Präsidiums des Obersten Sowjet der UdSSR vom 26. Mai 1947 über die Abschaffung der Todesstrafe wird gegenüber Vaterlandsverrätern, Spionen und Saboteuren die Verhängung der Todesstrafe als Höchststrafe zugelassen.

2. Dieses Dekret tritt mit dem Tage seiner Veröffentlichung in Kraft.

* Der Strafrechtsartikel 59,3 (Banditentum) sah Freiheitsentzug nicht unter drei Jahren vor, verbunden mit teilweiser oder völliger Vermögenskonfiskation. Die Ergänzungen (3a–e) subsumierten darunter aber auch so unterschiedliche Dinge wie Verletzung der Arbeitsdisziplin und Dienstpflichtverletzungen des Personals der Luftfahrt und drohten dafür drakonische Strafen an.

83. »Konterrevolutionäre Verbrechen« nach Art. 58 des Strafgesetzbuches der RSFSR vom 22. November 1926 (in der am 1. Januar 1952 gültigen Fassung)

58,1. Als gegenrevolutionär gilt jede Handlung, die auf den Sturz, die Unterhöhlung oder die Schwächung der Herrschaft der Räte der Arbeiter und Bauern und der von ihnen auf Grund der Verfassung der UdSSR und der Verfassungen der Unionsrepubliken gewählten Regierungen der Arbeiter und Bauern der UdSSR, der Unionsrepubliken und autonomen Republiken oder auf die Unterhöhlung oder die Schwächung der äußeren Sicherheit der UdSSR und der grundlegenden wirtschaftlichen, politischen und nationalen Errungenschaften der proletarischen Revolution gerichtet ist.

Kraft der internationalen Solidarität der Interessen aller Werktätigen gelten Handlungen gleicher Art als gegenrevolutionär auch dann, wenn sie gegen einen anderen – der UdSSR nicht angehörenden – Staat der Werktätigen gerichtet sind. [6. Juni 1927 (SZ SSSR Nr. 49, Art. 330)]

58,1a. Vaterlandsverrat, d.h. Handlungen, begangen von Bürgern der UdSSR zum Nachteil der militärischen Macht der UdSSR, ihrer staatlichen Unabhängigkeit oder der Unantastbarkeit ihres Gebiets, wie Spionage, Preisgabe eines militärischen oder Staatsgeheimnisses, Überlaufen zum Feind, Flucht ins Ausland, wird bestraft

mit der schwersten Kriminalstrafe: Erschießung, verbunden mit Konfiskation des gesamten Vermögens; bei Vorliegen mildernder Umstände: mit zehn Jahren Freiheitsentzug, verbunden mit Konfiskation des gesamten Vermögens. [20. Juli 1934 (SZ SSSR Nr. 30, Art. 173)]

58,1b. Die gleichen Handlungen werden, wenn von einer Militärperson begangen, mit der schwersten Kriminalstrafe: Erschießung, verbunden mit Konfiskation des gesamten Vermögens, bestraft. [20. Juli 1934 (SZ SSSR Nr. 30, Art. 173)].

58,1c. Flieht eine Militärperson ins Ausland, so werden die volljährigen Mitglieder ihrer Familie, sofern sie die Vorbereitung oder Begehung des Verrats in irgendeiner Weise gefördert oder davon zwar gewußt, die Behörden aber nicht in Kenntnis gesetzt haben, bestraft

mit Freiheitsentzug von fünf bis zu zehn Jahren, verbunden mit der Konfiskation des gesamten Vermögens.

Die übrigen volljährigen Mitglieder der Familie des Verräters, die mit ihm zusammengelebt haben oder zur Zeit der Begehung des Verbrechens von ihm unterhalten worden sind, werden ihrer Wahlrechte für verlustig erklärt und auf fünf Jahre in entlegene Bezirke Sibiriens verschickt. [20. Juli 1934 (SZ SSSR Nr. 30, Art. 173)]

58,1 d. Unterläßt es eine Militärperson, von einem in Vorbereitung befindlichen oder vollendeten Verrat Anzeige zu erstatten, so zieht dies nach sich

Freiheitsentzug von zehn Jahren.

Wird eine solche Unterlassung von sonstigen Bürgern (Nichtmilitärpersonen) begangen, so wird sie gemäß Art. 58,12 verfolgt. [20. Juli 1934 (SZ SSSR Nr. 30, Art. 173)]

58,2. Bewaffneter Aufstand oder Eindringen von bewaffneten Banden in das Sowjetgebiet in gegenrevolutionärer Absicht, Ergreifung der zentralen oder örtlichen Gewalt in der gleichen und insbesondere *der* Absicht, von der UdSSR und der einzelnen Unionsrepublik irgendeinen ihrer Gebietsteile gewaltsam abzutrennen oder die von der UdSSR mit ausländischen Staaten abgeschlossenen Verträge aufzuheben, ziehen nach sich

die schwerste Maßnahme des sozialen Schutzes: Erschießung oder Erklärung zum Feind der Werktätigen, verbunden mit Vermögenskonfiskation, Aberkennung der Staatsangehörigkeit der Unionsrepublik und damit der Staatsangehörigkeit der UdSSR und dauernder Verweisung aus dem Gebiet der UdSSR; bei Vorliegen mildernder Umstände ist Herabsetzung bis zu Freiheitsentzug nicht unter drei Jahren, verbunden mit völliger oder teilweiser Vermögenskonfiskation, zulässig. [6. Juni 1927 (SZ SSSR Nr. 49, Art. 330)]

58,3. Unterhaltung von Beziehungen zu einem ausländischen Staat oder zu einzelnen Vertretern desselben in gegenrevolutionärer Absicht oder Vorschubleistung jeder Art zugunsten eines ausländischen Staates, der sich mit der UdSSR im Zustand des Krieges, der bewaffneten Intervention oder Blockade befindet, ziehen nach sich

die in Art. 58,2 dieses Gesetzbuchs bezeichneten Maßnahmen des sozialen Schutzes. [6. Juni 1927 (SZ SSSR Nr. 49, Art. 330)]

58,4. Jegliche Art der Unterstützung des Teiles der internationalen Bourgeoisie, der die Gleichberechtigung des das kapitalistische System ablösenden kommunistischen Systems nicht anerkennt und seinen Sturz erstrebt, oder der sozialen Gruppen und Organisationen, die unter dem Einfluß dieser Bourgeoisie stehen oder unmittelbar von ihr organisiert sind, bei Ausübung der der UdSSR feindlichen Tätigkeit, zieht nach sich

Freiheitsentzug nicht unter drei Jahren, verbunden mit völliger oder teilweiser Vermögenskonfiskation; bei Vorliegen besonders erschwerender Umstände Erhöhung bis zur schwersten Maßnahme des sozialen Schutzes: Erschießung oder Erklärung zum Feind der Werktätigen, verbunden mit Aberkennung der Staatsangehörigkeit der Unionsrepublik und damit der Staatsangehörigkeit der UdSSR, dauernder Verweisung aus dem Gebiet der UdSSR und Vermögenskonfiskation. [6. Juni 1927 (SZ SSSR Nr. 49, Art. 330)]

58,5. Veranlassung eines fremden Staates oder irgendwelcher in ihm bestehender sozialer Gruppen im Wege der Konspiration mit ihren Vertretern, durch Benutzung falscher Urkunden oder auf sonstige Weise zu einer Kriegserklärung, einer bewaffneten Einmischung in die Angelegenheiten der UdSSR oder zu sonstigen unfreundlichen Akten, insbesondere Blockade, Beschlagnahme von Staatseigentum der UdSSR oder der Unionsrepubliken, Abbruch der diplomatischen Beziehungen, Bruch der mit der UdSSR geschlossenen Verträge u. dgl., zieht nach sich

die in Art. 58,2 dieses Gesetzbuchs bezeichneten Maßnahmen des sozialen Schutzes. [6. Juni 1927 (SZ SSSR Nr. 49, Art. 330)]

58,6. Spionage, d. h. Weitergabe, Entwendung oder zwecks Weitergabe vorgenommene Sammlung von Nachrichten, die sich ihrem Inhalt nach als ein besonders schutzwürdiges Staatsgeheimnis darstellen, zugunsten ausländischer Staaten, gegenrevolutionärer Organisationen oder Privatpersonen, zieht nach sich

Freiheitsentzug nicht unter drei Jahren, verbunden mit völliger oder teilweiser Vermögenskonfiskation; in den Fällen jedoch, in denen die Spionage besonders schwere Nachteile für die Interessen der UdSSR herbeigeführt hat oder hätte herbeiführen können: Erhöhung bis zur schwersten Maßnahme des sozialen Schutzes: Erschießung oder Erklärung zum Feind der Werktätigen, verbunden mit der Aberkennung der Staatsangehörigkeit der Unionsrepublik und damit der Staatsangehörigkeit der UdSSR, dauernder Verweisung aus dem Gebiet der UdSSR und Vermögenskonfiskation.

Weitergabe, Entwendung oder zwecks Weitergabe vorgenommene Sammlung von wirtschaftlichen Nachrichten, die sich ihrem Inhalt nach als ein besonders schutzwürdiges Staatsgeheimnis nicht darstellen, aber gemäß einem ausdrücklichen gesetzlichen Verbot oder der Verfügung des Leiters einer Behörde, Anstalt oder Unternehmung der Bekanntgabe entzogen sind, zugunsten der oben bezeichneten Organisationen und Personen, sei es entgeltlich, sei es unentgeltlich, ziehen nach sich

Freiheitsentzug bis zu drei Jahren. [6. Juni 1927 (SZ SSSR Nr. 49, Art. 330)]

ANMERKUNG 1: Als besonders schutzwürdiges Staatsgeheimnis gelten Nachrichten, die in einem besonderen, vom Rat der Volkskommissare der UdSSR im Einvernehmen mit den Räten der Volkskommissare der Unionsrepubliken bestätigten und zur allgemeinen Kenntnis gebrachten Verzeichnis aufgeführt sind. [6. Juni 1927 (SZ SSSR Nr. 49, Art. 330)]

ANMERKUNG 2: Soweit die Spionage von einer der in Art. 193,1* dieses Gesetzbuchs bezeichneten Personen begangen wird, verbleibt es bei der Bestimmung des Art. 193,24 desselben Gesetzbuchs. [9. Januar 1928 (SZ SSSR Nr. 12, Art. 108)]

58,7. Unterhöhlung der staatlichen Industrie, des staatlichen Verkehrswesens, Handels, Geldverkehrs oder Kreditsystems sowie des Genossenschaftswesens, begangen in gegenrevolutionärer Absicht durch mißbräuchliche Benutzung staatlicher Behörden oder Unternehmen oder durch Beeinträchtigung ihrer normalen Tätigkeit, sowie mißbräuchliche Benutzung staatlicher Behörden oder Unternehmen oder die Beeinträchtigung ihrer Tätigkeit, begangen im Interesse der ehemaligen Eigentü-

* Art. 193,1 bezog sich auf aktive Militärpersonen und Reservisten; Art. 194,24 drohte für die Weitergabe militärischer Nachrichten (oder deren Vorbereitung) an fremde Regierungen Freiheitsentzug nicht unter fünf Jahren, in schweren Fällen bis zur Höchststrafe an.

mer oder interessierter kapitalistischer Organisationen, ziehen nach sich

die in Art. 58,2 dieses Gesetzbuchs bezeichneten Maßnahmen des sozialen Schutzes. [6. Juni 1927 (SZ SSSR Nr. 49, Art. 330)]

58,8. Begehung terroristischer Handlungen gegen Vertreter der Sowjetmacht oder Funktionäre revolutionärer Organisationen der Arbeiter und Bauern sowie Teilnahme auch einer gegenrevolutionären Organisation nicht angehöriger Personen an der Ausführung solcher Handlungen ziehen nach sich

die in Art. 58,2 dieses Gesetzbuchs bezeichneten Maßnahmen des sozialen Schutzes. [6. Juni 1927 (SZ SSSR Nr. 49, Art. 330)]

58,9. In gegenrevolutionärer Absicht mittels Sprengung, Brandstiftung oder auf andere Weise begangene Zerstörung oder Beschädigung von Eisenbahnen oder sonstigen Verkehrswegen und -mitteln, von nationalen Nachrichtenmitteln, Wasserleitungen, öffentlichen Depots oder sonstigen zum staatlichen oder öffentlichen Vermögen gehörigen Anlagen zieht nach sich

die in Art. 58,2 dieses Gesetzbuchs bezeichneten Maßnahmen des sozialen Schutzes. [6. Juni 1927 (SZ SSSR Nr. 49, Art. 330)]

58,10. Propaganda oder Agitation, die zu Sturz, Unterhöhlung oder Schwächung der Sowjetherrschaft oder zu Begehung einzelner gegenrevolutionärer Verbrechen (Art. 58,2–58,9 dieses Gesetzbuchs) auffordern, sowie Verbreitung, Herstellung oder Aufbewahrung von Schriften gleichen Inhalts ziehen nach sich

Freiheitsentzug nicht unter sechs Monaten.

Werden die gleichen Handlungen bei Massenaufruhr, unter Ausnutzung religiöser oder nationaler Vorurteile der Massen, während des Krieges oder an Orten, über die der Kriegszustand verhängt ist, begangen, so ziehen sie nach sich

die in Art. 58,2 dieses Gesetzbuchs bezeichneten Maßnahmen des sozialen Schutzes. [6. Juni 1927 (SZ SSSR Nr. 49, Art. 330)]

58,11. Auf die Vorbereitung oder Begehung der in diesem Kapitel vorgesehenen Verbrechen gerichtete organisatorische

Tätigkeit jeglicher Art sowie Teilnahme an einer Organisation, die zur Vorbereitung oder Begehung eines in diesem Kapitel vorgesehenen Verbrechens gebildet worden ist, ziehen nach sich

die in den entsprechenden Artikeln dieses Kapitels genannten Maßnahmen des sozialen Schutzes. [6. Juni 1927 (SZ SSSR Nr. 49, Art. 330)]

58,12. Nichtanzeige eines in Vorbereitung befindlichen oder vollendeten gegenrevolutionären Verbrechens, von dem man auf glaubwürdige Weise Kenntnis erlangt hat, zieht nach sich

Freiheitsentzug nicht unter sechs Monaten. [6. Juni 1927 (SZ SSSR Nr. 49, Art. 330)]

58,13. Aktive Handlungen und aktiver Kampf gegen die Arbeiterklasse und die revolutionäre Bewegung, ausgeführt auf verantwortlichem Posten oder im Geheimdienst (Agentur) während des zaristischen Regimes oder bei gegenrevolutionären Regierungen während des Bürgerkriegs ziehen nach sich

die in Art. 58,2 dieses Gesetzbuchs bezeichneten Maßnahmen des sozialen Schutzes. [6. Juni 1927 (SZ SSSR Nr. 49, Art. 330)]

58,14. Gegenrevolutionäre Sabotage, d. h. bewußte Nichterfüllung bestimmter Verpflichtungen oder deren vorsätzlich unzulängliche Erfüllung in der speziellen Absicht, die Macht der Regierung und das Funktionieren des Staatsapparates zu beeinträchtigen, zieht nach sich

Freiheitsentzug nicht unter einem Jahr, verbunden mit völliger oder teilweiser Vermögenskonfiskation; bei Vorliegen besonders erschwerender Umstände Erhöhung bis zur schwersten Maßnahme des sozialen Schutzes: Erschießung, verbunden mit Vermögenskonfiskation. [6. Juni 1927 (SZ SSSR Nr. 49, Art. 330)]

2. Kapitel
Die Vernichtung der innerparteilichen Opposition

Trockij und Zinov'ev hatten im Sommer 1926 ihre persönlichen Differenzen beigelegt und eine gemeinsame Offensive gegen die Parteiführung begonnen: Zusammen mit elf Gesinnungsgenossen wandten sie sich an das Zentralkomitee und an die Zentrale Kontrollkommission. Der Parteiapparat, so konstatierte die ›Erklärung der 13‹, habe sich verselbständigt, der proletarische Charakter des Staates sei im Schwinden, und auch nach außen hin, in der Komintern, verfolge man den falschen Kurs. Die bürokratische Erstarrung der Partei, so führte die Erklärung aus, sei der wahre Grund für die Fraktionsbildungen; die Regierung fördere die Groß- und Mittelbauern, statt die Arbeiterschaft und die Industrialisierung; und mit »zweifelhaften theoretischen Neuerfindungen«, gemeint war die Theorie vom »Aufbau des Sozialismus in einem Lande«, werde der Eindruck erweckt, als ob die russische Entwicklung von der »Weltrevolution« abkoppelbar sei (Dok. 84).

Die Parteiführung hatte den Angriff pariert und zurückgeschlagen: Auf der Plenarsitzung von Zentralkomitee und Kontrollkommission warf sie, Ende Juli, der Opposition spalterische Tendenzen und Fraktionsbildung vor; sie erreichte den Ausschluß Zinov'evs aus dem Politbüro, sein Mitstreiter Laševič wurde aus der Liste der Kandidaten für das Zentralkomitee gestrichen (Dok. 85). Und weil die Opposition ihre »fraktionelle Tätigkeit« daraufhin nicht eingestellt hatte, verlor, im Oktober 1926, auch Trockij seinen Platz im Politbüro; Kamenev, schon im Dezember 1925 zum bloßen Kandidaten des Politbüros zurückgestuft, mußte nun auch diesen Posten räumen, und Zinov'ev wurde zusätzlich seiner führenden Stellung in der Komintern enthoben (Dok. 87).

Im Herbst 1926 hatten Stalins Opponenten auf ganzer Linie kapituliert: Sie hatten ihre »Irrtümer« zugegeben, die Verletzung der Parteidisziplin eingestanden und alle fraktionellen Gruppierungen aufgerufen, sich aufzulösen; niemand sollte in ihrem Namen Kritik an der Parteipolitik üben können (Dok. 86). Doch als es im Frühjahr 1927 erneut um die Entwicklungsperspektiven ging, meldete sich die Opposition wieder zu Wort; ermuntert durch zwei Rückschläge der Kominternpolitik, in China und England, verschärfte man die Kritik an der Regierung: Die größte Gefahr komme nicht von außen, sondern vom Parteiregime; dem Land drohe ein »Thermidor«[1]. Das Plenum von Zentralkomitee und Zentraler Kontrollkommission war bei seiner Sitzung im Juli/August 1927 über die Vorwürfe der Opposition, ihren Wortbruch und ihr »halbdefätistisches« Auftreten im Augenblick größter Kriegsgefahr aufs höchste erregt. Zwar schloß es sich dem Antrag des Präsidiums der Zentralen Kontrollkommission, die Opponenten sofort aus dem Zentralkomitee auszuschließen, nicht an und ließ es bei einem »strengen Verweis« bewenden (Dok. 88); man akzeptierte die von der Opposition verlangte Erklärung, daß sie keine Parteispaltung wollte. Doch als sie im Herbst 1927 ihre Aktivitäten fortsetzte, illegal für den 15. Parteitag eine umfangreiche Rechtfertigung drucken ließ und die innerparteiliche Diskussion nach draußen trug, wurden Trockij und Zinov'ev (mit einer Reihe ihrer Anhänger) erst aus dem Zentralkomitee (Dok. 89), dann aus der Partei ausgeschlossen (Dok. 90).

Es gehört zu den Paradoxien der sowjetischen Entwicklung, daß die Partei, so entschieden sie sich auch von ihren linken Kritikern distanzierte, verschiedene ihrer Forderungen durchaus übernahm: die Forderung nach mehr Wirtschaftsplanung, schnellerem Ausbau der Industrie, größerer Beachtung der »Kulakengefahr«. Schon auf dem Frühjahrsplenum des Zentralkomitees (im Februar 1927) war dieser Trend bemerkbar, erst recht auf dem 15. Parteitag im Dezember. Und als im Winter 1927/28 die Getreidekrise in vollem Umfange zutage trat, wurde vor allem »der Kulak« dafür verantwortlich gemacht, und es wurde vor Anschauungen gewarnt, daß man mit allen Schichten des Dorfes in Frieden leben könne (Dok. 91).

Noch im darauffolgenden Februar nannte Stalin Gerüchte über das bevorstehende Ende der NĖP »konterrevolutionäres Geschwätz«; doch im Mai pries er bereits den Übergang zur Kollektivierung als »ersten Ausweg aus der Krise« (Dok. 92) und bezeichnete alle umlaufenden Pläne zur Stärkung der Großbauern als »reaktionär«. Kaum hatte er sich der Linken, Trockijs und Zinov'evs, entledigt, rückten seine bisherigen Bundesgenossen, Bucharin, Rykov und Tomskij, als »Rechtsab-

[1] Thermidor war der 11. Monat (19./20. Juli bis 17./18. August) des Französischen Revolutionskalenders. Hier war der Thermidor des Jahres 1794 gemeint, der Sturz der jakobinischen Diktatur und der allmähliche Aufstieg Napoleons.

weichler« ins Kreuzfeuer der Kritik. Zwar richteten sich die Interventionen zunächst gegen untergeordnete Gremien (wie die Moskauer Parteiorganisation) und noch im Oktober 1928 leugnete Stalin, eher abwiegelnd, daß es auch im Politbüro eine »rechte Gefahr« gebe (Dok. 93). Aber im Frühjahr 1929 – nach einer Kontaktaufnahme zwischen alter (Kamenev) und neuer Opposition (Bucharin) – fiel diese Rücksicht, und das Aprilplenum des Zentralkomitees und der Zentralen Kontrollkommission wurde zur Generalabrechnung mit den »Rechten« (Dok. 94). Im Sommer 1929 verloren Bucharin und Tomskij ihre Führungspositionen beim Exekutivkomitee der Komintern und bei den Gewerkschaften, im November verurteilte das Zentralkomitee alle drei Opponenten als Parteischädlinge (Dok. 95), und wenig später war in der ›Pravda‹ ihr öffentlicher Widerruf zu lesen.

Trockij war seit 1928 nach Alma-Ata verbannt, 1929 war er des Landes verwiesen worden. Seine Mitstreiter Kamenev und Zinov'ev hatten abgeschworen und waren kaltgestellt. Die Rechten behielten ihre Mitgliedschaft in Partei und Zentralkomitee, aber – wie es schien – auf Abruf. Stalin hatte den Gipfel der Macht erreicht. Zwar war er weiterhin nur Generalsekretär des bolschewistischen Zentralkomitees, und die wichtigsten Fragen, so erzählte er 1931 dem deutschen Schriftsteller Emil Ludwig, entschied das Zentralkomitee als Kollektiv (Dok. 96). Doch unter den inzwischen 70 Mitgliedern war kaum mehr einer, der schon in der Revolutionszeit dazugehört hatte, und auch im Politbüro fehlten die großen Namen von damals. Schließlich die Partei selbst: Nach mehreren Werbekampagnen war die Zahl ihrer Mitglieder und Kandidaten bis 1929 auf 1,5 Millionen angewachsen; sie überstieg 1931 die 2 Millionen- und 1933 die 3,5 Millionengrenze[2]. Der Typ des »Aufsteigers« aus der Arbeiterschaft[3], der der Bauernschaft gegenüber eher skeptisch eingestellt war, überwog, und weil den neugewonnenen Kommunisten zur Kontrolle von Staat und Wirtschaft häufig die fachlichen Voraussetzungen fehlten, waren sie nur zu gerne bereit, Anweisungen von oben entgegenzunehmen, was die Bürokratisierung ins Gigantische wachsen ließ.

Auf dem 17. Parteitag, Ende Januar/Anfang Februar 1934, gab sich die Partei ein neues Statut. Es definierte die Partei als

[2] Vgl. Tabelle 11 im Anhang.
[3] Vgl. Tabelle 10 im Anhang.

»einheitliche Kampforganisation, die durch bewußte, eiserne proletarische Disziplin zusammengehalten« werde. Abweichung vom Programm, Verletzung der Disziplin und fraktionelle Gruppierungen seien damit unvereinbar. Das Statut definierte erstmals das Grundprinzip des »Demokratischen Zentralismus« und kündigte die periodische Durchführung von »Parteisäuberungen« an (Dok. 97). Eine solche war bereits im Gange: Sie reduzierte den Parteibestand binnen zwei Jahren um 33 Prozent (oder 1,2 Mill. Mitglieder)[4].

Daß alles dies nur ein Vorspiel zu einer noch sehr viel größeren »Säuberung« sein würde, war zu diesem Zeitpunkt kaum abzusehen. Hatte Stalin bis Anfang der dreißiger Jahre seine politischen Opponenten ausgeschaltet, so holte er nun zu ihrer physischen Vernichtung aus. Im Dezember 1934 benutzte er die Ermordung des Vorsitzenden der Leningrader Parteiorganisation (Kirov), um die Strafbestimmungen für Terroranschläge drastisch zu verschärfen (siehe Dok. 72). Es spricht manches dafür, daß Stalin am Tod Kirovs nicht unschuldig war. Die Verantwortung dafür aber wurde der Opposition zugeschoben. Im Januar 1935 wurden Kamenev und Zinov'ev vor Gericht gestellt, im August 1936 (zusammen mit vierzehn weiteren Beschuldigten) ein zweites Mal. Alle Angeklagten bekannten sich schuldig, wurden verurteilt und hingerichtet. Nun rissen die Terrorurteile nicht mehr ab, und auf die Liquidierung der »Linken« folgte die der »Rechten«, allen voran Bucharins und Rykovs (Tomskij entzog sich der Verhaftung durch Selbstmord). Jedes Mal war das Ritual dasselbe: Die Beschuldigten wurden verhaftet, gestanden in der Voruntersuchung alles ein, selbst die abstrusesten Anwürfe, und wurden in Schauprozessen abgeurteilt (Dok. 98). Doch die »Säuberungen« trafen nicht nur die Parteispitze. Von den 1966 Delegierten des 17. Parteitages wurden 1108 gegenrevolutionärer Verbrechen beschuldigt und verhaftet, 70 Prozent (98 der 139) der auf dem 17. Parteitag zu Kandidaten und Mitgliedern des Zentralkomitees Gewählten überlebten die Jahre 1937/38 nicht (Dok. 99). Nur 35 der 1827 Delegierten des 18. Parteitages (1939) hatten das Parteivolk schon fünf Jahre zuvor vertreten. Die Zahl der Parteimitglieder fiel von 3,5 (1933) auf 1,9 (1938) Millionen, und Zehntausende von ihnen bezahlten die Zugehörigkeit zur Partei mit ihrem Leben.

[4] Vgl. Tabelle 11 im Anhang.

84. ›Bürokratische Degeneration von Partei und Staat‹ Die Erklärung der 13 (Auszug), Juli 1926

Die offensichtlich drohenden Erscheinungen, welche in der letzten Zeit immer mehr im Parteileben beobachtet werden können, erfordern eine aufmerksame und gewissenhafte Einschätzung. Trotz aller von oben kommenden Versuche, einen gewissen Teil der Partei von den Arbeitermassen zu isolieren und ihn vom rein parteimäßigen Wege abzustoßen, glauben wir unerschütterlich an die Wahrung der Einheit der Partei. Und deshalb wollen wir mit aller Geradheit, Deutlichkeit und sogar Schärfe hier unsere Ansichten über die Grundursachen der Krankheitserscheinungen auseinandersetzen, welche die Partei bedrohen, ohne etwas zu verschweigen, ohne etwas zu vertuschen oder abzuschwächen.

Die erste Ursache der sich immer mehr verschärfenden Krise in der Partei liegt im Bürokratismus, der während der Periode nach dem Tode Lenins ungeheuerlich gewachsen ist und fortwährend weiterwächst.

Das ZK, welches die Partei regiert, besitzt zur Einwirkung auf die Partei nicht nur ideologische und organisatorische, d. h. nicht nur parteimäßige, sondern auch staatliche und wirtschaftliche Mittel. Lenin berücksichtigte stets die Gefahr, daß die Konzentration der administrativen Gewalt in den Händen des Parteiapparates zum bürokratischen Druck auf die Partei führen wird. Gerade damals entstand die Idee von Vladimir Il'ič über die Organisation der Kontrollkommissionen, welche, ohne in ihren Händen Verwaltungsgewalt zu haben, jede notwendige Gewalt zum Kampfe gegen den Bürokratismus, zur Verteidigung der Rechte der Parteigenossen, frei heraus ihre Meinung zu sagen und ihrem Gewissen nach abzustimmen, ohne Straffolgen befürchten zu müssen, haben sollten ...

In Wirklichkeit aber, und das muß hier vor allem gesagt werden, ist die Zentrale Kontrollkommission selbst ein rein administratives Organ geworden, welches der Unterdrückung von seiten der anderen bürokratischen Organe zu Hilfe kommt und für diese den meistens sich mit Strafen beschäftigenden Teil der Arbeit ausführt, indem sie jeden selbständigen Gedanken in der Partei verfolgt, jede Stimme der Kritik, jede laut ausgesprochene Besorgnis über die Schicksale der Partei, jede kritische Bemerkung über gewisse Führer der Partei ...

Es ist vollkommen klar, daß die leitenden Zentren desto

schwerer ihre Beschlüsse mit Methoden der Parteidemokratie durchführen können, je weniger die Avantgarde der Arbeiterklasse die Politik der Zentren als ihre eigene begreift. Das Auseinandergehen der Richtung der Wirtschaftspolitik und der Richtung der Gefühle und Gedanken der proletarischen Avantgarde verstärkt unausweichlich das Bedürfnis, nach unten zu drücken, und gibt der ganzen Politik einen verwaltungstechnischen und bürokratischen Charakter. Alle anderen Erklärungen des Wachstums des Bürokratismus kommen erst in zweiter Linie und umfassen nicht den Kern der Frage.

Das Zurückbleiben der Industrie hinter der wirtschaftlichen Entwicklung des Landes im ganzen bedeutet, trotz des Wachstums der Anzahl der Arbeiter, eine Erniedrigung des spezifischen Gewichts des Proletariats in der Gesellschaft. Das Zurückbleiben der Industrieeinwirkung auf die Landwirtschaft und das rasche Wachstum des Kulakentums erniedrigen im Dorfe das spezifische Gewicht der Landarbeiter und der Dorfarmut, ihr Vertrauen zum Staate und zu sich selbst. Das Zurückbleiben des Arbeitslohnes hinter der Erhöhung des Lebensstandards der nichtproletarischen Elemente der Stadt und der Dorfspitze bedeutet unvermeidlicherweise eine Senkung des politischen und kulturellen Selbstgefühls des Proletariats als der herrschenden Klasse. Hieraus folgt speziell die offenkundige Verminderung der Aktivität der Arbeiter und der Dorfarmut bei den Wahlen zu den Sowjets, die eine allerernsthafteste Warnung für unsere Partei bedeuten ...

Das jetzige Jahr zeigt wiederum mit aller Klarheit, daß die Staatsindustrie zurückbleibt hinter der Entwicklung der Volkswirtschaft als Ganzes. Die neue Ernte trifft uns wieder ohne Warenreserven. Dabei ist aber die Entwicklung zum Sozialismus nur dann gesichert, wenn das Tempo der Entwicklung der Industrie nicht zurückbleibt hinter der allgemeinen Bewegung der Wirtschaft, sondern diese hinter sich herführt und systematisch das Land dem technischen Niveau der fortgeschrittenen kapitalistischen Länder nähert. Alles muß dieser Aufgabe unterworfen sein, die in gleicher Weise für das Proletariat wie für die Bauernschaft lebenswichtig ist. Nur unter der Bedingung einer hinreichend mächtigen Entwicklung der Industrie kann man sowohl das Wachstum des Lohnes wie auch billige Waren für das Dorf garantieren ...

In den Fragen der landwirtschaftlichen Politik wird die Gefahr des Abweichens zu den Dorfspitzen hin immer deutlicher.

Schon hört man einflußreiche Stimmen laut zugunsten dessen erklingen, daß die tatsächliche Leitung der landwirtschaftlichen Genossenschaften im Dorfe in die Hände des ›tatkräftigen‹ Mittelbauern übergeben werden soll; daß die Sparkasseneinlagen des Kulaken unter voller Wahrung des Geschäftsgeheimnisses stehen sollen; daß bei unpünktlichen Entleihern, d. h. bei armen Bauern, das notwendigste landwirtschaftliche Inventar zwangsweise verkauft werden soll usw. usw. Das Bündnis mit den Mittelbauern verwandelt sich immer häufiger in einen Kurs auf den »wohlhabenden« Mittelbauern hin, der immer häufiger ein jüngerer Bruder des Kulaken ist ...

Die Gerade-Biegung der Klassenlinie der Partei bedeutet auch die Gerade-Biegung ihrer internationalen Linie. Man muß alle zweifelhaften theoretischen Neuerfindungen beiseite werfen, welche die Sache so darstellen, als ob der Sieg des sozialistischen Aufbaus in unserem Lande nicht unzerreißbar verbunden sei mit dem Gange und dem Ausgange des Kampfes des europäischen und Weltproletariats um die Macht. Wir bauen den Sozialismus auf und werden ihn weiter aufbauen. Das europäische Proletariat wird um die Macht kämpfen. Die Kolonialvölker kämpfen für ihre Unabhängigkeit. Das ist die allgemeine Front. Jede Abteilung, jeder Abschnitt muß das Maximum dessen geben, was sie geben kann, ohne abzuwarten oder ohne die Initiative der anderen abzuwarten. Der Sozialismus in unserem Lande wird siegen im unzerreißbaren Zusammenhang mit der Revolution des europäischen Proletariats und im Kampfe des Ostens gegen das imperialistische Joch.

Die Frage der Komintern über die Richtung ihrer Politik, über ihr inneres Regime ist wieder unzerreißbar verbunden ihrerseits mit dem Regime unserer Partei, die war und bleibt: die leitende Partei der Komintern. Jede Verzerrung in unserer Partei wird unbedingt auf die Parteien in der Internationale übertragen. Desto obligatorischer ist die wirkliche bolschewistische Prüfung unserer Linie unter dem internationalen Gesichtswinkel.

Der 14. Parteitag hat eine selbständigere Teilnahme der ausländischen Parteien an der leitenden Arbeit der Komintern für notwendig erklärt. Aber auch dieser Beschluß bleibt ebenso wie die anderen auf dem Papier, und zwar nicht zufällig. Die Lösung der akuten Fragen der Komintern auf normalem, politischem und organisatorischem Wege ist nur dann möglich, wenn in unserer eigenen Partei ein normales Regime herrscht. Die mechanische Lösung der Streitfragen droht immer mehr die innere Geschlossenheit und Verbundenheit der Kommunistischen Partei zu schwächen. Im Bereich der Komintern brauchen wir eine entscheidende Wendung zu jenen Wegen, welche von Lenin vorgezeichnet und unter ihm erprobt sind ...

gez. A. Bakaev, G. Lizdin', M. Laševič, N. Muralov, A. Peterson, K. Solov'ev, G. Evdokimov, G. Pjatakov, M. Avdeev, G. Zinov'ev, N. Krupskaja, L. Trockij, L. Kamenev

85. Abberufung Zinov'evs aus dem Politbüro
Kommunique des Zentralkomitees der VKP/b (Auszug)
25. Juli 1926

Über die soeben beendete Tagung wird folgendes Kommunique veröffentlicht:

Das Plenum des Zentralkomitees der Kommunistischen Partei der Sowjetunion beschäftigte sich mit einer Reihe wichtiger Fragen des staatlichen und wirtschaftlichen Aufbaues sowie des innerparteilichen Lebens.

Nach Anhörung des Referates der Zentralen Kontrollkommission über nach dem 14. Parteitage eingetretene Fälle fraktioneller Tätigkeit und Verletzung von Beschlüssen früherer Parteitage betreffs Wahrung der Einheit der Partei durch einige führende Parteimitglieder sowie über den Zusammenhang dieser fraktionellen Tätigkeit mit dem Apparat des Exekutivkomitees der Komintern (EKKI), das unmittelbar von dem Mitgliede des Politbüros, Genossen Zinov'ev, geleitet wird, beschloß das Plenum, Genossen Zinov'ev vom Posten eines Mitgliedes des Politbüros des CK abzuberufen und Genossen Laševič aus der Reihe der Kandidaten des CK auszuschließen. An Stelle des Genossen Zinov'ev wurde Genosse Rudzutak zum Mitgliede des Politbüros gewählt ...

Die Resolution über die Wahrung der Einheit der Partei weist darauf hin, daß die zur Zeit des 14. Parteitages entstandene und von letzterem verurteilte Opposition, obwohl ihr die Möglichkeit blieb, sich in sämtlichen führenden Institutionen zu betätigen, doch weiter auf ihren vom Parteitage festgestellten Irrtümern beharrte und in ihrem Kampfe den Boden rechtmäßiger Verteidigung ihrer Ansichten im Rahmen des Parteistatuts verließ. In der letzten Zeit verletzte die Opposition die Beschlüsse früherer Parteitage betreffs Wahrung der Parteieinheit und versuchte, eine illegale fraktionelle Organisation zu schaffen, die der Partei gegenüberstand und gegen deren Einheit vorging. Dieser Versuch äußerte sich in der Abhaltung illegaler, konspirativer Versammlungen, im Druck und Versand von in Moskau und anderen Städten tendenziös gesammelten geheimen Parteidokumenten (Geheimdokumente des Politbüros, verbreitet unter Parteimitgliedern und versandt an die Organisationen von Brjansk, Saratov, Vladivostok, Pjatigorsk, Omsk, Gomel', Odessa), im Entsenden von Agenten nach anderen Parteiorganisationen zwecks Schaffung illegaler fraktioneller Gruppen (Odessareise Belen'kijs zwecks Organisierung einer illegalen Fraktion und Feststellung besonderer Chiffren und Parteiquartiere). Festgestellt ist, daß die Fäden dieses fraktionellen Vorgehens der Opposition zum Apparat des EKKI laufen, an dessen Spitze Zinov'ev steht. Die Resolution hebt besonders die Tatsache einer illegalen fraktionellen Versammlung im Walde bei Moskau hervor, die der Mitarbeiter des CK und der Komintern, Genosse Belen'kij organisierte und als Vorsitzender leitete. – In dieser geheimen Versammlung trat der Kandidat des CK Genosse Laševič auf und forderte die Anwesenden auf, sich zum Kampfe gegen die Partei und das von letzterer gewählte CK zu organisieren.

Die Resolution des Plenums betont, daß alle diese desorganisatorischen Handlungen der Opposition bezeugen, daß die Opposition beschlossen hat, von der legalen Verteidigung ihrer Ansichten zur Schaffung einer illegalen Organisation in der gesamten Sowjetunion überzugehen, die sich der Partei gegenüberstellt, und also eine Spaltung vorbereitet. Diese Tätigkeit der neuen Opposition rief eine Belebung unter den von der Partei verurteilten Gruppierungen hervor und trieb diese kläglichen Überreste antiparteilicher Spaltungsgruppen zur Aufnahme der Arbeit gegen die Partei und deren Einheit, gestützt auf die neue Opposition. Die wachsende Fraktionsarbeit der neuen Opposition führte sie zum Spiel mit der Idee zweier Parteien und verschärfte außerordentlich die antileninistische Richtung der Opposition: Zweifel an den Kräften des Proletariats und Pessimismus gegenüber dem sozialistischen Aufbauwerk im allgemeinen und insbesondere gegenüber dem Aufbau der sozialistischen Industrie; Tendenz, das Bündnis des Proletariats mit der Bauernschaft (Mittelbauern) zu zerstören, das heißt Aufhebung des Prinzips, das uns nach Lenin »höchstes Prinzip der proletarischen Diktatur« ist ...

Die Resolution stellt fest, daß die Tätigkeit der Opposition bisher in keiner einzigen Parteiorganisation Anklang gefunden hat, jedoch könnte eine weitere Entwicklung der fraktionellen Tätigkeit eine Spaltungsgefahr zeitigen.

Das Plenum ruft alle Parteimitglieder zur Einheit, Geschlossenheit und Einhaltung bolschewistischer Disziplin auf.

Ferner nahm das Plenum Resolutionen über den Wohnungsbau und über die Getreidebeschaffung an.

86. Schuldeingeständnis der Opposition gegenüber CK und CKK der VKP/b (Auszug), 16. Oktober 1926

Auf dem 14. Parteitage der KP der Sowjetunion und nach diesem gingen wir und die Mehrheit des Parteitages und des Zentralkomitees in einer Reihe prinzipieller Fragen auseinander. Unsere Ansichten sind in offiziellen Dokumenten, sowie in den auf dem Parteitag, im Plenum des Zentralkomitees und im Politbüro von uns gehaltenen Reden dargelegt. Auch gegenwärtig stehen wir auf dem Boden dieser Ansichten. Wir verwerfen jedoch entschieden die Theorie und die Praxis der »Freiheit von Fraktionen und Gruppierungen« und erkennen an, daß eine derartige Theorie und Praxis den Grundlagen des Leninismus und den Parteibeschlüssen widersprechen. Wir halten es für unsere Pflicht, die Beschlüsse der Partei über die Unzulässigkeit fraktioneller Tätigkeit durchzuführen. Zugleich erachten wir es als unsere Pflicht, offen vor der Partei anzuerkennen, daß wir und unsere Gesinnungsgenossen bei der Vertretung unserer Anschauungen in einer Reihe von Fällen nach dem 14. Parteitag Schritte begangen haben, die die Parteidisziplin übertraten, und daß wir über die von der Partei festgelegten Grenzen des ideologischen Kampfes innerhalb der Partei hinaus einen fraktionellen Weg einschlugen. Indem wir diese Schritte als durchaus irrig erachten, erklären wir, daß wir uns von den fraktionellen Methoden der Verfechtung unserer Anschauungen entschieden lossagen, da diese Methoden die Parteieinheit gefährden, und dazu alle Genossen, die unsere Ansichten teilen, aufrufen. Wir rufen zur sofortigen Auflösung sämtlicher fraktionellen Gruppierungen, die sich um die Ansichten der »Opposition« gebildet haben, auf. Gleichzeitig erkennen wir an, daß wir durch unser Auftreten in Moskau und Leningrad im Oktober die Entschließung des Zentralkomitees über die Unzulässigkeit der Diskussion übertreten haben, indem wir eine derartige Diskussion entgegen den Entschließungen des Zentralkomitees eröffneten. Falsch war die Erwähnung des Stockholmer Kongresses auf dem 14. Parteitage*, denn diese Erwähnung konnte als Perspektive einer Spaltung und als eine Drohung mit Spaltung gedeutet werden, obwohl dies von der Genossin Krupskaja keinesfalls beabsichtigt wurde. Eine derartige Perspektive verwerfen wir einmütig als eine solche, die verderblich ist und mit unserem Standpunkte nichts gemeinschaftlich hat. Wir verurteilen entschieden eine solche an der Komintern oder der Politik unserer Partei geübte Kritik, die in eine Hetze übergeht, die die Stellung der Komintern als der Kampforganisation des internationalen Proletariats, die Kommunistische Partei der Sowjetunion als den Vorposten der Komintern, oder die Sowjetunion als den ersten Staat der proletarischen Diktatur schwächt. Nicht allein die Agitation der Korsch** und Konsorten, die mit dem Kommunismus gebrochen haben, sondern ein jeder, der diese Grenzen überschreitet, wird unsererseits stets auf energische Abwehr stoßen. Wir sprechen kategorisch denen, die eine Agitation irgendwelcher Art gegen die Komintern, die KP der Sowjetunion oder die Sowjetunion führen, das Recht ab, auf irgendwelche Solidarität mit uns Anspruch zu erheben . . .

gez. Zinov'ev, Trockij, Kamenev, Pjatakov,
Sokolnikov, Evdokimov

87. Beschlüsse des Vereinigten Plenums von Zentralkomitee und Zentraler Kontrollkommission gegen Trockij, Zinov'ev, Kamenev und andere (Auszug), 23. Oktober 1926

Nach Entgegennahme der Berichte des Genossen Molotov vom Politbüro des CK und des Genossen Jaroslavskij von der CKK über die innerparteiliche Lage im Zusammenhang mit der frak-

* Die Krupskaja erinnerte an den (gemeinsamen) Stockholmer Parteitag der Russischen Sozialdemokratie (1906), wo sich auch die Mehrheit (die Menschewiki) geirrt hätten und die Bolschewiki in der Minderheit blieben.

** Karl Korsch (1889–1961), deutscher Sozialdemokrat und Kommunist, 1925 aus der KPD ausgeschlossen.

tionellen Tätigkeit und der Verletzung der Parteidisziplin seitens einer Reihe von Mitgliedern des CK nahm das Plenum folgende Entschließung an:

1. erteilt das Plenum des CK und der CKK in Anbetracht der Verletzung der Parteidisziplin durch die Mitglieder des CK, die Genossen Trockij, Zinov'ev, Kamenev, Pjatakov, Evdokimov, Sokolnikov und Smilga, und durch die Kandidatin zum CK, Genossin Nikolaeva, all diesen Genossen einen Verweis und hält ihnen die Unzulässigkeit eines derartigen Verhaltens von Mitgliedern eines führenden Parteiorgans vor.

2. Da Genosse Zinov'ev die Linie der VKP/b in der Kommunistischen Internationale nicht vertritt und infolge seiner führenden fraktionellen Tätigkeit in der Komintern das Vertrauen einer Reihe kommunistischer Parteien (KPD, KPGB, KPF und Workers Party of America) eingebüßt hat, erachten Zentralkomitee und Zentrale Kontrollkommission eine weitere Arbeit des Genossen Zinov'ev in der Komintern für unmöglich.

3. In Anbetracht der führenden fraktionellen Tätigkeit der Genossen Trockij und Kamenev nach dem Juli-Plenum von CK und CKK beschließt das Plenum von CK und CKK, Genossen Trockij von den Pflichten eines Mitglieds des Politbüros des CK und Genossen Kamenev von den Pflichten eines Kandidaten des Politbüros des CK zu entheben.

88. Über die Verletzung der Parteidisziplin durch die Genossen Zinov'ev und Trockij

Resolution des Vereinigten Plenums von CK und CKK der VKP/b (Auszug), 9. August 1927

Das Vereinigte Plenum des CK und der CKK konnte nicht umhin, zu konstatieren, daß die Führer der Opposition (Trockij und Zinov'ev) dank allen diesen Verbrechen gegen die Partei und das Proletariat in eine Sackgasse, in ein feindseliges Verhältnis zur Partei geraten sind und die Partei vor die Notwendigkeit gestellt haben, ihnen gegenüber die Beschlüsse des 10. Parteitages unserer Partei bezüglich der Parteieinheit zur Anwendung zu bringen.

Der Beschluß des 10. Parteitages über die Parteieinheit verpflichtet das Vereinigte Plenum des CK und der CKK nicht nur, die Frage des Ausschlusses der offensichtlichen Spalter und Desorganisatoren der Partei aus dem CK und der Komintern, sondern auch aus der Partei zu stellen. Dessenungeachtet hat das Präsidium der CKK aus dem Wunsche heraus, den Führern der Opposition die Möglichkeit zu geben, ihre Fehler zu korrigieren und von ihren Verbrechen gegen die Partei abzurücken, sich auf den Vorschlag eines Ausschlusses der Genossen Trockij und Zinov'ev aus dem CK der VKP/b beschränkt.

Darüber hinaus machten das Präsidium der CKK und das Vereinigte Plenum des CK und der CKK aus dem Wunsche heraus, den in die Sackgasse geratenen Führern der Opposition einen Ausweg und den Frieden der Partei zu ermöglichen, den letzten Versuch, die Genossen Trockij und Zinov'ev im CK zu erhalten, indem sie ihnen die Annahme einer Reihe von elementaren Bedingungen vorschlugen, die für die Mitglieder der bolschewistischen Partei unbedingt verpflichtend und für den Frieden der Partei unumgänglich sind, und zwar:

1. Der halbdefätistischen Theorie des Genossen Trockij angesichts der Kriegsgefahr (Thesen des Genossen Trockij über Clémenceau)* zu entsagen, den Weg einer unbedingten und vorbehaltlosen Verteidigung unseres sozialistischen Vaterlandes gegen den Imperialismus zu betreten und die oppositionelle Verleumdung über eine Thermidor-Entartung unserer Partei- und Sowjetführung zu verurteilen.

2. Die Spaltungspolitik in der Komintern aufzugeben, die Partei der aus der Komintern ausgeschlossenen Maslow und Ruth Fischer** zu verurteilen, jede Verbindung mit dieser antileninistischen und spalterischen Partei zu lösen und alle Beschlüsse der Kommunistischen Internationale durchzuführen.

3. Die Spaltungspolitik in der VKP/b aufzugeben, den Versuch zur Schaffung einer zweiten Partei zu verurteilen, die Fraktion aufzulösen und die Verpflichtung zu übernehmen, alle Beschlüsse der VKP/b und des Zentralkomitees auszuführen.

* Den Appell, die Differenzen angesichts der äußeren Kriegsgefahr zurückzustellen, hatte Trockij mit dem Hinweis auf die Haltung Clémenceaus im Weltkrieg beantwortet: Clémenceau forderte – in scharfer Kritik an der Regierung – die Mobilisierung aller Kräfte und realisierte als Ministerpräsident schließlich dieses Programm.

** Arkadij Maslow (Maslov, 1891–1941) war gebürtiger Russe, lebte aber seit 1899 in Deutschland. Ruth Fischer (Parteiname, eigentlich Elfriede Eisler, 1895–1961) war Mitbegründerin der KP Österreichs und übersiedelte 1919 von Wien nach Berlin. Maslow und Fischer galten als Führer der linken Opposition innerhalb der KPD; sie übernahmen 1924 die KPD-Führung, stellten sich 1925 im russischen Fraktionskampf (in einem ›Offenen Brief‹) auf die Seite der linken Opposition, verloren daraufhin ihre Parteiämter und wurden 1926 aus der KPD ausgeschlossen.

Trotz der Nachgiebigkeit des Plenums des CK und der CKK und trotz dieses elementaren Charakters der Bedingungen weigerten sich die Führer der Opposition, sie anzunehmen.

Erst nachdem das Vereinigte Plenum des CK und der CKK infolgedessen gezwungen war, die Resolution über den Ausschluß der Genossen Trockij und Zinov'ev aus dem CK der Partei anzunehmen, erst dann hielt es die Opposition für notwendig, den Rückzug anzutreten, sich von einer Reihe ihrer Fehler loszusagen und sich in der Hauptsache, wenn auch mit Vorbehalten, mit dem Vorschlage des Plenums des CK und der CKK nach Abgabe einer entsprechenden »Erklärung« einverstanden zu erklären.

Im Hinblick darauf beschließt das Vereinigte Plenum des CK und der CKK die Frage des Ausschlusses der Genossen Zinov'ev und Trockij aus dem CK der Partei aus der Debatte zu ziehen und ihnen einen strengen Verweis und eine Verwarnung zu erteilen . . .

89. Ausschluß von Trockij und Zinov'ev aus dem Zentralkomitee

Beschluß des Vereinigten Plenums von CK und CKK der VKP/b (Auszug), 25. Oktober 1927

Das Vereinigte Plenum des CK und der CKK vom August 1927 hat gegenüber den Genossen Trockij und Zinov'ev hochgradige Duldsamkeit an den Tag gelegt, indem es diesen Genossen die Möglichkeit gab, ihr Versprechen vom 8. August über die Vernichtung der Elemente des Fraktionswesens einzuhalten, und sich auf eine Verwarnung beschränkte, die eine letzte Verwarnung war. Die Genossen Trockij und Zinov'ev betrogen jedoch abermals die Partei und verletzten die von ihnen übernommenen Verpflichtungen in gröbster Weise, indem sie die »Elemente des Fraktionswesens« nicht nur nicht vernichteten, sondern im Gegenteil den Fraktionskampf gegen die Partei und gegen deren Einheit auf eine Stufe brachten, die an die Bildung einer neuen antileninistischen Partei gemeinsam mit bürgerlichen Elementen grenzte.

In Anbetracht dessen beschließt das Vereinigte Plenum des CK und der CKK, die Genossen Trockij und Zinov'ev aus dem CK auszuschließen . . .

90. Parteiausschluß von Trockij und Zinov'ev
Ausgesprochen von CK und CKK der VKP/b (Auszug)
14. November 1927

1. Um eine richtige und reguläre Vorbereitung zum 15. Parteitag für die ganze Partei sicherzustellen, veröffentlichte das Zentralkomitee der VKP/b, in Übereinstimmung mit den Statuten, mehr als einen Monat vor Parteitagsbeginn die Thesen des CK und veröffentlichte im ›Diskussionsblatt‹ die Gegenthesen der Opposition unverzüglich nach ihrem Erhalt; es gewährte der Opposition die uneingeschränkte Möglichkeit zur Verteidigung ihrer Ansichten sowohl in der Presse, wie in den Parteiorganisationen und Parteizirkeln, wobei weder Genosse Zinov'ev noch Genosse Trockij es für nötig befanden, auf Parteiversammlungen aufzutreten, und statt dessen fortgesetzt nichtlegale Versammlungen ohne Teilnahme von Parteivertretern abhielten.

2. Davon abgesehen sagte sich die Opposition nicht nur nicht von ihrer Politik der Spaltung und der Zerstörung der Einheit der Partei los, sondern verstärkte im Gegenteil noch ihr zerstörerisches Tun ...

3. Die Zentrale Kontrollkommission und das Zentralkomitee der VKP/b erachten diese Aktivitäten als vollkommen unvereinbar mit der Mitgliedschaft in der Partei, um so mehr mit der Zugehörigkeit zu CK und CKK, und verordnen

a) aus dem Bestand des CK und der CKK die folgenden CK-Mitglieder und -Kandidaten auszuschließen: die Genossen Kamenev, Smilga, Evdokimov, Rakovskij, Avdeev, sowie die CKK-Mitglieder: Muralov, Bakaev, Šklovskij, Peterson, Solov'ev und Lizdin';

b) die genannten Genossen sind notwendigerweise auch von führenden Posten in der Partei- und Sowjetarbeit zu entfernen;

c) was Trockij und Zinov'ev betrifft – die Hauptführer der ganzen parteifeindlichen Tätigkeit, die offen in eine antisowjetische übergeht und die Diktatur des Proletariates unterminiert –, so stellen sie fest, daß die an die Genossen Zinov'ev und Trockij auf der Sitzung vom 11. November 1927 gestellte kategorische Forderung, unverzüglich die Abhaltung nichtlegaler parteifeindlicher Versammlungen einzustellen und damit aufzuhören, parteiinterne Diskussionen nach draußen zu tragen, von ihnen mit demonstrativem Auszug aus der Sitzung des CKK-Präsidiums beantwortet wurde, wobei sie Stunden später eine schriftliche Antwort vom 11. November 1927 schickten, in der sie im Grunde die für jedes Parteimitglied elementaren Verpflichtungen ablehnten; die Genossen Trockij und Zinov'ev sind deshalb aus den Reihen der VKP/b auszuschließen;

d) den Genossen Kamenev, Smilga, Evdokimov, Rakovskij, Avdeev, Radek, Muralov, Bakaev, Šklovskij, Peterson, Solov'ev und Lizdin' anzukündigen, daß die Frage der Vereinbarkeit ihrer fraktionellen Tätigkeit mit dem Verbleiben in den Reihen der VKP/b vom Präsidium der CKK auf die Tagesordnung des 15. Parteitages gesetzt werden wird.

91. Stalin über die Beschaffungskampagne und die weiteren Aufgaben der Partei
Schreiben an alle Parteiorganisationen (Auszug)
13. Februar 1928

Aus der Reihe der Ursachen, die für die Krise in der Getreidebeschaffung bestimmend waren, sind folgende hervorzuheben:

1. Das Dorf wächst und wird reicher. Gewachsen und reich geworden ist vor allem der Kulak. Drei Jahre guter Ernte sind nicht spurlos vorübergegangen. Getreideüberschüsse gibt es in diesem Jahr nicht weniger als im Vorjahr, ebenso wie es auch Industriewaren im Lande in diesem Jahr nicht weniger, sondern mehr als im Vorjahr gibt. Indes erhielten die wohlhabenden Schichten des Dorfes in diesem Jahr die Möglichkeit, sich die notwendigen Mittel durch Verkauf von Rohstoffkulturen, Fleischprodukten usw. zu verschaffen und das Getreide zurückzuhalten, um die Preise für das Getreide in die Höhe zu schrauben. Zwar kann man nicht sagen, daß der Kulak über die Hauptmasse des Getreides verfügt, aber er ist eine wirtschaftliche Autorität im Dorf, er ist eng mit dem städtischen Spekulanten liiert, der mehr für das Getreide zahlt, und er hat die Möglichkeit, den Mittelbauern, was die Erhöhung der Getreidepreise, die Untergrabung der sowjetischen Preispolitik betrifft, unter seinen Einfluß zu bringen, da er keinem Widerstand seitens unserer Beschaffungsorganisationen begegnet.

2. Unsere Beschaffungsorganisationen sind ihrer Aufgabe nicht gerecht geworden. Unter Mißbrauch der Qualitätsvergütung und »gesetzlicher« Preiszuschläge jeder Art trieben unsere Beschaffungsorganisationen, anstatt die Spekulation zu zügeln, eine tolle Konkurrenz untereinander, untergruben die einheitliche Front der Beschaffungsorgane, trieben die Getreidepreise in

die Höhe und halfen so, ohne es zu wollen, den Spekulanten und Kulaken, die sowjetische Preispolitik zu untergraben, die Marktlage zu verschlechtern, die Getreidebeschaffung zu vermindern.

3. Die Linie unserer Arbeit auf dem Lande wurde in einer ganzen Reihe von Bezirken entstellt. Die Grundlosung der Partei – »Stütze dich auf die Dorfarmut, schließe ein festes Bündnis mit dem Mittelbauern, stelle keine Minute lang den Kampf gegen das Kulakentum ein« – wurde nicht selten falsch durchgeführt. Während die Parteiorganisationen es gelernt haben, das Bündnis mit dem Mittelbauern herzustellen, was eine gewaltige Errungenschaft für die Partei ist, haben sie die Arbeit mit der Dorfarmut bei weitem noch nicht überall in Fluß gebracht. Was den Kampf gegen das Kulakentum und die Kulakengefahr betrifft, so ist auf diesem Gebiet von unseren Parteiorganisationen bei weitem noch nicht alles getan worden, was sie hätten tun müssen. Hieraus erklärt sich unter anderem auch die Tatsache, daß in unseren Organisationen, sowohl in den Parteiorganisationen als auch in anderen, in letzter Zeit gewisse parteifremde Elemente in Erscheinung getreten sind, die die Klassen auf dem Lande nicht sehen, die Grundlagen unserer Klassenpolitik nicht verstehen und versuchen, ihre Arbeit so einzurichten, daß sie niemand im Dorfe vor den Kopf stoßen, mit dem Kulaken in Frieden leben und überhaupt unter »allen Schichten« des Dorfes ihre Popularität erhalten. Es ist klar, daß das Vorhandensein solcher »Kommunisten« im Dorf nicht dazu angetan sein konnte, unsere Arbeit auf dem Lande zu verbessern, die Ausbeuterneigungen des Kulakentums einzuschränken und die Dorfarmut um die Partei zusammenzuschließen.

Das Gerede darüber, daß wir angeblich die NĖP aufheben, die Ablieferungspflicht einführen, die Enteignung der Kulaken betreiben usw., ist konterrevolutionäres Geschwätz, gegen das ein entschiedener Kampf geführt werden muß. Die NĖP ist die Grundlage unserer Wirtschaftspolitik und wird es für eine lange geschichtliche Periode bleiben. Die NĖP bedeutet Warenumsatz und Zulassung des Kapitalismus unter der Bedingung, daß der Staat das Recht und die Möglichkeit behält, den Handel vom Standpunkt der Diktatur des Proletariats zu regulieren. Ohne dies würde die Neue Ökonomische Politik eine einfache Wiederherstellung des Kapitalismus bedeuten, was die konterrevolutionären Schwätzer, die von einer Aufhebung der NĖP reden, nicht begreifen wollen.

92. Stalin zur Lösung der Agrarkrise
Unterredung mit Studenten der Sverdlov-Universität (Auszug), 28. Mai 1928

... Es gibt Leute, die den Ausweg aus dieser Lage in der Rückkehr zur Kulakenwirtschaft, in der Entwicklung und Entfaltung der Kulakenwirtschaft sehen. Diese Leute wagen es nicht, von einer Rückkehr zur Gutswirtschaft zu sprechen, da sie offensichtlich begreifen, daß es heutzutage gefährlich ist, von solchen Dingen zu schwatzen. Aber sie sprechen um so lieber von der Notwendigkeit, in jeder Weise die Entwicklung der Kulakenwirtschaft zu fördern, im Interesse ... der Sowjetmacht. Diese Leute sind der Meinung, daß sich die Sowjetmacht gleichzeitig auf zwei entgegengesetzte Klassen stützen könnte – auf die Klasse der Kulaken, deren Wirtschaftsprinzip die Ausbeutung der Arbeiterklasse ist, und auf die Klasse der Arbeiter, deren Wirtschaftsprinzip die Beseitigung jeder Ausbeutung ist. Ein Kunststück, das eines Reaktionärs würdig ist.

Es bedarf keiner Beweise, daß diese reaktionären »Pläne« nichts mit den Interessen der Arbeiterklasse, mit den Prinzipien des Marxismus, mit den Aufgaben des Leninismus gemein haben. Das Gerede, der Kulak sei »nicht schlimmer« als der städtische Kapitalist, der Kulak stelle keineswegs eine größere Gefahr dar als der Nepman in der Stadt, und wir hätten deswegen jetzt das Kulakentum nicht »zu fürchten« – dieses Gerede ist leeres liberales Geschwätz, das die Wachsamkeit der Arbeiterklasse und der großen Massen der Bauernschaft einschläfert. Man darf nicht vergessen: Während wir in der Industrie dem kleinen Kapitalisten in der Stadt die sozialistische Großindustrie entgegensetzen können, die neun Zehntel der gesamten Masse der Industriewaren liefert, können wir der kulakischen Großproduktion im Dorfe auf dem Gebiet der Produktion nur die noch nicht erstarkten Kollektiv- und Sowjetwirtschaften entgegensetzen, die bloß den achten Teil des Getreides produzieren, das die Kulakenwirtschaften erzeugen. Die Bedeutung der kulakischen Großwirtschaft im Dorfe verkennen, die Tatsache verkennen, daß das spezifische Gewicht des Kulakentums im Dorfe hundertmal größer ist als das der kleinen Kapitalisten in der städtischen Industrie, das hieße den Verstand verlieren, mit dem Leninismus brechen, auf die Seite der Feinde der Arbeiterklasse überlaufen.

Wo ist also der Ausweg aus dieser Lage?

1. Der Ausweg besteht vor allem darin, von den kleinen, rückständigen und zersplitterten Bauernwirtschaften zu vereinigten, großen, gesellschaftlichen Wirtschaften überzugehen, die mit Maschinen versehen, mit den Errungenschaften der Wissenschaft ausgerüstet und imstande sind, ein Maximum an Warengetreide zu produzieren. Der Ausweg besteht im Übergang von der individuellen Bauernwirtschaft zum kollektiven, zum gesellschaftlichen Betrieb in der Landwirtschaft ...

2. Der Ausweg besteht zweitens darin, die alten Sowjetwirtschaften zu erweitern und zu festigen, neue große Sowjetwirtschaften zu organisieren und zu entwickeln. Nach Angaben der Statistischen Zentralverwaltung betrug die Bruttoproduktion an Getreide in den zur Zeit bestehenden Sowjetwirtschaften im Jahre 1927 nicht weniger als 45 Millionen Pud, bei einem Warenteil der Produktion von 65 Prozent. Zweifellos könnten die Sowjetwirtschaften bei einer bestimmten Unterstützung durch den Staat die Getreideproduktion bedeutend steigern ...

3. Der Ausweg besteht schließlich darin, die Ertragsfähigkeit der kleinen und mittleren individuellen Bauernwirtschaften systematisch zu heben. Wir können und dürfen die individuelle kulakische Großwirtschaft nicht unterstützen. Aber wir können und müssen die kleine und mittlere individuelle Bauernwirtschaft unterstützen, indem wir ihre Ertragsfähigkeit heben und sie in die Bahnen der genossenschaftlichen Organisation lenken ...

93. Stalin über die »rechte Gefahr« in der Partei
Aus einer Rede vor dem Moskauer Parteikomitee und der Moskauer Kontrollkommission, 19. Oktober 1928

Wir können uns jedoch nicht vorwärtsbewegen, ohne die Schwierigkeiten zu überwinden, vor denen wir stehen. Um aber die Schwierigkeiten zu überwinden, muß man vor allem die rechte Gefahr niederkämpfen, muß man vor allem die rechte Abweichung überwinden, die den Kampf gegen die Schwierigkeiten hemmt und den Willen unserer Partei, für die Überwindung der Schwierigkeiten zu kämpfen, zu untergraben versucht.

... Die Frage nach den Trägern der rechten Abweichung ist zweifellos von Interesse, wenn auch nicht entscheidend. Wir sind auf Träger der rechten Gefahr in den unteren Organisationen unserer Partei während der Getreidebeschaffungskrise im vergangenen Jahr gestoßen, als eine ganze Reihe von Kommunisten in den Landbezirken und Dörfern gegen die Politik der Partei auftrat und auf einen Zusammenschluß mit den Kulakenelementen hinarbeitete. Sie wissen, daß Elemente dieser Art im Frühjahr dieses Jahres aus unserer Partei ausgeschlossen wurden, was in dem bekannten Dokument des CK unserer Partei vom Februar dieses Jahres ausdrücklich erwähnt wird*.

Es wäre jedoch falsch zu behaupten, daß solche Elemente nicht in unserer Partei geblieben seien. Geht man höher hinauf, in die Kreis- und Gouvernementsorganisationen der Partei, forscht man im Sowjet- und Genossenschaftsapparat gründlich nach, so wird man dort ohne Mühe Träger der rechten Gefahr und des Versöhnlertums ihr gegenüber finden können. Bekannt sind die »Briefe«, »Erklärungen« und sonstigen Dokumente einer Reihe von Funktionären unseres Partei- und Sowjetapparats, in denen sich die Neigung zur rechten Abweichung mit aller Bestimmtheit gezeigt hat. Sie wissen, daß diese Briefe und Dokumente im stenographischen Protokoll des Juli-Plenums des CK erwähnt wurden.

Geht man noch höher hinauf und fragt man, wie die Dinge bei den Mitgliedern des CK liegen, so muß man zugeben, daß auch unter den Mitgliedern des CK gewisse, wenn auch überaus unbedeutende Elemente versöhnlerischer Haltung gegenüber der rechten Gefahr vorhanden sind. Das stenographische Protokoll des Juli-Plenums des CK ist ein direkter Beweis dafür.

Und wie sieht es im Politbüro aus? Gibt es im Politbüro irgendwelche Abweichungen? Im Politbüro gibt es weder Rechte noch »Linke«, noch Versöhnler ihnen gegenüber. Das muß hier ganz kategorisch gesagt werden. Es ist höchste Zeit, dem Klatsch ein Ende zu bereiten, der von Elementen, die der Partei nicht wohlwollend gesinnt sind, sowie von Oppositio-

* Im Anschluß an seine Ausführungen zur Beschaffungskampagne (auszugsweise abgedruckt in Dok. 91) hatte Stalin Direktiven des Zentralkomitees der KPdSU verkündet, in denen es u. a. hieß: »Im Verlauf der Beschaffungskampagne ist die Überprüfung und die entschiedene Säuberung der Partei-, Sowjet- und Genossenschaftsorganisationen fortzusetzen, fremde Elemente und Elemente, die sich diesen Organisationen angebiedert haben, sind aus ihnen zu vertreiben und durch disziplinierte Parteifunktionäre und erprobte parteilose Funktionäre zu ersetzen.«

nellen aller Art verbreitet wird, wonach es im Politbüro unseres CK eine rechte Abweichung oder ein versöhnlerisches Verhalten ihr gegenüber gebe ...

94. Stalin über die »rechte Abweichung« in der Partei
Aus einer Rede auf dem Plenum von CK und CKK 16.–23. April 1929

Ich komme zu den Schlußfolgerungen.

Ich schlage folgendes vor:

1. Vor allem sind die Anschauungen der Bucharin-Gruppe zu verurteilen. Die Anschauungen dieser Gruppe, die in ihren Deklarationen und in den Reden ihrer Vertreter dargelegt wurden, sind zu verurteilen, wobei festgestellt werden muß, daß diese Anschauungen unvereinbar sind mit der Linie der Partei und daß sie voll und ganz mit der Position der rechten Abweichung übereinstimmen.

2. Die Verhandlungen, die Bucharin mit der Kamenev-Gruppe hinter den Kulissen geführt hat, sind als krassester Ausdruck der Illoyalität und des fraktionellen Charakters der Bucharin-Gruppe zu verurteilen.

3. Die Demissionspolitik, die von Bucharin und Tomskij praktiziert wurde, ist als grobe Verletzung der elementaren Forderungen der Parteidisziplin zu verurteilen.

4. Bucharin und Tomskij sind ihrer Posten zu entheben und zu warnen, daß das CK bei dem geringsten Versuch, sich den Beschlüssen des CK nicht zu fügen, gezwungen sein wird, sie aus dem Politbüro auszuschließen.

5. Es sind Maßnahmen zu treffen, damit beim Auftreten einzelner Mitglieder und Kandidaten des Politbüros in Versammlungen keinerlei Abweichungen von der Parteilinie, von den Beschlüssen des CK und seiner Organe vorkommen.

6. Es sind Maßnahmen zu treffen, damit in den Presseorganen, sowohl in der Parteipresse als auch in der Sowjetpresse, sowohl in Zeitungen als auch in Zeitschriften, die Linie der Partei und die Beschlüsse ihrer leitenden Organe voll und ganz vertreten werden.

7. Es sind besondere Maßnahmen, bis zum Ausschluß aus dem CK und aus der Partei, gegen diejenigen festzulegen, die versuchen sollten, die Vertraulichkeit der Beschlüsse der Partei, ihres CK, ihres Politbüros zu mißachten.

8. Die Resolution des vereinigten Plenums des CK und der CKK zu den innerparteilichen Fragen ist allen Ortsorganisationen der Partei und den Delegierten der 16. Konferenz* zuzustellen, ohne sie vorläufig in der Presse zu veröffentlichen.

Das ist meiner Meinung nach der Ausweg aus der Lage.

Einige Genossen bestehen darauf, Bucharin und Tomskij unverzüglich aus dem Politbüro des CK auszuschließen. Ich bin mit diesen Genossen nicht einverstanden. Meiner Meinung nach kann man zur Zeit ohne eine solche extreme Maßnahme auskommen.

95. Über die Gruppe Bucharin
Resolution des Plenums des Zentralkomitees der VKP/b
10.–17. November 1929

Nach Anhörung der Erklärung der Genossen Bucharin, Rykov und Tomskij vom 12. November 1929 stellt das CK der VKP/b folgende Fakten klar:

1. Die Autoren der Erklärung – mit dem Vorwurf, das Aprilplenum** des CK und der CKK habe sie in eine »ungleiche Lage« gebracht – verlangen von der Partei das Recht, sich dem Politbüro entgegenzustellen, sich als gleichberechtigte Seite »frei« mit der Partei abzusprechen, d. h. sie verlangen die Legalisierung einer Fraktionsgruppierung rechter Abweichler, als deren Führer sie erscheinen.

2. Die Genossen Bucharin, Rykov, Tomskij, nach dem schmählichen Fiasko aller ihrer Prophezeiungen gezwungen, die unbestreitbaren Erfolge der Partei anzuerkennen, wie sie heuchlerisch auch in ihrer Erklärung über die ›Beseitigung der Meinungsverschiedenheiten‹ zur Sprache gebracht werden, weigern sich zur gleichen Zeit, auch die Fehlerhaftigkeit ihrer Ansichten einzugestehen, wie sie in ihren Plattformen vom 30. Januar und 9. Februar 1929 dargelegt und vom April-Plenum des CK und der CKK als »unvereinbar mit der Generallinie der Partei« verurteilt worden sind.

3. Mit demagogischen Beschuldigungen gegenüber der Partei, weil der Plan bei der Bezahlung der Landwirtschaft nur unvoll-

* Die 16. Parteikonferenz tagte im Anschluß an das CK-Plenum vom 23.–29. April 1929 in Moskau.

** Vgl. Dok. 94.

ständig erfüllt wurde, und mit der Behauptung, die »außerordentlichen Maßnahmen« würden das Mittelbauerntum auf die Seite der Kulaken bringen, bereiten die Führer der rechten Abweichler (die Genossen Bucharin, Rykov und Tomskij) selbst eine neue Attacke auf die Partei und ihr Zentralkomitee vor.

4. Die Erklärung der Genossen Bucharin, Rykov und Tomskij widerspricht im Kern der Verordnung des 10. Plenums des Exekutivkomitees der Kommunistischen Internationale, das die Ansichten Bucharins als opportunistisch verurteilt und ihn aus dem Präsidium des Exekutivkomitees ausgeschlossen hat.

Ausgehend von diesen Fakten ist das Plenum des CK gezwungen, das neue Dokument der Genossen Bucharin, Rykov und Tomskij vom 12. November 1929 als Fraktionsdokument anzusehen, als fraktionelles Manöver politischer Bankrotteure, analog dem »Rückzugs«-Manöver der Trockisten, die oftmals ihre scheinbaren Friedenserklärungen als Mittel zur Vorbereitung neuer Attacken auf die Partei benutzten.

Das Plenum des CK weist deshalb die Erklärung der Genossen Bucharin, Rykov und Tomskij als parteischädigendes Dokument zurück, geht von der Verordnung des 10. Plenums des Exekutivkomitees der Komintern aus und verordnet seinerseits:

1. den Genossen Bucharin, als Initiator und Führer der rechten Abweichler, aus dem Politbüro auszuschließen;

2. die Genossen Rykov und Tomskij und auch Ugarov, der sich nicht von den rechten Abweichlern und der Verwandtschaft mit ihnen distanziert, im voraus zu warnen, daß – wenn sie den geringsten Versuch unternehmen, den Kampf gegen Richtung und Entscheidungen des Kominternexekutivkomitees und des CK der VKP/b fortzusetzen – die Partei nicht zögern wird, die entsprechenden organisatorischen Maßnahmen auch gegen sie anzuwenden.

96. Stalin über die »kollektive Führung«
Aus einer Unterredung mit dem deutschen Schriftsteller Emil Ludwig, 13. Dezember 1931

Ludwig. Um den Tisch, an dem wir sitzen, stehen sechzehn Stühle. Im Ausland weiß man einerseits, daß die UdSSR ein Land ist, in dem alles kollegial entschieden werden soll, andererseits aber weiß man, daß alles durch eine einzelne Person entschieden wird. Wer entscheidet denn nun?

Stalin. Nein, eine einzelne Person darf nicht entscheiden. Entscheidungen einer einzelnen Person sind immer oder fast immer einseitige Entscheidungen. In jedem Kollegium, in jedem Kollektiv gibt es Menschen, mit deren Meinung man rechnen muß. In jedem Kollegium, in jedem Kollektiv gibt es Menschen, die auch falsche Meinungen zum Ausdruck bringen können. Aufgrund der Erfahrungen von drei Revolutionen wissen wir, daß unter hundert Entscheidungen, die von einzelnen Personen getroffen und nicht kollektiv überprüft und berichtigt wurden, annähernd neunzig Entscheidungen einseitig sind.

Unser führendes Organ, das Zentralkomitee unserer Partei, das alle unsere Sowjet- und Parteiorganisationen leitet, besteht aus etwa siebzig Mitgliedern. Unter diesen siebzig Mitgliedern des CK befinden sich unsere besten Industriefachleute, unsere besten Genossenschaftler, unsere besten Versorgungsfachleute, unsere besten Militärfachleute, unsere besten Propagandisten, unsere besten Agitatoren, die besten Kenner unserer Sowjetwirtschaften, die besten Kenner unserer Kollektivwirtschaften, die besten Kenner der individuellen Bauernwirtschaft, unsere besten Kenner der Nationen der Sowjetunion und der nationalen Politik. In diesem Areopag ist die Weisheit unserer Partei konzentriert. Jeder hat die Möglichkeit, die Meinung, den Vorschlag eines einzelnen zu berichtigen. Jeder hat die Möglichkeit, seine Erfahrungen beizusteuern. Wäre dem nicht so, würden die Entscheidungen von einzelnen Personen getroffen, dann gäbe es in unserer Arbeit die ernstesten Fehler. Da jedoch jeder die Möglichkeit hat, die Fehler einzelner Personen zu berichtigen, und da wir solche Berichtigungen berücksichtigen, gelangen wir zu mehr oder weniger richtigen Beschlüssen ...

Ludwig. Mir scheint, daß ein beträchtlicher Teil der Bevölkerung der Sowjetunion Angst und Furcht vor der Sowjetmacht hat und daß auf diesem Gefühl der Angst in gewissem Maße die Stabilität der Sowjetmacht beruht. Ich möchte gern wissen, wie Ihnen persönlich zumute ist bei dem Gedanken, daß man im Interesse der Festigung der Macht Angst einflößen muß. Sie bedienen sich doch im Umgang mit Ihren Genossen, mit Ihren Freunden ganz anderer Methoden als der, Furcht einzuflößen, der Bevölkerung aber wird Angst eingeflößt.

Stalin. Sie irren. Übrigens ist Ihr Irrtum der Irrtum von vielen. Glauben Sie wirklich, daß es möglich wäre, vierzehn Jahre lang mit der Methode der Einschüchterung und der Einflößung von Furcht die Macht zu behaupten und die Unterstützung der

Millionenmassen zu genießen? Nein, das ist unmöglich. Die zaristische Regierung verstand sich am besten aufs Einschüchtern. Sie besaß darin sehr große und alte Erfahrungen. Die europäische, im besonderen die französische Bourgeoisie half dabei dem Zarismus auf jede mögliche Weise und lehrte ihn, das Volk in Schrecken zu halten. Trotz dieser Erfahrungen, trotz der Hilfe der europäischen Bourgeoisie führte die Einschüchterungspolitik zur Zerschlagung des Zarismus ...

97. Auszüge aus dem Parteistatut
Angenommen vom 17. Parteitag
26. Januar–10. Februar 1934

Die Kommunistische Partei der Sowjetunion (Bolschewiki), Sektion der Kommunistischen Internationale, ist die organisierte Vorhut des Proletariats der Sowjetunion, die höchste Form seiner Klassenorganisation.

Die Partei verwirklicht die Führung des Proletariats, der werktätigen Bauernschaft und aller werktätigen Massen im Kampfe für die Diktatur des Proletariats, für den Sieg des Sozialismus.

Die Partei leitet alle Organe der proletarischen Diktatur und gewährleistet den erfolgreichen Aufbau der sozialistischen Gesellschaft.

Die Partei ist eine einheitliche Kampforganisation, die durch bewußte, eiserne proletarische Disziplin zusammengehalten wird. Die Partei ist stark durch ihre Geschlossenheit, durch die Einheit des Willens und die Einheit des Handelns, die unvereinbar sind mit der Abweichung vom Programm, mit der Verletzung der Parteidisziplin und mit fraktionellen Gruppierungen innerhalb der Partei.

Die Partei fordert von ihren Mitgliedern aktive, aufopfernde Arbeit zur Verwirklichung des Programms und des Statuts der Partei, zur Durchführung aller Beschlüsse der Partei und ihrer Organe, zur Sicherung der Einheit der Parteireihen und zur Stärkung der brüderlichen internationalen Beziehungen sowohl zwischen den Werktätigen der Nationalitäten der Sowjetunion als auch zu den Proletariern aller Länder der Welt.

I. Die Parteimitglieder und ihre Pflichten

1. Als Mitglied der Partei gilt, wer das Programm der Partei

anerkennt, in einer ihrer Organisationen mitarbeitet, sich den Beschlüssen der Partei unterordnet und die Mitgliedsbeiträge entrichtet.

2. Das Parteimitglied ist verpflichtet:

a) strengste Parteidisziplin zu wahren, aktiv am politischen Leben der Partei und des Landes teilzunehmen, die Politik der Partei und die Beschlüsse der Parteiorgane in der Praxis durchzuführen;

b) unablässig an der Vervollkommnung seines ideologischen Rüstzeugs, an der Aneignung der Grundlagen des Marxismus-Leninismus, der wichtigsten politischen und organisatorischen Beschlüsse der Partei zu arbeiten und sie den parteilosen Massen zu erläutern;

c) als Mitglied der regierenden Partei im Sowjetstaat ein Vorbild der Wahrung der Arbeits- und Staatsdisziplin zu sein, die Technik seines Fachs zu meistern und seine berufliche, fachliche Qualifikation ständig zu steigern.

3. Die Aufnahme als Parteimitglied erfolgt ausschließlich individuell. Neue Mitglieder werden aus den Reihen der Kandidaten aufgenommen, die die festgesetzte Kandidatenzeit, eine Schule für politisches Elementarwissen durchgemacht und sich das Programm und das Statut der Partei angeeignet haben.

Als Parteimitglieder aufgenommen werden Arbeiter, Kollektivbauern, Rotarmisten, Studierende und Angestellte, die sich bei der Arbeit in den sympathisierenden Gruppen, in den Sowjets, den Gewerkschaften, im Komsomol, in den Genossenschaften, in Delegiertenversammlungen hervorgetan haben, und zwar nach Stellungnahme derjenigen Organisation, in der der Eintretende tätig war oder ist.

Für die Aufnahme von Kandidaten als Parteimitglieder gelten folgende Bestimmungen:

a) Es werden 4 Kategorien festgesetzt: 1. Industriearbeiter, die mindestens 5 Jahre in der Produktion stehen; 2. Industriearbeiter, die weniger als 5 Jahre in der Produktion stehen, Landarbeiter, Rotarmisten aus der Arbeiter- und Kollektivbauernschaft sowie Ingenieure und Techniker, die unmittelbar in der Betriebsabteilung oder auf dem Arbeitsabschnitt arbeiten; 3. Kollektivbauern, Mitglieder von Handwerkerartels* und Elementarschullehrer; 4. sonstige Angestellte.

* Genossenschaftlich organisierte Handwerksbetriebe; vgl. auch Band 2 dieser Edition.

b) Zwecks Aufnahme in die Partei legen Personen der ersten Kategorie 3 Empfehlungen von Parteimitgliedern mit 5jähriger Parteizugehörigkeit vor; Personen der zweiten Kategorie: 5 Empfehlungen von Parteimitgliedern mit 5jähriger Parteizugehörigkeit; Personen der dritten Kategorie: 5 Empfehlungen von Parteimitgliedern mit 5jähriger Parteizugehörigkeit und die Empfehlung des Vertreters der Politischen Abteilung der Maschinen- und Traktorenstationen oder des Bezirkskomitees; Personen der vierten Kategorie: 5 Empfehlungen von Parteimitgliedern mit 10jähriger Parteizugehörigkeit.

Anmerkung: Bei der Aufnahme von Mitgliedern des Komsomol als Parteimitglieder wird für alle Kategorien die Empfehlung des Bezirkskomitees des VLKSM* den Empfehlungen von 2 Parteimitgliedern gleichgestellt.

c) Ehemalige Mitglieder anderer Parteien werden in Ausnahmefällen auf Empfehlung von 5 Parteimitgliedern aufgenommen, von denen drei 10 Jahre der Partei angehören und zwei bereits vor der Revolution der Partei angehört haben müssen. Die Aufnahme erfolgt durch eine Betriebsgrundorganisation und, unabhängig von der sozialen Stellung des Aufzunehmenden, mit obligatorischer Bestätigung durch das CK der VKP/b.

Anmerkung: Das CK kann den einzelnen Gau- und Gebietsparteikomitees und den CK der nationalen Kommunistischen Parteien das Recht der endgültigen Bestätigung von ehemaligen Mitgliedern anderer Parteien als Parteimitglieder übertragen.

d) Der Aufnahme geht die Prüfung der Empfehlungen voraus, die dem örtlichen Parteikomitee obliegt.

e) Die Frage der Aufnahme in die Partei wird zuerst in der Grundorganisation der Partei behandelt, durch die allgemeine Versammlung der Organisation entschieden und tritt für die 1. und 2. Kategorie nach Bestätigung durch das Bezirkskomitee oder Stadtkomitee, für die 3. und 4. Kategorie durch das Gebietskomitee, das Gaukomitee bzw. das CK der nationalen Kommunistischen Partei in Kraft.

f) Jugendliche im Alter bis zu 20 Jahren treten nur über den VLKSM in die Partei ein.

4. Die Empfehlenden tragen die Verantwortung für die Empfohlenen und werden im Falle unbegründeter Empfehlungen

* Siehe Glossar.

Parteistrafen unterworfen, die bis zum Ausschluß aus der Partei reichen können ...

9. Aufgrund von periodischen Beschlüssen des CK der VKP/b werden Säuberungen durchgeführt zur systematischen Reinigung der Partei von:
klassenfremden und feindlichen Elementen;
Doppelzünglern, die die Partei betrügen, vor dieser ihre wirklichen Absichten verbergen und die Politik der Partei durchkreuzen;
offenen und heimlichen Verletzern der eisernen Disziplin der Partei und des Staates;
Entarteten, die mit bürgerlichen Elementen verwachsen;
Karrieristen, Leuten, die nur an ihre eigene Haut denken, und verbürokratisierten Elementen;
moralisch Zersetzten, die durch ihr unsauberes Verhalten die Würde der Partei beeinträchtigen und das Banner der Partei beschmutzen;
passiven Elementen, die die Pflichten von Parteimitgliedern nicht erfüllen und sich das Programm, das Statut und die wichtigsten Beschlüsse der Partei nicht angeeignet haben.
...

IV. Der organisatorische Aufbau der Partei

18. Leitendes Prinzip des organisatorischen Aufbaus der Partei ist der demokratische Zentralismus; dieser bedeutet:

a) Wählbarkeit aller leitenden Organe der Partei von oben bis unten;

b) regelmäßige Rechenschaftslegung der Parteiorgane vor ihren Parteiorganisationen;

c) straffe Parteidisziplin und Unterordnung der Minderheit unter die Mehrheit;

d) unbedingte Verbindlichkeit der Beschlüsse der höheren Organe für die unteren Organe und für alle Parteimitglieder.

19. Die Partei ist auf der Grundlage des demokratischen Zentralismus nach dem Territorial- und Produktionsprinzip aufgebaut: Eine Organisation, die einen bestimmten Bereich umfaßt, gilt als höhere gegenüber allen Organisationen, die Teile des betreffenden Bereichs umfassen, oder die Organisation, die einen ganzen Produktions- oder Verwaltungszweig umfaßt, gilt als höhere gegenüber allen Organisationen, die einen Teil des betreffenden Zweiges umfassen.
...

XI. Die innerparteiliche Demokratie und die Parteidisziplin

57. Die freie und sachliche Erörterung der Fragen der Parteipolitik in den einzelnen Organisationen oder in der Partei in ihrer Gesamtheit ist ein unantastbares, sich aus der innerparteilichen Demokratie ergebendes Recht jedes Parteimitgliedes. Nur auf der Grundlage der innerparteilichen Demokratie kann die bolschewistische Selbstkritik entfaltet und die Parteidisziplin gefestigt werden, die eine bewußte und keine mechanische Disziplin ist. Eine breite Diskussion, insbesondere eine Diskussion im Unionsmaßstab über Fragen der Parteipolitik, muß so organisiert sein, daß sie nicht zu Versuchen einer unbedeutenden Minderheit führen kann, ihren Willen der großen Mehrheit der Partei aufzuzwingen, oder zu Versuchen zur Bildung von fraktionellen Gruppierungen, die die Einheit der Partei zerstören, zu Spaltungsversuchen, die die Macht und die Festigkeit der Diktatur des Proletariats zur Freude der Feinde der Arbeiterklasse erschüttern können. Deshalb kann eine breite Diskussion im Unionsmaßstabe nur dann als notwendig betrachtet werden, wenn:

a) diese Notwendigkeit wenigstens von mehreren örtlichen Parteiorganisationen im Gebiets- oder Republikmaßstabe anerkannt wird;

b) wenn innerhalb des CK in den wichtigsten Fragen der Parteipolitik keine genügend feste Mehrheit vorhanden ist;

c) wenn das CK ungeachtet des Vorhandenseins einer festen Mehrheit im CK, die einen bestimmten Standpunkt einnimmt, es dennoch für notwendig erachtet, die Richtigkeit seiner Politik durch eine Erörterung in Form einer Parteidiskussion zu überprüfen. Nur die Erfüllung dieser Bedingungen gibt der Partei die Gewähr gegen einen Mißbrauch der innerparteilichen Demokratie durch parteifeindliche Elemente. Nur unter diesen Bedingungen ist damit zu rechnen, daß die innerparteiliche Demokratie der Sache zum Nutzen gereicht und nicht zum Schaden der Partei und der Arbeiterklasse ausgenutzt wird.

58. Die Erhaltung der Parteieinheit, rücksichtsloser Kampf gegen die geringsten Versuche von Fraktionskampf und Spaltung, straffste Partei- und Sowjetdisziplin ist die erste Pflicht aller Parteimitglieder und aller Parteiorganisationen. Um eine straffe Disziplin in der Partei und in der gesamten Sowjetarbeit zu verwirklichen und die größtmögliche Einheit unter Ausschaltung jeder Fraktionsbildung zu erzielen, hat das CK der VKP/b das Recht, in Fällen der Verletzung der Disziplin oder

des Wiederauflebens oder der Duldung von Fraktionsbildung alle Parteistrafen bis zum Ausschluß aus der Partei anzuwenden, gegenüber Mitgliedern des CK die Versetzung in den Kandidatenstand und, als äußerste Maßnahme, den Ausschluß aus der Partei. Voraussetzung für die Anwendung einer solchen äußersten Maßnahme gegenüber Mitgliedern des CK, Kandidaten des CK und Mitgliedern der Kommission für Parteikontrolle ist die Einberufung einer Plenartagung des CK, zu der auch alle Kandidaten des CK und alle Mitglieder der Kommission für Parteikontrolle zu laden sind. Wenn eine solche allgemeine Versammlung der verantwortlichsten Leiter der Partei mit zwei Dritteln der Stimmen die Versetzung von Mitgliedern des CK oder der Kommission für Parteikontrolle in den Kandidatenstand oder ihren Ausschluß aus der Partei für notwendig befindet, so muß eine solche Maßnahme sofort durchgeführt werden.

59. Die Beschlüsse der zentralen Partei- und Sowjetorganisationen müssen schnell und genau durchgeführt werden. Die Nichtdurchführung der Beschlüsse der höheren Organisationen und andere Vergehen, die von der öffentlichen Meinung der Partei als Vergehen angesehen werden, haben zur Folge: für die Organisation: Tadel und allgemeine Umregistrierung (Auflösung der Organisation); für einzelne Parteimitglieder: diesen oder jenen Tadel (Verweis, Rüge usw.), öffentlichen Tadel, zeitweilige Entfernung aus der verantwortlichen Partei- und Sowjetarbeit, Ausschluß aus der Partei, Ausschluß aus der Partei unter Mitteilung des Vergehens an die Verwaltungs- und Gerichtsbehörden.

60. Parteimitglieder, die es ablehnen, Fragen der Kommission für Parteikontrolle wahrheitsgemäß zu beantworten, sind sofort aus der Partei auszuschließen ...

98. Schauprozeß gegen Bucharin, Rykov u. a. Auszüge aus dem Prozeßbericht, 2.–13. März 1938

Vormittagssitzung vom 2. März

Gerichtskommandant: Das Gericht erscheint, bitte sich von den Plätzen zu erheben.

Vorsitzender: Bitte sich zu setzen. Ich erkläre die Sitzung des Militärkollegiums des Obersten Gerichtshofes der UdSSR für eröffnet.

Zur Verhandlung steht die Strafsache von Bucharin Nikolaj Ivanovič, Rykov Aleksej Ivanovič (es folgen die Namen der 19 weiteren Angeklagten), angeklagt des Vaterlandsverrates, der Spionage, der Diversion, des Terrors, der Schädlingsarbeit, der Untergrabung der Militärmacht der UdSSR, der Provozierung eines militärischen Überfalls auswärtiger Staaten auf die UdSSR, das heißt wegen Verbrechen, die unter die §§ 58,1 a, 58,2, 58,7, 58,8, 58,9, 58,11 des Strafgesetzbuches der RSFSR fallen.

Vorsitzender: Angeklagter Bucharin Nikolaj Ivanovič, haben Sie die Anklageschrift erhalten?

Bucharin: Ja, ich habe sie erhalten.

Vorsitzender: Angeklagter Rykov Aleksej Ivanovič, haben Sie die Anklageschrift erhalten?

Rykov: Ja.

(usf.)

Vorsitzender: Ich wiederhole die Frage bezüglich der Verteidigung. Angeklagter Bucharin, wünschen Sie einen Verteidiger?

Bucharin: Nein.

Vorsitzender: Angeklagter Rykov, wünschen Sie einen Verteidiger?

Rykov: Nein.

(usf.)

Vorsitzender: Wir schreiten zur Verlesung der Anklageschrift.

Anklageformel.

Die Untersuchung erachtet als festgestellt:

1. In den Jahren 1932–1933 wurde im Auftrage der Spionagedienste UdSSR-feindlicher Staaten von den in der vorliegenden Strafsache Angeklagten eine Verschwörergruppe unter dem Namen »Block der Rechten und Trockisten« gebildet, die sich zum Ziele setzte, Spionage zugunsten auswärtiger Staaten, Schädlingstätigkeit, Diversionen, Terrorakte, Untergrabung der Wehrkraft der UdSSR, Provozierung eines militärischen Überfalls dieser Staaten auf die UdSSR, Niederlage der UdSSR, Zerstückelung der UdSSR und Lostrennung der Ukraine, Belorußlands, der Mittelasiatischen Republiken, Georgiens, Armeniens, Azerbajdžans und des Fernöstlichen Küstengebiets (Primorje) zugunsten der erwähnten auswärtigen Staaten, endlich Sturz der in der UdSSR bestehenden sozialistischen Gesellschafts- und Staatsordnung und Wiederherstellung des Kapitalismus und der Macht der Bourgeoisie in der UdSSR.

2. Der »Block der Rechten und Trockisten« ist mit einigen auswärtigen Staaten in Verbindung getreten, um von ihnen bewaffnete Hilfe zur Verwirklichung seiner verbrecherischen Absichten zu erhalten.

3. Der »Block der Rechten und Trockisten« hat systematisch zugunsten dieser Staaten Spionage getrieben, indem er den ausländischen Spionagediensten wichtigste staatliche Geheiminformationen lieferte.

4. Der »Block der Rechten und Trockisten« hat in verschiedenen Zweigen des sozialistischen Aufbaus (Industrie, Landwirtschaft, Eisenbahnverkehr, Finanzen, Kommunalwirtschaft usw.) systematisch Schädlings- und Diversionsakte durchgeführt.

5. Der »Block der Rechten und Trockisten« hat eine Reihe terroristischer Akte gegen die Führer der VKP/b und der Sowjetunion organisiert und Terrorakte gegen S. M. Kirov, V. R. Menšinskij, V. V. Kujbyšev, A. M. Gor'kij durchgeführt.

Sämtliche Angeklagten sind überführt sowohl durch die Aussagen der Zeugen als auch durch die in der Strafsache vorliegenden dokumentarischen Belege und Sachbeweise und haben sich in vollem Umfang der gegen sie erhobenen Anklagen für schuldig bekannt ...

Vorsitzender: Angeklagter Bucharin, bekennen Sie sich der gegen sie erhobenen Anklagen schuldig?

Bucharin: Ja, ich bekenne mich der gegen mich erhobenen Anklagen schuldig.

Vorsitzender: Angeklagter Rykov, bekennen Sie sich der gegen Sie erhobenen Anklagen schuldig?

Rykov: Ja, ich bekenne mich schuldig.

(usf. – mit einer Ausnahme erklären sich alle Angeklagten schuldig.)

Abendsitzung vom 12. März 1938

Gerichtskommandant: Das Gericht erscheint, bitte sich von den Plätzen zu erheben.

Vorsitzender: Bitte sich zu setzen. Angeklagter Bucharin, es wird Ihnen das letzte Wort erteilt.

Bucharin: Bürger Vorsitzender und Bürger Richter, ich bin mit dem Bürger Staatsanwalt vollständig einverstanden bezüglich der Bedeutung des Prozesses, auf dem unsere ruchlosen Verbrechen aufgedeckt wurden, die der »Block der Rechten und Trockisten« verübte, dessen einer Führer ich war und für dessen ganze Tätigkeit ich die Verantwortung trage.

Dieser Prozeß, der in der Serie der anderen Prozesse den Abschluß bildet, deckt alle Verbrechen, deckt die verräterische Tätigkeit auf, den historischen Sinn und die Wurzel unseres Kampfes gegen die Partei und die Sowjetregierung.

Ich sitze schon mehr als ein Jahr im Gefängnis und weiß deswegen nicht, was in der Welt vorgeht, aber aus den zufälligen Bruchstücken der Wirklichkeit, die manchmal bis zu mir gelangen, sehe, fühle und verstehe ich, daß die Interessen, die wir so verbrecherisch verraten haben, in eine neue Phase ihrer gigantischen Entwicklung eintreten, jetzt bereits in die internationale Arena hinaustreten, als größter Machtfaktor der internationalen proletarischen Phase.

Wir Angeklagten sitzen auf der anderen Seite der Barriere, und diese Barriere trennt uns von Ihnen, Bürger Richter. Wir fanden uns in den verfluchten Reihen der Konterrevolution, wir waren Verräter an der sozialistischen Heimat geworden.

Gleich zu Anfang des Prozesses antwortete ich bejahend auf die Frage des Bürgers Vorsitzenden, ob ich mich schuldig bekenne.

Auf die mir vom Bürger Vorsitzenden gestellte Frage, ob ich die von mir gemachten Aussagen bestätige, antwortete ich, daß ich sie voll und ganz bestätige.

Als ich am Ende der Voruntersuchung zum Verhör zum Staatlichen Ankläger gerufen wurde, der das gesamte Material der Untersuchung kontrollierte, da resümierte er diese Gesamtheit auf folgende Weise:

»Frage: Waren Sie Mitglied des Zentrums der konterrevolutionären Organisation der Rechten? Ich antwortete: Ja, ich gebe das zu.

Zweite Frage: Gestehen Sie, daß das Zentrum der sowjetfeindlichen Organisation, dessen Mitglied Sie sind, eine konterrevolutionäre Tätigkeit betrieb und sich den gewaltsamen Sturz der Parteiführung und der Regierung zum Ziel gesetzt hat? Ich antwortete: Ja, ich gestehe das.

Dritte Frage: Gestehen Sie, daß dieses Zentrum eine terroristische Tätigkeit betrieb, Kulakenaufstände organisiert und weißgardistische Kulakenaufstände gegen die Mitglieder des Politbüros, gegen die Führung der Partei und der Sowjetmacht vorbereitet hat? Ich antwortete: Das ist richtig.

Vierte Frage: Bekennen Sie sich der verräterischen Tätigkeit schuldig, die sich in der Vorbereitung einer Verschwörung mit dem Ziele eines Staatsumsturzes ausdrückte? Ich antwortete: Auch das ist wahr.«

Vor Gericht bekannte ich mich und bekenne ich mich der Verbrechen schuldig, die ich begangen habe und die mir vom Bürger Staatlicher Ankläger am Ende der gerichtlichen Untersuchung und aufgrund des dem Staatsanwalt vorliegenden Untersuchungsmaterials zur Last gelegt wurden. Vor Gericht erklärte ich auch und unterstreiche und wiederhole es jetzt, daß ich mich politisch für die ganze Gesamtheit der vom »Block der Rechten und Trockisten« verübten Verbrechen schuldig bekenne. Ich unterliege dem strengsten Strafmaß, und ich bin mit dem Bürger Staatsanwalt einverstanden, der einige Male wiederholte, daß ich an der Schwelle meiner Todesstunde stehe.

[18 der 21 Angeklagten wurden zur Erschießung verurteilt, und die Beschlagnahmung ihres ganzen persönlichen Eigentums wurde angeordnet.]

99. Zur Liquidierung der Führungskader in den Großen Säuberungen

Aus Chruščevs Geheimrede auf dem 20. Parteitag
25. Februar 1956

Das CK, das sich im Besitze zahlreicher Unterlagen über die brutale und willkürliche Behandlung der Parteikader befindet, hat eine Parteikommission eingesetzt, die unter der Kontrolle des Präsidiums des Zentralkomitees steht. Die Kommission wurde beauftragt, Untersuchungen darüber anzustellen, wieso Massenunterdrückungen gegen die Mehrheit der Mitglieder und Kandidaten des CK, die auf dem 17. Parteitag der VKP/b gewählt worden waren, möglich gewesen sind.

Die Kommission hat umfangreiches Material aus den NKVD*-Archiven und andere einschlägige Dokumente gesichtet und in zahlreichen Fällen festgestellt, daß Anklagen gegen Kommunisten konstruiert, falsche Anschuldigungen erhoben und schamlose Mißbräuche mit der sozialistischen Gesetzlich-

* Gemeint ist NKVD (russ. Abk. für Volkskommissariat des Innern) als zuständige Instanz für die »Staatssicherheit«; vgl. Schaubild 12 im Anhang.

keit geduldet wurden – was zum Tode unschuldiger Menschen führte. Es hat sich erwiesen, daß viele Aktivisten der Partei, der Sowjets und der Wirtschaft, die in den Jahren 1937 bis 1938 zu »Volksfeinden« gestempelt worden waren, in Wirklichkeit niemals Feinde, Spione, Schädlinge usw. waren, sondern allzeit aufrechte Kommunisten. Sie wurden nur als Feinde gebrandmarkt und bezichtigten sich oft selbst, weil sie die barbarischen Folterungen nicht länger ertragen konnten, nach den Weisungen der Untersuchungsrichter – und Wahrheitsverfälscher – aller möglichen schweren und unwahrscheinlichen Verbrechen. Die Kommission hat dem Präsidium des Zentralkomitees umfangreiches Dokumentenmaterial über Massenrepressalien gegen die Delegierten des 17. Parteitags und gegen Mitglieder des Zentralkomitees, die auf diesem Parteitag gewählt worden waren, unterbreitet. Das Präsidium des Zentralkomitees hat dieses Material eingehend geprüft.

Es wurde festgestellt, daß von den auf dem 17. Parteitag gewählten 139 Mitgliedern und Kandidaten des Zentralkomitees der Partei 98 Personen, das sind 70 Prozent, in den Jahren 1937 bis 1938 verhaftet und liquidiert wurden.
(Entrüstung im Saale)

Wie war die Zusammensetzung der Delegierten des 17. Parteitags? Es ist bekannt, daß 80 Prozent der stimmberechtigten Delegierten dieses Parteitags in den Jahren der Verschwörung vor der Oktoberrevolution und während des Bürgerkriegs, also vor 1921, der Partei beigetreten waren. Nach der gesellschaftlichen Herkunft handelte es sich bei der Masse der Delegierten des 17. Parteitags um Arbeiter (60 Prozent der Stimmberechtigten).

Schon aus diesem Grunde mußte es unfaßbar erscheinen, daß ein Parteitag mit einer solchen gesellschaftlichen Struktur ein Zentralkomitee gewählt haben soll, das in der Mehrheit aus Parteifeinden bestand. Der einzige Grund, warum 70 Prozent aller Mitglieder und Kandidaten des Zentralkomitees als Feinde der Partei und des Volkes angeprangert wurden, war der, daß man Verleumdungen gegen sie vorbrachte, falsche Anschuldigungen gegen sie konstruierte und die revolutionäre Gesetzlichkeit in unzulässiger Weise aushöhlte.

Das gleiche Schicksal ereilte nicht nur die Mitglieder des Zentralkomitees, sondern auch die Mehrzahl der Delegierten des 17. Parteitags. Von 1966 stimmberechtigten oder beratenden Delegierten wurden 1108 Personen, also über die Hälfte aller

Delegierten, unter der Beschuldigung gegenrevolutionärer Verbrechen verhaftet. Allein diese Tatsache beweist, wie absurd, phantastisch und widersinnig die Beschuldigungen wegen gegenrevolutionärer Verbrechen waren, die, wie wir jetzt sehen können, der Mehrheit der Delegierten des 17. Parteitags zur Last gelegt wurden.
(Entrüstung im Saale)

3. Kapitel
Die Stalinsche Staatsverfassung von 1936

Am 6. Februar 1935 hatte der 7. Rätekongreß der Sowjetunion (Dok. 100) beschlossen, den geltenden Verfassungstext der sozial-ökonomischen Entwicklung des Landes anzupassen: Die Zerschlagung der Ausbeuterklassen und die Liquidierung des Kapitalismus in allen Sphären der Volkswirtschaft habe die Sowjetgesellschaft auf eine neue Grundlage gestellt. Sinnfälligen Ausdruck sollte diese Errungenschaft in der Neufassung des Wahlrechts finden: Die Durchführung direkter, geheimer und gleicher Wahlen sei jetzt möglich und nötig.

Die im Beschluß vorgesehene Verfassungskommission wurde bereits einen Tag später (am 7. Februar 1935) bestellt; sie hatte 31 Mitglieder, und Stalin führte den Vorsitz. Am 7. Juli 1935 trat sie zu ihrer ersten Sitzung zusammen, und aus der geplanten Verfassungsrevision wurde ein gänzlich neuer Text. Bis März/April 1936 erhielt das bolschewistische Zentralkomitee einen ersten Rohentwurf, im April und Mai wurde er dort diskutiert und Mitte Juni vom Präsidium des Zentralen Exekutivkomitees bestätigt. Danach ging er der Presse zu und wurde als ›Projektvorschlag‹ in der breiten Öffentlichkeit zur Diskussion gestellt (Dok. 101).

Alle Räte-Exekutivkomitees wurden dabei angehalten, den Entwurf mit ihren Bürgern, jeweils in der Landessprache, durchzusprechen, gegebenenfalls Ergänzungsvorschläge zu machen und zweimal im Monat das Präsidium des Zentralen Exekutivkomitees über den Fortgang der Verfassungsdiskussion zu informieren. Wie die Sowjethistorie berichtet, wurden bis 21. November 1936 allein bei den Rätegremien 164893 Versammlungen abgehalten, dabei annähernd 3,5 Millionen Menschen erreicht und über 40000 Änderungsvorschläge formuliert. Noch gigantischer waren die Erfolgszahlen der staatlichen Behörden und dörflichen Kollektivwirtschaften: 458441 Treffen, 38901126 Teilnehmer und 83571 Anregungen zur Verbesserung des Textes. Summa summarum, so kann man lesen, wurden 169739 Änderungs- oder Ergänzungsvorschläge eingereicht.

Am 25. November 1936 trat der 8. (außerordentliche) Sowjetkongreß der Union zusammen, und Stalin legte ihm, als Vorsitzender des Verfassungsausschusses, noch einmal die Grundzüge des Entwurfes dar (Dok. 102). Am 1. Dezember setzte der Sowjetkongreß eine Redaktionskommission mit 220 Mitgliedern ein, die bis 4. Dezember eine Endfassung erstellte. Wie es möglich war, in so kurzer Zeit alle eingegangenen Vorschläge zu prüfen, ist unklar, aber darauf kam es wohl auch nicht an. Partei und Regierung benutzten die Verfassungskampagne, um zerstörtes Vertrauen und verlorene Sympathien zurückzugewinnen. Der Text und die mitgelieferten Kommentare, versöhnlerisch in ihrem Grundton, waren dazu durchaus geeignet; sie versprachen von nun an eine ruhigere Entwicklung, und es klingt glaubhaft, daß Bucharin, der an der Ausarbeitung beteiligt war, ihren Duktus prägte.

Gegenüber ihren Vorgängerinnen unterschied sich die Verfassung von 1936 (Dok. 103) schon dadurch, daß sie auf die Entwicklung weltrevolutionärer Zukunftsperspektiven verzichtete und nur zu regeln suchte, wie es Stalin ausdrückte, was bereits erreicht war. Sie zog damit die verfassungsrechtliche Konsequenz aus der Konzeption vom »Aufbau des Sozialismus in einem Lande«. Auch auf dem Gebiet der Staatsorganisation ließ sie eine revolutionäre Tradition endgültig hinter sich: Sie schaffte das System der aufeinander aufbauenden Rätekongresse und Exekutivkomitees an der Staatsspitze und in den Einzelrepubliken ab und setzte an ihre Stelle jeweils einen »Obersten Sowjet«, der fortan alle vier Jahre von der Bevölkerung direkt gewählt wurde. Obwohl er noch immer die Bezeichnung »Sowjet« im Namen führte, glich er einem »Parlament« mehr als den improvisierten Räteversammlungen der Revolutionszeit. Er bestand – an der Spitze des Staates – aus zwei Kammern, einem Unions- und einem Nationalitätenrat, besaß das Gesetzesmonopol und wurde jährlich zweimal einberufen (Art. 32, 33, 36 und 46).

Vom »Obersten Sowjet« bestellt und ihm verantwortlich war auch die Regierung, die in der Verfassung noch immer »Rat der Volkskommissare« hieß. Aber weil sich der »Oberste Sowjet« immer mehr zum »Volksparlament« (so das sowjetische Staatsrecht) entwickelte, war es nur konsequent, daß die Regierung 1946 ihren Namen änderte: Aus den »Räten der Volkskommissare« wurden auf allen Ebenen »Ministerräte« und aus den »Volkskommissariaten« »Ministerien« (Dok. 104). Der Geruch des Revolutionären, Unfertigen, Provisorischen, der der alten Bezeichnung angehaftet hatte, war damit endgültig verschwunden.

Die Grenzen der Macht der parlamentarischen Organe ergaben sich nicht aus dem Text der Verfassung, sondern aus der

Praxis: Die Sitzungsperioden des »Obersten Sowjet« waren zu kurz, so daß für die Prüfung der vorgelegten Gesetzentwürfe keine Zeit blieb; und die Richtlinien der Politik wurden nicht hier, sondern in den Führungsgremien der Partei festgelegt. Diese wurde in der Verfassung von 1936 als Institution erstmals erwähnt: Nach Art. 126 war sie eine freiwillige Vereinigung der »aktivsten und zielbewußtesten Bürger aus den Reihen der Arbeiterklasse und aus anderen Schichten der Werktätigen« und bildete »die Vorhut der Werktätigen in ihrem Kampf für die Festigung und Entwicklung des sozialistischen Systems«. Da sie gleichzeitig den »führenden Kern« aller gesellschaftlichen und staatlichen »Organisationen der Werktätigen« stellte, fiel ihr auch eine Schlüsselstellung bei der Wahl der Sowjetgremien zu; denn die Kandidaten dafür sollten, so Art. 141, von eben diesen »gesellschaftlichen Organisationen« (Genossenschaften, Gewerkschaften, Jugendorganisationen und der Partei selbst) aufgestellt werden (vgl. auch Dok. 105).

Eine Kandidatenaufstellung ohne die Partei wurde damit, genau genommen, nicht ausgeschlossen, aber sie war wohl, um Stalin zu paraphrasieren, genausowenig »aktuell«, wie der Austritt von Einzelrepubliken aus der Gemeinschaft, obwohl sie das Recht dazu behielten. Schon seit den zwanziger Jahren hatten sich in Mittelasien eigene Sowjetrepubliken herausgebildet, die teils den Status von Unionsrepubliken schon besaßen, teils durch die Verfassung nun erhielten und damit aus der RSFSR ausschieden. Und da auch die Transkaukasische SFSR aufgelöst wurde, bestand die UdSSR nun aus elf Einzel(Unions)republiken: aus der RSFSR sowie der Ukrainischen, Weiß(Belo)russischen, Gruzinischen (Georgischen), Azerbajdžanischen, Armenischen, Turkmenischen, Uzbekischen, Tadžikischen, Kirgizischen und Kazachischen Sowjetrepublik. Das blieb die territoriale Gliederung der Sowjetunion bis zum Zweiten Weltkrieg. Als nun, im Pakt mit Hitler, gewaltige Gebietsgewinne gemacht wurden, schuf man 1940 fünf neue Unionsrepubliken: die Estnische, Lettische, Litauische, Moldauische und die Karelo-Finnische[1] SSR (vgl. Art. 13 der Verfassung – Dok. 103 – in der Fassung von 1941).

[1] 1956 wurde die Karelo-Finnische SSR in Karelische ASSR umbenannt und in den Bestand der RSFSR eingegliedert. Die heutige Einteilung in 15 Unionsrepubliken war damit geschaffen.

Nach Verkündung der Verfassung der UdSSR am 5. Dezember 1936 wurden im Frühjahr 1937 die einzelstaatlichen Verfassungen einer Revision unterzogen und den Normen der Unionsverfassung angepaßt.

100. Über die Änderung von Bestimmungen der Unionsverfassung
Verordnung des 7. Allunions-Rätekongresses
6. Februar 1935

Nach Anhörung des Genossen V. M. Molotov, wonach das Februar-Plenum (1935) des Zentralkomitees der VKP/b die Einführung gewisser Änderungen in der Verfassung der UdSSR für unabdingbar hielt, verordnet der 7. Sowjetkongreß der UdSSR, weil er die Vorschläge des CK-Plenums der VKP/b für richtig und zeitgemäß hält:

1. In der Verfassung der UdSSR Änderungen vorzunehmen im Hinblick auf

a) eine weitere Demokratisierung des Wahlsystems mit dem Ziel der Ersetzung der nicht ganz gleichen Wahlen durch gleiche, der gestuften durch direkte, der offenen durch geheime;

b) eine Präzisierung der sozial-ökonomischen Grundlagen der Verfassung mit dem Ziel der Anpassung der Verfassung an die jetzigen Klassenbeziehungen in der UdSSR (Schaffung einer neuen sozialistischen Industrie, Zerschlagung des Kulakentums, Sieg des Kolchozaufbaus, Bestätigung des sozialistischen Eigentums als Grundlage der Sowjetgesellschaft u. a. m.).

2. Dem Zentralen Exekutivkomitee der UdSSR vorzuschlagen, eine Verfassungskommission zu wählen, die beauftragt wird, einen verbesserten Text der Verfassung auf der Basis der in Punkt 1 genannten Grundsätze auszuarbeiten und dem Zentralen Exekutivkomitee der UdSSR zur Bestätigung vorzulegen.

3. Die nächsten ordentlichen Wahlen der Organe der Sowjetmacht in der UdSSR auf der Grundlage des neuen Wahlsystems durchzuführen.

101. Über die Verfassung der Sowjetunion
Verordnung des Zentralen Exekutivkomitees
11. Juni 1936

Nach Anhörung eines Vortrags des Vorsitzenden der Verfassungskommission, Genossen Stalin, zum Projekt der Verfassung für die Sowjetunion, verordnet das Präsidium des Zentralen Exekutivkomitees der UdSSR:

1. Das Projekt für die Verfassung der UdSSR, wie es von der Verfassungskommission des Zentralen Exekutivkomitees der UdSSR vorgelegt wurde, zu billigen.
2. Einen Allunionssowjetkongreß zur Beratung des Verfassungsprojektes für die Sowjetunion einzuberufen.
3. Den Termin für die Einberufung des Allunionsrätekongresses auf den 25. November 1936 festzulegen.
4. Das Projekt für die Verfassung der Sowjetunion zur Beratung durch das ganze Volk zu veröffentlichen.

Der Vorsitzende des Zentralen Exekutivkomitees der UdSSR
M. Kalinin

102. Stalin über die »grundlegenden Besonderheiten« des Verfassungsentwurfes
Aus seiner Rede vor dem 8. Sowjetkongreß der UdSSR
25. November 1936

Welche Widerspiegelung haben alle diese Veränderungen im Leben der Sowjetunion in dem Entwurf der neuen Verfassung gefunden?

Mit anderen Worten: Welches sind die grundlegenden Besonderheiten des Verfassungsentwurfs, der dem gegenwärtigen Kongreß zur Prüfung vorgelegt wurde?

Die Verfassungskommission war beauftragt, Abänderungen am Verfassungstext vom Jahre 1924 vorzunehmen. Als Ergebnis der Arbeit der Verfassungskommission entstand der neue Verfassungstext, der Entwurf der neuen Verfassung der UdSSR. Bei der Ausarbeitung des Entwurfs der neuen Verfassung ging die Verfassungskommission davon aus, daß die Verfassung nicht mit einem Programm verwechselt werden darf. Das bedeutet, daß zwischen einem Programm und einer Verfassung ein wesentlicher Unterschied besteht. Während ein Programm von dem spricht, was noch nicht da ist und erst in der Zukunft erzielt und errungen werden soll, muß eine Verfassung im Gegenteil von dem sprechen, was bereits da ist, was jetzt, gegenwärtig, bereits erzielt und errungen ist. Ein Programm betrifft hauptsächlich das Künftige, eine Verfassung das Gegenwärtige.

Zwei Beispiele zur Illustration.

Unsere Sowjetgesellschaft hat erreicht, daß sie den Sozialismus im wesentlichen schon verwirklicht, die sozialistische Gesellschaftsordnung errichtet, d. h., daß sie das verwirklicht hat, was bei den Marxisten sonst die erste oder untere Phase des Kommunismus genannt wird. Also ist bei uns die erste Phase des Kommunismus, der Sozialismus, im wesentlichen bereits verwirklicht. (Anhaltender Beifall) Das Grundprinzip dieser Phase des Kommunismus ist bekanntlich die Formel: »Jeder nach seinen Fähigkeiten, jedem nach seiner Leistung.« Muß unsere Verfassung diese Tatsache, die Tatsache der Erringung des Sozialismus, zum Ausdruck bringen? Muß sie auf dieser Errungenschaft basieren? Unbedingt muß sie das. Sie muß das, weil der Sozialismus für die Sowjetunion das ist, was bereits erreicht und errungen ist.

Aber die Sowjetgesellschaft hat noch nicht die Verwirklichung der höheren Phase des Kommunismus erreicht, in der das herrschende Prinzip die Formel sein wird: »Jeder nach seinen Fähigkeiten, jedem nach seinen Bedürfnissen«, obgleich sie es sich zum Ziele setzt, in der Zukunft die höhere Phase des Kommunismus zu verwirklichen. Kann unsere Verfassung auf der höheren Phase des Kommunismus basieren, die es noch nicht gibt und die erst errungen werden muß? Nein, das kann sie nicht, denn die höhere Phase des Kommunismus ist für die Sowjetunion das, was noch nicht verwirklicht ist und was in der Zukunft verwirklicht werden soll. Sie kann das nicht, wenn sie sich nicht in ein Programm oder in eine Deklaration über künftige Errungenschaften verwandeln will.

Das ist der Rahmen unserer Verfassung im gegebenen historischen Augenblick.

Somit stellt der Entwurf der neuen Verfassung das Fazit des zurückgelegten Weges dar, das Fazit bereits erzielter Errungenschaften. Er ist also die Registrierung und gesetzgeberische Verankerung dessen, was bereits in der Praxis erreicht und errungen ist. (Stürmischer Beifall)

Darin besteht die erste Besonderheit des Entwurfs der neuen Verfassung der UdSSR.

Weiter. Die Verfassungen bürgerlicher Länder gehen gewöhnlich von der Überzeugung aus, daß die kapitalistische Gesellschaftsordnung unerschütterlich sei. Die Hauptgrundlage dieser Verfassungen bilden die Prinzipien des Kapitalismus, seine Grundpfeiler: das Privateigentum an Grund und Boden, Waldungen, Fabriken und Werken und anderen Produktionsmitteln und -instrumenten; die Ausbeutung des Menschen durch den Menschen und das Bestehen von Ausbeutern und Ausgebeuteten; Unsicherheit der Existenz der werktätigen Mehrheit auf dem einen Pol der Gesellschaft und Verschwendung der nichtwerktätigen, aber in ihrer Existenz gesicherten Minderheit auf dem anderen Pol usw. usf. Sie stützen sich auf diese und ähnliche Grundpfeiler des Kapitalismus. Sie widerspiegeln sie, verankern sie auf gesetzgeberischem Wege.

Zum Unterschied von ihnen geht der Entwurf der neuen Verfassung der UdSSR von der Tatsache aus, daß die kapitalistische Gesellschaftsordnung beseitigt ist, von der Tatsache, daß die sozialistische Gesellschaftsordnung in der Sowjetunion gesiegt hat. Die Hauptgrundlage des Entwurfs der neuen Verfassung der UdSSR bilden die Prinzipien des Sozialismus, seine bereits errungenen und verwirklichten Grundpfeiler: das sozialistische Eigentum an Grund und Boden, Waldungen, Fabriken und Werken und anderen Produktionsmitteln und -instrumenten; die Aufhebung der Ausbeutung und der Ausbeuterklassen; die Beseitigung des Elends der Mehrheit und der Verschwendung der Minderheit; die Beseitigung der Arbeitslosigkeit; die Arbeit als Obliegenheit und Ehrenpflicht jedes arbeitsfähigen Staatsbürgers nach der Formel: »Wer nicht arbeitet, der soll auch nicht essen.« Das Recht auf Arbeit, d. h. das Recht jedes Staatsbürgers auf garantierte Beschäftigung; das Recht auf Erholung; das Recht auf Bildung usw. usf. Der Entwurf der neuen Verfassung stützt sich auf diese und ähnliche Grundpfeiler des Sozialismus. Er widerspiegelt sie, er verankert sie auf gesetzgeberischem Wege.

Das ist die zweite Besonderheit des Entwurfs der neuen Verfassung.

Weiter. Die bürgerlichen Verfassungen gehen stillschweigend von der Voraussetzung aus, daß die Gesellschaft aus antagonistischen Klassen besteht, aus Klassen, die Reichtümer besitzen, und Klassen, die keine besitzen; daß, welche Partei auch an die Macht kommen möge, die staatliche Führung der Gesellschaft (die Diktatur) sich in den Händen der Bourgeoisie befinden müsse, daß die Verfassung dazu notwendig sei, die gesellschaftlichen Zustände zu verankern, die den besitzenden Klassen genehm und vorteilhaft sind.

Zum Unterschied von den bürgerlichen Verfassungen geht der Entwurf der neuen Verfassung der UdSSR davon aus, daß es in der Gesellschaft keine antagonistischen Klassen mehr gibt; daß die Gesellschaft aus zwei befreundeten Klassen, aus Arbeitern und Bauern besteht, daß eben diese werktätigen Klassen an der Macht stehen, daß die staatliche Führung der Gesellschaft (die Diktatur) der Arbeiterklasse als der fortgeschrittensten Klasse der Gesellschaft zukommt, daß die Verfassung dazu notwendig ist, die gesellschaftlichen Zustände zu verankern, die den Werktätigen genehm und vorteilhaft sind.

Das ist die dritte Besonderheit des Entwurfs der neuen Verfassung.

Weiter. Die bürgerlichen Verfassungen gehen stillschweigend von der Voraussetzung aus, daß die Nationen und Rassen nicht gleichberechtigt sein können, daß es vollberechtigte Nationen und nicht vollberechtigte Nationen gibt, daß außerdem noch eine dritte Kategorie von Nationen oder Rassen besteht, z. B. in den Kolonien, die noch weniger Rechte haben als die nicht vollberechtigten Nationen. Das bedeutet, daß alle diese Verfassungen in ihrer Grundlage nationalistisch sind, d. h., daß sie Verfassungen der herrschenden Nationen sind.

Zum Unterschied von diesen Verfassungen ist der Entwurf der neuen Verfassung der UdSSR im Gegenteil zutiefst international. Er geht davon aus, daß alle Nationen und Rassen gleichberechtigt sind. Er geht davon aus, daß Unterschiede in der Hautfarbe oder in der Sprache, im Kulturniveau oder im Niveau der staatlichen Entwicklung sowie irgendwelche anderen Unterschiede zwischen den Nationen und Rassen nicht als Grund dazu dienen können, eine Rechtsungleichheit der Nationen zu rechtfertigen. Er geht davon aus, daß alle Nationen und Rassen, unabhängig von ihrer vergangenen und gegenwärtigen Lage, unabhängig von ihrer Kraft oder Schwäche, in allen Sphären des wirtschaftlichen, gesellschaftlichen, staatlichen und kulturellen Lebens der Gesellschaft gleiche Rechte genießen müssen.

Das ist die vierte Besonderheit des Entwurfs der neuen Verfassung.

Die fünfte Besonderheit des Entwurfs der neuen Verfassung ist ihr konsequenter und restlos durchgeführter Demokratismus. Vom Standpunkt des Demokratismus kann man die bürgerlichen Verfassungen in zwei Gruppen teilen: Die eine Gruppe der Verfassungen verneint die Gleichberechtigung der Staatsbürger und die demokratischen Freiheiten glattweg oder macht sie faktisch zunichte. Die andere Gruppe der Verfassungen akzeptiert mit Vorliebe die demokratischen Grundsätze und streicht sie sogar heraus, macht aber dabei solche Vorbehalte und Einschränkungen, daß die demokratischen Rechte und Freiheiten sich als vollständig verstümmelt erweisen. Sie sprechen von gleichem Wahlrecht für alle Staatsbürger, machen aber dieses Recht sofort von der Ansässigkeit und einem Bildungs- und sogar Vermögenszensus abhängig. Sie sprechen von gleichen Rechten der Staatsbürger, machen aber sofort den Vorbehalt, daß dies für die Frauen nicht gilt oder nur teilweise gilt. Usw. usf.

Eine Besonderheit des Entwurfs der neuen Verfassung der UdSSR besteht darin, daß er von derartigen Vorbehalten und Einschränkungen frei ist. Für ihn gibt es keine aktiven oder passiven Staatsbürger, für ihn sind alle Staatsbürger aktiv. Er erkennt keinen Unterschied in den Rechten zwischen Männern und Frauen, »Ansässigen« und »Nichtansässigen«, Besitzenden und Nichtbesitzenden, Gebildeten und Ungebildeten an. Für ihn sind alle Bürger in ihren Rechten gleich. Nicht die Vermögenslage, nicht die nationale Herkunft, nicht das Geschlecht, nicht die Dienststellung, sondern die persönlichen Fähigkeiten und die persönliche Arbeit jedes Bürgers bestimmen seine Stellung in der Gesellschaft.

Schließlich noch eine Besonderheit des Entwurfs der neuen Verfassung. Die bürgerlichen Verfassungen beschränken sich gewöhnlich darauf, die formalen Rechte der Staatsbürger zu fixieren, ohne sich um die Bedingungen der Verwirklichung dieser Rechte, um die Möglichkeit ihrer Verwirklichung, um die Mittel zu ihrer Verwirklichung zu kümmern. Man spricht von Gleichheit der Staatsbürger, vergißt aber, daß es keine wirkliche Gleichheit zwischen Unternehmer und Arbeiter, zwischen Gutsbesitzer und Bauer geben kann, wenn die ersteren den Reichtum und das politische Gewicht in der Gesellschaft besitzen, die anderen aber beides entbehren, wenn die ersteren die Ausbeuter und die anderen die Ausgebeuteten sind. Oder weiter: Man spricht von Rede-, Versammlungs- und Pressefreiheit, vergißt aber, daß alle diese Freiheiten sich für die Arbeiterklasse in leeren Schall verwandeln können, wenn sie der Möglichkeit beraubt ist, geeignete Räumlichkeiten für Versammlungen, gute

Druckereien, genügende Mengen Druckpapier usw. zur Verfügung zu haben.

Eine Besonderheit des Entwurfs der neuen Verfassung besteht darin, daß er sich nicht auf die Fixierung der formalen Rechte der Staatsbürger beschränkt, sondern den Schwerpunkt auf die Frage der Garantien dieser Rechte, auf die Frage der Mittel zur Verwirklichung dieser Rechte verlegt. Er verkündet nicht einfach die Gleichheit der Rechte der Staatsbürger, sondern sichert sie auch durch gesetzgeberische Verankerung der Tatsache, daß das Regime der Ausbeutung aufgehoben ist, daß die Staatsbürger von jeglicher Ausbeutung befreit sind. Er verkündet nicht einfach das Recht auf Arbeit, sondern sichert es auch durch gesetzgeberische Verankerung der Tatsache, daß es in der Sowjetgesellschaft keine Krisen gibt, der Tatsache, daß die Arbeitslosigkeit beseitigt ist. Er verkündet nicht einfach die demokratischen Freiheiten, sondern sichert sie auch auf gesetzgeberischem Wege durch bestimmte materielle Mittel. Es ist daher klar, daß der Demokratismus des Entwurfs der neuen Verfassung kein »gewöhnlicher« und »allgemein anerkannter« Demokratismus schlechthin, sondern ein *sozialistischer* Demokratismus ist.

Das sind die grundlegenden Besonderheiten des Entwurfs der neuen Verfassung der UdSSR.

So widerspiegeln sich im Entwurf der neuen Verfassung jene Verlagerungen und Veränderungen im wirtschaftlichen, gesellschaftlichen und politischen Leben der Sowjetunion, die in der Periode von 1924 bis 1936 eingetreten sind.

103. Die Verfassung (Grundgesetz) der UdSSR von 1936
Hier in der Fassung von 1941

Kapitel I.
Die gesellschaftliche Ordnung

Artikel 1.

Die Union der Sozialistischen Sowjet-Republiken ist ein sozialistischer Staat der Arbeiter und Bauern.

Artikel 2.

Die politische Grundlage der UdSSR bilden die Sowjets (Räte) der Abgeordneten der Werktätigen, erwachsen und erstarkt im Ergebnis des Sturzes der Macht der Gutsherren und der Kapitalisten und der Eroberung der Diktatur des Proletariats.

Artikel 3.

Alle Macht in der UdSSR gehört den Werktätigen in Stadt und Land in Gestalt der Sowjets der Abgeordneten der Werktätigen.

Artikel 4.

Die ökonomische Grundlage der UdSSR bilden das sozialistische Wirtschaftssystem und das sozialistische Eigentum an den Produktionswerkzeugen und -mitteln, gefestigt im Ergebnis der Beseitigung des kapitalistischen Wirtschaftssystems, der Aufhebung des Privateigentums an den Produktionsinstrumenten und -mitteln und der Abschaffung der Ausbeutung des Menschen durch den Menschen.

Artikel 5.

Das sozialistische Eigentum in der UdSSR hat entweder die Form von Staatseigentum (Gemeingut des Volkes) oder die Form von genossenschaftlich-kollektivwirtschaftlichem Eigentum (Eigentum einzelner Kollektivwirtschaften, Eigentum genossenschaftlicher Vereinigungen).

Artikel 6.

Der Boden, seine Schätze, die Gewässer, die Wälder, die Werke, die Fabriken, die Gruben, die Bergwerke, das Eisenbahn-, Wasser- und Luftverkehrswesen, die Banken, die Nachrichtenmittel, die vom Staat organisierten landwirtschaftlichen Großbetriebe (Sowjetwirtschaften, Maschinen- und Traktorenstationen u. dgl.) sowie die Kommunalbetriebe und der Grundbestand an Wohnhäusern in den Städten und Industrieorten sind Staatseigentum, das heißt Gemeingut des Volkes.

Artikel 7.

Die gesellschaftlichen Betriebe in den Kollektivwirtschaften und den genossenschaftlichen Organisationen mit ihrem lebenden und toten Inventar, die von den Kollektivwirtschaften und den genossenschaftlichen Organisationen erzeugte Produktion wie auch ihre öffentlichen Bauten bilden das gesellschaftliche, sozialistische Eigentum der Kollektivwirtschaften und der genossenschaftlichen Organisationen.

Jeder Kollektivbauernhof hat außer dem Grundeinkommen aus der gesellschaftlichen, kollektiven Wirtschaft in persönlicher Nutzung ein kleineres Stück Hofland und als persönliches Eigentum eine Nebenwirtschaft auf dem Hofland, ein Wohnhaus, Nutzvieh, Geflügel und landwirtschaftliches Kleininventar – gemäß dem Statut des landwirtschaftlichen Artels.

Artikel 8.

Der Boden, den die Kollektivwirtschaften innehaben, wird ihnen zu unentgeltlicher und unbefristeter Nutzung, das heißt für ewig, urkundlich zuerkannt.

Artikel 9.

Neben dem sozialistischen Wirtschaftssystem, das die in der UdSSR herrschende Wirtschaftsform darstellt, ist die auf persönlicher Arbeit beruhende und eine Ausbeutung fremder Arbeit ausschließende kleine Privatwirtschaft von Einzelbauern und Gewerbetreibenden gesetzlich zugelassen.

Artikel 10.

Das persönliche Eigentumsrecht der Staatsbürger an ihren Arbeitseinkünften und Ersparnissen, am Wohnhaus und an der häuslichen Nebenwirtschaft, an den Hauswirtschafts- und Haushaltungsgegenständen, an den Gegenständen des persönlichen Bedarfs und Komforts, ebenso wie das Erbrecht an dem persönlichen Eigentum der Staatsbürger werden durch das Gesetz geschützt.

Artikel 11.

Das Wirtschaftsleben der UdSSR wird durch den staatlichen Volkswirtschaftsplan im Interesse der Mehrung des gesellschaftlichen Reichtums, der unentwegten Hebung des materiellen und kulturellen Niveaus der Werktätigen, der Festigung der Unabhängigkeit der UdSSR und der Stärkung ihrer Wehrfähigkeit bestimmt und gelenkt.

Artikel 12.

Die Arbeit ist in der UdSSR Pflicht und Ehrensache jedes arbeitsfähigen Staatsbürgers nach dem Grundsatz: »Wer nicht arbeitet, soll auch nicht essen.«

In der UdSSR wird der Grundsatz des Sozialismus verwirklicht: »Jeder nach seinen Fähigkeiten, jedem nach seiner Leistung.«

Kapitel II.
Der Staatsaufbau

Artikel 13.

Die Union der Sozialistischen Sowjet-Republiken ist ein Bundesstaat, gebildet auf der Grundlage freiwilliger Vereinigung gleichberechtigter Sozialistischer Sowjet-Republiken:

der Russischen Sozialistischen Föderativen Sowjet-Republik,
der Ukrainischen Sozialistischen Sowjet-Republik,

der Weißrussischen (Belorussischen) Sozialistischen Sowjet-Republik,
der Azerbajdžanischen Sozialistischen Sowjet-Republik,
der Georgischen Sozialistischen Sowjet-Republik,
der Armenischen Sozialistischen Sowjet-Republik,
der Turkmenischen Sozialistischen Sowjet-Republik,
der Uzbekischen Sozialistischen Sowjet-Republik,
der Tadžikischen Sozialistischen Sowjet-Republik,
der Kazachischen Sozialistischen Sowjet-Republik,
der Kirgizischen Sozialistischen Sowjet-Republik,
der Karelo-Finnischen Sozialistischen Sowjet-Republik,
der Moldauischen Sozialistischen Sowjet-Republik,
der Litauischen Sozialistischen Sowjet-Republik,
der Lettischen Sozialistischen Sowjet-Republik,
der Estnischen Sozialistischen Sowjet-Republik.

Artikel 14.

Zu der Zuständigkeit der Union der Sozialistischen Sowjet-Republiken in Gestalt ihrer obersten Machtorgane der Staatsverwaltung gehören:

a) die Vertretung der Union im internationalen Verkehr, der Abschluß und die Ratifizierung von Verträgen mit anderen Staaten;

b) die Fragen von Krieg und Frieden;

c) die Aufnahme neuer Republiken in den Verband der UdSSR;

d) die Kontrolle über die Durchführung der Verfassung der UdSSR und die Gewährleistung der Übereinstimmung der Verfassungen der Unionsrepubliken mit der Verfassung der UdSSR;

e) die Bestätigung von Änderungen der Grenzen zwischen den Unionsrepubliken;

f) die Bestätigung der Bildung neuer Gaue und Gebiete sowie neuer autonomer Republiken im Verband der Unionsrepubliken;

g) die Organisierung der Verteidigung der UdSSR und die Leitung der gesamten Streitkräfte der UdSSR;

h) der Außenhandel auf der Grundlage des Staatsmonopols;

i) der Schutz der Staatssicherheit;

j) die Aufstellung der Volkswirtschaftspläne der UdSSR;

k) die Bestätigung des einheitlichen Staatshaushalts der UdSSR sowie der Steuern und Einkünfte, die zur Aufstellung des Staatshaushalts der Union, der Haushalte der Unionsrepubliken und der örtlichen Haushalte dienen;

l) die Verwaltung der Banken, der industriellen und landwirtschaftlichen Institutionen und Betriebe sowie der Handelsunternehmungen, die für die gesamte Union von Bedeutung sind;

m) die Leitung des Verkehrs- und Nachrichtenwesens;

n) die Leitung des Währungs- und Kreditsystems;

o) die Organisierung des staatlichen Versicherungswesens;

p) die Aufnahme und Gewährung von Anleihen;

q) die Festsetzung der Grundsätze auf dem Gebiet des Bildungs- und des Gesundheitswesens;

r) die Festsetzung der Grundsätze der Bodennutzung, wie auch der Nutzung der Bodenschätze, der Wälder und Gewässer;

s) die Organisierung eines einheitlichen Systems der volkswirtschaftlichen Statistik;

t) die Festsetzung der Grundsätze der Arbeitsgesetzgebung;

u) die Gesetzgebung über die Gerichtsverfassung und das Gerichtsverfahren; das Straf- und das Zivilgesetzbuch;

v) die Gesetze über die Unions-Staatsangehörigkeit; die Gesetze über die Rechte der Ausländer;

w) der Erlaß von Amnestieakten für die gesamte Union.

Artikel 15.

Die Souveränität der Unionsrepubliken ist nur in den durch den Artikel 14 der Verfassung der UdSSR angegebenen Grenzen beschränkt. Außerhalb dieser Grenzen übt jede Unionsrepublik die Staatsgewalt selbständig aus. Die UdSSR schützt die souveränen Recht der Unionsrepubliken.

Artikel 16.

Jede Unionsrepublik hat ihre, den Besonderheiten der Republik Rechnung tragende und in voller Übereinstimmung mit der Verfassung der UdSSR aufgebaute Verfassung.

Artikel 17.

Jeder Unionsrepublik bleibt das Recht auf freien Austritt aus der UdSSR vorbehalten.

Artikel 18.

Das Gebiet der Unionsrepubliken kann ohne ihre Zustimmung nicht geändert werden.

Artikel 19.

Die Gesetze der UdSSR haben auf dem Gebiet aller Unionsrepubliken gleiche Rechtskraft.

Artikel 20.

Im Falle der Nichtübereinstimmung des Gesetzes einer Unionsrepublik mit einem Unionsgesetz gilt das Unionsgesetz.

Artikel 21.

Für die Staatsbürger der UdSSR wird eine einheitliche Unions-Staatsangehörigkeit festgesetzt. Jeder Staatsbürger einer Unionsrepublik ist Staatsbürger der UdSSR.

Artikel 22.

Die Russische Sozialistische Föderative Sowjet-Republik besteht aus den Gauen *(krai)*: Altaj, Krasnodar, Krasnojarsk, Ordžonikidze, Primorskij (Küstengau), Chabarovsk; den Gebieten *(oblast')*: Archangel'sk, Vologda, Voronež, Gor'kij, Ivanovo, Irkutsk, Kalinin, Kirov, Kujbyšev, Kursk, Leningrad, Molotov, Moskau, Murmansk, Novosibirsk, Omsk, Orel, Penza, Rostov, Rjazan', Saratov, Sverdlov, Smolensk, Stalingrad, Tambov, Tula, Čeljabinsk, Čita, Čkalov, Jaroslavl'; den Autonomen Sozialistischen Sowjet-Republiken: der Baškirischen, Burjat-Mongolischen, Dagestanischen, Kabardino-Balkarischen, Kalmykischen, der der Komi, der der Krim, der Marijischen, der Mordvinischen, der Wolgadeutschen, Nordosetischen, Tatarischen, Udmurtischen, Čečeno-Ingušischen, Čuvasischen, der Jarkutischen; den Autonomen Gebieten: dem Adygejischen, dem Jüdischen, dem Karačajischen, dem Ojrotischen, dem Chakassischen, dem Čerkessischen.

Artikel 23.

Die Ukrainische Sozialistische Sowjet-Republik besteht aus den Gebieten *(oblast')*: Vinnica, Wolhynien, Vorošilovgrad, Dnepropetrovsk, Drogobyč, Žitomir, Zaporož'e, Izmail', Kamenec-Podol'sk, Kiev, Kirovograd, L'vov, Nikolaev, Odessa, Poltava, Rovno, Stalino, Stanislav, Sumy, Tarnopol', Char'kov, Černigov, Černovcy.

Artikel 24.

Zum Verband der Azerbajdžanischen Sozialistischen Sowjet-Republik gehören die Nachičevanische Autonome Sozialistische Sowjet-Republik und das Berg-Karabachische Autonome Gebiet.

Artikel 25.

Zum Verband der Gruzinischen (Georgischen) Sozialistischen Sowjet-Republik gehören die Abchazische Autonome Sozialistische Sowjet-Republik, die Adžarische Autonome

Sozialistische Sowjetrepublik, das Süd-Osetische Autonome Gebiet.

Artikel 26.

Die Uzbekische Sozialistische Sowjet-Republik besteht aus den Gebieten *(oblast')*: Buchara, Samarkand, Taškent, Fergana, Chorezm und aus der Kara-Kalpakischen Autonomen Sozialistischen Sowjet-Republik.

Artikel 27.

Die Tadžikische Sozialistische Sowjet-Republik besteht aus den Gebieten *(oblast')*: Garm, Kuljab, Leninabad, Stalinabad und dem Berg-Badachšanischen Autonomen Gebiet.

Artikel 28.

Die Kazachische Sozialistische Sowjet-Republik besteht aus den Gebieten *(oblast')*: Akmolinsk, Aktjubinsk, Alma-Ata, Ost-Kazachstan, Gur'ev, Džambul', West-Kazachstan, Karaganda, Kzyl-Orda, Kustanaj, Pavlodar, Nord-Kazachstan, Semipalatinsk, Süd-Kazachstan.

Artikel 29.

Die Weiß(Belo)russische Sozialistische Sowjet-Republik besteht aus den Gebieten *(oblast')*: Baranoviči, Belostok, Brest, Vilejka, Vitebsk, Gomel', Minsk, Mogilev, Pinsk, Poles'e.

Artikel 29a.

Die Turkmenische Sozialistische Sowjet-Republik besteht aus den Gebieten *(oblast')*: Aschabad, Krasnovodsk, Maryj, Tašauz, Čardžous.

Artikel 29b.

Die Kirgizische Sozialistische Sowjet-Republik besteht aus den Gebieten *(oblast')*: Džalal-Abad, Issyk-Kul', Os, Tjan'-Šan, Frunze.

Kapitel III.
Die obersten Organe der Staatsgewalt der Union der Sozialistischen Sowjet-Republiken

Artikel 30.

Das höchste Organ der Staatsgewalt der UdSSR ist der Oberste Sowjet der UdSSR.

Artikel 31.

Der Oberste Sowjet der UdSSR übt alle Rechte aus, die der Union der Sozialistischen Sowjet-Republiken gemäß § 14 der Verfassung zustehen, sofern sie nicht auf Grund der Verfassung in die Zuständigkeit der dem Obersten Sowjet der UdSSR rechenschaftspflichtigen Organe der UdSSR fallen:

des Präsidiums des Obersten Sowjet der UdSSR, des Rates der Volkskommissare der UdSSR und der Volkskommissariate der UdSSR.

Artikel 32.

Die gesetzgebende Gewalt der UdSSR wird ausschließlich durch den Obersten Sowjet ausgeübt.

Artikel 33.

Der Oberste Sowjet der UdSSR besteht aus zwei Kammern: dem Rat *(Sowjet)* der Union und dem Rat *(Sowjet)* der Nationalitäten.

Artikel 34.

Der Rat der Union wird von den Staatsbürgern der UdSSR nach Wahlbezirken gewählt, und zwar nach der Norm: ein Abgeordneter auf 300000 Einwohner.

Artikel 35.

Der Rat der Nationalitäten wird von den Staatsbürgern der UdSSR nach Unions- und autonomen Republiken, autonomen Gebieten und nationalen Kreisen gewählt, und zwar nach der Norm:

je 25 Abgeordnete von jeder Unionsrepublik, je 5 Abgeordnete von jedem autonomen Gebiet und je ein Abgeordneter von jedem nationalen Distrikt.

Artikel 36.

Der Oberste Sowjet der UdSSR wird für die Dauer von vier Jahren gewählt.

Artikel 37.

Die beiden Kammern des Obersten Sowjet der UdSSR: der Rat der Union und der Rat der Nationalitäten sind gleichberechtigt.

Artikel 38.

Dem Rat der Union und dem Rat der Nationalitäten steht die Gesetzesinitiative in gleichem Maße zu.

Artikel 39.

Ein Gesetz gilt als bestätigt, wenn es von beiden Kammern des Obersten Sowjet der UdSSR mit einfacher Mehrheit jeder angenommen ist.

Artikel 40.

Die vom Obersten Sowjet der UdSSR angenommenen Gesetze werden mit der Unterschrift des Vorsitzenden und des Sekretär, des Präsidiums des Obersten Sowjet der UdSSR in den Sprachen der Unionsrepubliken veröffentlicht.

Artikel 41.

Die Tagungen des Rates der Union und des Rates der Nationalitäten beginnen und enden gleichzeitig.

Artikel 42.

Der Rat der Union wählt einen Vorsitzenden des Rates der Union und zwei Stellvertreter des Vorsitzenden.

Artikel 43.

Der Rat der Nationalitäten wählt einen Vorsitzenden des Rates der Nationalitäten und dessen zwei Stellvertreter.

Artikel 44.

Die Vorsitzenden des Rates der Union und des Rates der Nationalitäten leiten die Sitzungen der entsprechenden Kammern und handhaben ihre innere Geschäftsordnung.

Artikel 45.

Die gemeinsamen Sitzungen der beiden Kammern des Obersten Sowjet der UdSSR werden abwechselnd von den Vorsitzenden des Rates der Union und des Rates der Nationalitäten geleitet.

Artikel 46.

Die Tagungen des Obersten Sowjet der UdSSR werden vom Präsidium des Obersten Sowjet der UdSSR zweimal im Jahr einberufen.

Außerordentliche Tagungen werden vom Präsidium des Obersten Sowjet der UdSSR nach seinem Ermessen oder auf Verlangen einer der Unionsrepubliken einberufen.

Artikel 47.

Im Falle einer Meinungsverschiedenheit zwischen dem Rat der Union und dem Rat der Nationalitäten wird die Frage einer paritätisch gebildeten Schlichtungskommission zur Entscheidung überwiesen. Wenn die Schlichtungskommission zu keiner Einigung gelangt, oder wenn ihr Entscheid eine der Kammern nicht befriedigt, so wird die Frage zum zweitenmal in den Kammern behandelt. Kommt kein übereinstimmender Beschluß zweier Kammern zustande, so löst das Präsidium des Obersten Sowjet der UdSSR den Obersten Sowjet der UdSSR auf und schreibt Neuwahlen aus.

Artikel 48.

Der Oberste Sowjet der UdSSR wählt in gemeinsamer Sitzung der beiden Kammern ein Präsidium des Obersten Sowjet der UdSSR, bestehend aus dem Vorsitzenden des Präsidiums des Obersten Sowjet der UdSSR, sechzehn Stellvertretern des

Vorsitzenden, dem Sekretär des Präsidiums und 24 Mitgliedern des Präsidiums.

Das Präsidium des Obersten Sowjet der UdSSR ist dem Obersten Sowjet der UdSSR in seiner gesamten Tätigkeit rechenschaftspflichtig.

Artikel 49.

Das Präsidium des Obersten Sowjet der UdSSR:

a) beruft die Tagungen des Obersten Sowjets der UdSSR ein;

b) legt die geltenden Gesetze der UdSSR aus, erläßt Dekrete *(ukaz)*;

c) löst den Obersten Sowjet der UdSSR aufgrund von Artikel 47 der Verfassung der UdSSR auf und schreibt Neuwahlen aus;

d) nimmt eine allgemeine Volksbefragung (Referendum) auf eigene Initiative oder auf Verlangen einer der Unionsrepubliken vor;

e) hebt mit dem Gesetz nicht übereinstimmende Verordnungen und Verfügungen des Rates der Volkskommissare der UdSSR und der Räte der Volkskommissare der Unionsrepubliken auf;

f) nimmt in der Zeit zwischen den Tagungen des Obersten Sowjet der UdSSR auf Vorschlag des Vorsitzenden des Rates der Volkskommissare der UdSSR – unter nachträglicher Einholung der Bestätigung des Obersten Sowjet der UdSSR – Amtsenthebungen und Ernennungen einzelner Volkskommissare der UdSSR vor;

g) verleiht Orden und Ehrentitel der UdSSR;

h) übt das Begnadigungsrecht aus;

i) ernennt und entläßt das Oberkommando der Streitkräfte der UdSSR;

j) erklärt in der Zeit zwischen den Tagungen des Obersten Sowjet der UdSSR den Zustand des Krieges im Falle eines militärischen Angriffs auf die UdSSR oder im Falle der Notwendigkeit der Erfüllung internationaler vertraglicher Verpflichtungen zu gegenseitiger Verteidigung gegen Aggression;

k) erklärt die allgemeine und die teilweise Mobilmachung;

l) ratifiziert internationale Verträge;

m) ernennt die bevollmächtigten Vertreter der UdSSR in auswärtigen Staaten und beruft sie ab;

n) nimmt die Beglaubigungs- und Abberufungsschreiben

der bei ihm akkreditierten diplomatischen Vertreter auswärtiger Staaten entgegen;

o) erklärt für einzelne Gegenden oder für die ganze UdSSR den Kriegszustand im Interesse der Verteidigung der UdSSR oder der Gewährleistung der öffentlichen Ordnung und der staatlichen Sicherheit.

Artikel 50.

Der Rat der Union und der Rat der Nationalitäten wählen Mandatskommissionen, die die Vollmachten der Abgeordneten jeder Kammer prüfen.

Auf Antrag der Mandatskommission entscheiden die Kammern, ob die Vollmachten der einzelnen Abgeordneten anerkannt werden oder ob ihre Wahl für ungültig erklärt wird.

Artikel 51.

Der Oberste Sowjet der UdSSR ernennt, wenn er es für notwendig erachtet, für jede beliebige Frage Revisionskommissionen und Untersuchungskommissionen.

Alle Institutionen und Amtspersonen sind verpflichtet, die Forderungen dieser Kommissionen zu erfüllen und ihnen die notwendigen Unterlagen und Dokumente vorzulegen.

Artikel 52.

Kein Abgeordneter des Obersten Sowjet der UdSSR kann ohne Zustimmung des Obersten Sowjet der UdSSR und, wenn keine Tagungen des Obersten Sowjet der UdSSR vorliegen, ohne Zustimmung des Präsidiums des Obersten Sowjet der UdSSR gerichtlich zur Verantwortung gezogen oder verhaftet werden.

Artikel 53.

Nach Ablauf der Vollmachten oder nach vorfristiger Auflösung des Obersten Sowjet der UdSSR behält das Präsidium des Obersten Sowjet der UdSSR seine Vollmachten bis zur Bildung eines neuen Präsidiums des Obersten Sowjet der UdSSR durch den neugewählten Obersten Sowjet der UdSSR.

Artikel 54.

Nach Ablauf der Vollmachten oder nach vorfristiger Auflösung des Obersten Sowjet der UdSSR schreibt das Präsidium des Obersten Sowjet der UdSSR Neuwahlen aus, die nicht später als zwei Monate nach Ablauf der Vollmachten oder nach Auflösung des Obersten Sowjet der UdSSR stattfinden müssen.

Artikel 55.

Der neugewählte Oberste Sowjet der UdSSR wird vom Präsidium des früheren Obersten Sowjet der UdSSR nicht später als einen Monat nach den Wahlen einberufen.

Artikel 56.

Der Oberste Sowjet der UdSSR bildet in gemeinsamer Sitzung beider Kammern die Regierung der UdSSR – den Rat *(Sowjet)* der Volkskommissare der UdSSR.

Kapitel IV.
Die Obersten Organe der Staatsgewalt der Unionsrepubliken

Artikel 57.

Das höchste Organ der Staatsgewalt der Unionsrepublik ist der Oberste Sowjet der Unionsrepublik.

Artikel 58.

Der Oberste Sowjet der Unionsrepublik wird von den Staatsbürgern der Republik auf die Dauer von vier Jahren gewählt.

Die Vertretungsquoten werden durch die Verfassungen der Unionsrepubliken festgesetzt.

Artikel 59.

Der Oberste Sowjet der Unionsrepublik ist das einzige gesetzgebende Organ der Republik.

Artikel 60.

Der Oberste Sowjet der Unionsrepublik:

a) nimmt die Verfassung der Republik an und ändert dieselbe in Übereinstimmung mit Artikel 16 der Verfassung der UdSSR;

b) bestätigt die Verfassungen der in ihrem Verband befindlichen autonomen Republiken und bestimmt die Grenzen ihres Gebietes;

c) bestätigt den Volkswirtschaftsplan und den Haushalt der Republik;

d) übt das Recht der Amnestie und Begnadigung der von den Gerichtsorganen der Unionsrepublik verurteilten Bürger aus.

Artikel 61.

Der Oberste Sowjet der Unionsrepublik wählt das Präsidium des Obersten Sowjet der Unionsrepublik, bestehend aus dem Vorsitzenden des Präsidiums des Obersten Sowjet der Unionsrepublik, seinen Stellvertretern, dem Sekretär des Präsidiums und den Mitgliedern des Präsidiums des Obersten Sowjet der Unionsrepublik.

Die Vollmachten des Präsidiums des Obersten Sowjet der Unionsrepublik werden durch die Verfassung der Unionsrepublik bestimmt.

Artikel 62.

Für die Leitung der Sitzungen wählt der Oberste Sowjet der Unionsrepublik seinen Vorsitzenden und dessen Stellvertreter.

Artikel 63.

Der Oberste Sowjet der Unionsrepublik bestellt die Regierung der Unionsrepublik – den Rat *(Sowjet)* der Volkskommissare der Unionsrepublik.

Kapitel V.

Die Organe der Staatsverwaltung der Union der Sozialistischen Sowjetrepubliken

Artikel 64.

Das höchste vollziehende und verfügende Organ der Staatsgewalt der Union der Sozialistischen Sowjet-Republiken ist der Rat der Volkskommissare der UdSSR.

Artikel 65.

Der Rat der Volkskommissare der UdSSR ist dem Obersten Sowjet der UdSSR und in der Zeit zwischen den Tagungen des Obersten Sowjet dem Präsidium des Obersten Sowjet der UdSSR verantwortlich und rechenschaftspflichtig.

Artikel 66.

Der Rat der Volkskommissare der UdSSR erläßt Verordnungen *(postanovlenie)* und Verfügungen *(rasporjaženie)* aufgrund und in Ausführung der geltenden Gesetze und überwacht den Vollzug.

Artikel 67.

Die Verordnungen und Verfügungen des Rates der Volkskommissare der UdSSR sind für das ganze Gebiet der UdSSR verbindlich.

Artikel 68.

Der Rat der Volkskommissare der UdSSR:

a) vereinigt und lenkt die Arbeit der allunionistischen und der unionsrepublikanischen Volkskommissariate der UdSSR und der anderen ihm unterstellten wirtschaftlichen und kulturellen Institutionen;

b) ergreift Maßnahmen zur Verwirklichung des Volkswirtschaftsplans und des Staatshaushalts und zur Festigung des Kredit- und Währungssystems;

c) ergreift Maßnahmen zur Sicherung der öffentlichen Ordnung, zum Schutz der Staatsinteressen und zur Wahrung der Rechte der Staatsbürger;

d) übt bei der Regelung der Beziehungen zu auswärtigen Staaten die allgemeine Leitung aus;

e) bestimmt die Jahreskontingente der zum aktiven Militärdienst einzuberufenden Staatsbürger, leitet den gesamten Aufbau der Streitkräfte des Landes;

f) bildet, falls notwendig, besondere Komitees und Hauptverwaltungen beim Rat der Volkskommissare der UdSSR für Angelegenheiten des Aufbaus der Wirtschaft, der Kultur und der Verteidigung.

Artikel 69.

Der Rat der Volkskommissare der UdSSR hat das Recht, in den Verwaltungs- und Wirtschaftszweigen, die zur Zuständigkeit der UdSSR gehören, Verordnungen und Verfügungen der Räte der Volkskommissare der Unionsrepubliken zu suspendieren und Anordnungen und Weisungen der Volkskommissare der UdSSR aufzuheben.

Artikel 70.

Der Rat der Volkskommissare der UdSSR wird vom Obersten Sowjet der UdSSR gebildet in der Zusammensetzung:

des Vorsitzenden des Rates der Volkskommissare der UdSSR;

der Stellvertreter des Vorsitzenden des Rates der Volkskommissare der UdSSR;

des Vorsitzenden der Staatlichen Plankommission der UdSSR;

des Vorsitzenden der Kommission für Sowjetkontrolle;

der Volkskommissare der UdSSR;

des Vorsitzenden des Komitees für Kunstangelegenheiten;

des Vorsitzenden des Komitees für Hochschulangelegenheiten;

des Vorsitzenden der Verwaltung der Staatsbank.

Artikel 71.

Die Regierung der UdSSR oder ein Volkskommissar der UdSSR sind verpflichtet, auf die an sie gerichtete Anfrage eines Abgeordneten des Obersten Sowjet der UdSSR in der betreffenden Kammer nicht später als nach drei Tagen mündlich oder schriftlich zu antworten.

Artikel 72.

Die Volkskommissare der UdSSR leiten die zur Zuständigkeit der UdSSR gehörenden Zweige der Staatsverwaltung.

Artikel 73.

Die Volkskommissare der UdSSR erlassen innerhalb der Zuständigkeit der betreffenden Volkskommissariate Anordnungen *(prikaz)* und Weisungen *(instrukcija)* aufgrund und in Ausführung der geltenden Gesetze sowie der Verordnungen und Verfügungen des Rates der Volkskommissare der UdSSR und überwachen ihren Vollzug.

Artikel 74.

Die Volkskommissariate der UdSSR sind entweder allunionistische (*obščesojuznye*, allgemein-bundesstaatliche) oder unionsrepublikanische (*sojuzno-republikanskie*, bundes- und einzelstaatliche) Volkskommissariate.

Artikel 75.

Die allunionistischen Volkskommissariate leiten den ihnen anvertrauten Zweig der Staatsverwaltung auf dem gesamten Gebiet der UdSSR entweder unmittelbar oder durch von ihnen ernannte Organe.

Artikel 76.

Die unionsrepublikanischen Volkskommissariate leiten den ihnen anvertrauten Zweig der Staatsverwaltung in der Regel durch die gleichnamigen Volkskommissariate der Unionsrepubliken und verwalten unmittelbar nur eine bestimmte begrenzte Anzahl von Betrieben gemäß einer vom Präsidium des Obersten Sowjet der UdSSR zu bestätigenden Liste.

Artikel 77.

Zu den allunionistischen Volkskommissariaten gehören die Volkskommissariate für: Verteidigung, Auswärtige Angelegenheiten, Außenhandel, Verkehrswesen, Nachrichtenwesen, Seeschiffahrt, Binnenschiffahrt, Kohlenindustrie, Erdölindustrie, Kraftwerke, Elektroindustrie, Schwarzmetallindustrie (Eisenhüttenwesen), Buntmetallindustrie (Buntmetallhüttenwesen), Chemische Industrie, Flugzeugindustrie, Schiffsbauindustrie, Munition, Waffenindustrie, schweren Maschinenbau, mittleren Maschinenbau, allgemeinen Maschinenbau, Kriegsmarine, Beschaffung, Bauwesen, Zellulose- und Papierindustrie.

Artikel 78.

Zu den unionsrepublikanischen Volkskommissariaten gehören die Volkskommissariate für: Nahrungsmittelindustrie, Fischindustrie, Fleisch- und Milchindustrie, Leichtindustrie, Textilindustrie, Holzindustrie, Ackerbau, Getreide- und Viehzucht-Sowjetwirtschaften *(sovchoz)*, Finanzen, Handel, Innere Angelegenheiten, Staatssicherheit, Justiz, Gesundheitswesen, Baumaterialienindustrie, Staatskontrolle.

Kapitel VI.
Die Organe der Staatsverwaltung der Unionsrepubliken
Artikel 79.

Das höchste vollziehende und verfügende Organ der Staatsgewalt der Unionsrepublik ist der Rat der Volkskommissare der Unionsrepublik.

Artikel 80.

Der Rat der Volkskommissare der Unionsrepublik ist dem Obersten Sowjet der Unionsrepublik und in der Zeit zwischen den Tagungen des Obersten Sowjet der Unionsrepublik dem Präsidium des Obersten Sowjet der Unionsrepulik verantwortlich und rechenschaftspflichtig.

Artikel 81.

Der Rat der Volkskommissare der Unionsrepublik erläßt Verordnungen und Verfügungen aufgrund und in Ausführung der geltenden Gesetze der UdSSR und der Unionsrepublik, der Verordnungen und Verfügungen des Rates der Volkskommissare der UdSSR und überwacht ihren Vollzug.

Artikel 82.

Der Rat der Volkskommissare der Unionsrepublik hat das Recht, Verordnungen und Verfügungen der Räte der Volkskommissare der autonomen Republiken zu suspendieren und Beschlüsse und Verfügungen der Exekutivkomitees der Sowjets der Abgeordneten der Werktätigen der Gaue, Gebiete und autonomen Gebiete aufzuheben.

Artikel 83.

Der Rat der Volkskommissare der Unionsrepublik wird vom Obersten Sowjet der Unionsrepublik gebildet in der Zusammensetzung:

des Vorsitzenden des Rates der Volkskommissare der Unionsrepublik;
der Stellvertreter des Vorsitzenden;
des Vorsitzenden der Staatlichen Plankommission;
der Volkskommissare für: Nahrungsmittelindustrie, Fischindustrie, Fleisch- und Milchindustrie, Leichtindustrie, Textil-

industrie, Holzindustrie, Baumaterialienindustrie, Ackerbau, Getreide- und Viehzucht-Sowjetwirtschaften, Finanzen, Handel, Innere Angelegenheiten, Staatssicherheit, Justiz, Gesundheitswesen, Staatskontrolle, Bildungswesen, Örtliche Industrie, Kommunalwirtschaft, Sozialfürsorge, Automobiltransportwesen;

des Leiters der Verwaltung für Kunstangelegenheiten;

der Bevollmächtigten der allunionistischen Volkskommissariate.

Artikel 84.

Die Volkskommissare der Unionsrepublik leiten die zur Zuständigkeit der Unionsrepublik gehörenden Zweige der Staatsverwaltung.

Artikel 85.

Die Volkskommissare der Unionsrepublik erlassen innerhalb der Zuständigkeiten der betreffenden Volkskommissariate Anordnungen und Weisungen aufgrund und in Ausführung der Gesetze der UdSSR und der Unionsrepublik, der Verordnungen und Verfügungen des Rates der Volkskommissare der UdSSR und der Anordnungen und Weisungen der unionsrepublikanischen Volkskommissariate der UdSSR.

Artikel 86.

Die Volkskommissariate der Unionsrepublik sind unionsrepublikanische oder republikanische Volkskommissariate.

Artikel 87.

Die unionsrepublikanischen Volkskommissariate leiten den ihnen anvertrauten Zweig der Staatsverwaltung und sind sowohl dem Rat der Volkskommissare der Unionsrepublik als auch dem betreffenden unionsrepublikanischen Volkskommissariat der UdSSR unterstellt.

Artikel 88.

Die republikanischen Volkskommissariate leiten den ihnen anvertrauten Zweig der Staatsverwaltung und sind unmittelbar dem Rat der Volkskommissare der Unionsrepublik unterstellt.

Kapitel VII.
Die Obersten Organe der Staatsgewalt der Autonomen Sozialistischen Sowjetrepubliken

Artikel 89.

Das höchste Organ der Staatsgewalt der Autonomen Republik ist der Oberste Sowjet der Autonomen Sozialistischen Sowjet-Republik.

Artikel 90.

Der Oberste Sowjet der Autonomen Republik wird von den Staatsbürgern der Republik auf die Dauer von vier Jahren nach den Vertretungsquoten gewählt, die durch die Verfassung der Autonomen Republik festgesetzt sind.

Artikel 91.

Der Oberste Sowjet der Autonomen Republik ist das einzige gesetzgebende Organ der Autonomen Sozialistischen Sowjet-Republik.

Artikel 92.

Jede Autonome Republik hat ihre, den Besonderheiten der Autonomen Republik Rechnung tragende und in voller Übereinstimmung mit der Verfassung der Unionsrepublik aufgebaute Verfassung.

Artikel 93.

Der Oberste Sowjet der Autonomen Republik wählt das Präsidium des Obersten Sowjet der Autonomen Republik und bildet den Rat der Volkskommissare der Autonomen Republik gemäß ihrer Verfassung.

Kapitel VIII.
Die örtlichen Organe der Staatsgewalt

Artikel 94.

Die Organe der Staatsgewalt in den Gauen, den Gebieten, den autonomen Gebieten, den Distrikten *(okrug)*, den Rajons, den Städten, den Dörfern *(stanica, derevnja, chutor, kišlak, aul**)* sind die Sowjets der Abgeordneten der Werktätigen.

Artikel 95.

Die Sowjets der Abgeordneten der Werktätigen der Gaue, der Gebiete, der autonomen Gebiete, der Distrikte, der Rajons, der Städte, der Dörfer *(stanica, derevnja, chutor, kišlak, aul)* werden jeweils von den Werktätigen des Gaues, des autonomen Gebiets, des Distriktes, des Rajons, der Stadt, des Dorfes auf die Dauer von zwei Jahren gewählt.

Artikel 96.

Die Vertretungsquoten für die Sowjets der Abgeordneten der Werktätigen werden durch die Verfassungen der Unionsrepubliken bestimmt.

* Regional unterschiedliche Bezeichnungen für ländliche Siedlungsformen.

Artikel 97.

Die Sowjets der Abgeordneten der Werktätigen leiten die Tätigkeit der ihnen unterstellten Verwaltungsorgane, gewährleisten den Schutz der staatlichen Ordnung, die Einhaltung der Gesetze und die Wahrung der Rechte der Staatsbürger, leiten den örtlichen wirtschaftlichen und kulturellen Aufbau und stellen den örtlichen Haushalt fest.

Artikel 98.

Die Sowjets der Abgeordneten der Werktätigen fassen Beschlüsse *(rešenie)* und erlassen Verfügungen *(rasporjaženie)* im Rahmen der ihnen durch die Gesetze der UdSSR und der Unionsrepublik gewährten Rechte.

Artikel 99.

Die vollziehenden und verfügenden Organe der Sowjets der Abgeordneten der Werktätigen der Gaue, der Gebiete, der autonomen Gebiete, der Distrikte, der Rajons, der Städte und der Dörfer (Landgemeinden) sind die von ihnen gewählten Exekutivkomitees, bestehend aus dem Vorsitzenden, seinen Stellvertretern, dem Sekretär und den Mitgliedern.

Artikel 100.

Das vollziehende und verfügende Organ der ländlichen Sowjets der Abgeordneten der Werktätigen in kleinen Siedlungen ist, in Übereinstimmung mit den Verfassungen der Unionsrepubliken, der Vorsitzende, sein Stellvertreter und der Sekretär, die von ihnen gewählt werden.

Artikel 101.

Die vollziehenden Organe der Sowjets der Abgeordneten der Werktätigen sind sowohl dem Sowjet der Abgeordneten der Werktätigen, der sie gewählt hat, als auch dem Vollzugsorgan des übergeordneten Sowjet der Abgeordneten der Werktätigen unmittelbar rechenschaftspflichtig.

Kapitel IX.
Gericht und Staatsanwaltschaft

Artikel 102.

Die Rechtsprechung wird in der UdSSR von dem Obersten Gerichtshof der UdSSR, den Obersten Gerichtshöfen der Unionsrepubliken, den Gau- und Gebietsgerichten, den Gerichten der autonomen Republiken und autonomen Gebiete, den Distriktgerichten, von Sondergerichten der UdSSR, die durch Beschluß des Obersten Sowjet der UdSSR gebildet werden, und von den Volksgerichten ausgeübt.

Artikel 103.

Die Prozeßverhandlung geht in allen Gerichten unter Beteiligung von Volksbeisitzern vor sich, ausgenommen bei den durch das Gesetz besonders vorgeschriebenen Fällen.

Artikel 104.

Der Oberste Gerichtshof der UdSSR ist das höchste gerichtliche Organ. Dem Obersten Gerichtshof der UdSSR obliegt die Aufsicht über die gerichtliche Tätigkeit aller Gerichtsorgane der UdSSR und der Unionsrepubliken.

Artikel 105.

Der Oberste Gerichtshof der UdSSR und die Sondergerichte der UdSSR werden vom Obersten Sowjet der UdSSR auf die Dauer von fünf Jahren gewählt.

Artikel 106.

Die Obersten Gerichtshöfe der Unionsrepubliken werden von den Obersten Sowjets der Unionsrepubliken auf die Dauer von fünf Jahren gewählt.

Artikel 107.

Die Obersten Gerichtshöfe der autonomen Republiken werden von den Obersten Sowjets der autonomen Republiken auf die Dauer von fünf Jahren gewählt.

Artikel 108.

Die Gau- und Gebietsgerichte, die Gerichte der autonomen Gebiete und die Distriktgerichte werden von den Gau-, Gebiets- oder Distriktsowjets der Abgeordneten der Werktätigen bzw. von den Sowjets der Abgeordneten der Werktätigen der autonomen Gebiete auf die Dauer von fünf Jahren gewählt.

Artikel 109.

Die Volksgerichte werden von den Staatsbürgern eines Bezirks auf Grundlage des allgemeinen, direkten und gleichen Wahlrechts in geheimer Abstimmung auf die Dauer von drei Jahren gewählt.

Artikel 110.

Das Gerichtsverfahren erfolgt in der Sprache der Unionsrepublik bzw. der Autonomen Republik oder des autonomen Gebiets, wobei Personen, die diese Sprache nicht beherrschen, die volle Akteneinsicht mit Hilfe eines Dolmetschers, sowie das Recht, sich vor Gericht der Muttersprache zu bedienen, gewährleistet wird.

Artikel 111.

Die Verhandlung ist bei allen Gerichten der UdSSR öffentlich, sofern nicht durch das Gesetz Ausnahmen vorgesehen sind; wobei dem Angeklagten das Recht auf Verteidigung gewährleistet wird.

Artikel 112.

Die Richter sind unabhängig und nur dem Gesetz unterworfen.

Artikel 113.

Die oberste Aufsicht über die genaue Erfüllung der Gesetze durch alle Volkskommissariate und die ihnen unterstellten Institutionen, ebenso wie durch die einzelnen Amtspersonen sowie durch die Bürger der UdSSR, obliegt dem Staatsanwalt der UdSSR.

Artikel 114.

Der Staatsanwalt der UdSSR wird vom Obersten Sowjet der UdSSR auf die Dauer von sieben Jahren ernannt.

Artikel 115.

Die Staatsanwälte der Republiken, der Gaue und Gebiete sowie die Staatsanwälte der Autonomen Republiken und der autonomen Gebiete werden vom Staatsanwalt der UdSSR auf die Dauer von fünf Jahren ernannt.

Artikel 116.

Die Staatsanwälte der Distrikte, der Rajons und der Städte werden unter Bestätigung durch den Staatsanwalt der UdSSR von den Staatsanwälten der Unionsrepubliken auf die Dauer von fünf Jahren ernannt.

Artikel 117.

Die Organe der Staatsanwaltschaft üben ihre Funktionen unabhängig von jeglichen örtlichen Organen aus und sind nur dem Staatsanwalt der UdSSR unterstellt.

Kapitel X.

Die Grundrechte und Grundpflichten der Staatsbürger

Artikel 118.

Die Staatsbürger der UdSSR haben das Recht auf Arbeit, das heißt das Recht auf garantierte Beschäftigung mit Entlohnung ihrer Arbeit nach Quantität und Qualität.

Das Recht auf Arbeit wird gewährleistet durch die sozialistische Organisation der Volkswirtschaft, das unentwegte Wachstum der Produktivkräfte der Sowjetgesellschaft, die Beseitigung der Möglichkeit von Wirtschaftskrisen und die Liquidierung der Arbeitslosigkeit.

Artikel 119.

Die Staatsbürger der UdSSR haben das Recht auf Erholung.

Das Recht auf Erholung wird für die überwiegende Mehrheit der Arbeiter gewährleistet durch die Verkürzung des Arbeitstages auf 7 Stunden, durch Festsetzung eines vollbezahlten alljährlichen Urlaubs für die Arbeiter und Angestellten und durch das in den Dienst der Werktätigen gestellte dichte Netz von Sanatorien, Erholungsheimen und Klubs.

Artikel 120.

Staatsbürger der UdSSR haben das Recht auf materielle Versorgung im Alter sowie im Falle von Krankheit und Verlust der Arbeitsfähigkeit.

Dieses Recht wird gewährleistet durch die weitgehende Entwicklung der Sozialversicherung der Arbeiter und Angestellten auf Staatskosten, durch unentgeltliche ärztliche Hilfe für die Werktätigen, durch das den Werktätigen zur Verfügung gestellte dichte Netz von Kurorten.

Artikel 121.

Die Staatsbürger der UdSSR haben das Recht auf Bildung.

Dieses Recht wird gewährleistet durch die allgemeine Grundschulpflicht, durch die Unentgeltlichkeit der Bildung, einschließlich der Hochschulbildung, durch das System staatlicher Stipendien für die überwiegende Mehrheit der Hochschulstudenten, durch Schulunterricht in der Muttersprache, durch Organisierung unentgeltlicher gewerblicher, technischer und agronomischer Schulung der Werktätigen in den Betrieben, den Sowjetwirtschaften, den Maschinen- und Traktorenstationen und den Kollektivwirtschaften.

Artikel 122.

Der Frau werden in der UdSSR auf allen Gebieten des wirtschaftlichen, staatlichen, kulturellen und gesellschaftlich-politischen Lebens die gleichen Rechte wie dem Manne gewährt.

Die Möglichkeit zur Verwirklichung dieser Rechte wird der Frau gewährleistet durch Gleichstellung mit dem Manne im Recht auf Arbeit, auf Entlohnung der Arbeit, auf Erholung, auf Sozialversicherung und Bildung, durch staatlichen Schutz der Interessen von Mutter und Kind, durch Gewährung eines vollbezahlten Schwangerschaftsurlaubs, durch das dichte Netz von Entbindungsheimen, Kinderkrippen und -gärten.

Artikel 123.

Die Gleichberechtigung der Staatsbürger der UdSSR, unabhängig von ihrer Nationalität und Rasse auf sämtlichen Gebieten des wirtschaftlichen, staatlichen, kulturellen, gesellschaftlichen und politischen Lebens, ist unverbrüchliches Gesetz.

Jede wie immer geartete direkte oder indirekte Beschränkung der Rechte oder, umgekehrt, eine Festlegung direkter oder indirekter Bevorzugungen von Bürgern mit Rücksicht auf ihre Zugehörigkeit zu einer Rasse und Nationalität, ebenso wie jegliche Propagierung einer rassenmäßigen oder nationalen Exklusivität oder des Hasses und der Mißachtung einer Rasse oder einer Nationalität werden gesetzlich geahndet.

Artikel 124.

Um die Gewissensfreiheit des Staatsbürgers zu gewährleisten, ist in der UdSSR die Kirche vom Staat und die Schule von der Kirche getrennt. Die Freiheit der Ausübung religiöser Kulthandlungen und die Freiheit antireligiöser Propaganda werden allen Staatsbürgern zuerkannt.

Artikel 125.

In Übereinstimmung mit den Interessen der Werktätigen und zum Zwecke der Festigung des sozialistischen Systems werden den Staatsbürgern der UdSSR durch Gesetz garantiert:

a) die Freiheit des Wortes,
b) die Freiheit der Presse,
c) die Freiheit der Versammlungen und Meetings,
d) die Freiheit der Straßenumzüge und Kundgebungen.

Die Rechte der Staatsbürger werden dadurch gewährleistet, daß den Werktätigen und ihren Organisationen die Druckereien, Papiervorräte, öffentlichen Gebäude, Straßen, das Nachrichtenwesen und andere materielle Bedingungen, die zu ihrer Ausübung notwendig sind, zur Verfügung gestellt werden.

Artikel 126.

In Übereinstimmung mit den Interessen der Werktätigen und zum Zwecke der Entwicklung der organisatorischen Selbstbetätigung und der politischen Aktivität der Volksmassen wird den Staatsbürgern der UdSSR das Recht gewährleistet, sich zu gesellschaftlichen Organisationen zusammenzuschließen in Gewerkschaften, genossenschaftlichen Vereinigungen, Jugendorganisationen, Sport- und Wehrorganisationen, Kulturvereinigungen, technischen und wissenschaftlichen Gesellschaften; die aktivsten und zielbewußtesten Bürger aus den Reihen der Arbeiterklasse und anderer Schichten der Werktätigen aber vereinigen sich in der Kommunistischen Partei der Sowjetunion (der Bolschewiki), die der Vortrupp der Werktätigen in ihrem Kampf für die Festlegung und Entwicklung des sozialistischen Systems ist und den führenden Kern aller Organisationen der

Werktätigen, der gesellschaftlichen sowohl wie der staatlichen darstellt.

Artikel 127.

Den Staatsbürgern der UdSSR wird die Unantastbarkeit der Person gewährleistet. Niemand kann anders als auf Gerichtsbeschluß oder mit Genehmigung des Staatsanwaltes verhaftet werden.

Artikel 128.

Die Unantastbarkeit der Wohnung der Staatsbürger und das Briefgeheimnis werden durch das Gesetz geschützt.

Artikel 129.

Die UdSSR gewährt ausländischen Staatsbürgern, die wegen Verfechtung der Interessen der Werktätigen oder wegen wissenschaftlicher Betätigung oder wegen nationalen Befreiungskampfes verfolgt werden, das Asylrecht.

Artikel 130.

Jeder Staatsbürger der UdSSR ist verpflichtet, die Verfassung der Union der Sozialistischen Sowjet-Republiken einzuhalten, die Gesetze zu befolgen, die Arbeitsdisziplin zu wahren, seinen gesellschaftlichen Pflichten ehrlich nachzukommen, die Regeln des sozialistischen Gemeinschaftslebens zu achten.

Artikel 131.

Jeder Staatsbürger der UdSSR ist verpflichtet, das gesellschaftliche, sozialistische Eigentum als die heilige und unverletzliche Grundlage der Sowjetordnung, als die Quelle des Reichtums und der Macht der Heimat, als die Quelle eines wohlhabenden und kulturellen Lebens aller Werktätigen zu hüten und zu festigen.

Personen, die sich am gesellschaftlichen, sozialistischen Eigentum vergehen, sind Feinde des Volkes.

Artikel 132.

Die allgemeine Wehrpflicht ist Gesetz.

Der Militärdienst in der Roten Arbeiter- und Bauernarmee ist Ehrenpflicht der Staatsbürger der UdSSR.

Artikel 133.

Die Verteidigung des Vaterlandes ist heilige Pflicht eines jeden Bürgers der UdSSR. Vaterlandsverrat, Verletzung des Eides, Überlaufen zum Feind, Schädigung der militärischen Macht des Staates, Spionage werden mit aller Strenge des Gesetzes als schwerste Freveltat bestraft.

Kapitel XI.
Das Wahlsystem
Artikel 134.

Die Wahl der Abgeordneten zu allen Sowjets der Abgeordneten der Werktätigen: zum Obersten Sowjet der UdSSR, zu den Obersten Sowjets der Unionsrepubliken, zu den Gau- und Gebietssowjets der Abgeordneten der Werktätigen, zu den Obersten Sowjets der Autonomen Republiken, zu den Sowjets der Abgeordneten der Werktätigen der autonomen Gebiete, zu den Sowjets der Abgeordneten der Werktätigen der Kreise, der Bezirke, der Städte und der Dörfer *(stanica, derevnja, chutor, kišlak, aul)* wird von den Wählern auf Grundlage des allgemeinen, gleichen und direkten Wahlrechts in geheimer Abstimmung vorgenommen.

Artikel 135.

Die Wahlen der Abgeordneten sind allgemein: Alle Staatsbürger der UdSSR, die das Alter von 18 Jahren erreicht haben, unabhängig von ihrer rassischen und nationalen Zugehörigkeit, von Konfession, Bildungsgrad, Ansässigkeit, sozialer Herkunft, Vermögenslage und früherer Tätigkeit, haben das Recht, an den Wahlen der Abgeordneten teilzunehmen und gewählt zu werden, ausgenommen Geisteskranke und Personen, die vom Gericht unter Aberkennung des Wahlrechts verurteilt worden sind.

Artikel 136.

Die Wahlen der Abgeordneten sind gleich: Jeder Staatsbürger hat eine Stimme; alle Staatsbürger nehmen an den Wahlen auf gleicher Grundlage teil.

Artikel 137.

Die Frauen genießen das gleiche Recht zu wählen und gewählt zu werden wie die Männer.

Artikel 138.

Die in den Reihen der Roten Armee stehenden Staatsbürger genießen das gleiche Recht zu wählen und gewählt zu werden wie alle übrigen Staatsbürger.

Artikel 139.

Die Wahlen der Abgeordneten sind direkt: Die Wahlen zu allen Sowjets der Abgeordneten der Werktätigen, angefangen von den Dorf- und Stadtsowjets der Abgeordneten der Werktätigen bis hinauf zum Obersten Sowjet der UdSSR, werden von den Staatsbürgern unmittelbar auf dem Wege direkter Wahl vorgenommen.

Artikel 140.

Die Abstimmung bei den Wahlen der Abgeordneten ist geheim.

Artikel 141.

Die Kandidaten werden bei den Wahlen der Abgeordneten nach Wahlkreisen aufgestellt.

Das Recht, Kandidaten aufzustellen wird den gesellschaftlichen Organisationen und den Vereinigungen der Werktätigen gewährleistet: den kommunistischen Parteiorganisationen, den Gewerkschaften, Genossenschaften, Jugendorganisationen, Kulturvereinigungen.

Artikel 142.

Jeder Abgeordnete ist verpflichtet, vor den Wählern über seine Arbeit und über die Arbeit des Sowjets der Abgeordneten der Werktätigen Rechenschaft abzulegen und kann jederzeit durch Mehrheitsbeschluß der Wähler, in dem durch das Gesetz festgesetzten Verfahren, abberufen werden.

Kapitel XII.
Wappen, Flagge, Hauptstadt

Artikel 143.

Das Staatswappen der Union der Sozialistischen Sowjet-Republiken besteht aus Sichel und Hammer auf einem Erdball, in den Strahlen der Sonne dargestellt und von Ähren umrahmt, mit der Aufschrift in den Sprachen aller Unionsrepubliken: »Proletarier aller Länder vereinigt Euch.« Im oberen Teil des Wappens befindet sich ein fünfzackiger Stern.

Artikel 144.

Die Staatsflagge der Union der Sozialistischen Sowjet-Republiken besteht aus rotem Tuch, in dessen innerer oberer Ecke beim Flaggenstock Sichel und Hammer in Gold, darüber ein roter fünfzackiger Stern, goldumrandet, abgebildet sind. Das Verhältnis der Breite zur Länge ist 1 : 2.

Artikel 145.

Die Hauptstadt der Union der Sozialistischen Sowjet-Republiken ist die Stadt Moskau.

Kapitel XIII.
Das Verfahren zur Änderung der Verfassung

Artikel 146.

Eine Änderung der Verfassung der UdSSR erfolgt nur durch

einen Beschluß des Obersten Sowjet der UdSSR, der in jeder seiner beiden Kammern mit einer Mehrheit von wenigstens zwei Dritteln der Stimmen angenommen werden muß.

104. Über die Umbenennung des »Rates der Volkskommissare der UdSSR« in »Ministerrat der UdSSR« sowie entsprechende Änderungen in den Unions- und Autonomen Republiken

Gesetz des Obersten Sowjet der UdSSR, 15. März 1946

Der Oberste Sowjet der Union der Sozialistischen Sowjet-Republiken legt fest:

1. Den Rat der Volkskommissare der UdSSR in Ministerrat der UdSSR und die Volkskommissariate der UdSSR in Ministerien der UdSSR umzubenennen. Entsprechend dazu sollen der Vorsitzende des Rates der Volkskommissare der UdSSR Vorsitzender des Ministerrates der UdSSR, die Stellvertreter des Vorsitzenden des Rates der Volkskommissare der UdSSR Stellvertreter des Vorsitzenden des Ministerrates der UdSSR und die Volkskommissare der UdSSR Minister der UdSSR heißen.

2. Die Räte der Volkskommissare der Unions- und Autonomen Republiken sind in Ministerräte der Unions- und Autonomen Republiken und die Volkskommissariate der Unions- und Autonomen Republiken in Ministerien der Unions- und Autonomen Republiken umzubenennen. Entsprechend damit heißen die Vorsitzenden der Räte der Volkskommissare der Unions- und Autonomen Republiken Vorsitzende der Ministerräte der Unions- und Autonomen Republiken, die Stellvertreter der Vorsitzenden der Räte der Volkskommissare der Unions- und Autonomen Republiken Stellvertreter der Vorsitzenden der Ministerräte der Unions- und Autonomen Republiken und die Volkskommissare der Unions- und Autonomen Republiken Minister der Unions- und Autonomen Republiken.

3. Die einschlägigen Artikel der Verfassung der UdSSR müssen entsprechend geändert werden.

105. Wahlordnung für den Obersten Sowjet der UdSSR
Aus der Verfügung des Präsidiums des Obersten Sowjet
9. Januar 1950

Kapitel I: Das Wahlsystem

Artikel 1.

Aufgrund von Artikel 134 der Verfassung der UdSSR werden die Wahlen der Deputierten für den Obersten Sowjet der UdSSR von den Wählern auf der Grundlage allgemeinen, gleichen und direkten Wahlrechts in geheimer Abstimmung durchgeführt.

Artikel 2.

Aufgrund von Artikel 135 der Verfassung der UdSSR sind die Wahlen der Deputierten allgemein: Alle Bürger der UdSSR, die das 18. Lebensjahr vollendet haben, besitzen unabhängig von ihrer rassischen und nationalen Zugehörigkeit, ihrem Geschlecht, Glaubensbekenntnis, Bildungsgrad, der Ansässigkeit, der sozialen Herkunft, der Vermögenslage und früheren Tätigkeit das Recht, an den Wahlen der Deputierten für den Obersten Sowjet der UdSSR teilzunehmen mit Ausnahme der Personen, die im gesetzlich festgelegten Verfahren für geisteskrank erklärt worden sind.

Artikel 3.

Zum Deputierten des Obersten Sowjet der UdSSR kann jeder Bürger der UdSSR gewählt werden, der das 23. Lebensjahr vollendet hat, unabhängig von der rassischen und nationalen Zugehörigkeit, dem Geschlecht, Glaubensbekenntnis, Bildungsgrad, der Ansässigkeit, sozialen Herkunft, Vermögenslage und früheren Tätigkeit.

Artikel 4.

Aufgrund von Artikel 136 der Verfassung der UdSSR sind die Wahlen der Deputierten gleich: Jeder Bürger hat eine Stimme; alle Bürger nehmen an den Wahlen zum Obersten Sowjet der UdSSR auf der gleichen Grundlage teil.

...

Artikel 7.

Aufgrund von Artikel 139 der Verfassung der UdSSR sind die Wahlen der Deputierten direkt: Die Auswahl der Deputierten für den Obersten Sowjet der UdSSR wird von den Bürgern unmittelbar mittels direkter Wahlen vorgenommen.

Artikel 8.

Aufgrund von Artikel 140 der Verfassung der UdSSR ist die

Abstimmung bei den Wahlen der Deputierten zum Obersten Sowjet der UdSSR geheim.

...

Kapitel II: Wählerlisten

Artikel 12.

In die Wählerlisten werden alle Bürger, die das Wahlrecht haben und zur Zeit der Aufstellung der Listen (dauernd oder vorübergehend) auf dem Territorium des betreffenden Sowjets leben und bis zum Wahltage das 18. Lebensjahr erreichen, aufgenommen.

Artikel 13.

Kein Wähler darf in mehr als eine Wählerliste aufgenommen werden.

Artikel 14.

Nicht in die Wählerliste aufgenommen wird, wer im gesetzlich festgelegten Verfahren für geisteskrank erklärt worden ist.

Artikel 15.

Die Wählerlisten werden in den Städten von den Exekutivkomitees der Stadtsowjets der Deputierten der Werktätigen, in den Städten mit Stadtrajonseinteilung von den Exekutivkomitees der Stadtrajonssowjets, in den Siedlungen von den Exekutivkomitees der Siedlungssowjets, in den ländlichen Ortschaften von den Exekutivkomitees der Dorfsowjets *(stanica, derevnja, chutor, kišlak, aul)** der Deputierten der Werktätigen aufgestellt.

Artikel 16.

Die Listen der Wähler, die in den Truppenteilen und Heereseinheiten Dienst tun, werden nach ihrer Aufstellung vom Kommandeur unterschrieben. Alle übrigen Militärpersonen werden in die Wählerlisten an ihrem Wohnort von den entsprechenden Exekutivkomitees des Sowjets der Deputierten der Werktätigen aufgenommen.

...

Artikel 18.

Dreißig Tage vor den Wahlen hängt das Exekutivkomitee des Sowjets der Deputierten der Werktätigen die Wählerlisten zur allgemeinen Einsicht aus oder gewährleistet den Wählern die Möglichkeit, sich mit diesen Listen in den Räumlichkeiten des Sowjets oder des Wahllokals bekanntzumachen.

...

* Regional unterschiedliche Bezeichnungen für ländliche Siedlungsformen.

Kapitel III: Wahlkreise für die Wahlen zum Unionssowjet und zum Nationalitätensowjet

Artikel 24

Aufgrund von Artikel 34 der Verfassung der UdSSR wird der Unionssowjet von den Bürgern der UdSSR nach Wahlkreisen gewählt, die nach der Norm gebildet werden: 300000 Einwohner je Wahlkreis. Aus jedem Wahlkreis wird bei den Wahlen zum Unionssowjet ein Deputierter gewählt.

Artikel 25.

Aufgrund von Artikel 35 der Verfassung der UdSSR wird der Nationalitätenrat von den Bürgern der UdSSR nach Unions- und Autonomen Republiken, Autonomen Gebieten und nationalen Distrikten gewählt.

Die Wahlkreise für die Wahlen zum Nationalitätensowjet werden nach der Norm gebildet: 32 Wahlkreise in jeder Unionsrepublik, 11 Wahlkreise in jeder Autonomen Republik, 5 Wahlkreise in jedem Autonomen Gebiet und 1 Wahlkreis in jedem nationalen Distrikt. Von jedem Wahlkreis wird bei den Wahlen zum Nationalitätensowjet ein Deputierter gewählt.

Artikel 26.

Die Bildung der Wahlkreise für die Wahlen zum Unionssowjet und zum Nationalitätensowjet nimmt das Präsidium des Obersten Sowjet der UdSSR vor.

Das Verzeichnis der Wahlkreise für die Wahlen zum Unionssowjet und zum Nationalitätensowjet wird vom Präsidium des Obersten Sowjet der UdSSR spätestens zwei Monate vor dem Tag der Wahlen veröffentlicht.

Kapitel IV: Wahlbezirke

Artikel 27.

Zur Annahme der Stimmzettel und zur Zählung der Stimmen wird das Territorium der Städte und Rajons, die zu den Wahlkreisen gehören, in gemeinsame Wahlbezirke für die Wahlen zum Unionssowjet und zum Nationalitätensowjet eingeteilt.

Artikel 28.

Die Bildung der Wahlbezirke erfolgt in den Städten durch die Exekutivkomitees der Stadtsowjets der Deputierten der Werktätigen; in den Städten mit Rajonseinteilung durch die Exekutivkomitees der Stadtrajonssowjets der Deputierten der Werktätigen; in den ländlichen Ortschaften durch die Exekutivkomitees der Rajonssowjets der Deputierten der Werktätigen.

Die Bildung der Wahlbezirke erfolgt spätestens 14 Tage vor den Wahlen.

...

Kapitel V: Wahlkommissionen

Artikel 36.

Die Zentrale Wahlkommission für die Wahlen zum Obersten Sowjet der UdSSR besteht aus Vertretern der Gewerkschaftsorganisationen der Arbeiter und Angestellten, der Genossenschaftsorganisationen, der kommunistischen Parteiorganisationen, der Jugendorganisationen, der kulturellen, technischen und wissenschaftlichen Gesellschaften und anderen gesellschaftlichen Organisationen und Gesellschaften der Werktätigen, die im gesetzlich festgelegten Verfahren registriert sind, sowie aus Vertretern der Versammlungen der Arbeiter und Angestellten in den Betrieben und Institutionen, der Militärpersonen in den Truppenteilen, der Versammlungen der Bauern in den Kollektivwirtschaften und in den Dörfern, der Arbeiter und Angestellten der Sowjetwirtschaften in den Sowjetwirtschaften.

Artikel 37.

Die Zentrale Wahlkommission besteht aus einem Vorsitzenden, einem Stellvertreter des Vorsitzenden, einem Sekretär und 24 Mitgliedern und wird vom Präsidium des Obersten Sowjet der UdSSR spätestens 50 Tage vor den Wahlen bestätigt.

Artikel 38.

Die Zentrale Wahlkommission:

a) überwacht auf dem gesamten Territorium der UdSSR die genaue Einhaltung der »Ordnung der Wahlen zum Obersten Sowjet der UdSSR« beim Wahlablauf;

b) verhandelt Beschwerden wegen rechtswidriger Handlungen von Wahlkommissionen und erläßt endgültige Beschwerdeentscheidungen;

c) bestimmt die Form der Wahlurnen, die Form und Farbe der Stimmzettel, die Form des Protokolls der Wahlkreiskommission über die Registrierung der Kandidaten, die Form des Protokolls bei der Stimmzählung, die Form der Bescheinigung über die Wahl, die Form des Siegels der Wahlkommissionen;

d) registriert die in den Obersten Sowjet der UdSSR gewählten Deputierten;

e) übergibt den Mandatskommissionen des Unionssowjets und des Nationalitätensowjets die Wahlunterlagen.

Artikel 39.

In jeder Unionsrepublik und in jeder Autonomen Republik, jedem Autonomen Gebiet und nationalen Distrikts werden Wahlkommissionen der Unionsrepublik, der autonomen Republik, des Autonomen Gebiets und des nationalen Distriktes für die Wahlen zum Nationalitätensowjet gebildet.

...

Kapitel VI: Verfahren bei der Aufstellung der Kandidaten für die Wahlen zum Obersten Sowjet der UdSSR

Artikel 57.

Aufgrund von Artikel 141 der Verfassung der UdSSR werden die Kandidaten nach Wahlkreisen aufgestellt.

Das Recht zur Aufstellung von Kandidaten für die Deputierten des Obersten Sowjet der UdSSR wird den gesellschaftlichen Organisationen und Gesellschaften der Werktätigen gewährleistet: den kommunistischen Parteiorganisationen, den Gewerkschaften, den Genossenschaftsorganisationen, den Jugendorganisationen und den kulturellen Gesellschaften.

Artikel 58.

Das Recht, Kandidaten für die Deputierten des Obersten Sowjet der UdSSR aufzustellen, haben sowohl die zentralen Organe der gesellschaftlichen Organisationen und Gesellschaften der Werktätigen, wie auch deren Republiks-, Gau-, Gebiets-, Distrikts- und Rajonsorgane und ebenso die allgemeinen Versammlungen der Arbeiter und Angestellten in Betrieben und Institutionen, der Militärpersonen in den Truppenteilen, die allgemeinen Versammlungen der Bauern in den Kollektivwirtschaften und Dörfern, der Arbeiter und Angestellten der Sowjetwirtschaften in den Sowjetwirtschaften.

Artikel 59.

Ein Kandidat für die Wahlen zum Obersten Sowjet der UdSSR kann sich nur in einem Wahlkreis zur Abstimmung stellen.

Artikel 60.

Kandidaten dürfen nicht Mitglieder der Wahlkreiskommissionen für die Wahlen zum Unionssowjet und zum Nationalitätensowjet sowie der Wahlbezirkskommissionen des Wahlkreises sein, in dem sie als Kandidaten aufgestellt werden.

Artikel 61.

Die gesellschaftliche Organisation oder die Gesellschaft der Werktätigen, die einen Kandidaten für den Obersten Sowjet aufgestellt hat, ist verpflichtet, der Wahlkreiskommission zur

Registrierung des Kandidaten folgende Unterlagen einzureichen:

a) das Protokoll der Versammlung oder Sitzung, auf der der Kandidat aufgestellt wurde, unterschrieben von den Mitgliedern des Präsidiums unter Angabe ihres Wohnorts; im Protokoll sind anzugeben: Bezeichnung der Organisation, die den Kandidaten aufgestellt hat, Ort, Zeit und Anzahl der Teilnehmer der Versammlung oder Sitzung, Familienname, Vorname und Vatersname des Kandidaten, sein Alter, sein Wohnort, seine Parteizugehörigkeit und seine Tätigkeit;

b) die Erklärung des Kandidaten, damit einverstanden zu sein, daß er von der Organisation aufgestellt wird und in dem betreffenden Wahlkreis kandidiert.

Artikel 62.

Alle gesellschaftlichen Organisationen oder Gesellschaften der Werktätigen, die Kandidaten zum Obersten Sowjet der UdSSR aufgestellt haben, sind verpflichtet, die Kandidaten spätestens 30 Tage vor den Wahlen bei der entsprechenden Wahlkreiskommission für die Wahlen zum Unionssowjet oder für die Wahlen zum Nationalitätensowjet registrieren zu lassen.

...

Artikel 70

Jeder Organisation, die einen Kandidaten aufgestellt hat, der von der Wahlkreiskommission registriert worden ist, wie auch jedem Bürger der UdSSR wird das Recht auf ungehinderte Agitation für diesen Kandidaten auf Versammlungen, in der Presse und in anderen Formen entsprechend Art. 125 der Verfassung der UdSSR gewährleistet.

Kapitel VII: Abstimmungsverfahren

Artikel 71.

Die Wahlen zum Obersten Sowjet der UdSSR werden im Verlaufe eines Tages einheitlich für die gesamte UdSSR durchgeführt.

Artikel 72.

Der Tag der Wahlen zum Obersten Sowjet der UdSSR wird vom Präsidium des Obersten Sowjet der UdSSR spätestens zwei Monate vor den Wahlen festgesetzt. Die Wahlen werden an einem arbeitsfreien Tag durchgeführt.

Artikel 73.

Während der letzten 20 Tage vor den Wahlen veröffentlicht die Wahlbezirkskommission täglich Wahltag und Wahlort oder macht die Wähler auf irgendeine andere Weise damit allgemein bekannt.

Artikel 74.

Die Stimmabgabe durch die Wähler erfolgt am Wahltag von 6 Uhr morgens bis 10 Uhr abends Ortszeit.

...

Artikel 77.

Jeder Wähler stimmt persönlich ab und erscheint zu diesem Zweck zur Abstimmung im Wahllokal. Die Stimmabgabe durch die Wähler erfolgt mittels Einwerfens der Stimmzettel in die Wahlurne.

Artikel 78.

Der im Wahllokal zu den Wahlen erscheinende Wähler legt dem Sekretär oder dem dazu bevollmächtigten Mitglied der Wahlbezirkskommission seinen Paß, das Kolchozbuch, die Gewerkschaftskarte oder eine andere Urkunde über seine Person vor und erhält nach Prüfung aufgrund der Wählerliste und Vermerk in der Wählerliste Stimmzettel der festgelegten Form.

Artikel 79.

Der Wähler läßt in dem für die Ausfüllung der Stimmzettel zugewiesenen Raum auf jedem Stimmzettel den Familiennamen desjenigen Kandidaten, für den er stimmt, stehen und streicht die Familiennamen der übrigen Kandidaten durch; danach geht der Wähler zur Wahlurne und wirft die Stimmzettel ein.

Artikel 80.

Wähler, die nicht lesen und schreiben können, oder infolge irgendwelcher physischer Gebrechen nicht in der Lage sind, die Stimmzettel selbständig auszufüllen, haben das Recht, irgendeinen anderen Wähler zur Ausfüllung der Stimmzettel in den Raum zu bitten, in dem die Ausfüllung der Stimmzettel erfolgt.

Artikel 81.

Wahlagitation im Wahllokal während der Stimmabgabe ist unzulässig.

...

Kapitel VIII: Feststellung der Wahlergebnisse

Artikel 85.

In dem Raum, in dem die Wahlbezirkskommission die Stimmenzählung durchführt, haben das Recht zur Anwesenheit speziell hierzu bevollmächtigte Vertreter der gesellschaftlichen Organisationen und Gesellschaften der Werktätigen sowie Vertreter der Presse.

Artikel 86.

Nach Öffnung der Wahlurnen vergleicht die Wahlbezirkskommission die Anzahl der abgegebenen Stimmzettel mit der Anzahl der Personen, die nach der Wählerliste Stimmzettel erhalten haben und trägt die Ergebnisse des Vergleichs ins Protokoll ein.

Artikel 87.

Der Vorsitzende der Wahlbezirkskommission gibt in Anwesenheit aller Mitglieder der Wahlbezirkskommission die Abstimmungsergebnisse für jeden Stimmzettel bekannt.

...

Artikel 133 der neuen Verfassung machte die Verteidigung des Vaterlandes zur »heilige(n) Pflicht eines jeden Bürgers« (Dok. 103). Alle Regelungen, die bestimmte Schichten und Gruppen der Bevölkerung davon ausgenommen hatten (siehe Dok. 49), waren damit aufgehoben. Artikel 3 des revidierten, 1939 erlassenen Gesetzes über die allgemeine Wehrpflicht (Dok. 109) verpflichtete alle Männer, ohne Rücksicht auf »Rasse, Nationalität, Glaubensbekenntnis, Bildungsgrad sowie soziale Herkunft und Stellung«. Die Dienstzeit war nach Waffengattungen gestaffelt, am kürzesten diente man beim Heer (2 Jahre), am längsten bei den Grenztruppen und in der Marine (bis 4 bzw. 5 Jahre). Gleichzeitig wurde die Formierung der Kaderarmee zum Abschluß gebracht: Die bestehenden Verbände der Territorialmiliz wurden aufgelöst.

In der ebenfalls neuen Eidesformel (Dok. 108) fehlten alle weltrevolutionären Verpflichtungen. Dafür gelobte der Soldat feierlich, »ein ehrlicher, tapferer, disziplinierter, wachsamer Kämpfer« zu sein und den militärischen Dienstordnungen und Befehlen »widerspruchslos« nachzukommen. Wer den feierlichen Eid böswillig verletzte, den sollte die »harte Strafe des Sowjetgesetzes, der allgemeine Haß und die Verachtung der Werktätigen treffen«. Vaterlandsverrat, d.h. alle Handlungen zum Nachteil der militärischen Macht der UdSSR, wurden bei Militärpersonen mit dem Tode bestraft, und bei Flucht ins Ausland haftete sogar die Sippe mit, so bestimmte es der Artikel 58 des Strafgesetzbuches in den Punkten 1a-1d (Dok. 83).

Trotzdem war die Sowjetunion auf den Krieg nicht vorbereitet, weder politisch noch militärisch. Bis zuletzt hatte Stalin alle Warnungen vor einem deutschen Angriff als Propaganda zurückgewiesen, und als der Überfall dann am 22. Juni 1941 erfolgte, drangen die deutschen Angriffsspitzen rasch bis tief ins Landesinnere vor. Schon Mitte Juli wurde Smolensk genommen, im September Kiev, und im Oktober setzte man zur Großoffensive auf Moskau an. Panik beherrschte die Gegenaktionen; statt strategischen Rückzug anzuordnen, wurden sinnlose Durchhalteappelle ausgegeben; sie vergrößerten nur das Chaos und erhöhten die Verluste.

Noch am 22. Juni 1941 hatte das Präsidium des Obersten Sowjet ein Gesetz über den Ausnahmezustand erlassen (Dok. 111). Es bezog sich zunächst auf das ganze Land, dann auf große Teile der Union, und erlaubte den Militärbehörden, die gesamte exekutive und judikative Gewalt an sich zu ziehen. Ihre Befugnisse reichten von der Einquartierung und Betriebsrequirierung bis zur Durchführung von Razzien und der Verfügung von Deportationen. Alle örtlichen Organe der Staatsmacht hatten ihre Anordnungen »widerspruchslos« hinzunehmen und »unverzüglich« zu erfüllen.

Schon Anfang Juli hatte Stalin allen »Desorganisatoren des Hinterlandes, Deserteuren, Panikmachern und Verbreitern von Gerüchten« schonungslosen Kampf angesagt; alle, die durch »Panikmacherei und Feigheit« die Landesverteidigung behinderten, sollten ohne Ansehen der Person sofort dem Kriegsgericht übergeben werden[1]. Es blieb nicht bei der Androhung dieser Maßnahmen. Politisch Verdächtige wurden deportiert, die Lager füllten sich, die Wolgadeutschen wurden nach Innerasien umgesiedelt, und selbst deutschstämmige kommunistische Exilanten mußten Moskau verlassen. NKVD-Staffeln verhinderten, daß es zur Massenflucht aus den frontnahen Gebieten kam, und die Kontrolle des Nachrichtenflusses reichte bis zur Einsammlung privater Rundfunkgeräte.

Das gleiche Mißtrauen wie gegenüber der Bevölkerung zeigte die politische Führung auch gegenüber der Armee. Am 16. Juli 1941 wurden bei allen Regimentern, Divisionen, Stäben, militärischen Lehranstalten und Dienststellen der Roten Armee »Kriegskommissare« eingeführt (Dok. 113). Sie sollten, so die Verordnung, als »Vertreter der Partei und der Regierung« gemeinsam mit dem jeweiligen Kommandeur dafür sorgen, daß die Truppe bereit war, »bis zum letzten Blutstropfen die Feinde unserer Heimat zu bekämpfen und jeden Fußbreit sowjetischen Bodens ehrenvoll zu verteidigen«.

Schon einmal hatte die Partei auf dieses Instrument aus den Tagen des Bürgerkriegs zurückgegriffen: im Frühjahr 1937, auf dem Höhepunkt der »Säuberungen« in der Armeeführung (Dok. 106, 107). Doch im Sommer 1940 war diese Maßnahme eingeschränkt und der politische Kommissar zum Stellvertreter des Kommandeurs zurückgestuft worden (Dok. 110). Daß er nun erneut gleichberechtigt wurde und auch im militärischen

[1] Stalin, Werke. Bd. 14, 2. Aufl. Dortmund 1976, S. 240f.

Bereich den Kommandeur kontrollierte, zeigt, wie wenig sicher man sich der Armeeführung noch immer war.

Zur Mobilisierung aller Kräfte gegen den Feind wurde am 30. Juni 1941 ein »Staatskomitee für Verteidigung« geschaffen (Dok. 112). Es sollte in seinen Händen alle Staatsmacht konzentrieren, und neben den Bürgern waren auch alle Partei-, Sowjet-, Komsomol- und Militärorgane angehalten, seine Weisungen bedingungslos zu befolgen. Vorsitzender dieses Staatskomitees war Stalin, der schon im Mai 1941, neben seiner Stellung als Generalsekretär der Partei, auch den Vorsitz im Rat der Volkskommissare übernommen hatte. Am 19. Juli wurde er zusätzlich Volkskommissar für die Verteidigung und am 8. August Oberkommandierender der Armee; Anfang März 1943 nahm er den Titel »Marschall der Sowjetunion« an, und am 27. Juni 1945 wurde er zum »Generalissimus der UdSSR« erklärt.

Mit der Wende des Krieges im Jahre 1942 ließ auch der Druck im Innern nach. In der Kultur- und Bildungspolitik verfolgte die Regierung nun einen liberaleren Kurs, das Verhältnis von Staat und orthodoxer Kirche entspannte sich wie seit langem nicht[2]. Bei der Armee wurde im Oktober 1942 das Überwachungsinstrument der Kriegskommissare wieder abgeschafft und auch die politische Arbeit den Kommandeuren übertragen (Dok. 114). Im Krieg, so stand im entsprechenden Erlaß, war eine neue Schicht von talentierten, kampferprobten Kommandeuren herangewachsen, die ihre Vaterlandsliebe zur Genüge bewiesen hatten. Im folgenden Jahr (1943) wurden auch die ungeliebten »Politabteilungen« bei den Maschinen- und Traktorenstationen, in den Sowjetwirtschaften und im Transportwesen aufgelöst.

Eben noch als nicht ganz zuverlässig beargwöhnt, wurde die Kaderarmee nun stetig ausgebaut: 1942 wurden die ersten Garderegimenter errichtet, im Jahr darauf (Dok. 115) eine Einteilung der Armeeangehörigen in »Mannschaften«, »Unteroffiziere«, »Offiziere« und »Generalität« vorgenommen (man erinnere sich an die Angleichung der Rechte aller Militärpersonen im Dezember 1917 !), und im gleichen Jahr erhielten die Offiziere die seit der Revolution verpönten goldenen Schulterstücke zurück. Auch hier stand, wie beim Rat der Volkskommissare, am Ende der Entwicklung eine Umbenennung: Nach Kriegsende

[2] Vgl. dazu Band 2 dieser Dokumentation.

(1946/47) wurden aus der »Roten Arbeiter- und Bauernarmee« die »Streitkräfte der UdSSR« (Dok. 120).

Um den Zusammenhalt zwischen politischer Führung und Bevölkerung zu stärken, wurden die Aufnahmebedingungen für den Parteieintritt erheblich erleichtert, vor allem für Armeeangehörige. Trotz der kriegsbedingten Millionenverluste wuchs die Zahl der Parteiangehörigen in der Armee von 1,3 Millionen (1941) auf 3,3 Millionen (zu Kriegsende), und die Gesamtzahl der Parteimitglieder stieg zwischen 1942 und 1945 fast auf das Doppelte[3]. Noch wichtiger war wohl, daß Partei und Regierung im »Großen Vaterländischen Krieg« weniger auf proletarische Parolen als auf russischen Patriotismus setzten und den Durchhaltewillen der Bevölkerung mit der Erinnerung an die große heroische Vergangenheit beschworen[4]. Noch Stalins berühmter Trinkspruch auf das Wohl des großen russischen Volkes ist davon getragen (Dok. 118).

Wenn die Sowjetregierung im Frühjahr 1944 das Privileg der Union auf die Regelung der Außenbeziehungen strich und jeder Unionsrepublik das Recht zugestand, mit anderen Staaten Vereinbarungen zu treffen und Repräsentanten auszutauschen (Dok. 116), ja wenn ihnen selbst gestattet sein sollte, eigene Truppenformationen aufzustellen (Dok. 117), so hing das weniger mit dem liberaleren Kurs im Innern zusammen, der etwa auch die föderale Struktur der Union reaktiviert hätte. Der Grund lag vielmehr in den Verhandlungen mit den Westalliierten über die Neuordnung der Welt nach dem Kriege. Die Amerikaner hatten hierfür auf der Konferenz von Teheran Ende November/Anfang Dezember 1943 den Plan einer Weltorganisation in die Debatte gebracht. Der Sowjetunion konnte die Vorstellung, als einziger existierender sozialistischer Staat an dieser Organisation beteiligt zu werden, nicht sonderlich angenehm sein. Sie drang deshalb auf (möglichst weit gefaßte) Veto-Möglichkeiten und auf (möglichst zahlreiche) Aufnahme weiterer Unionsrepubliken neben der UdSSR. Die beiden Gesetzesvorlagen schufen dafür die Voraussetzungen. Auf der Konferenz von Jalta (Februar 1945) einigte man sich mit den Westalliierten auf die zusätzliche Aufnahme der Ukraine und Weißrußlands in die zu gründende UNO.

Anfang September 1945 signalisierte das Präsidium des Ober-

[3] Vgl. dazu Tabelle 11 im Anhang.
[4] Dazu Näheres wiederum in Band 2 dieser Dokumentation.

sten Sowjet mit der Auflösung des »Staatskomitees für Verteidigung« die Rückkehr zur Normalität. Alle Staatsgeschäfte wurden nun wieder dem Rat der Volkskommissare übertragen (Dok. 119), der seit Frühjahr 1946 (siehe Dok. 104) als Ministerrat der UdSSR figurierte. An der Machtposition Stalins änderte dies nichts, sie war unangreifbarer denn je. Zum Ruhm des siegreichen Generalissimus kam der des weitblickenden Staatsmanns: Erst forcierte Industrialisierung und Kollektivierung, so lautete nun die verführerische Behauptung, hätten die Aufrüstung, und erst die Aufrüstung das Überleben und den Sieg über den Faschismus möglich gemacht.

106. Über die Schaffung von Militär(Kriegs)räten* in den Wehrbereichen und die Einrichtung des Instituts der Kriegs(Militär)kommissare* bei der Roten Arbeiter- und Bauernarmee, 10. Mai 1937

Das Zentrale Exekutivkomitee und der Rat der Volkskommissare verordnen:

1. Unter Aufhebung der gültigen Verordnung über die Verwaltungen der Wehrbereiche (vom 22. November 1934) sind in den Wehrbereichen Militärräte zu schaffen mit einem Kommandeur der Truppen des Wehrbereichs und zwei Mitgliedern des Militärrates.
2. Es ist die Institution der Kriegskommissare bei allen Truppenteilen (beginnend vom Regiment), bei den Stäben, Verwaltungen und Dienststellen der Roten Armee einzurichten.
3. Das Volkskommissariat der Verteidigung der UdSSR hat eine entsprechende Verordnung über die Militärräte der Wehrbereiche und die Kriegskommissare auszuarbeiten.

107. Verordnung über die Kriegskommissare der Roten Arbeiter- und Bauernarmee
Bestätigt vom Zentralen Exekutivkomitee und vom Rat der Volkskommissare, 15. August 1937

1. Für die Politische Führung und die unverzügliche Durchführung der politischen Arbeit bei den Truppenteilen, Verbän-

* Im Russischen sprachlich kein Unterschied.

den, Lehranstalten, Dienststellen und Verwaltungen der Roten Armee werden vom Volkskommissar der Verteidigung der UdSSR auf Vorschlag der Politischen Verwaltung der Roten Armee Kriegskommissare ernannt.

2. Der Kriegskommissar und der Kommandeur tragen zusammen die volle Verantwortung für die Erziehung der Rotarmisten und des ganzen Führungsstabes im Geiste der selbstlosen Ergebenheit für die Heimat und die Sowjetmacht und den schonungslosen Kampf mit den Feinden der Heimat.

3. Der Kriegskommissar ist zu gleichen Teilen mit dem Kommandeur (Chef) verantwortlich für den politisch-moralischen Zustand des Truppenteils, für die Erfüllung der Militärpflicht und die Einhaltung der militärischen Disziplin durch alle Angehörigen des Truppenteils von unten nach oben, für die operative, Mobilisierungs- und Kampfesbereitschaft, für den Zustand der Bewaffnung und für die Militärwirtschaft des Truppenteils (des Verbandes, der Verwaltung, der Dienststelle usf.).

4. Der Kriegskommissar ist, zusammen mit dem Kommandeur, verpflichtet, den ihm anvertrauten Truppenteil (den Verband, die Verwaltung, die Dienststelle usf.) vor dem Eindringen und dem Auftreten von Volksfeinden, Spionen, Diversanten, Schädlingen zu schützen und alle Aktivitäten schnell und entschieden zu unterbinden, die der Roten Armee Schaden zufügen können.

5. Dem Kriegskommissar obliegt es, aufs strengste die genaue Erfüllung aller Befehle, Instruktionen und Ordnungen, die sich auf die Sicherung von Militärgeheimnissen beziehen, durch alle Mitarbeiter des Truppenteils (des Verbandes, der Verwaltung, der Dienststelle usf.) zu überwachen. Der Kriegskommissar ist verpflichtet, beim ganzen Truppenteil (beim Verband, der Verwaltung, der Dienststelle usf.) auf die Steigerung des Verantwortungsgefühls für die Beachtung militärischer Geheimnisse zu achten und soll selbst ein Vorbild in dieser Hinsicht abgeben.

6. Der Kriegskommissar hat täglich und in jeder Hinsicht den Personalbestand seines Truppenteils (des Verbandes, der Verwaltung, der Dienststelle usf.) zu erforschen, die Stimmungen, Nöte und Bedürfnisse der Rotarmisten und des Kommandostabes zu kennen.

7. Auf dem Gebiet der parteipolitischen Arbeit obliegt dem Kriegskommissar:

a) die Leitung der Arbeit der Politorgane, der Partei- und der Komsomolorganisationen des Truppenteils (des Verbandes, der

Verwaltung, der Dienststelle usf.) in Übereinstimmung mit den Instruktionen für die VKP/b- und Komsomolorganisationen in der Roten Armee;

b) die Organisation und Durchführung notwendiger parteipolitischer Maßnahmen, die die unverfälschte Erfüllung der Pläne und Vorgaben, was die politische und militärische Kampfbereitschaft des Truppenteils (des Verbandes, der Verwaltung, der Dienststelle usf.) betrifft, sicherstellen;

c) die Führung der agitatorisch-propagandistischen und kulturell-aufklärerischen Arbeit beim Truppenteil (beim Verband, der Verwaltung, der Dienststelle usf.) und aller Arten rotarmistischer Tätigkeit;

d) die Herstellung eines Dauerkontakts mit den örtlichen Parteiorganisationen.

8. Für die erfolgreiche Ausführung dieser seiner Verpflichtungen muß der Kriegskommissar seine militärischen Kenntnisse ununterbrochen vervollständigen.

Der Kriegskommissar trägt zusammen mit dem Kommandeur (Chef) die volle Verantwortung für die Kriegsbereitschaft des ganzen Politbestandes des Truppenteils (des Verbandes, der Verwaltung, der Dienststelle usf.).

9. Der Kriegskommissar informiert regelmäßig und in festgelegtem Verfahren den Kommandeur (Chef) seines Truppenteils (des Verbandes, der Verwaltung, der Dienststelle usf.), den übergeordneten Kommissar und das übergeordnete Politorgan über den politisch-moralischen Zustand des Truppenteils und die zur Ausrottung negativer Erscheinungen ergriffenen Maßnahmen.

10. Der Kriegskommissar stellt mit dem Kommandeur (Chef) Attestate über den Kommando- und Führungsstab aus und gibt für jeden von ihnen eine entsprechende politische Charakteristik. Die Bescheinigungen unterschreibt der Kommandeur (Chef) und der Kriegskommissar des Truppenteils (des Verbandes, der Verwaltung, der Dienststelle usf.). Ernennungen und Vorschläge zur Ernennung, zur Auszeichnung und Beförderungen, aber auch Auswechslung des Kommandeurs und Führungsbestandes werden vom Kommandeur (Chef) und Kriegskommissar vorgenommen.

11. Der Kriegskommissar wird in seiner Tätigkeit angeleitet durch Befehle und Verfügungen des Volkskommissars für Verteidigung der UdSSR, der Politischen Verwaltung der Roten Armee und ebenso durch Befehle und Ukaze jener Militärräte,

Kriegskommissare und Politorgane, denen er im Dienst unterstellt ist.

12. Alle Befehle für den Truppenteil (den Verband, die Verwaltung, die Dienststelle usf.) werden vom Kommandeur und vom Kommissar unterzeichnet. Angesichts dessen, daß der Kommandeur (Chef) der oberste Chef des ihm unterstellten Truppenteils (des Verbandes, der Verwaltung, der Dienststelle usf.) ist, werden die Befehle im Namen des Kommandeurs (Chefs) des Truppenteils (des Verbandes, der Verwaltung, der Dienststelle usf.) in der Form gegeben: »Ich ordne an.«

Der Vorsitzende des Zentralen Exekutivkomitees der UdSSR
M. Kalinin
Der Vorsitzende des Rates der Volkskommissare der UdSSR
V. Molotov
Der Sekretär des Zentralen Exekutivkomitees
A. Gorkin

108. Wortlaut des neuen Fahneneides für die Rote Armee
Dekret des Präsidiums des Obersten Sowjet der UdSSR
3. Januar 1939

Ich, Bürger der UdSSR, leiste beim Eintritt in die Reihen der Roten Arbeiter- und Bauernarmee den Eid und gelobe feierlich, ein ehrlicher, tapferer, disziplinierter, wachsamer Kämpfer zu sein, die militärischen und Staatsgeheimnisse streng zu wahren, widerspruchslos allen militärischen Dienstordnungen und Befehlen der Kommandeure, Kommissare und Vorgesetzten nachzukommen.

Ich gelobe, gewissenhaft die Kriegskunst zu erlernen, mit allen Mitteln das Militär- und Volksgut zu wahren und bis zum letzten Atemzuge meinem Volk, meiner Heimat und der Arbeiter- und Bauernregierung ergeben zu sein.

Ich bin stets bereit, auf Befehl der Arbeiter- und Bauernregierung meine Heimat, die UdSSR, zu verteidigen, und als Kämpfer der Roten Arbeiter- und Bauernarmee gelobe ich, sie tapfer, verständnisvoll, mit Würde und in Ehren zu verteidigen, ohne mein Blut und mein Leben zu schonen, um den vollen Sieg über die Feinde zu erringen.

Sollte ich böswillig diesen meinen feierlichen Eid verletzen, so möge mich die harte Strafe des Sowjetgesetzes, der allgemeine Haß und die Verachtung der Werktätigen treffen.

109. Über die Allgemeine Wehrpflicht
Aus dem Gesetz des Obersten Sowjet der UdSSR
1. September 1939

Kapitel I.
Grundbestimmungen

Artikel 1.

Die allgemeine Wehrpflicht ist Gesetz. Der Wehrdienst in der Roten Armee der Arbeiter und Bauern stellt eine ehrenvolle Pflicht der Bürger der UdSSR dar (Artikel 132 der Verfassung der UdSSR).

Artikel 2.

Die Vaterlandsverteidigung ist heilige Pflicht eines jeden Bürgers der UdSSR. Verrat an der Heimat: Eidesbruch, Überwechseln auf die Seite des Feindes, Schädigung der Militärmacht des Staates, Spionage – wird mit der vollen Strenge des Gesetzes als allerschwerstes Verbrechen bestraft (Artikel 133 der Verfassung der UdSSR).

Artikel 3.

Alle Männer, die Bürger der UdSSR sind, ohne Unterschied nach Rasse, Nationalität, Glaubensbekenntnis, Bildungsgrad, sozialer Herkunft und Stellung, sind verpflichtet, Kriegsdienst in den Streitkräften der UdSSR zu leisten.

Artikel 4.

Die Streitkräfte der UdSSR bestehen aus der Roten Arbeiter- und Bauernarmee, der Arbeiter- und Bauernkriegsmarine, den Grenztruppen und den Truppen des Landesinneren.

Artikel 5.

Der Kriegsdienst besteht aus dem aktiven Militärdienst und dem Dienst in der Reserve der Armee und der Flotte.

Artikel 6.

Diejenigen, die im aktiven Militärdienst stehen, heißen Militärpersonen. Diejenigen, die sich in der Reserve befinden, heißen Militärpflichtige.

Artikel 7.

Die Fristen für den aktiven Militärdienst werden festgelegt wie folgt:

a) Für die Mannschaften der Bodentruppen der Roten Arbeiter- und Bauernarmee: 2 Jahre;

b) für das untere Führungspersonal der Bodentruppen der Roten Arbeiter- und Bauernarmee: 3 Jahre;

c) für die Mannschaften und das untere Führungspersonal der Luftstreitkräfte der Armee und der Flotte: 4 Jahre;

d) für die Mannschaften und das untere Führungspersonal der Küstenverteidigungstruppen: 4 Jahre;

e) für die Mannschaften und das untere Führungspersonal der Schiffe und Truppen der Arbeiter- und Bauernkriegsmarine: 5 Jahre;

f) für die Mannschaften der Truppen des Landesinneren: 2 Jahre;

g) für das untere Führungspersonal der Truppen des Landesinneren: 3 Jahre;

h) für die Mannschaften und das untere Führungspersonal der Grenzschutzbodentruppen: 3 Jahre;

i) für die Mannschaften und das untere Führungspersonal der Schiffe der Grenzschutztruppen: 4 Jahre.

ANMERKUNG: Diejenigen Schüler der Militär- und Kriegsmarineschulen, die von den Schulen aufgrund mangelnder Fortschritte oder Disziplinarvergehen relegiert worden sind, sind verpflichtet, die aktive Militärdienstzeit bei den Kampfeinheiten der Roten Armee oder der Kriegsmarine ohne Anrechnung der Ausbildungszeit in der Schule abzuleisten.

Artikel 8.

Die aktive Militärdienstzeit wird ab dem 1. Januar des Jahres, der auf das Jahr der Einberufung folgt, berechnet.

Artikel 9.

Den Volkskommissaren der Verteidigung, der Kriegsmarine und des Inneren der UdSSR wird das Recht gewährt:

a) im Notfall Militärpersonal im aktiven Dienst für eine Frist bis zu 2 Monaten über die festgesetzten Fristen hinaus zu behalten;

b) im Notfall Militärpersonen aus einer Truppengattung in eine andere mit entsprechender Änderung der Dienstzeit überzuleiten.

Artikel 10.

Die Mannschaften und das untere Führungspersonal verbleiben in der Reserve der Armee und der Flotte bis zum 50. Lebensjahr.

Die Reserve der Armee und der Flotte teilt sich in zwei Kategorien auf – eine erste und eine zweite.

Artikel 11.

Militärpersonen und Militärpflichtige werden zur Treue zu

ihrem Volk, zu ihrer sowjetischen Heimat und zur Arbeiter- und Bauernregierung der UdSSR eidlich verpflichtet.

Artikel 12.

Militärpersonen und Militärpflichtige werden aufgeteilt in Führungspersonal und Mannschaften.

Das Führungspersonal wird in folgende Gruppen aufgeteilt: oberstes, oberes, mittleres und unteres.

Artikel 13.

Den Volkskommissaren der Verteidigung und der Kriegsmarine wird das Recht gewährt, Frauen, die eine medizinische, veterinärmedizinische und fachtechnische Ausbildung haben, bei der Armee und der Flotte zu registrieren und in den Dienst aufzunehmen, sowie zu Lernversammlungen heranzuziehen.

In Kriegszeiten können Frauen, die die genannte Ausbildung haben, zur Armee und Flotte einberufen werden, um Hilfs- und Fachdienste auszuführen.

...

Kapitel V.

Über die Rechte, die Pflichten und die Verantwortung von Militärpersonen und Wehrpflichtigen

Artikel 45.

In Übereinstimmung mit der Verfassung der UdSSR genießen die Militärpersonen und die Militärpflichtigen, die zu Ausbildungszwecken einberufen worden sind, die vollen Rechte und haben alle Pflichten von Sowjetbürgern.

Diejenigen Rechte und Pflichten von Militärpersonen, die sich aus den Bedingungen des Militärdienstes ergeben, werden durch das vorliegende Gesetz und die Dienstordnungen bestimmt.

Artikel 46.

Alle Militärpflichtigen, die zu einer Ausbildung in Armee und Flotte einberufen worden sind, werden für die Dauer der Ausbildung auf Staatskosten verpflegt.

Artikel 47.

Die Arbeiter und Angestellten erhalten nach einer festgelegten Ordnung Beurlaubung für die Zeit, die für die Gestellung und für die Erledigung von Angelegenheiten, die mit der Militärregistratur verbunden sind, benötigt wird.

Artikel 48.

Die Arbeiter und Angestellten, die zur Ausbildung einberufen worden sind, behalten für die Dauer der Ausbildung ihre

Arbeits- oder Dienststelle und erhalten, ihrer Arbeitsstelle entsprechend, die Hälfte ihres mittleren Lohns.

Den Kolchozbauern, die zu Ausbildungszwecken einberufen worden sind, rechnet der Kolchoz für die Dauer der Ausbildung die Hälfte der mittleren Anzahl von Arbeitseinheiten an, die während dieser Zeit den anderen Kolchozbauern im gleichen Fachgebiet undd mit der gleichen Qualifikation angerechnet wurde.

Artikel 49.

Personen des Führungspersonals der Reserve erhalten vom Truppenteil während der Dauer der Ausbildung Tagegeld in einer Höhe, die in den Gebührenordnungen für den Personalbestand der Armee und der Flotte festgelegt ist.

Artikel 50.

Dem Führungspersonal der Reserve werden für die Reise vom Wohnsitz zum Ausbildungsort und zurück Armeetransportdokumente ausgehändigt und Tagegeld für den Zeitraum der Reise ausbezahlt (Artikel 49).

Artikel 51.

Bei den Gebühren, die die Militärpersonen und Militärpflichtigen von der Armee und der Flotte erhalten, fallen keinerlei Steuern oder Abgaben an.

Artikel 52.

Militärpersonen und ihre Familien unterliegen nicht der Exmittierung aus Wohnräumen auf dem Verwaltungsweg.

Artikel 53.

Militärpersonen des Führungspersonals und Militärpersonen im überfristigen Dienst bezahlen die von ihnen besetzte Wohnfläche nach Vorzugssätzen gemäß dem geltenden Gesetz . . .

Artikel 55.

Personen des Führungspersonals, die sich im aktiven Militärdienst befinden, und ihre Familien genießen bei Umzügen mit der Eisenbahn, dem Schiff, dem Automobil und auf Luftverkehrswegen Vorzugsrechte gemäß den Bestimmungen über den Militärtransport, die vom Rat der Volkskommissare der UdSSR zu bestätigen sind.

Artikel 56.

Die staatliche Fürsorge für Militärpersonen bei Unfällen oder Verwundungen, die Auszahlung von Renten für ausgediente Jahre an Personen des Führungspersonals und Militärpersonen mit überfristigem Dienst sowie die Auszahlung von Renten und Unterstützungen an die Familien im Falle des Todes der Militärpersonen werden auf der Grundlage der Bestimmungen, die vom Rat der Volkskommissare der UdSSR zu bestätigen sind, durchgeführt.

Artikel 57.

Für Disziplinarvergehen sowie für Sachschaden, der dem Staat bei Ausführung der Dienstpflichten durch falsche Handlungen zugefügt wurde, tragen die Militärpersonen und die Militärpflichtigen, die zu Ausbildungszwecken einberufen worden sind, die Verantwortung entsprechend der Dienstordnung über Militärdisziplin.

Für Verbrechen, die gegen die festgelegte Ordnung über die Ausübung des Militärdienstes gerichtet sind, tragen die Militärpersonen sowie die Militärpflichtigen, die zu Ausbildungszwecken einberufen worden sind, die Verantwortung, entsprechend den Bestimmungen über Militärverbrechen.

110. Über die Festigung der einheitlichen Befehlsgewalt in der Roten Armee und Flotte

Befehl des Präsidiums des Obersten Sowjet der UdSSR
12. August 1940

Im Zusammenhang damit, daß die Einrichtung der Kommissare ihren Hauptzweck bereits erfüllt hat, daß die Kommandokader der Roten Armee und der Kriegsflotte innerhalb der letzten Jahre erheblich an Stärke hinzugewannen, und auch mit dem Ziel, bei den Truppenteilen und Heeresverbänden die einheitliche Befehlsgewalt vollständig zu verwirklichen und die Autorität des Kommandeurs – in der Rolle eines vollgültigen Befehlshabers der Truppen, der die volle Verantwortung, auch für die politische Arbeit bei den Einheiten trägt – weiter zu erhöhen, verordnet das Präsidium des Obersten Sowjet der UdSSR:

1. Die ›Verordnung über die Kriegskommissare der Roten Arbeiter- und Bauernarmee‹, wie sie vom Zentralen Exekutivkomitee und vom Rat der Volkskommissare der UdSSR am 15. August 1937 bestätigt wurde*, ist aufzuheben.

2. Bei den Armeeverbänden (den Korps, Divisionen, Brigaden), Truppenteilen, Schiffen, Einheiten, militärischen Lehranstalten und Dienststellen der Roten Armee und Kriegsflotte ist

* Siehe Dok. 107.

die Institution des stellvertretenden Kommandeurs (Chefs) für den politischen Teil der Arbeit einzuführen.

3. Die Militärräte der Wehrbereiche, Fronten und Armeen sind zu verpflichten, eine lebensnahe, tägliche Kontrolle der politischen Arbeit bei den Korps, Divisionen und Brigaden durchzuführen.

Der Vorsitzende des Präsidiums des Obersten Sowjet der UdSSR
M. Kalinin
Der Sekretär des Präsidiums des Obersten Sowjet der UdSSR
A. Gorkin

111. Über den Ausnahmezustand
Dekret des Präsidiums des Obersten Sowjet, 22. Juni 1941

Art. 1.

Der Ausnahmezustand wird entsprechend Art. 49 Ziffer 18 der Verfassung der UdSSR in einzelnen Gegenden oder im gesamten Staatsgebiet der UdSSR im Interesse der Landesverteidigung der UdSSR oder zur Gewährleistung der öffentlichen Ordnung und der staatlichen Sicherheit verhängt.

Art. 2.

In Gegenden, über die der Ausnahmezustand verhängt ist, gehen alle Funktionen, die den Organen der Staatsgewalt auf dem Gebiet der Verteidigung sowie der Gewährleistung der öffentlichen Ordnung und der staatlichen Sicherheit zustehen, auf die Kriegsräte der Heeresgruppen, der Armeen und der Wehrkreise und dort, wo es keine Kriegsräte gibt, auf die Kommandeure der militärischen Verbände über.

Art. 3.

In Gegenden, über die der Ausnahmezustand verhängt ist, haben die in Art. 2 dieses Dekrets bezeichneten Militärbehörden das Recht:

1. in Übereinstimmung mit den geltenden Gesetzen und Regierungsverordnungen die Bürger zu einer Arbeitsdienstpflicht heranzuziehen zwecks Ausführung von Arbeiten zur Verteidigung, zum Schutz der Verkehrseinrichtungen, der Einrichtungen des Post- und Fernmeldewesens, der Elektrizitätswerke, der elektrischen Leitungen und anderer wichtiger Objekte sowie zur Teilnahme an der Bekämpfung von Bränden, Seuchen und Naturkatastrophen;

2. eine Pflicht zur Bereitstellung von Wohnraum für die Einquartierung militärischer Einheiten und Verbände anzuordnen;

3. eine Arbeits- und Kraftfahrzeugbeförderungspflicht für militärische Bedürfnisse anzuordnen;

4. bei staatlichen, gesellschaftlichen und genossenschaftlichen Betrieben und Einrichtungen und bei einzelnen Bürgern Verkehrsmittel und sonstige Sachen für die Bedürfnisse der Verteidigung zu requirieren;

5. die Arbeits- und Öffnungszeiten in Behörden, Betrieben und öffentlichen Anstalten, darunter auch in Theatern und Kinos, zu bestimmen; die Veranstaltung von Versammlungen und Kundgebungen jeder Art zu regeln; eine Ausgangssperre für bestimmte Tageszeiten anzuordnen; den Straßenverkehr zu regeln sowie in den erforderlichen Fällen Durchsuchungen und Festnahmen verdächtiger Personen durchzuführen;

6. den Handel und die Arbeit der Handelseinrichtungen (der Märkte, Warenhäuser, Warenlager und öffentlichen Speisebetriebe) sowie der Kommunalbetriebe (Badeanstalten, Wäschereibetriebe, Friseurbetriebe usw.) zu regeln und Normen für die Zuteilung von Nahrungsmitteln und Industrieerzeugnissen an die Bevölkerung festzusetzen;

7. für bestimmte Gegenden, die unter Ausnahmezustand stehen, die Einreise und Ausreise zu verbieten;

8. in den Gegenden, die unter Ausnahmezustand stehen, einzelne Personen, die wegen der Begehung von strafbaren Handlungen oder wegen ihrer Zugehörigkeit zu einem sozialgefährlichen Milieu als sozialgefährlich angesehen werden, aus einzelnen Ortschaften auszuweisen.

Art. 4.

In allen Angelegenheiten, die im Art. 3 dieses Dekrets vorgesehen sind, haben die Militärbehörden das Recht:

1. für die gesamte Bevölkerung verbindliche Verordnungen zu erlassen und hierbei zu bestimmen, daß die Nichterfüllung dieser Verordnungen im Verwaltungsverfahren mit Freiheitsentziehung bis zu sechs Monaten oder mit Geldstrafe bis zu 3000 Rubel bestraft wird;

2. den örtlichen Organen der Staatsgewalt, den staatlichen und gesellschaftlichen Einrichtungen und Organisationen verbindliche Anweisungen zu erteilen und die widerspruchslose und unverzügliche Erfüllung dieser Anordnungen zu fordern.

Art. 5.

Alle örtlichen Organe der Staatsgewalt sowie alle staatlichen und gesellschaftlichen Einrichtungen, Organisationen und Betriebe sind verpflichtet, den Militärbehörden bei der Nutzbarmachung der Mittel und Möglichkeiten des örtlichen Gebiets für die Zwecke der Verteidigung und bei der Gewährleistung der öffentlichen Ordnung und Sicherheit volle Hilfe zu leisten.

Art. 6.

Für die Nichterfüllung von Anordnungen und Befehlen der Militärbehörden und für strafbare Handlungen, die in den unter Ausnahmezustand stehenden Gebieten begangen werden, unterliegen die Schuldigen der strafrechtlichen Verfolgung nach den für die Kriegszeit geltenden Gesetzen.

Art. 7.

Abweichend von den geltenden Bestimmungen über die Zuständigkeit der Gerichte in Strafsachen unterliegen in Gegenden, die unter Ausnahmezustand stehen, alle Strafsachen, die strafbare Handlungen gegen die Verteidigung, gegen die öffentliche Ordnung und gegen die staatliche Sicherheit betreffen, der Zuständigkeit der Militärtribunale, insbesondere:

1. Strafsachen betreffend Staatsverbrechen;

2. Strafsachen betreffend die im Gesetz vom 7. August 1933 über den Schutz des sozialistischen Eigentums vorgesehenen Verbrechen;

3. Strafsachen betreffend strafbare Handlungen, die von Militärangehörigen begangen worden sind;

4. Strafsachen betreffend Raub (Art. 167 des Strafgesetzbuches der RSFSR und die entsprechenden Artikel der Strafgesetzbücher der anderen Unionsrepubliken);

5. Strafsachen betreffend vorsätzliche Tötung (Art. 136–138 des Strafgesetzbuches der RSFSR und die entsprechenden Artikel der Strafgesetzbücher der anderen Unionsrepubliken);

6. Strafsachen betreffend die gewaltsame Befreiung von festgenommenen oder in Freiheitsentziehungsanstalten eingeschlossenen Personen (Art. 81 des Strafgesetzbuches der RSFSR und die entsprechenden Artikel der Strafgesetzbücher der anderen Unionsrepubliken);

7. Strafsachen betreffend die Nichterfüllung der militärischen Dienstpflicht (Art. 68 des Strafgesetzbuches der RSFSR und die entsprechenden Artikel der Strafgesetzbücher der anderen Unionsrepubliken) und Widerstand gegen die Staatsgewalt (Art. 73 u. ff. des Strafgesetzbuches der RSFSR und die entsprechenden Artikel der Strafgesetzbücher der anderen Unionsrepubliken);

8. Strafsachen betreffend den rechtswidrigen Kauf und Verkauf und die rechtswidrige Aufbewahrung oder Entwendung von Waffen (Art. 164a, 166a und 182 des Strafgesetzbuches der RSFSR und die entsprechenden Artikel der Strafgesetzbücher der anderen Unionsrepubliken).

Ferner haben die Militärbehörden das Recht, den Militärtribunalen die Verhandlung von Strafsachen betreffend Spekulation, groben Unfug und sonstige strafbare Handlungen, die in den Strafgesetzbüchern der Unionsrepubliken vorgesehen sind, zu übertragen, wenn die militärische Kommandobehörde der Auffassung ist, daß die Umstände des Ausnahmezustandes eine derartige Übertragung erfordern.

Art. 8.

Die Verhandlung von Strafsachen in den Militärtribunalen wird in dem Verfahren durchgeführt, das in der Militärgerichtsordnung für die Gebiete vorgesehen ist, in denen militärische Kampfhandlungen stattfinden.

Art. 9.

Die Urteile der Militärgerichte können nicht durch eine Kassationsklage angefochten, sondern nur im gerichtlichen Aufsichtsverfahren aufgehoben oder geändert werden.

Art. 10.

Dieses Dekret findet auch in Gegenden Anwendung, in denen wegen außerordentlicher Umstände keine örtlichen Organe der Staatsgewalt oder der Staatsverwaltung der UdSSR vorhanden sind.

112. Über die Bildung eines »Staatskomitees für Verteidigung« Aus einer Verordnung des Präsidiums des Obersten Sowjet, des Rates der Volkskommissare der UdSSR und des Zentralkomitees der VKP/b, 30. Juni 1941

Angesichts des entstandenen Ausnahmezustandes und mit dem Ziel einer raschen Mobilmachung aller Kräfte der Völker der UdSSR, um den Widerstand gegen den Feind, der wortbrüchig unsere Heimat überfallen hat, durchzuführen, haben das Präsidium des Obersten Sowjet der UdSSR, das Zentralkomitee der VKP/b und der Rat der Volkskommissare der UdSSR es als notwendig erachtet:

1. ein Staatskomitee für Verteidigung zu schaffen unter dem Vorsitz des Genossen Stalin;

2. alle Vollmachten im Staate in den Händen des Staatskomitees für Verteidigung zu konzentrieren;

3. alle Bürger und alle Partei-, Räte-, Komsomol- und Militärorgane zu verpflichten, die Entscheidungen und Anordnungen des Staatskomitees für Verteidigung unbedingt zu befolgen.

113. Verordnung über die Kriegskommissare bei der Roten Arbeiter- und Bauernarmee

Bestätigt vom Präsidium des Obersten Sowjet
16. Juli 1941

1. Bei allen Regimentern und Divisionen, Stäben, militärischen Lehranstalten und Dienststellen der Roten Armee, sowohl an der Front als auch in der Etappe, wird die Institution der Kriegskommissare eingerichtet.

2. Der Kriegskommissar ist der Vertreter der Partei und der Regierung bei der Roten Armee und trägt zusammen mit dem Kommandeur die volle Verantwortung für die dem Truppenteil gestellten Aufgaben, für seine Festigkeit im Kampf und die unerschütterliche Bereitschaft, bis zum letzten Blutstropfen die Feinde unserer Heimat zu bekämpfen und jeden Fußbreit sowjetischen Bodens ehrenvoll zu verteidigen.

3. Der Kriegskommissar ist der moralische Führer seines Truppenteils(verbandes), erster Verteidiger ihrer materiellen und geistigen Interessen. »Wenn ein Kommandeur eines Regiments das Haupt des Regiments ist, dann muß der Kommissar der Vater und die Seele seines Regiments sein.« (Stalin)

4. Der Kriegskommissar ist verpflichtet, mit allen Mitteln und bei seiner ganzen Arbeit dem Kommmandeur helfend zur Seite zu stehen, der ehrlich und selbstaufopfernd die militärischen Aufgaben erfüllt, die Autorität des Kommandeurs zu stärken und streng die Durchführung aller Anordnungen der höheren Kommandostellen zu überprüfen.

5. Der Kriegskommissar ist verpflichtet, das Oberkommando und die Regierung rechtzeitig vor Kommandeuren und Politarbeitern zu warnen, die der Bezeichnung Kommandeur und Politarbeiter nicht würdig sind und mit ihrem Auftreten den ehrenhaften Ruf der Roten Arbeiter- und Bauernarmee gefährden.

6. Der Kriegskommissar muß die Soldaten für den Kampf mit den Feinden unserer Heimat begeistern. In den schwierigsten Momenten des Kampfes ist der Kriegskommissar verpflichtet,

mit persönlichem Mut und beispielhafter Tapferkeit den Kampfgeist der Truppen zu beflügeln und die restlose Erfüllung der Kampfaufträge zu erreichen.

7. Der Kriegskommissar ist verpflichtet, die besten Soldaten und Kommandeure bekannt und beliebt zu machen und die Angehörigen in Sachen Tapferkeit, Mut, kaltblütigem Handeln, Selbständigkeit und Findigkeit zu schulen, ihnen Todesverachtung und Bereitschaft beizubringen, bis zum siegreichen Ende den Feind unserer Heimat zu bekämpfen.

8. Der Kriegskommissar ist verpflichtet, sich auf die breite Masse der Rotarmisten und Kommandeure zu stützen, einen gnadenlosen Kampf gegen Feiglinge zu führen, gegen Panikmacher und Deserteure, indem er mit fester Hand die revolutionäre Ordnung und die militärische Disziplin sichert. Indem er seine Tätigkeit mit den Organen der 3. Verwaltung des Volkskommissariats für Verteidigung koordiniert, ist der Kriegskommissar verpflichtet, jeglichen Verrat zu unterbinden.

9. Der Kriegskommissar leitet die Politorgane, sowohl die Partei, wie die Komsomolorganisationen des Truppenteils.

10. Der Politruk ist in seiner Arbeit dem Kommissar des Regiments, der Kommissar des Regiments dem Kommissar der Division, der Kommissar der Division dem Militärrat der Armee und der Politischen Hauptverwaltung der Roten Armee unterstellt.

11. Alle Befehle für das Regiment, die Division, für die Verwaltung, die Dienststelle, werden vom Kommandeur und vom Kriegskommissar unterzeichnet.

114. Über die Einführung der vollständigen Einzelleitung und die Abschaffung der Institution der Kriegskommissare in der Roten Armee*

Erlaß des Obersten Sowjet, 9. Oktober 1942

Das System der Kriegskommissare, eingeführt in der Roten Armee in den Jahren des Bürgerkriegs, entstand auf der Grundlage eines gewissen Mißtrauens gegenüber den Kommandokadern, zu deren Bestand alte Militärfachleute herangezogen worden waren, die damals an die Dauerhaftigkeit der Sowjetmacht nicht geglaubt hatten und ihr sogar fremd gegenüberstanden. In den

* Mit Erlaß vom 13. Oktober 1942 auch auf die Kriegsmarine ausgeweitet.

Jahren des Bürgerkriegs haben die Kriegskommissare eine entscheidende Rolle bei der Festigung der Roten Armee und bei der Auswahl des Kommandobestandes, bei der politischen Aufklärungsarbeit in ihr und bei der Durchsetzung der Militärdisziplin gespielt.

In den folgenden Jahren, nach dem Bürgerkrieg, verlief ein Prozeß der weiteren Heranbildung und Erziehung von Kommandokadern. Infolgedessen und unter dem Einfluß der Erfolge und Siege der Sowjetordnung in allen Lebensbereichen hat sich die Lage bezüglich der Kommandokader in der Roten Armee grundlegend geändert.

Der Große Vaterländische Krieg mit den deutschen Eindringlingen hat unsere Kommandokader gestählt, hat eine überaus große Schicht von neuen talentierten Kommandeuren, die kampferprobt und ihrer Kriegerpflicht und Kommandeursehre bis zum Ende treu sind, aufrücken lassen. In den harten Kämpfen mit dem Feind haben die Kommandeure der Roten Armee ihre Ergebenheit gegenüber unserer Heimat bewiesen, haben sich eine beachtliche Erfahrung im modernen Krieg angeeignet, sind in militärischer und politischer Hinsicht erwachsen geworden und erstarkt.

Auf der anderen Seite haben die Kriegskommissare und politischen Arbeiter ihre Militärkenntnisse vermehrt, haben reiche Erfahrung im modernen Krieg gesammelt; ein Teil von ihnen ist bereits auf Kommandoposten übergeleitet worden und befehligt die Truppen mit Erfolg, doch können auch viele andere auf Kommandoposten Verwendung finden – entweder sofort oder nach einer gewissen militärischen Ausbildung.

All diese neuen Umstände, die mit dem Wachstum unserer Kommando- und politischen Kader zusammenhängen, bezeugen, daß die Grundlage für das System der Kriegskommissare weggefallen ist. Darüber hinaus kann ein weiteres Bestehen der Institution der Kriegskommissare sich auf eine Verbesserung der Truppenführung bremsend auswirken und bringt die Kommissare selbst in eine schiefe Lage.

Dadurch ergibt sich die Notwendigkeit, in der Roten Armee die Institution der Kriegskommissare abzuschaffen, eine vollständige Einzelleitung einzuführen und die Verantwortung für alle Seiten der Arbeit bei den Truppen ganz den Kommandeuren aufzuerlegen.

Davon ausgehend *verordnet* das Präsidium des Obersten Sowjet der UdSSR:

1. In der Roten Armee ist vollständig die Einzelleitung einzuführen und die Verantwortung für alle Seiten des Kampfes und der Politik bei den Truppenteilen, Verbänden und Dienststellen der Roten Armee ganz den Kommandeuren (Befehlshabern) aufzuerlegen.

2. In den Verbänden, Truppenteilen, Stäben, Militärschulen, in den Zentral- und Hauptverwaltungen des Volkskommissariats für Verteidigung und den Dienststellen der Roten Armee ist die Institution der Kriegskommissare und in den Einheiten die Institution der politischen Leiter abzuschaffen.

3. In den Verbänden, Truppenteilen, Stäben, Einheiten, Militärschulen, in den Zentral- und Hauptverwaltungen des Volkskommissariats für Verteidigung und den Dienststellen der Roten Armee ist die Institution der stellvertretenden Kommandeure für politische Angelegenheiten einzuführen.

4. Die Überleitung der Kriegskommissare und politischen Funktionäre, die in militärischer Hinsicht am besten ausgebildet sind und Erfahrung im modernen Krieg gewonnen haben, ist auf Kommandoposten zu verstärken.

5. Bei den stellvertretenden Kommandeuren für politische Angelegenheiten und bei allen übrigen politischen Funktionären sind die Dienstgrade und -abzeichen, die für alle Kommandeure der Roten Armee allgemein gelten, einzuführen.

115. Über den Erwerb von Dienstgraden für Militärpersonen bei der Roten Armee
Aus einer Verfügung des Präsidiums des Obersten Sowjet
24. Juli 1943

1. Die Militärpersonen der Roten Armee werden in folgende Gruppen eingeteilt:

Mannschaften,
Sergeanten,
Offiziere,
Generäle.

. . .

4. Erster Dienstgrad bei den Offizieren ist der Grad »Unterleutnant«.

5. Der erste Offiziersgrad »Unterleutnant« wird, wie folgt, erworben:

a) von Personen aus dem Sergeantenrang, aber auch von Personen aus dem Mannschaftsrang bei im Kampf erwiesener Fähigkeit zu Kommandoaufgaben: durch Befehl der Kommandeure von Fronten und in Ausnahmefällen durch Befehl der Kommandeure von Armeen;

b) von Personen, die die Kurzausbildungs-Kurse für »Unterleutnants« besucht haben: durch Befehl der Kommandeure der Fronten, Armeen und Wehrbereiche;

c) von Kursanten, die Militärschulen (Infanterie-, Maschinengewehr-, Schützen/Granatwerfer-Schulen) besucht haben: durch Befehl des Vorstandes der Kaderhauptverwaltung der Roten Armee, aber bei Spezial- und Kriegspolitschulen: durch Befehl der entsprechenden Kommandeure (Vorstände) der Waffengattungen der Roten Armee, des Vorstandes der Politischen Hauptverwaltung der Roten Armee, des Vorstandes der rückwärtigen Dienste der Roten Armee;

d) von Personen des Sergeanten- und Mannschaftsranges, nachdem sie bestimmte Examina in Spezialkursen der Kriegsschulen abgelegt haben, darunter auch von Personen im Verwaltungsdienst, bei der Feldarmee: durch Befehl der Kommandeure der Fronten und Armeen, in allen übrigen Fällen: durch Befehl des Vorstandes der Kaderhauptverwaltung und durch Befehl der entsprechenden Kommandeure (Vorstände) der Waffengattungen der Roten Armee, des Vorstandes der Politischen Hauptverwaltung der Roten Armee und des Vorstandes der rückwärtigen Dienste der Roten Armee.

6. Der Erwerb aller folgenden Offiziersgrade erfolgt:

bis zum Oberleutnant einschließlich: durch Befehl der Kommandeure von Armeen;

bis zum Major einschließlich: durch Befehl der Kommandeure von Fronten;

bis zum Oberstleutnant einschließlich: durch Befehl des Vorstandes der Kaderhauptverwaltung der Roten Armee, der Kommandeure (Vorstände) der Waffengattungen der Roten Armee, des Vorstandes der Politischen Hauptverwaltung der Roten Armee und des Vorstandes der rückwärtigen Dienste der Roten Armee.

7. Der vorliegende Befehl wird bei allen Waffengattungen und Dienststellen bekannt gemacht.

...

116. Über neue Vollmachten auf dem Gebiet der Auswärtigen Beziehungen für Unionsrepubliken und die Umwandlung des Volkskommissariats für Auswärtige Angelegenheiten von einem Allunions- in ein Unionsrepublikanisches Volkskommissariat

Gesetz des Obersten Sowjet der UdSSR, 1. Februar 1944

Mit dem Ziel der Ausweitung der internationalen Verbindungen und der Festigung der Zusammenarbeit der Union der Sozialistischen Sowjet-Republiken mit den anderen Staaten und dem gewachsenen Bedürfnis der Unionsrepubliken Rechnung tragend, unmittelbare Beziehungen mit ausländischen Staaten aufzunehmen, verordnet der Oberste Sowjet der Union der Sozialistischen Sowjet-Republiken:

1. sicherzustellen, daß Unionsrepubliken unmittelbar mit ausländischen Staaten Beziehungen aufnehmen und Abkommen mit ihnen abschließen können;

2. in die Verfassung der UdSSR folgende Ergänzungen einzubringen:

a) Artikel 14 a der Verfassung der UdSSR nach den Worten »die Vertretung der Union im internationalen Verkehr, der Abschluß und die Ratifizierung von Verträgen« zu ergänzen durch die Worte »Festlegung einer allgemeinen Ordnung für die wechselseitigen Beziehungen zwischen Unionsrepubliken und ausländischen Staaten«, so daß dieser Punkt folgende Fassung erhält:

»Artikel 14a: die Vertretung der Union im internationalen Verkehr, der Abschluß und die Ratifizierung von Verträgen mit anderen Staaten, Festlegung einer allgemeinen Ordnung für die wechselseitigen Beziehungen zwischen Unionsrepubliken und ausländischen Staaten«;

b) die Verfassung durch Artikel 18 a folgenden Inhalts zu ergänzen:

»Artikel 18 a: Jede Unionsrepublik hat das Recht, in unmittelbare Beziehungen zu ausländischen Staaten zu treten, mit ihnen Abkommen zu schließen und diplomatische und konsularische Vertreter auszutauschen«;

c) den Artikel 60 der Verfassung durch den Punkt e zu ergänzen:

»Artikel 60e legt die Vertretung der Unionsrepublik im internationalen Verkehr fest«.

3. Das Volkskommissariat für Auswärtige Angelegenheiten

ist aus einem Allunions- in ein Unionsrepublikanisches Volkskommissariat umzuwandeln.

Der Vorsitzende des Präsidiums des Obersten Sowjet der UdSSR
M. Kalinin
Der Sekretär des Präsidiums des Obersten Sowjet der UdSSR
A. Gorkin

117. Über die Bildung von Truppenformationen der Unionsrepubliken und die Umbildung des Volkskommissariats für Verteidigung aus einem Allunions- in ein Unionsrepublikanisches Volkskommissariat
Gesetz des Obersten Sowjet, 1. Februar 1944

Zum Zwecke der Stärkung der Verteidigungskraft der UdSSR verordnet der Oberste Sowjet der Union der Sozialistischen Sowjetrepubliken:

1. festzusetzen, daß die Unionsrepubliken Truppenformationen organisieren;

2. in die Verfassung der UdSSR folgende Ergänzungen einzubringen:

a) Artikel 14g der Verfassung der UdSSR nach den Worten »die Organisierung der Verteidigung der UdSSR und die Leitung der gesamten Streitkräfte der UdSSR« durch die Worte »Festsetzung der Leitgrundsätze der Organisation von Truppenformationen der Unionsrepubliken« zu ergänzen, so daß dieser Punkt folgende Fassung erhält:

»Artikel 14g: die Organisierung der Verteidigung der UdSSR, die Leitung der gesamten Streitkräfte der UdSSR, die Festsetzung der Leitgrundsätze der Organisation von Truppenformationen der Unionsrepubliken«.

b) Die Verfassung der UdSSR durch Artikel 18b folgenden Inhalts zu ergänzen:

»Artikel 18 b: Jede Unionsrepublik hat ihre republikanischen Truppenformationen«.

c) Artikel 60 der Verfassung der UdSSR durch Punkt f folgenden Inhalts zu ergänzen:

»Artikel 60f: setzt das Verfahren für die Aufstellung der Unions-Truppenformationen fest«.

3. Das Volkskommissariat für Verteidigung ist aus einem All-

unions- in ein Unionsrepublikanisches Volkskommissariat umzuwandeln.

Der Vorsitzende des Präsidiums des Obersten Sowjet der UdSSR
M. Kalinin
Der Sekretär des Präsidiums des Obersten Sowjet der UdSSR
A. Gorkin

118. Stalins Trinkspruch auf das Wohl des russischen Volkes
Rede zum Empfang der Truppenbefehlshaber der Roten Armee im Kreml, 24. Mai 1945

Genossen, erlauben Sie mir, noch einen, den letzten Trinkspruch auszubringen.

Ich möchte einen Toast auf das Wohl unseres Sowjetvolkes und vor allem auf das des russischen Volkes ausbringen. (Stürmischer, lang anhaltender Beifall, Hurrarufe.)

Ich trinke vor allem auf das Wohl des russischen Volkes, weil es die hervorragendste Nation unter allen zur Sowjetunion gehörenden Nationen ist.

Ich bringe einen Toast auf das Wohl des russischen Volkes aus, weil es sich in diesem Kriege die allgemeine Anerkennung als die führende Kraft der Sowjetunion unter allen Völkern unseres Landes verdient hat.

Ich bringe einen Toast auf das Wohl des russischen Volkes aus, nicht nur weil es das führende Volk ist, sondern auch weil es einen klaren Verstand, einen standhaften Charakter und Geduld besitzt.

Unsere Regierung hat nicht wenig Fehler gemacht, wir hatten in den Jahren 1941–1942 Augenblicke einer verzweifelten Lage, als unsere Armee zurückwich und die uns lieben und teuren Dörfer und Städte der Ukraine, Belorußlands, der Moldau, des Leningrader Gebiets, der baltischen Länder und der Karelisch-Finnischen Republik aufgab, weil kein anderer Ausweg vorhanden war. Ein anderes Volk hätte zu seiner Regierung sagen können: Ihr habt unsere Erwartungen nicht gerechtfertigt, macht, daß ihr fortkommt, wir werden eine andere Regierung einsetzen, die mit Deutschland Frieden schließt und uns Ruhe sichert. Doch das russische Volk hat nicht so gehandelt, denn es glaubte daran, daß die Politik seiner Regierung richtig war, und brachte Opfer, um die Niederwerfung Deutschlands zu gewährleisten. Und dieses Vertrauen des russischen Volkes zur Sowjetregierung hat sich als der entscheidende Faktor erwiesen, der den historischen Sieg über den Feind der Menschheit, über den Faschismus, gesichert.

Dem russischen Volk sei für dieses Vertrauen gedankt!

Auf das Wohl des russischen Volkes! (Stürmischer, nicht enden wollender Beifall.)

119. Über die Abschaffung des »Staatskomitees für Verteidigung«

Erlaß des Präsidiums des Obersten Sowjet der UdSSR
4. September 1945

Im Zusammenhang mit dem Kriegsende und der Beendigung des Ausnahmezustandes im Lande ist anzuerkennen, daß für ein Fortbestehen des Staatskomitees für Verteidigung keine Notwendigkeit vorliegt; infolgedessen ist das Staatskomitee für Verteidigung abzuschaffen und alle seine Angelegenheiten sind dem Rat der Volkskommissare der UdSSR zu übergeben.

120. Über die Umbenennung der »Roten Arbeiter- und Bauernarmee« in »Streitkräfte der UdSSR«

Aus einem Verfassungsänderungsgesetz des Obersten Sowjet der UdSSR, 25. Februar 1947

28. Im Artikel 132 (der Verfassung) sind die Worte »in der Roten Arbeiter- und Bauernarmee« zu ersetzen durch die Worte »in den Reihen der Streitkräfte der UdSSR« . . .

30. Im Artikel 138 (der Verfassung) sind die Worte »der Roten Armee« durch die Worte »der Streitkräfte der UdSSR« zu ersetzen.

Editorische Notiz

Ein großer Teil der hier abgedruckten Dokumente wurde neu aus dem Russischen übertragen. Für Mithilfe dankt der Herausgeber N. S. Matveyev. Wo Übersetzungen bereits vorlagen, wurden sie – nach Möglichkeit – mit dem russischen Text verglichen. Die *Vereinheitlichung von Zentralbegriffen* erfolgte ohne besonderen Hinweis. So wurde *Vserossijskij* durchgängig mit Allrussisch (statt Gesamtrußländisch u. ä.), *Central'nyj ispolnitel'nyj komitet* mit Zentrales Exekutivkomitee (statt Vollzugskomitee), *s-ezd sovetov* mit Rätekongreß (statt Räteversammlung), *s-ezd partii* mit Parteitag (statt Parteikongreß), *sojuznyi respublik* mit Unionsrepublik (statt verbündete Republik u. ä.), *Sojuz SSR* mit UdSSR oder Sowjetunion (statt Bund der SSR) übersetzt; die Verwaltungseinheiten wurden, wie folgt, wiedergegeben: *oblast'* – Gebiet, *gubernija* – Gouvernement, *kraj* – Gau, *okrug* – Distrikt, *rajon* – Rajon, *uezd* – Kreis, *volost'* – Amtsbezirk sowie *voennyj okrug* – Wehrbereich; bei den Abkürzungen wurde in der Regel die russische Form gewählt: ČK, GPU, NKVD, CK, CKK, NĖP usf. Für *sovet(y)* stehen unterschiedslos die Übersetzungen Sowjet(s) und Rat/Räte. Auf die einheitliche Übertragung russischer Begriffe wie *zakon, dekret, ukaz, prikaz, postanovlenie, rešenie, rasporjaženie* usf. (Gesetz, Dekret, Befehl, Anordnung, Verordnung, Entscheidung usf.) wurde kein besonderer Wert gelegt, da sie im Sowjetrecht ohnehin nicht präzise voneinander zu trennen sind.

Die *Schreibung* russischer Namen und Begriffe erfolgt nach der in wissenschaftlicher Literatur üblich gewordenen Transliteration. Dabei ist

v als w (auslautend f)
e als je
ž als stimmhaftes sch (wie franz. Journal)
z als stimmhaftes s (wie in Rasen)
s als stimmloses s
c als z (wie Zug)

č als tsch
š als stimmloses sch
šč als schtsch
y als dumpfes i (fast wie ü)
ė als e

zu sprechen. Ein ' nach einem Konsonanten zeigt an, daß der vorangehende Konsonant weich gesprochen wird. Eingedeutschte Worte wie Zar (eigentl. *car'*) oder Sowjet *(sovet)* werden nicht transliteriert.

Alle *Zeitangaben* erfolgen nach dem in Westeuropa üblichen Gregorianischen Kalender, den im Februar 1918 auch Sowjetrußland übernahm (neue Zeitrechnung). Sollen Daten auf den alten Stil (den Julianischen Kalender) umgerechnet werden, so sind dem (gregorianischen) Datum 13 Tage abzuziehen. Durch die Zeitdifferenz zwischen Gregorianischem und Julianischem Kalender erklärt sich auch, warum die russische »Februarrevolution« nach unserem Kalender im März und die »Oktoberrevolution« im November stattfand.

administrative Gliederung – der Verwaltungsaufbau des Zarenreiches (Amtsbezirk, Kreis, Gouvernement) erfuhr nach der Revolution mehrere Neugliederungen; ihre Grundzüge sind aus →Tabelle 2 im Anhang zu entnehmen; die Verwaltungseinheiten wurden dabei, wie folgt, übersetzt: *oblast'* – Gebiet, *gubernija* – Gouvernement, *kraj* – Gau, *okrug* – Distrikt, *rajon* – Rajon, *uezd* – Kreis, *volost'* – Amtsbezirk.

Allrussischer Rätekongreß – seit 1923 Allunionsrätekongreß, bis 1936 höchste Staatsautorität (so die Verfassungen von 1918 und 1923/24); in indirekter Wahl bestellt, trat er nach der Verfassung der UdSSR von 1918 mindestens zweimal, nach der Verfassung von 1923/24 einmal jährlich zusammen; zwischen den Tagungen übertrug er die höchste Staatsgewalt dem →Zentralen Exekutivkomitee; 1937 vom →Obersten Sowjet abgelöst.

Arbeiter- und Bauerninspektion – russ. Abk. RKI, auch Rabkrin, staatliches Kontrollorgan 1920–1934; an der Spitze stand das Volkskommissariat für Arbeiter- und Bauerninspektion (Narkom RKI); die RKI war zuständig für die Kontrolle des Staats-, Wirtschafts- und Justizapparates; seit 1923 verbunden mit der →CKK der Partei.

Außerordentliche Kommission – russ. Abk. ČK, auch Allrussische Außerordentliche Kommission (VČK), im Dezember 1917 gegründetes Staatssicherheitsorgan (»zur Bekämpfung von Konterrevolution und Sabotage«), 1922 in die →»Staatliche Politische Verwaltung« (GPU) des Volkskommissariats des Inneren überführt.

Bolschewiki →kommunistische Partei

ČK →Außerordentliche Kommission

CK →Zentralkomitee

CKK →Zentrale Kontrollkommission

EKKI – Exekutivkomitee der Kommunistischen Internationale (→Komintern).

Gebietsvereinigungen, auch Oblast-Vereinigungen – »spontaner« Zusammenschluß von Regionalräten während der Revolutionszeit, die ihre Autonomie auch gegenüber der Zentralregierung zu wahren suchten; sie überlebten die Zeit des Bürgerkrieges nicht.

GPU →Staatliche Politische Verwaltung

Kadetten – Bezeichnung ist von »Konstitutionelle Demokraten« (Abk. KD) abgeleitet; als »Partei der Volksfreiheit« 1905 gegründet, repräsentierten die Kadetten radikalliberales Bürgertum und Intelligenz; nach dem Sturz des Zarismus im Februar an der Provisorischen Regierung beteiligt, verloren sie nach der Oktoberrevolution, als »Konterrevolutionäre« eingestuft, schnell jegliches Betätigungsfeld.

Kandidaten, Kandidatur – Status vor der Vollmitgliedschaft in der Partei; im Statut von 1919 eingeführt, umfaßte die Kandidatenzeit zunächst nur wenige Monate; in den folgenden Jahren wurde sie, je nach Klassenzugehörigkeit des Bewerbers, auf 1 bis 3 Jahre ausgedehnt; 1939 wurde sie auf einheitlich 1 Jahr festgelegt.

Komintern – Abk. für Kommunistische Internationale (III. Internationale); im März 1919 auf Initiative Lenins in Moskau gegründet; fester Zusammenschluß der radikalen Linken unter der Führung der Bolschewiki; im Mai 1943 – während des Bündnisses der Sowjetunion mit den Westmächten – aufgelöst.

kommunistische Partei – hervorgegangen aus dem linken, bolschewistischen Flügel der Russischen Sozialdemokratischen Arbeiterpartei (russ. Abk. RSDRP), nach der Spaltung auf dem 2. Parteitag 1903; die Selbständigkeit der Organisation wurde seit 1912 durch den Zusatz Bolschewiki hinter dem Parteinamen betont (RSDRP/b); auf dem 7. Parteitag (März 1918) in Russische Kommunistische Partei/Bolschewiki (russ. Abk. RKP/b) umbenannt, was auf dem 14. Parteitag (Dezember 1925) in Allunionistische Kommunistische Partei/Bolschewiki (russ. Abk. VKP/b) geändert wird; auf dem 19. Parteitag (Oktober 1952) erhielt sie dann die heutige Bezeichnung Kommunistische Partei der Sowjetunion (russ. Abk. KPSS) ohne Zusatz.

Komsomol – russ. Abk. für Kommunistischer Bund der Jugend; 1917 gegründete sowjetische Jugendorganisation; seit 1924 führt man offiziell den Zusatz »leninistisch«, seit 1926 »allunionistisch« im Namen (daraus russ. Abk. VLKSM).

KPSS → kommunistische Partei

Menschewiki – rechter Flügel der Russischen Sozialdemokratischen Arbeiterpartei nach der Spaltung auf dem 2. Parteitag 1903; im Gegensatz zu den Bolschewiki (→ kommunistische Partei) vertraten sie das Konzept einer demokratisch organisierten Massenpartei (nach deutschem Muster); als Gegner der Oktoberrevolution wurden sie seit 1918 in die Illegalität, schließlich in die Emigration gedrängt.

Militärisches Revolutionskomitee – Organ des Petrograder Sowjet und faktische Organisationszentrale für die Vorbereitung und Durchführung des bewaffneten Aufstandes im Herbst 1917; nach seinem Vorbild wurden Militärische Revolutionskomitees auch in der Provinz gebildet; nach Festigung der Macht im Dezember 1917 aufgelöst.

NĖP – russ. Abk. für »Neue Ökonomische Politik«

NKGB – russ. Abk. für Volkskommissariat für Staatssicherheit; → Schaubild 12 über die Sicherheitsorgane im Anhang.

NKVD – russ. Abk. für Volkskommissariat des Inneren

Oberster Sowjet der UdSSR – nach der Verfassung von 1936 direkt gewähltes, höchstes Staatsorgan der Sowjetunion; bestehend aus 2 Kammern, Unions- und Nationalitätenrat; tritt an die Stelle von → Rätekongreß und → Zentralem Exekutivkomitee der UdSSR; 1937 über 1100, Anfang der achtziger Jahre etwa 1500 Mitglieder.

OGPU → Staatliche Politische Verwaltung

Parteitag – auch Parteikongreß genannt, ist nach den Statuten oberstes Parteiorgan; bis 1934 war er nach den Statuten jährlich einzuberufen (was in der zweiten Hälfte der zwanziger Jahre nicht eingehalten wurde); seit 1934 lautet die entsprechende Formulierung »einmal in 3 Jahren«, seit 1952 »einmal in 4 Jahren«.

Politbüro – vom → Zentralkomitee gewähltes Führungsorgan der Partei; im Oktober 1917 gegründet, wurde es zur festen Institution seit März 1919; es umfaßte seither den inneren Kern der Parteiführung (1919 5 Mitglieder und 3 Kandidaten, 1939 9 Mitglieder und 2 Kandidaten); 1952 aufgelöst, wurde es 1966 erneut gegründet.

Präsidium des Obersten Sowjet der UdSSR – von beiden Kammern des → Obersten Sowjet gemeinsam gewählt, übt es faktisch dessen Kompetenzen zwischen den (kurzen) Tagungsperioden aus; sein Vorsitzender nimmt die Funktionen eines Staatsoberhauptes wahr; als eine Art »kollektives Staatspräsidium« ist es mehr als ein bloßes Parlamentspräsidium.

Rat für Arbeiter- und Bauernverteidigung – auch einfach Rat für Verteidigung, höchstes außerordentliches Staatsorgan während der Zeit des Bürgerkrieges 1918–1920; im April 1920 in → Rat für Arbeit und Verteidigung umbenannt und im Dezember zur bloßen Kommission des →Rates der Volkskommissare zurückgestuft.

Rat für Arbeit und Verteidigung – russ. Abk. STO, Organ des Rates der Volkskommissare; 1920 aus dem →Rat für Arbeiter- und Bauernverteidigung hervorgegangen; mit Koordinierungsfunktionen zwischen Wirtschaftsentwicklung und militärischen Belangen; 1937 aufgelöst.

Rat der Volkskommissare – russ. Abk. SNK oder *Sovnarkom;* nach den Verfassungen von 1918, 1923/24 und 1936 höchstes Exekutivorgan, vom →Zentralen Exekutivkomitee gewählt und ihm auch verantwortlich; im Oktober 1917 als »Provisorium« geschaffen, wurde der Rat nach Auflösung der Konstituierenden Versammlung offizielle »Arbeiter- und Bauernregierung«; 1946 in »Ministerrat« umbenannt.

Rätekongreß →Allrussischer Rätekongreß (Sowjetkongreß)

RKI →Arbeiter- und Bauerninspektion

RKP/b – offizieller Name (Abk.) der →kommunistischen Partei 1918 – 1925.

Rote Arbeiter- und Bauernarmee – auch einfach Rote Armee, russ. Abk. RKKA; Januar 1918 gegründet; ursprünglich als Miliz geplant, wurde sie schon in den zwanziger Jahren zur Kaderarmee ausgebaut; 1946 in »Sowjetische Armee« umbenannt, bildet sie seither mit der »Sowjetischen Flotte« (bis 1946 »Rote Arbeiter- und Bauernflotte«) die »Streitkräfte der UdSSR«.

Sozialrevolutionäre – russ. Abk. SRy; die Partei der Sozialrevolutionäre wurde 1901 als Zusammenschluß verschiedener sozialrevolutionärer Gruppierungen gegründet; Ziel war die Gewinnung aller »arbeitenden Massen«, aber die größte Resonanz fand sie in der Bauernschaft, zu deren Partei sie wurde und an deren Forderungen sich ihr Programm orientierte; seit Mai 1917 an der Provisorischen Regierung beteiligt, unterstützte der Linke Flügel vorübergehend (in einer Regierungskoalition bis Frühjahr 1918) die bolschewistische Oktoberrevolution; seit einem (mißglückten) Aufstandsversuch im Sommer 1918 verfolgt, wurden die Reste der Parteiorganisation Anfang der zwanziger Jahre zerschlagen.

Staatliche Politische Verwaltung – russ. Abk. GPU, 1922 an Stelle der ČK gegründete Sicherheitsabteilung im Volkskommissariat des Inneren; seit 1923, nach Gründung der Sowjetunion, als »Vereinigte Staatliche Politische Verwaltung« (OGPU) selbständige Organisation, deren Leiter dem →Rat der Volkskommissare angehörte; im Juli 1934 dem neugegründeten Volkskommissariat des Inneren der UdSSR eingegliedert.

Staatliches Verteidigungskomitee, Staatskomitee für Verteidigung – höchstes außerordentliches Staatsorgan während der Zeit des Zweiten Weltkrieges; im Juni 1941 unter dem Vorsitz Stalins gegründet; im September 1945 wieder aufgelöst.

Stalinverfassung – im Dezember 1936 erlassene Staatsverfassung, die die Verfassung der UdSSR von 1923/24 ablöste.

VKP/b – offizieller Name (Abk.) der → kommunistischen Partei 1925–1952.

VLKSM → Komsomol

Zentrale Kontrollkommission – russ. Abk. CKK, 1920–1934 höchstes Kontrollorgan innerhalb der Partei (mit lokalen Untergliederungen); 1920 umfaßte die CKK nur 7 Mitglieder, 1930 fast 200; seit 1923 mit der → Arbeiter- und Bauerninspektion verbunden.

Zentrales Exekutivkomitee – russ. Abk. CIK, 1917 – 1936 nach der Verfassung höchstes Staatsorgan zwischen den → Rätekongressen, von denen es gewählt wurde und denen es verantwortlich war; das Allrussische Zentrale Exekutivkomitee (VCIK) wurde dabei 1922 vom Zentralen Exekutivkomitee der Sowjetunion (CIK SSSR) abgelöst, während das VCIK nurmehr für die RSFSR zuständig blieb; im Oktober 1917 umfaßte es etwa 100 Mitglieder (VCIK), 1935 über 750 (CIK SSSR); ursprünglich ein permanent tagendes Gremium, wurde es seit Anfang der dreißiger Jahre nur dreimal zwischen den Rätekongressen einberufen, wobei sich viele Funktionen auf das Präsidium verlagerten; seit 1924 bestand das Zentrale Exekutivkomitee aus 2 Kammern, Unions- und Nationalitätenrat.

Zentralkomitee – russ. Abk. CK, im Deutschen auch ZK, nach den Statuten höchstes Parteiorgan zwischen den Parteitagen, von denen es gewählt wird und denen es verantwortlich ist; im Oktober 1917 bestand es aus 21 Mitgliedern und 10 Kandidaten; bis 1939 wuchs es auf 71 Mitglieder und 68 Kandidaten, Anfang der achtziger Jahre umfaßte es über 300 Mitglieder und über 150 Kandidaten; parallel zur Größe wuchs die Bedeutung seiner Unterorgane → Politbüro, Organisationsbüro (Orgbüro) und Sekretariat.

1. Territorium und Bevölkerung der Sowjetunion und des vorrevolutionären Rußland[1] (1897–1980)

	Territorium in Mill. km^2	Bevölkerung in Mill.	davon		in % zur Gesamtzahl	
			Stadt	Land	Stadt	Land
1897	22,3	128,2	20,1	108,1	16	84
1913	22,3	165,7	30,6	135,1	18	82
1917[2]		120				
1920	21,4	134,2	20,8	113,4	15	85
1926	21,7	147,0	26,3	120,7	18	82
1929	21,7	153,4	28,7	124,7	19	81
1938	21,7	167,0	50,0	117,0	30	70
1940	22,1	194,1	63,1	131,0	33	67
1950	22,4	178,5	69,4	109,1	39	61
1955	22,4	194,4	86,3	108,1	44	56
1960	22,4	212,3	103,8	108,5	49	51
1965	22,4	229,6	120,7	108,9	53	47
1970	22,4	241,7	136,0	105,7	56	44
1975	22,4	253,3	151,9	101,4	60	40
1980	22,4	264,5	166,2	98,3	63	37

[1] jeweils in den zum Zeitpunkt der Zählung gültigen Grenzen
[2] Schätzung für die Zeit nach der Oktoberrevolution

Quelle: Central'noe statističeskoe upravlenie pri Sovete ministrov SSSR (Hg.), Narodnoe chozjajstvo SSSR v 1963 godu. Moskau 1965, S. 7ff.; dass., Narodnoe chozjajstvo SSSR v 1980 godu. Moskau 1981, S. 7; dass., Narodnoe chozjajstvo SSSR 1922–1972, jubilejnyj statističeskij ežegodnik. Moskau 1972, S. 9

2. Die administrative Gliederung des Staatsgebietes[1] und ihr Wechsel (von oben nach unten)

	1917[2]	1923	1928	1937	1977
Unionsrepubliken *sojuznye respubliki*	–	4	6	11	15
Autonome Republiken *avtonomnye respubliki*	–	13	15	22	20
Autonome Gebiete *avtonomnye oblasti*	–	16	14	9	8
Gaue und Gebiete *kraja i oblasti*	–	–	5	47	127
Gouvernements und Gebiete in den Rechten von Gouvernements *gubernii i oblasti*	74	75	33	–	–
Distrikte *okruga*	–	–	128	26	–
nationale Distrikte *nacional'nye okruga*	–	–	1	9	10
Kreise *uezdy*	605	766	343	–	–
Rajone *rajony*	–	–	1854	3307	3117
(ländliche) Amtsbezirke *volosti*	13913	13659	3564	–	–
Dorfsowjets *sel'skie sovety*	–	?	72997	62585	41249

[1] Zahlen jeweils für den Jahresanfang
[2] in den Grenzen von 1939

Quelle: Central'noe statističeskoe upravlenie (Hg.), Narodnoe chozjajstvo SSSR za 60 let, Jubilejnyj statističeskij ežegodnik. Moskau 1977, S. 39

3. »Berechnung« oder »Übernahme« des bürgerlichen Staatsapparates?
Angestellte ehemaliger staatlicher, halbstaatlicher und privater Institutionen in den Führungsstäben zentraler Sowjetorgane (nach einer Erhebung vom August 1918, absolut und in %)

	Volkskomm. des Inneren, Hauptverwaltg. d. Miliz	Volkskommissariat für Militärfragen	Volkskomm. f. Militärfragen: operative u. militär-topogr. Verwaltg.	Volkskomm. f. Militärfragen: Verwaltung der Armeeorganisation	Volkskommissariat für Staatskontrolle
gleiche Institution	–	12 / 41,45	9 / 37,5	–	17 / 56,8
andere ehemalige Regierungsinstitution	–	1 / 3,4	–	1 / 5,9	–
andere ehemalige staatliche Behörde	–	1 / 3,4	–	–	1 / 3,3
private Einrichtungen u. Unternehmungen	–	–	–	–	1 / 3,3
lokale Einrichtungen	–	2 / 6,9	–	–	1 / 3,3
Lehranstalten, wiss. Ges. u. Einrichtungen	–	–	–	–	–
gesamtruss. ges. Einricht., Organisationen, Verbände	–	–	–	–	4 / 13,3
Verlage, Zeitungs-, Zeitschr.-Redaktion	–	–	–	–	–
insgesamt	–	16 / 55,15	9 / 37,5	1 / 5,9	24 / 80

Quelle: M. P. Irošnikov, K voprosu o slome buržuaznoj gosudarstvennoj mašiny v Rossii. In: Problemy gosudarstvennogo stoitel'stva v pervye gody sovetskoj vlasti, Sbornik statej. Leningrad 1973, S. 54

Volkskomm. für Versorgung (Ernährung)	20/21,6	–	2/2,2	6/6,5	18/19,6	3/3,3	5/5,4	2/2,2	56/60,8
Volkskommissariat für Verkehr	161/52,9	2/0,7	90/29,6	4/1,3	5/1,6	2/0,7	3/1	1/0,3	268/88,1
Volkskommissariat für soziale Sicherheit	–	1/5,6	–	1/5,6	–	1/5,6	4/22,1	–	7/38,9
Volkskommissariat für Handel und Industrie	4/9,8	3/7,3	1/2,4	6/14,7	2/4,9	2/4,9	4/9,8	1/2,4	23/56,2
Volkskommissariat für Arbeit	–	1/3,7	–	1/3,7	6/22,2	–	2/7,4	–	10/37
Volkskommissariat für Finanzen	187/89,2	2/1	8/3,8	2/1	2/1	1/0,5	2/1	–	204/97,5

4. Regierungs- und Verwaltungsaufbau der RSFSR nach der Verfassung von 1918

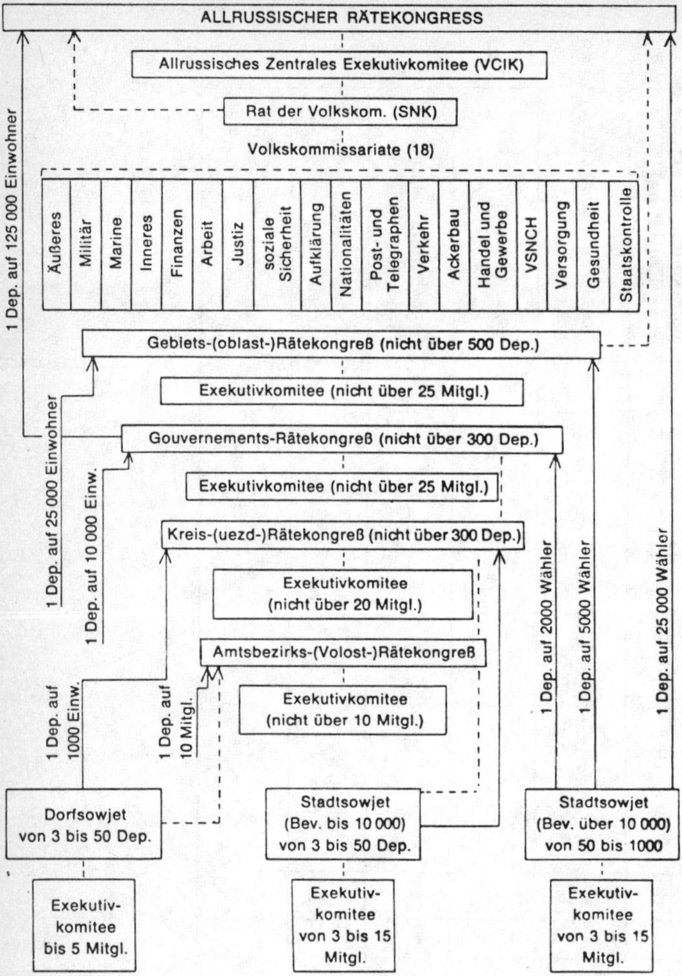

Quelle: B. N. Ponomarev u. a. (Hg.), Istorija SSSR s drevnejšich vremen do našich dnej. Bd. 7, Moskau 1967, S. 399; wieder abgedruckt bei: H. Altrichter, Staat und Revolution in Sowjetrußland 1917–1922/23 (= Erträge der Forschung Bd. 148). Darmstadt 1981, S. 203

5. Die Wahlen zu den Obersten Staatsorganen der Sowjetunion nach der Verfassung von 1923/24 (Schema)

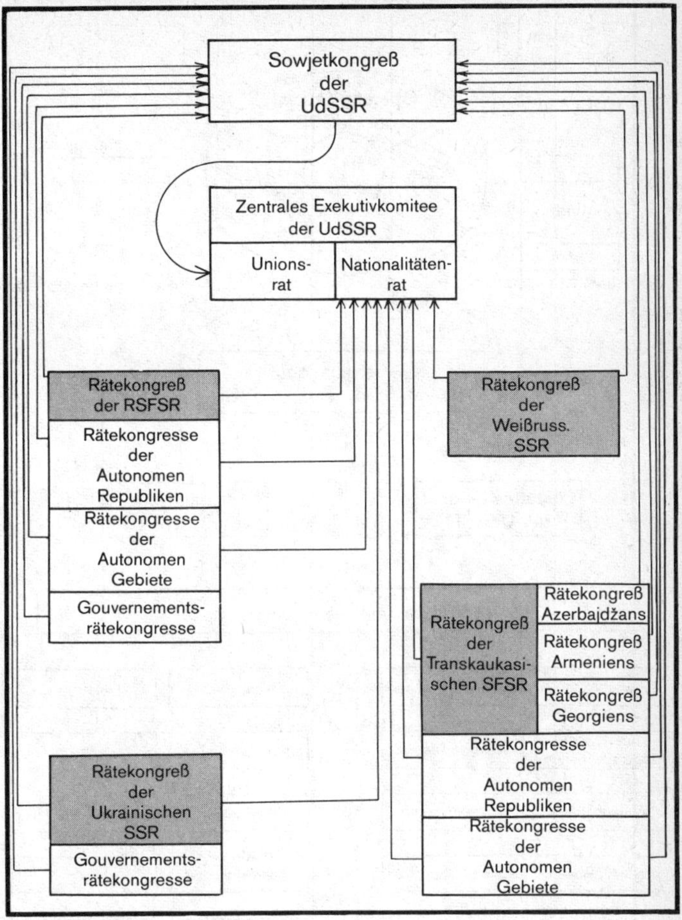

Quelle: A. P. Kosicyn, F. I. Kalinycev, E. A. Skripilev (Hrsg.), Istorija sovetskogo gosudarstva i prava. Bd. 2, Moskau 1968, S. 220

6. Die Obersten Staatsorgane nach der Verfassung vom 5. Dezember 1936

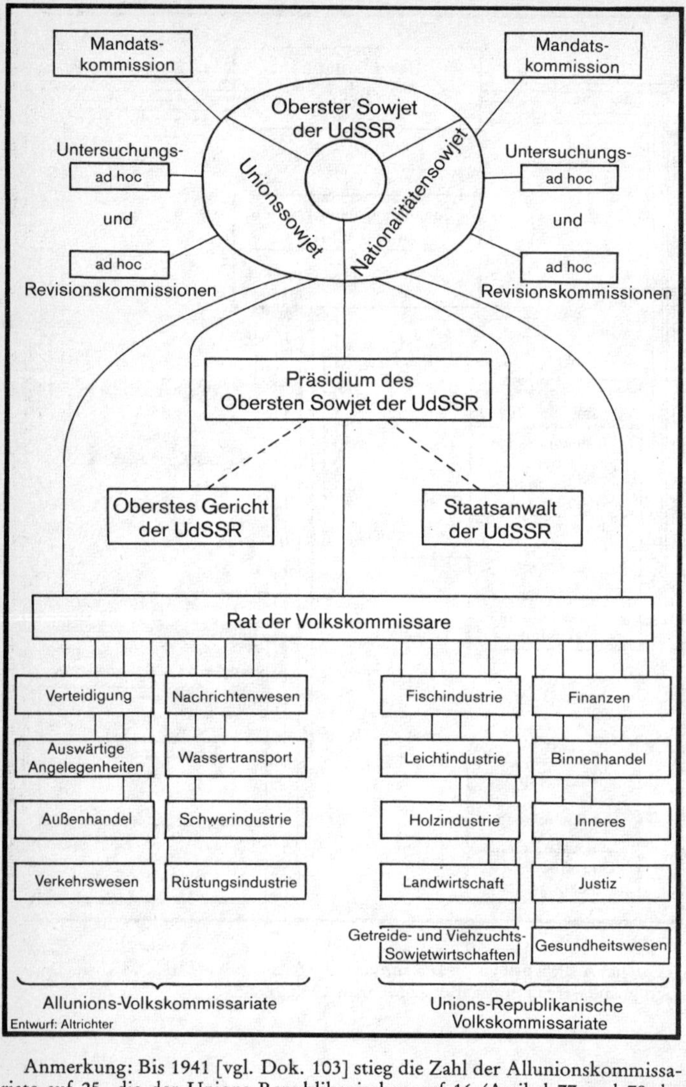

Anmerkung: Bis 1941 [vgl. Dok. 103] stieg die Zahl der Allunionskommissariate auf 25, die der Unions-Republikanischen auf 16 (Artikel 77 und 78 der Verfassung).

7. Wahlen zu den Stadt- und Dorfsowjets 1922–1934

a) Wahlbeteiligung (in %)

Wahlen zu den	1922	1923	1925	1926	1927	1929	1931	1934
Stadtsowjets	36,2[1]	38,5	48,7	52,0	59,1	70,8	79,6	91,6
Dorfsowjets	22,3[2]	35,8	47,3	48,9	48,4	61,8	70,4	83,3

[1] Angaben für 8 Gouvernements
[2] Angaben für die Kreisstädte

b) Prozentsatz der von den Wahlen Ausgeschlossenen

	1923	1924	1927	1929	1931	1934
in der Stadt	8,2	5,0	7,7	8,5	4,9	2,4
auf dem Land	1,4	0,74	3,5	4,1	3,7	2,6

c) Das dünne Netz der Dorfsowjets Mitte der 20er Jahre (Angaben für die RSFSR)

	Anzahl der Dorfsowjets	Anzahl der Siedlungen	Siedlungen pro 1 Dorfsowjet
1925/26	51914	298466	5,7
1927	54971	327001	6,0
1929	53016	397293	7,5

d) Parteizugehörigkeit der Dorfratsmitglieder

	Mitglieder und Kandidaten in der VKP/b	Mitglieder und Kandidaten im Komsomol	parteilos
1925/26	6,2	3,9	89,1
1927	7,8	5,1	87,1
1929	9,3	5,0	87,3

Quellen: E. G. Gimpel'son, Sovety. In: Sovetskaja istoričeskaja ènciklopedija. Moskau 1971, Band 13, Sp. 192–205; Vserossijskij Central'nyj ispolnitel'nyj Komitet (Hg.), Itogi vyborov v sovety RSFSR v 1927 godu, vyp. 1: Vybory v sel'skie i volostnye organy vlasti i gorodskie sovety. Moskau 1927, S. 2ff., 16ff.; ders. (Hg.), Itogi vyborov v sovety RSFSR v 1929 godu, vyp. 1: Vybory v sel'skie, volostnye i rajonnye organy vlasti (statističeskij sbornik). Moskau 1930, S. 66ff., 118ff.

8. Von der Splittergruppe zur »proletarischen Massenpartei« Die Mitgliedschaft der RKP 1905–1929 und deren soziale Zusammensetzung

	Mitglieder insgesamt[1]	davon in % Arbeiter	Bauern	Angest. u. a.
1905 Januar	8500	61,7	4,7	33,6
1917 Januar	23600	60,2	7,6	32,2
1917 April	40000			
1917 August	200000			
1918 Januar	115000	56,9	14,5	28,6
1919 Januar	251000	47,8	21,8	30,4
1919 März	313766			
1920 Januar	431400	43,8	25,1	31,1
1920 März	611978			
1921 Januar	585500	41,0	28,2	30,8
1921 März	730000			
1922 vor der »Säuberung«	576700	44,4	26,7	28,9
1922 danach	401800	42,4	29,7	27,9
1923 Januar	485500	44,9	25,7	29,4
1924 Januar	472000	44,0	28,8	27,2
1925 Januar	772040	56,7	26,5	16,8
1926 Januar	1078185	56,8	25,9	17,3
1927 Januar	1157074	55,7	19,0	25,3
1928 Januar	1304471	57,8	22,3	19,9
1929 Januar	1535362	62,4	20,7	16,9

[1] ab 1919 einschließlich der Kandidaten

Quelle: H.-H. Schröder, Arbeiterschaft, Wirtschaftsführung und Parteibürokratie während der Neuen Ökonomischen Politik. Eine Sozialgeschichte der bolschewistischen Partei 1920–1928 (= Forschungen zur Osteuropäischen Geschichte Bd. 31). Berlin 1982, S. 54, 95, 140f., 331, 337

9. Die Altrevolutionäre – nur noch eine Minderheit
Die Mitgliedschaft der RKP von 1922 nach ihrem »Parteialter« (in %)

	Jahr des Eintritts in die Partei									Mittleres Parteialter Mitte 1922 in Jahren
	bis 1904	1905 bis 1916	1917	1918	1919	1920	1921	ohne Angaben	insges.	
Arbeiter	0,9	2,9	12,6	16,9	27,6	28,4	8,8	1,9	100,0	3,37
Bauern	0,1	0,4	4,0	14,4	25,9	38,5	14,8	1,9	100,0	2,58
Angestellte	0,8	2,3	8,6	18,7	31,2	29,0	7,9	1,5	100,0	3,25
andere	0,6	2,0	7,6	15,2	27,5	32,6	12,2	2,3	100,0	3,01
insgesamt	0,7	2,0	9,1	16,5	27,9	31,5	10,5	1,8	100,0	3,11
davon										
in Städten	0,8	2,6	10,5	17,0	29,2	28,9	9,4	1,6	100,0	3,22
in dörfl. Siedlungen	0,3	0,9	6,1	15,4	25,1	37,3	12,7	2,2	100,0	2,70

Quelle: S. G. Strumilin, Sostav Rossijskoj Kommunističeskoj Partii k 1922 g. In: ders., Izbrannye proizvedenija v pjati tomach. Moskau 1963, Bd. 1, S. 229ff., hier S. 266

10. Der Zustand der Partei vor dem »großen Umbruch« Die VKP/b nach der Parteizählung von 1927

a) Das Parteialter der Mitglieder und Kandidaten (in %):

Eintritt	Anteil in %
bis 1916	0,8
1917	2,6
1918–1920	19,6
1921–1923	5,7
1924–1927 (Jan.)	71,7
insgesamt	100,0

b) Allgemeinbildung der Mitglieder und Kandidaten (in %):

soziale Gruppe	höhere Bildung	mittlere Bildung	Elementar-bildung	Auto-didakt	Analpha-bet
Arbeiter	0,1	3,9	63,9	30,3	1,8
Bauern	0,1	3,6	60,9	28,5	6,9
Angestellte	3.0	20,9	62,8	12,8	0,5
andere	1,6	12,7	51,9	30,5	3,3
insgesamt	0,8	7,9	62,8	26,1	2,4

c) Zusammensetzung der stimmberechtigten Mitglieder des 14. (1925) und 15. (1927) Parteitages (in %):

nach sozialer Herkunft	Arbeiter	Bauern	Angestellte
14. Parteitag	62,2	5,7	32,1
15. Parteitag	71,?	5,7	23,?

nach beruflicher Tätigkeit	Arbeiter von der Werkbank	Land-wirte	Partei-arbeiter	Angestellte anderer Apparate
14. Parteitag	5,1	0,3	89,8	4,8
15. Parteitag	18,4	?	54,0	?

Quelle: Schröder, Arbeiterschaft, Wirtschaftsführung und Parteibürokratie, S. 340, 356, 366

11. Die Mitglieder in der Partei 1928–1953

Jahr	Vollmitglieder	Kandidaten	insgesamt
1928	914307	391547	1305854
1929	1090508	444854	1535362
1930	1184651	493259	1677910
1931	1369406	842819	2212225
1932	1769773	1347477	3117250
1933	2203951	1351387	3555338
1934	1826756	874252	2701008
1935	1659104	699610	2358714
1936	1489907	586935	2076842
1937	1453828	527869	1981697
1938	1405879	514123	1920002
1939	1514181	792792	2306973
1940	1982743	1417232	3399975
1941	2490479	1381986	3872465
1942	2155336	908540	3063876
1943	2451511	1403190	3854701
1944	3126627	1791934	4918561
1945	3965530	1794839	5760369
1946	4127689	1383173	5510862
1947	4774886	1277015	6051901
1948	5181199	1209082	6390281
1949	5334811	1017761	6352572
1950	5510787	829396	6340183
1951	5658577	804389	6462975
1952	5853200	854339	6707539
1953	6067027	830197	6897224

Quelle: T. H. Rigby, Communist Party Membership in the U.S.S.R. 1917–1967 (Studies of the Russian Institute, Columbia University). Princeton 1968, S. 52

12. Entwicklung der Sicherheitsorgane und ihre Leiter 1917 bis 1953

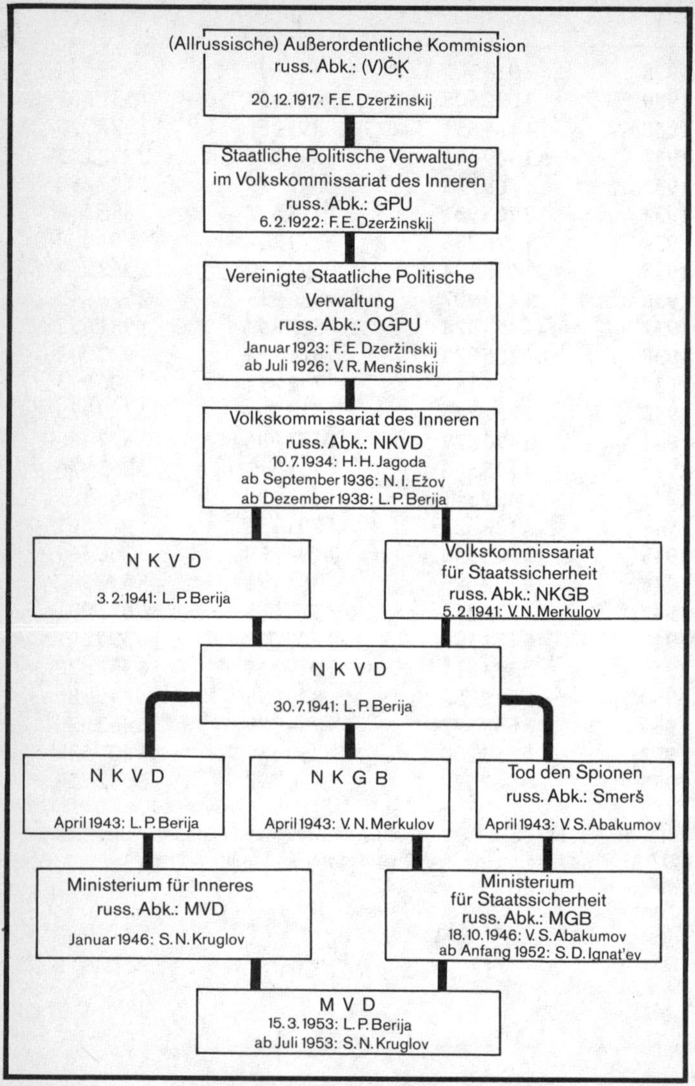

Quelle: B. Lewytzkyj, Die rote Inquisition. Die Geschichte der sowjetischen Geheimdienste. Frankfurt/M. 1967, S. 364

Quellen- und Literaturhinweise

a) Quellen

Brunner, G. (Hg.), Das Parteistatut der KPdSU 1903–1961. Köln 1965.
Hellmann, M. (Hg.), Die russische Revolution 1917. Von der Abdankung des Zaren bis zum Staatsstreich der Bolschewiki. (dtv-dokumente 227/28) München 2. Aufl. 1969.
Lenin, V. I., Werke (nach der 4. russischen Ausgabe, besorgt vom Institut für Marxismus-Leninismus beim ZK der SED). 40 Bde., Berlin 1955 ff.
Lorenz, R. (Hg.), Die Russische Revolution 1917. Der Aufstand der Arbeiter, Bauern und Soldaten. München 1981.
Meissner, B. (Hg.), Das Parteiprogramm der KPdSU 1903–1961. Köln 2. Aufl. 1965.
Pirker, Th. (Hg.), Die Moskauer Schauprozesse 1936–1938. (dtv-dokumente 146) München 1963.
Roggemann, H. (Hg.), Die Staatsordnung der Sowjetunion. Berlin 2. Aufl. 1973.
Stalin, J. W., Werke (hg. vom Marx-Engels-Lenin-Institut beim Parteivorstand der SED). 16 Bde., Berlin 1950 ff.
Wolter, U. (Hg.), Die linke Opposition in der Sowjetunion 1923–1928. 5 Bde., Berlin 1976.

b) Literatur

Altrichter, H., Staat und Revolution in Sowjetrußland 1917–1922/23. (Erträge der Forschung Bd. 148). Darmstadt 1981.
Boetticher, M. v., Industrialisierungspolitik und Verteidigungskonzeption der UdSSR 1926–1930, Herausbildung des Stalinismus und »äußere Bedrohung«. Düsseldorf 1979.
Carmichael, J., Säuberung. Die Konsolidierung des Sowjetregimes unter Stalin 1934–1936. Frankfurt 1972.
Chamberlin, W. H., Die Russische Revolution 1917–1921. 2 Bde., Frankfurt 1958.
Conquest, R., Am Anfang starb Genosse Kirow. Säuberungen unter Stalin. Düsseldorf 1970.
Daniels, R. V., Das Gewissen der Revolution. Kommunistische Opposition in Sowjetrußland. Köln, Berlin 1962.
Erler, G., W. Süß (Hgg.), Stalinismus. Probleme der Sowjetgesellschaft zwischen Kollektivierung und Weltkrieg. Frankfurt, New York 1982.
Fitzpatrick, Sh. (Hg.), Cultural Revolution in Russia, 1928–1931. Bloomington, London 1978.

Geyer, D., Die russische Revolution. Historische Probleme und Perspektiven. Göttingen 2. Aufl. 1977.
Hazard, J. N., Settling Disputes in Soviet Society. The Formative Years of Legal Institutions. New York 1978.
Hough, J. F., M. Fainsod, How the Soviet Union is Governed? Cambridge/Mass. 1979.
Keep, J. L. H., The Russian Revolution. A Study in Mass Mobilization. London 1976.
Lewytzkyj, B., Die rote Inquisition. Die Geschichte der sowjetischen Sicherheitsdienste. Frankfurt 1969.
Lorenz, R., Sozialgeschichte der Sowjetunion 1, 1917–1945. (edition suhrkamp 654) Frankfurt 1976.
Maurach, R., Handbuch der Sowjetverfassung. München 1955.
Meder, W., Das Sowjetrecht. Grundzüge seiner Entwicklung 1917–1970. Frankfurt, Berlin 1971.
Pietsch, W., Revolution und Staat. Institutionen als Träger der Macht in Sowjetrußland 1917–1922. Köln 1969.
Rauch, G. v., Geschichte der Sowjetunion. Stuttgart 6. Aufl. 1977.
Rigby, T. H., Communist Party Membership in the U.S.S.R. 1917–1967. Princeton 1968.
Ders., Lenin's Government. Sovnarkom 1917–1922. Cambridge 1979.
Ritter, G., Das Kommunemodell und die Begründung der Roten Armee im Jahr 1918. Berlin 1965.
Ruffmann, K.-H., Sowjetrußland 1917–1977. Struktur und Entfaltung einer Weltmacht. (dtv-Weltgeschichte des 20. Jahrhunderts) München 7. Aufl. 1977.
Schramm, G. (Hg.), Von den autokratischen Reformen zum Sowjetstaat 1856–1945. (Handbuch der Geschichte Rußlands, hg. von M. Hellmann, K. Zernack, G. Schramm. Bd. 3, in Einzellieferungen) Stuttgart 1981 ff.
Schröder, H.-H., Arbeiterschaft, Wirtschaftsführung und Parteibürokratie während der Neuen Ökonomischen Politik. Eine Sozialgeschichte der bolschewistischen Partei 1920–1928. (Forschungen zur osteuropäischen Geschichte Bd. 31) Wiesbaden 1982.
Service, R., The Bolshevik Party in Revolution. A Study in Organisational Change 1917–1923. London 1979.
Tucker, R. C. (Hg.), Stalinism. Essays in Historical Interpretation. New York 1977.
Tucker, R. C., S. F. Cohen (Hgg.), The Great Purge Trial. New York 1965.

Verzeichnis der Dokumente mit Quellennachweisen